V&R

Christiane Burbach / Friedrich Heckmann (Hg.)

Übergänge – Annäherungen an das eigene Sterben

Vandenhoeck & Ruprecht

Umschlagabbildung: Märzkälte 005b © Josef Roßmeier

Bibliografische Information der Deutschen Nationalbibliothek

Die Deutsche Nationalbibliothek verzeichnet diese Publikation in der
Deutschen Nationalbibliografie; detaillierte bibliografische Daten sind
im Internet über http://dnb.d-nb.de abrufbar.

ISBN 978-3-525-67015-6
ISBN 978-3-647-67015-7 (E-Book)

© 2011, Vandenhoeck & Ruprecht GmbH & Co. KG, Göttingen /
Vandenhoeck & Ruprecht LLC, Oakville, CT, U. S. A.
www.v-r.de
Satz: textformart, Göttingen
Druck und Bindung: ⊕ Hubert & Co, Göttingen

Gedruckt auf alterungsbeständigem Papier.

Inhalt

III. Auf das Sterben warten –
Krankenhaus als Ort der letzten Lebensphase

IV. Dem Sterben nachdenken – Hochschule und Ars Moriendi

V. Mit Sterben und Tod umgehen –
religiöse Antworten auf die Sinnfrage

Vorwort

Mutig sind die Autorinnen und Autoren dieses Bandes. Nicht jeder, der gebeten wurde, einen Beitrag zu diesem Band zu schreiben, sah sich dazu in der Lage. Probleme mit der Zeit, dem Zeitpunkt, mit der Lust zu einer Auseinandersetzung, wie sie hier erforderlich wird, und sicher nicht zuletzt Probleme mit dem Thema selber hielten manch andere und anderen davon ab, hier vertreten zu sein. Die meisten jedoch haben sehr überlegt, aber dann auch schnell zu diesem äußerst interessanten Thema, wie sie fanden, ihre Zusage gegeben.

Mutig sind die AutorInnen, sich einem so sensiblen Thema, das einen persönlich existentiell in einer Weise angeht wie evtl. kein weiteres, gestellt zu haben und in je eigener Weise ihre Form gefunden haben, dies so zu gestalten, dass sie es einer Leserschaft präsentieren können. Sie haben es getan, um ihre Leserinnen und Leser einzuladen, sich ihrerseits der Frage nach dem eigenen Ende und seiner Bedeutung für das Leben, die Gestaltung ihrer Beziehungen, ihren Glauben, ihr Weltbild zu stellen.

Entstanden ist so ein ausgesprochen ermutigendes und tröstliches Buch, selbstverständlich auch ein sehr nachdenkliches. Jeder der Beiträge enthält Passagen, die die Ernsthaftigkeit der Konfrontation wahrnehmen lässt. Dennoch durchzieht viele der Texte eine besondere Heiterkeit, die diesem wie keinem anderen Thema anhaftet. Es ist ein Buch zur meditatio mortis. Einer der unabweisbaren Eindrücke bei der Lektüre dieses Bandes wird voraussichtlich sein zu erkennen, dass das Bedenken des eigenen Endes einhergeht mit dem Ende der Eitelkeit. Selten ist uns in akademischen Publikationen so wenig Eitelkeit und Narzissmus begegnet wie bei der Lektüre dieser Texte.

Das Konzept

Zum Konzept bei der Auswahl der Autoren und Autorinnen gehörte es, Frauen und Männer, die professionell mit Tod und Sterben umgehen, um einen Beitrag zu bitten. So sind hier Therapeutinnen und Mediziner, Philosophen und Theologinnen, Pastorinnen, Sozialarbeiter und Pflegende, Vertreter verschiedener Religionen wie Judentum, Christentum und Bahá'i vertreten. Ebenso finden sich Autorinnen und Autoren, die in unterschiedlichen weltanschaulichen Horizonten zuhause sind. Viele der Autoren sind an Hochschulen in verschiedenen Fakultäten tätig, andere in den verschiedensten Praxisfeldern. Ihnen gemeinsam ist die berufliche Konfrontation mit Sterben und Tod, Leben und Trauer.

Die Beiträge sind nach den verschiedenen Lebens- und Arbeitswelten der Autorinnen und Autoren gruppiert. So ordnen sich die Texte den fünf Lebens- und Arbeitsorten:
– Lebenskunst in Psychotherapie und Seelsorge,
– Hospiz und Altersheim,
– Krankenhaus,
– Hochschule sowie
– religiöse Lebenskunst
zu.

Mancher der Beiträge hätte auch eine andere Zuordnung zugelassen, da die AutorInnen nicht nur einer einzigen Lebenswelt angehören. Insofern sind die Kapitel nicht als hermetische Einheiten zu verstehen.

Verschiedene Motive ziehen sich transversal durch die Beiträge unterschiedlicher Religionen, Weltanschauungen und Lebens- und Arbeitswelten.

Aporie des Redens über das eigene Sterben

Viele Autorinnen und Autoren beschäftigt, dass sie über ein Thema schreiben, bei dem ihnen die Fundierung durch die eigene Erfahrung fehlt. Jürgen Holland, Ang Lee und Theodor Seifert problematisieren diesen Umstand ebenso wie Christiane Burbach und Klaus Gahl. Der Anklang an Ludwig Wittgensteins Ende der Einleitung seines Tractatus: „Worüber man nicht sprechen kann, muss man schweigen."[1] steht leicht im Raum, ohne dass diesem Satz anlässlich des Themas zugestimmt würde. Anne Steinmeier stellt sich dieser Un-Möglichkeit des Redens über etwas, das man nicht kennt und nicht kennen kann, konsequent, indem sie sie in den Kontext der Hermeneutik des Selbst stellt, die immer durch Diskontinuität gekennzeichnet ist. Das Wagnis dieser radikalen Offenheit des eigenen Lebens versteht die Theologin als ein sich Ausstrecken auf die Schöpfungskraft Gottes, die auch im Tode noch (lebens-)verändernd wirkt. Aus ihren praktischen Erfahrungen als Sterbebegleiterin heraus thematisiert dies auch Ruth Lödel. Angesichts des Sterbens anderer als Expertin des Sterbens aufzutreten, erscheint ihr, die sie „noch nie selbst" gestorben ist, geradezu widersinnig.

---

1 Logisch-philosophische Abhandlung, Tractatus logico-philosophicus,. Kritische Edition, Frankfurt a. M. 1998.

Bilder des Überganges

Wiederkehrende Bilder, Phantasien, Träume und Imaginationen finden sich in den Beiträgen. Manche dieser Vorstellungen sind tröstlich und beherbergen eine sonst unaussprechliche Hoffnung auf ein Aufgehobensein in etwas größerem, im Leben, im Lebendigen selbst.

Das Sterben wird vorgestellt als Mündung des Flusses in das Meer (Christiane Burbach, Renate Otte), das Übersetzen von einem Ufer an ein anderes (Theodor Seifert), als allein einen Weg gehen müssen (Th. und A. Seifert); es taucht auch das Bild des Flusses des Lebens auf, der Verwandlung bedeutet (R. Otte).

Lehrer und Lehrerinnen des Sterbens

In mehreren Beiträgen erscheinen Lehrer und Lehrerinnen des Sterbens: Wolf Büntig lernte schon als kleiner Junge durch seinen Hasen und durch den Knecht des Gutes, der bei der Obsternte aus dem Baum fiel, was Sterben bedeutet. Häufig sind es Tiere (vgl. Theodor Seifert), die in ihrem unverstellten, elementar-kreatürlichen Zugang zum Leben die Menschen erkennen lassen, was der Unterschied zwischen Sein und Gestorben-Sein bedeutet.

In einigen Aufsätzen ist es der Krieg, sind es die Erzählungen aus dem Krieg, die die Kinder lehren, was Sterben bedeutet. Christiane Burbach berichtet davon, Wolf Büntig hat es erfahren, als z. B. seine Spielkameraden bei demselben Bombenangriff umkamen und zum Spielen nicht mehr in Frage kamen.

Sicher gibt es nicht nur im kindlichen Entwicklungsprozess Lehrerinnen und Lehrer des Sterbens und des guten Umganges mit dem Tod. Ruth Lödel beschreibt, wie sie von dem über 90jährigen Liturgiewissenschaftler Burkhard Neunheuser, einem Benediktinermönch weiter lernt, die Liturgie des Lebens durch zu buchstabieren. Wolf Büntig benennt Milton Erickson, den Psychiater, *den Meister der Hypnose und der Geschichten* als einen seiner Lehrer des Umganges mit Leben und Sterben. Auch in dem Beitrag Klaus Gahls erscheint ein Lehrer immer wieder, der ihm die *Solidarität des Todes* nahe gebracht hat: Viktor v. Weizsäcker. Jonah Sievers erinnert einen Lehrer an der Jeschiwa, der Talmudhochschule.

Vorerfahrungen

Ruth Lödel beginnt ihren Beitrag mit Vorerfahrungen mit dem *Sterben im Angesicht des Lebens*. Es gehört zu ihren kindlichen Alltagserfahrungen, dass es sich mit den Toten gut Leben lässt. Ihre Großmutter wohnte in einem Haus an der Friedhofsmauer und lehrte das Kind einen nüchternen und sorgsamen Umgang mit dem Tod. Durch die Beerdigung eines siebenjährigen Mädchens lernte sie ein Gefühl der Faszination kennen, die andere Seite des Todes. Für einen anderen Siebenjährigen, Wolf Büntig, sind die Erfahrungen mit Tod am Ende des zweiten Weltkrieges *zuviel* gewesen. Viele Jahre später hat er sich mit seiner Möglichkeit, damit fertig zu werden, auseinandersetzen müssen. Die Jahre vor und nach Kriegsende haben das Verhältnis vieler Menschen zum Tod geprägt. Einige Beiträge, wie der Büntigs und Burbachs lassen erahnen, wie bedrückend, ungerecht und brutal Kinder den Tod erleben und erlebt haben. Die Vorerfahrungen der Generation der Kriegs- und Nachkriegskinder sind erst in den letzen Jahren verstärkt Thema der psychologischen und pastoralpsychologischen, der historischen und medizinischen Forschung geworden.

Ganz anders ist Simone Junggebauer durch ihre Vorerfahrungen geprägt, die sie in einer ländlichen Umgebung in einem norddeutschen Weiler während ihrer Kindheit gemacht hat. Die Großfamilie mit vier Generationen hat sie lernen lassen, wie denn zu sterben sei. Ihre Vorerfahrungen und das, was sie gelernt hat, setzen sich deutlich ab von den späteren Erfahrungen, die sie als Krankenschwester auf der internistischen Station eines großstädtischen Krankenhauses machen musste.

Kunst und Literatur als Hilfen,
der Aporie zu begegnen

Auffällig ist die Vielzahl sprachlicher Anleihen der Autoren und Autorinnen in der Literatur. Vor allem poetische Texte werden herangezogen, um das schwer Sagbare auszusagen. Das können eigene poetische Texte bei Ari van Buuren, einem erfahrenen Sterbebegleiter, der in eigener Betroffenheit während des Sterbens seiner Frau das in einer Situation des Prozesses Richtige und Tröstende nur poetisch ansagen kann. Sein Beitrag, verfasst als Zwiesprache mit seiner sterbenden Frau, greift neben den eigenen Texten auf andere religiöse Texte, auf mystische und auch viele biblische Texte zu.

Christiane Burbach, Friedrich Heckmann und Anne Steinmeier nehmen Gedichte von Rilke u. a., aber auch biblische Texte und Gesangbuchverse zu Hilfe, um Fragen des Leidens und Sterbens, Fragen von Tod und Auferstehung, Fragen nach den letzten Dingen und dem Ewigen Leben anzusprechen.

Die biblische Literatur spielt bei anderen Autoren und Autorinnen ebenfalls eine wesentliche Rolle. Das ist wenig überraschend bei der theologischen Herkunft vieler, aber durchaus beeindruckend in der Intensität des Zeugnisses. So berichtet Ruth Lödel, wie sie in den ersten Jahren ihrer Tätigkeit als Seelsorgerin in Altenheimen zunehmend lernt, nachzusprechen, was sich über Jahrhunderte hinweg im Leben der Menschen bewährt hat. Sie greift zu der Weisheitsliteratur der Bibel, zum neutestamentlichen Hebräerbrief, dem großen Trostbuch der Tradition.

Auch die Bildende Kunst wird zur Annäherung an Tod und Sterben herangezogen. Bei Anne Steinmeier ist es eine Skulptur Thomas Lehnerers, die in

Fragilität und energievoller Lebenskraft zugleich das Schauen und Staunen verkörpert. Für Jürgen Holland spiegelt sich in Barlachs „Das Wiedersehen" ein Sehnsuchtsbild des Ankommens.

Was kommt vor dem Tod?

Was sollte vor dem Tod gewesen sein, damit er ertragen werden kann? Diese Frage legen sich viele der Autoren und Autorinnen vor. Wolf Büntig hat bei seinen Patientinnen und Patienten gelernt, dass sie nicht sterben können und wollen, wenn sie den Eindruck haben, nie richtig gelebt zu haben, sondern es immer anderen recht machen wollten, ohne zu wissen, was ihr eigenes Anliegen hier im Leben war oder ist. Umgekehrt kennt er Krankengeschichten, in denen die Menschen das Leben loslassen konnten, wenn sie den Eindruck hatten, von dem, was ihnen wichtig war, genug getan zu haben.

Christiane Burbach und Friedrich Heckmann haben in den Sterbemeditationen die Erfahrung gemacht, dass Menschen den Eindruck haben müssen, geliebt zu haben, geliebt worden zu sein und zu ihrer Liebe gestanden zu haben, sie nicht im Alltagstrott untergehen lassen, sondern sie gewürdigt zu haben.

Dieter Weber entdeckt die Dankbarkeit als Lebens – Aufgabe. Die Einsicht Webers, dass der Mensch nicht existieren kann, wenn er nicht sein Leben hingibt, lässt ihn schlussfolgern, dass in der Lebenshingabe menschliche Daseinsfreude erst zum Vorschein kommen kann. Die Notwendigkeit der Lebenshingabe, verdeutlicht in der Vergeblichkeit menschlichen Tuns sieht Weber versöhnt in der Erkenntnis, dass Menschen ihr Leben verdanken, bevor sie etwas gegeben haben. Menschen erhalten die Gabe der Dankbarkeit. Es gilt vor dem Tod, gleichsam als ars vivendi zu lernen, die Dinge des Lebens dankbar anzunehmen.

Für diesen Lernprozess möchte der Mediziner und Psychotherapeut W. Büntig die Angst vor dem Sterben nutzen. Er meint, dass eine bestimmte Art der Angst vor dem Sterben für die Frage genutzt werden könnte, welches menschliche Potential sich noch entfalten möchte oder welches noch gar nicht geweckt ist. Grundsätzlich plädiert er dafür, im Leben das Sterben zu üben.

Was brauchen Sterbende?

Vielleicht brauchen sie bergende Hände, Wärme und ein gewisses Maß des Bewusstseins, zur Welt der lebendigen dazuzugehören. Die Krankenhausseelsorgerin Renate Otte beschreibt, wie ein zu früh geborenes Zwillingskind in den Armen seiner Eltern stirbt.

Jürgen Holland hat in langjähriger Hospizpflege erfahren, dass Menschen einen Schon- und Schutzraum brauchen, eine Geborgenheit im Verborgenen, um all die Tabubrüche, die im Sterben auszuhalten sind, zu ertragen. Pflegerische Präsenz in aller Stille ist gefragt, die das Notwendige vom Überflüssi-

gen, weil Störenden, zu unterscheiden vermag. Freiheit von jedem Leistungsan-
spruch, jedem Messen und Gemessenwerden an idealen Vorstellungen, die im
Ernstfall doch nicht eingelöst werden können, scheint ihm die große Herausforderung an den Beistand im Sterben zu sein. Schließlich ist es Barmherzigkeit mit sich selbst und von Seiten des Sterbebeistandes, die passenden religiösen
Worte und Bilder zu finden und sich auch davon lösen zu können, wenn sie nicht
(mehr) gebraucht werden.

Für Anne Steinmeier ist klar, dass sie das Vorlesen transitorischer, eventuell aber auch den Zorn in Worte fassende Texte braucht, um den letzten Weg gehen zu können, performative und transformative Narrationen ihres Lebens und
schließlich schweigende Gegenwart.

Bei mehreren Autorinnen und Autoren ist die Sorge zu entdecken, die Sterbe-
begleiterInnen könnten nicht bemerken, was zu viel und was zu wenig ist.

Verena Begemann beschreibt das Hospiz nicht nur als einen Ort guten Sterbens, sondern vor allem auch als einen Lehr- und Lernort des Lebens. Der und
die Sterbende braucht an seiner oder ihrer Seite Menschen, die Zeit haben. Sterbende brauchen Menschen, die schweigen und Passivität ertragen können. Menschen, die Sterbende begleiten, sollten gelernt haben, für ihre eigene Seele sorgen
zu können, um fürsorglich mit den Sterbenden umgehen zu können. V. Begemann beschreibt Sterbebegleiter als Menschen, die die Lebenskunst des Ab-
schiednehmens gestalten. Solcher Begleiter bedürfen wir bei unserem letzten
Gang und wie Friedrich Heckmann wünschen sich die meisten für ihr Sterben
diese Begleiter und Begleiterinnen.

Heckmann weist aber auch auf die Schwierigkeit des modernen Subjekts hin,
diese Begleitung annehmen zu können. Wie A. van Buuren sieht er die Schwierigkeiten angesichts lebenslanger Einübung des Westen in größtmögliche Autonomie, loslassen zu können und sich im Sterben fallen lassen zu könne. Er hofft
wie Klaus P. G. Gahl und andere wider die Einsamkeit auf die tröstende und hel-
fende Nähe der Menschen, die ihm nahe stehen, aber auch professioneller Helfer und darauf, dass diese tröstende Worte und Bilder finden, die in ihm an seinem Ende einen Widerhall finden. In eindrücklicher Weise schildert Christiane
Burbach die Begleitung eines Sterbenden in seinen unruhigen und beängstigenden, aber auch in ruhigeren Phasen mit Durst, Atemnot, Angst, Schwäche
und Unruhe durch Worte und Bilder von Gebeten und Psalmen, die miteinander von den Angehörigen gebetet wurden, von tröstenden Lieder, die sie gesungen haben. Sie beschreibt einen anstrengenden Weg der geistlichen Begleitung eines Sterbenden, auf dem alle getragen wurden durch Worte und Bilder
des Lebens.

Was kommt nach dem Tod?

Eine Anzahl von Aufsätzen beschäftigt sich mit der Frage: Was kommt nach dem Tod? Gibt es ein Leben danach?

Für den Philosophen Urs Sommer ist es klar, dass die Unendlichkeit der Möglichkeiten ewigen Lebens einen unerträglichen Druck für das endliche Wesen Mensch darstellt. Nur die Sterblichkeit, die Begrenztheit der Möglichkeiten macht das Leben erträglich. Den Druck der Unendlichkeit aushalten zu sollen, wäre für das begrenzte Subjekt eine schlimme Strafe. Nur ein Leben, das nicht unter dem Druck steht, mehr zu leisten, als es in der Lage ist zu realisieren, ist für ihn ein erträgliches Leben.

Der Mediziner und Psychotherapeuten Wolf Büntig glaubt nicht an eine Wiedergeburt im Fleisch oder als Person. Es genügt, wenn dasselbe Wasser *einmal* den Rhein hinunterfließt.

Die Theologinnen und Theologen dieses Bandes stellen die Individualität des Menschen und die Endgültigkeit des Todes nicht in Frage, bewahren aber die Perspektive des Lebens als Zuvor und Danach, als Woher und Wohin. Sie suchen in verschiedenen theologischen Denkmodellen die Perspektive der Individualität und die der Zugehörigkeit zu einem großen Ganzen zusammen zu denken.

Friedrich Heckmann zeichnet seinen Weg vom jungen Theologen, der kritisch-abstrakt über die Ostertexte des Neuen Testaments reflektiert und über das doch – nach aller Entmythologisierung – pastoral notwenige Reden in Metaphern und Bildern, durch das er in Seelsorge und Predigt zu der eigenen Erfahrung kommt, dass die Vorstellung eines souveränen Subjektes, das mit seinen Grenzen umgehen kann, eine Fiktion ist. Der erfahrene ältere Theologe schließlich plädiert dafür, sich und anderen die Sprache der Sehnsucht zuzugestehen, die auf das Gegenüber hofft, das Geborgenheit und Halt geben kann im Zustand der Schwäche.

Heinz Rüegger kritisiert die kirchliche Lehre, die darauf abhebt, dass der Tod widernatürlich ist und einen Fluch darstellt. Als endliches Wesen in kreatürlicher Solidarität mit allem Lebendigen verbunden und eingebunden zu sein, ist ihm eine tröstliche Vorstellung. Christliche Hoffnung besteht für ihn, ähnlich wie für Friedrich Heckmann in der Zugehörigkeit zur Schöpfung, zu den dazu gehörenden Prozessen der Transformation und der Kraft der Liebe, die größer ist als der eigene Beitrag dazu. Auch Gunda Schneider-Flume verfolgt dieses theologische Anliegen. Für sie, wie auch z. B. Renate Otte bleibt auch angesichts solcher Hoffnung auf Zugehörigkeit zum göttlichen großen Ganzen das menschliche Leben nichts anderes als ein Fragment.

Anne Steinmeier nähert sich den Vorstellungen des Denkens und Glaubens im Hinblick auf den eigenen Übergang von diesem irdischen Leben in eine unbekannte Andersheit mit Hilfe von Spieglungen eines Skulpturenkreises Thomas Lehnerers. In aller erfahrenen eigenen Fragilität des Wunders des Lebens immer noch inne und in offener Erwartung des unbekannten Kommenden, so lässt sich die Haltung andeuten, die die Theologin als angemessen empfindet.

Gunda Schneider-Flume sieht das Leben des Menschen als begrenztes, eingebettet in die Geschichte Gottes, in das Leben, das das Individuum trägt, auch über sein Ende hinaus. Sterben ist insofern nicht einfach ein Abbruch des Lebens in die Spurenlosigkeit, sondern ein Bewahrtwerden in der Geschichte Gottes.

In zwei weiteren Beiträgen wird die Bewahrung in der Geschichte Gottes thematisiert. Zum einen reflektiert der jüdische Theologe Jonah Sievers sein eigenes Sterben im Kontext der jüdischen Tradition, besonders des Talmuds, und zum anderen sieht Nossrat Peseschkian sich und seine psychotherapeutische Arbeit aufgehoben in dem Ziel, Gott zu erkennen und in seine Gegenwart zu gelangen. Es kommt ihm als Baha'i nicht darauf an, was nach dem Tode ist und wie die Seele nach dem Tode beschaffen ist. Zu Gott kehren wir zurück. Nossrat Peseschkian hat sich über das Projekt dieses Buches sehr gefreut und hatte lange vor den anderen Autoren seinen Beitrag beendet. Kurz nach der Fertigstellung seines Manuskriptes erhielten wir die Nachricht von seinem Tode.

Bewegt haben wir in der Todesanzeige seiner Familie gelesen: *Alle Menschen kommen von Gott und zu Ihm kehren sie zurück.*

Humor

Im kollegialen Gespräch an der Hochschule gibt es natürlich auch immer wieder ganz nebenbei einen Austausch über die jeweiligen Projekte. Wenn wir über unser Projekt berichtet haben, fand dieses eigentlich immer großes Interesse, aber häufig *erstarb* dann das Gespräch recht schnell. Dass unsere Beschäftigung mit dem eigenen Sterben nicht nur ein trauriges, ein feierlich- ernstes ist, zeigen die Beiträge immer wieder. So überschreibt Ruth Lödel einen Abschnitt ihres Beitrages *Es darf gelacht werden.*

Nossrat Peseschkians Beitrag scheint im Ganzen mit einem Augenzwinkern geschrieben worden zu sein. Schon die Überschrift, dass alle in den Himmel wollen, aber keiner sterben will, weist auf einen humorvollen Umgang mit dem eigenen Ende hin. Die seinen Beitrag abschließende kurze Geschichte wird sicherlich die meisten Leser und Leserinnen zum Schmunzeln bringen.

Lachen ist ein Zeichen der Osterfreude, es gehört in besonderer Weise zu den göttlichen Dingen, ist für Ruth Lödel eine besondere Gnadengabe. Österliches Lachen verweist auf das Leben, lacht über den Tod, weist auf jenes Leben, das den Sieg über den Tod behält.

Wir danken unseren studentischen Hilfskräften Carolin Höft und Marei Crone für technische Hilfe.

Hannover, im September 2010   Christiane Burbach
                                               und Friedrich Heckmann

Die Mündung des Flusses in das Meer

CHRISTIANE BURBACH

Es können nur Annäherungen an ein eigentlich grundsätzlich unbekanntes Land sein, wenn ein Mensch versucht, sich mit seinem Ende auseinanderzusetzen. Sollte man deshalb zu diesem Thema lieber schweigen? Sicher ist der Vorbehalt angebracht, sich darauf einzurichten, dass alles im Ernstfall doch noch einmal ganz anders sein kann oder wird. Dennoch erscheint es als ein wichtiger, weil konzentrierender Akt, sich dem eigenen Ende zu stellen.

Sollte man dies aber auch aufschreiben, aus der Hand geben, um andere an diesen Gedanken partizipieren zu lassen? Sind das nicht gedankliche Grenzgänge, die man besser unter Verschluss hält? Zweifellos stellt das Veröffentlichen solcher Vorstellungen ein gewisses Wagnis dar, das hier eingegangen wird, um mit anderen Menschen in ein Gespräch einzutreten.

Kindheitserinnerung: Die Erzählungen vom Tod im Krieg

Dass die Menschen sterblich sind, habe ich durch die Erzählungen der Erwachsenen schon beim Spielen erfahren. Als Nachkriegs- und Flüchtlingskind geboren, habe ich erlebt, wie die Eltern ihre Verwandten nach dem Zweiten Weltkrieg wieder trafen und sich gegenseitig berichteten, wie es ihnen ergangen war auf der Flucht aus Ostpreußen, in der russischen oder britischen Gefangenschaft, auf welchen verschlungenen Pfaden sie hierher nach Norddeutschland kamen. Ich habe gehört, während ich mit meinen Cousins und Cousinen spielte, wer alles umgekommen ist auf der Flucht, dass meine Großeltern nicht auf das Schiff wollten, das Ostpreußen als letztes verließ und dass sie in Königsberg umgebracht wurden oder gestorben sind. Andere waren erfroren, verhungert etc. Manchmal musste ich die Ohren ziemlich spitzen, weil die Stimmen immer leiser wurden, denn die Kinder sollten ja nicht erschreckt werden.

Dennoch hat sich dem kleinen Mädchen eingeprägt, wie bedrückend es für die Eltern und Verwandten war, überlebt zu haben. Der Tod ist bedrückend, ungerecht und brutal, das war von Kindheit an klar. Er zerschneidet Lebensbande, macht Hoffnungen zunichte, lässt Menschen ohnmächtig ins Leere, wenn nicht gar in das Grauen starren. Dennoch lebten meine Eltern, die Verwandten, andere Flüchtlinge, mit denen meine Eltern befreundet waren. Dennoch wurden Kinder geboren und das Leben ging weiter. Sie waren froh, am Leben geblieben zu sein, eine neue Chance zu leben bekommen zu haben. Aber auch die Trauer um die, die zurück gelassen werden mussten, die es nicht geschafft haben und doch eigentlich dazu gehörten, blieb. Das Überleben war mit einem Aber versehen. So hat das Leben für mich als Flüchtlings-Kind immer die Konnotation von „dem Tod entkommen sein" gehabt.

Das eigene Sterben in Phantasiereisen und Imaginationen

In meiner Seelsorgeausbildung, in Weiterbildungen, Seminaren und auch in meiner pastoralpsychologischen Arbeit habe ich öfter mein eigenes Sterben, meine Beerdigung und meinen Tod imaginiert.

Die Imagination des Flusses meines Lebens ist vital. Schon die Quelle ist springlebendig, der Fluss fließt kraftvoll durch die Landschaft. Am Rande spielen sich verschiedene Szenen ab, die mein Leben in verschiedenen Situationen zeigen. Schließlich soll imaginiert werden, wie der Fluss ins Meer fließt. Es ist ein ungeheures Gefühl von Glück, Freude und Freiheit. Zu Ende sind die Begrenzungen, das Formhalten sollen und müssen, abfallen können die Konditionierungen, das ist körperlich spürbar. Sterben ist freikommen, heimkommen, ankommen in der Unendlichkeit.

Die Phantasie über die eigene Beerdigung ist bestimmt von heiterer Atmosphäre. Es ist Sommer, Sonne durchflutet die Friedhofkapelle, die Frauen sind in bunten Sommerkleidern gekommen, die Männer ebenfalls in Sommerkleidung, es wird Paul Gerhardts „Geh aus mein Herz und suche Freud" gesungen, das ich immer sehr geliebt habe. Der Traueransprache liegt 1Kor 13, besonders V.13 zugrunde:

> Nun aber bleiben Glaube, Hoffnung, Liebe, diese drei;
> aber die Liebe ist die größte unter ihnen.

Von irgendwo her höre ich das Agnus Dei, qui tollis peccata mundi, miserere nobis aus Mozarts Requiem (wahrscheinlich ergänzt und bearbeitet durch Franz Xaver Süßmayr), das ich als 23jährige Studentin zum ersten Mal in der Jakobikantorei in Göttingen gesungen habe.

Die Tränen, die dabei fließen, sind eine Mischung aus Trauer, dieses Leben nun verlassen zu müssen und der Gewissheit: ja, so ist es richtig, so ist es wahr. Das Leben wird weitergehen, jetzt ohne mich. Die Wahrheit dieser Texte hat schon vor meiner Existenz Gültigkeit gehabt, wird bleiben über meinen Tod hinaus. Diese Texte werden die Lebenden und die Toten umfassen. Während die anderen auf der Erde bleiben, werde ich sie verlassen, aber irgendwo werde ich sein. Werde *ich* sein? Was von mir wird wo sein? Es gibt aber die Gewissheit, ich werde irgendwo sein.

Schließlich wird mein Sarg vor einer Birke abgesetzt auf dem Friedhof des Dorfes, in dem ich Gemeindepastorin war und viele Gemeindemitglieder beerdigt habe. Hier wird meine letzte Ruhestätte sein. Die Vorstellung, hier nun tatsächlich für immer bleiben zu müssen, während die anderen wieder gehen, erzeugt dann doch ein Panikgefühl. Ich will auch weg. Ich will …, wohin eigentlich? Ins Universum? Nach Hause? Irgendwo anders hin, fliegen können mithilfe der altägyptischen Ba-Seele. Das wäre jetzt gut, viel besser als in die Erde müssen.

Ist das Eskapismus? Das ist nicht ohne weiteres von der Hand zu weisen. Eventuell ist es auch Ausdruck der Unmöglichkeit, sein eigenes Nicht-Sein zu denken und zu empfinden.[1]

Andererseits kann ich bei kritischster Betrachtung meiner Gedanken und Empfindungen mich nicht vollständig exklusiv mit dem physischen Teil meiner selbst identifizieren, der innerhalb der dann nächsten 20 Winter und Sommer weitgehend zu „Erde geworden ist, davon er genommen ist", wie die Beerdigungsliturgie es formuliert. Da ist noch ein anderer Teil, vielleicht die Seele, die auch noch in einer anderen Dimension zuhause ist und dorthin, zu Gott, auch zurückkehrt.

In jedem Fall finden sich hier Bestandteile religiöser Sozialisation, die alle Aufklärung und kritische Reflexion überlebt haben, oder genauer gesagt, die nach naturwissenschaftlicher und theologischer Aufklärung darüber, wie Tod und Auferstehung zu begreifen sind, auferstanden sind.

Das weise, wissende Herz:
Wirkung von Sterbe- und Beerdigungsimaginationen

Sowohl im Rahmen des Studiums der Religionspädagogik und der Sozialen Arbeit wie auch im Kontext von Weiterbildungen der Beratung und Seelsorge habe ich, teilweise auch zusammen mit meinem Kollegen Friedrich Heckmann, Sterbe-, Abschieds- und Beerdigungsimaginationen durchgeführt. Im Unterschied zu o.g. Meditation ließen wir auch den Abschied von wichtigen Menschen imaginieren. In den Nachgesprächen wurde immer wieder als eine besonders wichtige Erfahrung folgendes benannt: Jetzt weiß ich, wie wichtig mir meine Kinder, mein Mann, meine Freundin, meine Eltern etc. sind. Was es bedeutet, sie zu lieben, wird angesichts des bevorstehenden endgültigen Abschiedes besonders deutlich. Viele der Teilnehmenden haben das Seminar verlassen mit dem Vorsatz, den ihnen nahe stehenden Menschen heute noch zu sagen, wie sehr sie sie lieben, was sie ihnen bedeuten, was sie ihnen sagen möchten und bisher versäumt haben.

---

1 Freud geht noch einen Schritt weiter: „im Grunde glaubt niemand an seinen eigenen Tod oder, was dasselbe ist: im Unbewussten sei jeder von uns von seiner Unsterblichkeit überzeugt." Zeitgemäßes über Krieg und Tod, 49.

Ein weiteres wichtiges Ergebnis war häufig, dass die Teilnehmenden während und nach der Übung sich dessen bewusst wurden, was ihnen wichtig ist im Leben, was sie getan und bewirkt haben wollen und was unwichtig, zweit- bis drittrangig ist. Ein weiterer Vorsatz, der häufig gefasst wurde, war, dann viel mehr auf das zu achten, was wirklich bedeutsam ist im Leben, und die Zeit, die zur Verfügung steht, nicht mit wenig sinnvollem Tun zu verbringen. Neue Prioritäten wurden gesetzt, Innewerden bedeutender Lebensziele fand statt und die Entschlossenheit zu Konzentration war spürbar.

Wie lange die Vorsätze gehalten haben, vermag ich nicht einzuschätzen. Dass es aber eine für die Lebensgestaltung wegweisende Übung ist, das eigene Ende mit einer gewissen Ernsthaftigkeit zu bedenken, wurde uns allen dabei klar.

> „Unsere Tage zu zählen lehre uns!
> Dann gewinnen wir ein weises Herz.“

Oder mit Luther:

> „Lehre uns bedenken, dass wir sterben müssen, auf dass wir klug werden.“
> Ps 90,12

Diese Erkenntnis rückt sowohl den Teilnehmenden wie auch uns Lehrenden in solchen Übungen sehr nahe. Die Kostbarkeit des Lebens wird für diesen Moment erfahrbar.

Angst vor der Schwelle?

Mit einem skeptischen Blick nehme ich wahr, dass Angst in meinen Sterbeimaginationen keine Rolle spielt. Auch in Situationen schwerer Krankheit, in denen ich mich sehr schwach fühlte und dachte: So ist das also. Noch ein paar Schritte weiter in die Richtung dieser Schwachheit und dann ist es das Sterben. Dieser Gedanke war bisher nie angstbesetzt. Es war ein selbstverständliches Innewerden eines möglichen Weges, der dann doch noch einmal ins Leben zurückführte. Es mag jedoch durchaus sein, dass die Abwesenheit von Angst ein Zeichen der noch weiten Entfernung des Todes darstellt.

Bei Sterbebegleitungen anderer Menschen habe ich durchaus Phasen oder wiederkehrende Momente der Angst gespürt. Oft war es ein Wechsel zwischen den Polen in Zuversicht seinen letzten Weg gehen und Angst und Auflehnung. Gelegentlich hatte ich den Gedanken, dass einige Sätze der Requien nicht nur der apokalyptischen Vorstellungswelt entsprechender biblischer Texte zu verdanken ist, sondern dem Erleben Sterbender. Dabei ist etwa an „Dies irae, dies illa“ (jener Tag, Tag des Zorns) oder an „Lacrimosa dies illa“ (Tag der Tränen …) aus dem Mozart-Requiem zu denken. Das Bedrängende mancher Lebenserfahrungen kommt u. U. in immensen Schuldgefühlen und Ängsten angesichts der nachlassenden Kräfte, der schwindenden Zeit zum Ausdruck.

Geholfen hat bei einem dieser mir sehr nahe stehenden Menschen, das Singen, Beten und Segnen. Immer, wenn wieder eine unruhige und beängstigende Phase kam, sangen wir und beteten das Vaterunser, den 23. Psalm sowie Abendgebete. Wichtige Bibelverse wurden zitiert: „Wenn der Herr die Gefangenen Zions erlöst, dann werden wir sein wie die Träumenden. Dann wird unser Mund voll Lachens und unsere Zunge voll Rühmens sein. Da wird man sagen unter den Völkern: Der Herr hat Großes an ihnen getan. Der Herr hat Großes an uns getan; des sind wir fröhlich". Ps 126,1–3 oder „Dennoch bleibe ich stets an dir, denn du hältst mich bei meiner rechten Hand, du leitest mich nach deinem Rat und nimmst mich endlich in Ehren an. Wenn ich nur dich habe, frage ich nichts nach Himmel und Erde. Wenn mir gleich Leib und Seele verschmachtet, so bist du doch, Gott allezeit meines Herzens Trost und mein Teil". Ps 73,23–26. Der Sterbende wurde von mir gesegnet.

Viele Kirchenlieder wurden in jener Sterbenacht durchgesungen: „Jesu geh' voran auf der Lebensbahn", „Ich bete an die Macht der Liebe", „Wachet auf, ruft uns die Stimme", „Bei dir, Jesu, will ich bleiben", „Laudate omnes gentes", „Herr, gib uns deinen Frieden", weil es Advent war, auch: „Brich an du schönes Morgenlicht", „Macht hoch die Tür, die Tor macht weit", „Wie soll ich dich empfangen", „Tochter Zion", „Es ist ein Ros entsprungen", „Stille Nacht"; schließlich wird auch „Müde bin ich, geh' zur Ruh" und „Breit aus die Flügel beide" gesungen sowie Heilslieder, die nicht allgemein bekannt sind. Manche Lieder wurden mehrmals gesungen. Der Sterbende betete mit und bewegte die Lippen, um die bekannten Worte der Liedstrophen zu formen.

Mit Singen, Beten, Bibelversen, Pausen und Worten der Anerkennung haben wir die Strecken von Durst, Atemnot, Angst, Schwäche und Unruhe mit dem Sterbenden durchstanden. Er selbst wies schließlich mit der Hand in den Nachthimmel, um zu zeigen, wohin sein Weg ihn führt.

Außer unserer geistlichen Begleitung waren auch Schmerzmittel, Wasser zum Trinken und das Abwischen des Schweißes notwendig. Wie dieser anstrengende Weg sowohl für den Sterbenden wie für uns Begleiterinnen ohne diesen geistlichen Raum, der uns alle umfing und hielt, hätte begangen werden können, ist mir völlig unklar.

Ich stelle mir vor, dass solch eine Sterbebegleitung mir nahe stehender Menschen auch mir helfen würde, die Schwelle aus dem Leben heraus zu überschreiten. Damit dies kein Schritt ins Nichts, in den Abgrund wird, vor dem ich mich wirklich sehr fürchten würde, ist ein solcher Raum von Worten des Lebens nötig.

Bergende Worte

Als Theologin gehörte es zu meinen vordringlichen Aufgaben zu studieren, was wahre Worte sind, historisch-philologisch wahre Worte. Welches echte Jesusworte, welches echte Paulusbriefe sind und welche nicht, welche Kapitel tatsächlich vom Propheten Jesaja geschrieben wurden und welche von Deutero- und Tritojesaja etc., über das alles und noch viel mehr Auskunft geben zu können, war entscheidend, um Examina zu bestehen. – Leider ändert sich der Forschungsstand in allen Disziplinen fortlaufend, so dass die ultimative Bedeutung, die diesem Realienwissen anhaftet, einen lapidaren Relativismus ausgesetzt ist. – Das Wissen um historische Wahrheit, um Logik und philosophische Verantwortbarkeit von Worten und Sätzen, von Vorstellungen und Ideen, war ein bedeutsamer Bestandteil aufgeklärten Theologisierens. Um Pastorin werden zu können, musste ich wie alle Pastoren bei der Ordination gemäß Confessio Augustana, Art. 7 versprechen, „das Evangelium rein zu verkündigen und die Sakramente richtig zu verwalten". Diese Standards sind anzuerkennen als wissenschaftliche oder berufsethische Mindestanforderungen.

Als Hilfe zum Leben und Sterben reichen diese Anforderungen, auch wenn sie gar nicht so leicht zu erfüllen sind, nicht. Das richtige Verständnis der Tradition ist noch kein hinreichender Verweis auf ihre Wahrheit.[2] Als Lebens- und Sterbehilfe ist es wichtig, mit den Bibelversen, den Psalmen, den Gesangbuchliedern gelebt zu haben, eine Geschichte eingegangen zu sein, Teil der Wirkungsgeschichte, die sie generiert haben, geworden zu sein. Dass die Worte des 23. oder 73. Psalms im Sterben bewohnbare Vorstellungen und Bilder sein können, verdanken sie nicht ihrer philologischen Richtigkeit, keinem Purismus, eigenartigerweise auch nicht ihrer Logik und philosophischen Verantwortbarkeit, sondern der Erfahrung mit ihnen seit vielen Generationen, in kritischen Situationen, ein Leben lang. Dass diese Worte bergen in Lebens- und Todesangst, hängt mit ihrer symbolischen Kraft, ihrer gemeinschaftlich erfahrenen Vertrauenswürdigkeit trotz aller Zweifel und ihrer langen Wirkungsgeschichte zusammen.

In meiner Familie wurde seit Generationen in protestantischer Tradition mit Bibel und Gesangbuch gelebt, ohne dass dies einen frömmlerischen Einschlag gehabt hätte. Genau so, wie es wichtig ist, sich zu waschen, die Zeitung zu lesen, Nachrichten zu hören und zu arbeiten, gehörten Morgen-, Abend- und Tischgebete zum Alltag; genau so normal wie die Alltagsgestaltung war der Gottesdienstbesuch, das Festessen oder der Ausflug am Sonntag. Auch, wenn ich selbst Alltag und Sonntag heute anders gestalte, hat diese Sozialisation bewirkt, dass das Hören bestimmter Lieder und Texte weite Räume eröffnet: Situationen, in denen sie schon lange vor meiner Zeit gesungen und gehört wurden, Situationen,

---

2 Vgl. auch zur Frage nach wahren Worten: Steinmeier, Schöpfungsräume, bes. 99 ff..

in denen ich sie selbst singen ließ und gepredigt oder ausgelegt habe, die Situation, in der sie entstanden sind und ihre ursprüngliche Wirkungskraft entfaltet haben, historische Situationen, in denen sie eine Rolle gespielt haben, familiengeschichtliche und biographische Situationen, in denen sie sich bewährt haben: alle diese Räume bilden einen großen Raum mit erheblicher zeitlicher Tiefendimension. Insofern kann ich mir vorstellen, dass mein letzter Schritt über die große Schwelle in einem solchen Raum der Lebensworte, gesprochen oder gesungen, Halt finden und geborgen sein könnte.

Das Schlimmste: der Abschied

Viele Menschen, mit denen ich über das Thema des Sterbens gesprochen habe, waren sich sicher, dass sie am wenigsten Angst haben vor dem Tod, eher vor dem Sterben, am meisten jedoch vor dem endgültigen Abschied von ihren Lieben. Die Annäherung an die Vorstellung, mich endgültig von meinem Ehemann verabschieden zu müssen, ist unerträglich, irgendwie auch undenkbar.

Es gibt ja Todesarten, bei denen einem der Abschied erspart bleibt: ein Autounfall, das Sterben während eines operativen Eingriffes oder ein plötzlicher Infarkt u. a. Trotz der Unerträglichkeit der Vorstellung vom Abschied möchte ich mich nicht davonschleichen (müssen), sondern mutig sein und dem Unausweichlichen auch standhalten (können). Ich hoffe und wünsche mir, in der Lage zu sein, den Abschied gestalten zu können in angemessenen Worten und Gesten.

Abschied und Sterben sollten zeitlich nahe beieinander liegen. Lebenslänglich habe ich es als besondere Qual erlebt, wenn man sich z. B. von einem Reisenden bereits verabschiedet hat, der Zug aber aus nicht erkennbaren Gründen immer noch nicht abfährt. Es hat keinen Sinn, noch ein neues Gespräch anzufangen, dieselben guten Wünsche und Appelle, die man bereits geäußert hat, zu wiederholen nimmt ihnen die Bedeutung, neue zu nennen ist inflationär. Das sich noch ansehen, obwohl man sich verabschiedet hat, wirkt befremdlich: wie daseiend schon weg oder festhaltend im überfälligen Gehen. Mein Wunsch ist, so, wie ich es bei vielen anderen erlebt habe, nach dem Abschied auch gehen zu können.

Die letzte Reise, der Ort des Sterbens

Die meisten Menschen möchten zu Hause sterben. Dies erscheint ein geradezu natürlicher Wunsch zu sein. Menschen möchten nicht im Krankenhaus an verschiedene Instrumente angeschlossen sterben, nicht auf der Straße bei einem Unfall.

Hier bin ich etwas ambivalenter Auffassung. Wenn ich nur an mich selbst denken würde, wäre für mich die Vorstellung am stimmigsten, zuhause zu sterben, im Wohnzimmer noch einen Tag lang mit Blick nach draußen aufgebart zu sein und von hier aus die letzte Reise anzutreten. Dies ist aber nur dann für mich eine gute Möglichkeit, wenn unser Zuhause für meinen Mann dann nicht den Stellenwert des Lebenshauses verliert. Wenn es für ihn dann doch ein wenig gruselig oder belastend ist, dass mein Sarg dort gestanden hat, wo wir viele Feste mit Freunden gefeiert haben, möchte ich lieber nicht zu Hause sterben. Der Erhalt des Lebenshauses in seinem unbeschwerten Charakter wäre mir wichtiger als mein Wunsch hier zu sterben.

In einem Hospiz zu sterben ist für mich eine sehr gute Alternative. Ich habe beruflich mehrere Hospize kennen gelernt, die alle für mich als Sterbeort in Frage kämen. Gast in einem Hospiz zu sein auf der Weiterreise in die Ewigkeit, ist für mich eine gute Vorstellung.

Den Übergang vom Leben in den Tod als Reise mit verschiednen Stationen zu verstehen, ist für mich eine sehr positive Vorstellung. Nach dem Abschied vom Sterbeort, nicht sofort auf den Friedhof oder in die Kühlkammer gebracht zu werden, sondern in eine Barbarakapelle,[3] wie es im machen Landstrichen üblich war, ist für mich eine sehr tröstliche Vorstellung. Sich in der Obhut christlicher Tradition vom irdischen Leben zu entfernen, bevor der Gang zur letzten Ruhestätte auf dieser Erde angetreten wird, scheint mir ein sehr passendes Stadium auf dieser Reise zu sein.

Loslassen können

Um den beängstigenden Teil des Sterbens zu bewältigen und schließlich loslassen zu können, ist sicher der o. g. Halt in einem Raum bergender Worte und Vorstellungen wichtig. Letztendlich stelle ich mir das Loslassen, das Lassen, sich lassen können nicht dramatisch vor. Ich blicke zurück auf ein reiches Leben mit Erfolgen und Niederlagen, mit Liebe und Unverständnis, in vielfältiger Solidarität und Freundschaft und in Einsamkeit. Ich bin noch immer neugierig auf das Leben, könnte mir viele weitere Ziele ausmalen, Projekte zu realisieren versuchen und überhaupt Neues zu erleben und gestalten. Auf der anderen Seite wächst stetig auch ein Bewusstsein dafür, dass es irgendwann genug ist. Etwa in dem Sinne Anton Ulrichs Herzog zu Braunschweig-Lüneburg,[4] der bereits im Alter von ca. 22 Jahren gedichtet hat:

---

3 Eine Barbarakapelle findet sich z. B. auf dem alten Friedhof in Meran. Barbarakapellen in der Funktion als Friedhofskapellen finden sich besonders im süddeutschen Raum.

4 Vgl. Wallmann (Hg.), Christliche Dichtung vom Barock bis zur Gegenwart, 84f, Strophen 1,2,4.

Sterblied

Es ist genug! Mein matter Sinn
sehnt sich dahin,
wo meine Väter schlafen.
Ich hab es endlich guten Fug,
es ist genug!
Ich muß mir Rast verschaffen.

Ich bin ermüd't, ich hab geführt
die Tagesbürd:
es muß einst Abend werden.
Erlös mich, Herr, spann aus den Pflug,
es ist genug!
Nimm von mir die Beschwerden.
…

Nun gute Nacht, ihr meine Freund,
ihr meine Feind,
ihr Guten und ihr Bösen!
Euch folg die Treu, euch folg der Trug.
Es ist genug!

Mein Gott will mich auflösen.

Herzog Anton Ulrich lebte nach der Abfassung dieses Gedichtes noch ca. 60 Jahre lang. Als Flüchtlingskind gibt es für mich nicht die bodenständige und fürstliche Möglichkeit, ganz irdisch zu den Vätern und Müttern zu gehen, was möglicherweise eine tröstliche Vorstellung ist. Aber im Hinblick auf das „Genug" kann ich zustimmen. Irgendwann ist es genug.

Hermann Hesse[5] fand 1944 noch heiterere Worte für den Abschied aus dieser Welt:

Leb wohl, Frau Welt

Es liegt die Welt in Scherben,
Einst liebten wir sie sehr,
Nun hat für uns das Sterben
Nicht viele Schrecken mehr.

Man soll die Welt nicht schmähen,
Sie ist so bunt und wild,
Uralte Zauber wehen
Noch immer um ihr Bild.

---

5 Hesse, Die Gedichte, 687.

Wir wollen dankbar scheiden
Aus ihrem großen Spiel;
Sie gab uns Lust und Leiden,
Sie gab uns Liebe viel,

Leb wohl, Frau Welt, und schmücke
Dich wieder jung und glatt,
Wir sind von deinem Glücke
Und deinem Jammer satt.

Dankbar und ohne Groll, in einer weisen Großzügigkeit loslassen zu können, anderen das Feld im Spiel des Lebens zu überlassen, eine Haltung, mit der ich aus dieser Welt gehen möchte.

Literatur

Freud, Sigmund: Zeitgemäßes über Krieg und Tod. Freud-Studienausgabe Bd. IX, Frankfurt a. M. 1974, 33 ff.
Hesse, Hermann: Die Gedichte, Frankfurt a. M. 1977.
Steinmeier, Anne: Schöpfungsräume. Auf dem Weg einer praktischen Theologie als Kunst der Hoffnung, Gütersloh 2003.
Wallmann, Jürgen P. (Hg.): Christliche Dichtung vom Barock bis zur Gegenwart, Gütersloh 1981.

Aufbruch im Vertrauen

Theodor Seifert

Ein Thema, über das ich eigentlich gar nicht schreiben kann, weil ich es noch nicht erlebt habe. Ich habe Berichte über das Sterben anderer Menschen gelesen und gehört, Ärzte, Krankenschwestern und Seelsorger haben davon berichtet und darüber geschrieben, aber das Sterben selbst zu erleben ist, wie wir entsprechend auch aus anderen Lebensbereichen wissen, doch etwas grundsätzlich anderes. Ob mir jemand das Meeresrauschen beschreibt oder ich selbst an der Küste am Meer stehe, ist ein sehr großer Unterschied.

Ich kann also über *das*, aber nicht über *mein* Sterben reden oder schreiben. Darüber nachdenken kann ich immer, wenn ich entsprechende Berichte höre oder lese, aber das eigene Erleben ist davon noch weit entfernt.

Wovon man nicht reden kann, davon soll man schweigen, empfiehlt der Philosoph Wittgenstein. Also nach diesem Punkt aufhören?

Ich meine, das ist nicht unbedingt nötig. In unserer Seele ist nicht nur persönliches Erleben in Form von Erinnerungen gespeichert, sondern das Erleben *des* Menschen überhaupt, jenseits aller Individualität. Es gibt ein kollektives Gedächtnis, ein kollektives Unbewusstes, ein Gedächtnis der Menschenart, in dem alles jemals da Gewesene gespeichert ist. Hierher gehören auch die physischen Voraussetzungen meiner Existenz und meines Körpers, ohne die ein, mein menschliches Leben nicht möglich wäre. Schon vor meiner Geburt ,erinnert' sich die Matrix, die unter bestimmten biologischen Voraussetzungen die Information für den werdenden Menschen bereithält, so dass wieder ein menschliches Wesen, wie wir es kennen geboren wird. Wir nennen es als Eltern ,unser Kind', es spricht dann später von selbst in der Ich-Form, die uns allen völlig selbstverständlich ist. Meister Eckehart sagt und fragt es ganz einfach so:

„Warum bleibt ihr nicht in euch selbst und greift in euer eigenes Gut? Ihr tragt doch alle Wahrheit wesenhaft in euch."[1]

Im Zen-Buddhismus gibt es das Koan, die Frage, wer ich vor meiner Geburt war.

Das ist das Davor, vor meinem Eintritt in das mir dann ganz selbstverständliche eigene Leben. Wenn es dieses Davor gibt, muss es auch ein Danach geben. Zwischen beiden Formen meiner Existenz gibt es einen Punkt, in dem sich eine vielleicht weit zurückreichende Vergangenheit und eine wohl auch unendliche Zukunft begegnen. Dieser Punkt ist sowohl unendlich klein und kurz, ist der

---

1 Meister Eckehart, 181.

Zeit-Punkt meiner Geburt und meines Todes, ganz exakt und spezifisch. Dieser Punkt ist eine besondere Synchronizität, in der zwei voneinander unabhängige Ereignisreihen zusammentreffen, meine Vergangenheit und meine mir noch unbekannte Zukunft, die ich ahne.

Wenn wir dem weisen Prediger Salomo folgen, gibt es auch einen *Zeit-Raum* meines Todes, in dem wir mehrere Zeitpunkte, ein Geschehen, eine Entwicklungslinie meines Todes annehmen können, denn „Alles hat seine Zeit, das Geborenwerden hat seine Zeit und ebenso das Sterben; das Pflanzen hat seine Zeit und ebenso das Ausreißen des Gepflanzten."[2]

Diese Erkenntnis ist als archetypisches Erleben in allen Menschen gespeichert. Deshalb begleiten wir Menschen in ihrem Sterben, und das ist ein wechselseitiges Geschehen im Einverständnis. Wir wollen beim Sterben nicht allein sein, wollen z. B. nicht im Krankenhaus sterben, sondern in vertrauter Umgebung. Wollen die Sterbenden auch nicht allein lassen, aber auch nicht allein gelassen werden. Und der Gedanke an ein Sterben im Krieg, ein Begrabenwerden in ‚fremder Erde' – wenn überhaupt – ist eine schlimme Phantasie. Selbst im Krieg werden nicht nur die Verwundeten, sondern auch die gefallenen Soldaten möglichst hinter die eigenen Linien zurückgeholt. Und der Bescheid ‚Vermisst' als Mitteilung über den Gefallenen, ist für die Angehörigen noch nach vielen Jahren sehr belastend, es bleiben viele ungelöste Fragen, über die man nicht mehr spricht, mit wem auch?

Ein sehr starkes Erlebnis war für mich mit dem Sterben meines Hundes nach vierzehn gemeinsamen Jahren verbunden. Altersschwach und wohl von starken Schmerzen geplagt, konnte er nicht mehr die Treppe hoch zur Straße laufen und ich konnte ihn nicht zum Auto tragen, um ihn einschläfern zu lassen. Die Ärztin war freundlicherweise zu einem Hausbesuch bereit am Ende ihrer Sprechstunde, um ihm die erlösende Spritze zu geben, wozu ich mich schweren Herzens entschlossen hatte. Ich saß neben Terry auf dem Fußboden und hielt meine Hand auf seinem schwer atmenden Körper. Ich spürte seinen Herzschlag in meiner Hand und dann – das war ein erschütterndes Erlebnis – spürte ich wie er langsamer, schwächer wurde, immer wieder entstanden Pausen, die länger und länger wurden und dann schlug sein Herz nicht mehr. Sein Herz stand einfach plötzlich für immer still. Ich war dem Tod noch nie so nah gewesen. Den Schlag seines Herzen spüre ich noch heute in meiner Hand – ich kann das Erlebnis jederzeit wieder wachrufen.

So weiß ich heute aus unmittelbar eigenem Erleben, dass es den Zeitraum des Sterbens und den Zeitpunkt des Endes gibt. Auch der Gedanke, dass es kein Ende, sondern nur einen Übergang ist, wobei offen bleibt, wohin der Energiestrom weiter fließt, liegt ganz nahe, ist selbstverständlich. Zeitpunkt und Zeitraum sind für mich heute selbstverständliche Fakten des Lebens, meines Lebens und Sterbens.

---

2 Pred 3,2.

Über *mein Sterben* kann ich nicht direkt sprechen. Da Sterben aber sowohl ein ganz persönliches und zugleich ein völlig unpersönliches Geschehen ist, weil es alle Menschen betrifft, sehe ich einen Mittelweg, der sich in Träumen und Phantasien darstellt. Persönliches und Kollektives treffen zusammen, z. B in einem Traum oder einem inneren Bild, das spontan aus dem Unbewussten auftaucht. Ich möchte das mit drei Beispielen verdeutlichen. Da es um *mein Sterben* geht, müssen sie auch ganz persönlich sein. Diese Bilder enthalten für mich eine Botschaft, der ich glaube, so wie ich meinen Träumen glaube. Sie sind eine seelische Realität.

Beispiel 1:

„Ich komme in einem Traum nach einer längeren Wanderung mit nahen Freunden und Angehörigen, auch meinen Kindern und meiner Frau, am Ende unseres Weges, der durch eine Wiese geführt hatte, an den Rand eines frisch gepflügten Feldes. Es war Frühjahr und die großen Erdschollen glänzten in der Sonne. Vor mir lag ein schmaler Pfad, der durch das Feld führte, nur breit genug für eine Person. Ich wusste, dass ich ihn gehen musste, das war ganz selbstverständlich. Warum ich ihn gehen sollte und wohin er führen würde, wusste ich nicht, war aber ganz ruhig, ging ihn ohne zu fragen. Wen hätte ich auch fragen können? Nach einer längeren Kurve endete der Pfad und an dieser Stelle stand ein vornehmes englisches Auto, es sah aus wie ein alter Rolls Roys, schwarz und glänzend. Der Chauffeur öffnete den hinteren Wagenschlag und forderte mich mit einer Handbewegung auf, einzusteigen. Auf dem Rücksitz saß ein vornehmer Engländer im schwarzen Anzug. Auf dem Kopf trug er einen schwarzen Hut. Er las eine Zeitung, nickte mir freundlich zu, ohne etwas zu sagen und wir fuhren los. Ich wusste nicht, wohin die Fahrt gehen würde, war aber ganz ruhig und vertrauensvoll."

Dieser Traum ist für mich ein Bild des Übergangs in ein anderes Leben, begleitet von einem wissenden Führer, hier in Gestalt eines Lords. Dass er eine Zeitung las, ist ein Bild für seine offene Haltung.

Vom Unbewussten hatte ich jetzt eine persönliche Antwort auf die Frage des *Danach* – eine Ermutigung, zu vertrauen und mich führen zu lassen. Das entspricht unserem Nichtwissen über die andere Seite, zugleich aber auch der Ahnung, ja des Wissens, dass es *gut* weiter gehen wird. Je nach Einstellung zum Unbewussten und seiner umfassenden Weisheit, muss es nicht bei der Ahnung bleiben, sie kann zur Gewissheit werden, dass Gutes möglich ist, dass es weitergeht. Für mich ist das eine Realität im Hinblick auf mein Sterben.

Beispiel 2:

„Im Rahmen einer vierwöchigen Schweigemeditation, in der es auch um Tod und Sterben ging, hatte ich folgendes Bild:

An einer Anlegestelle wartete ich auf eine besondere Fähre, die auch bald anlegte. Es war ein Schiff mit einem kleinen hausförmigen Aufbau, in dem nur der Steuermann stand, und einen größeren leeren Raum unten im Schiff, von dem aus man nicht hinaus sehen konnte, die vorhandenen Fenster waren zu hoch. Ich war der einzige Passagier in dem Schiff und der Steuermann war der Tod. Er wandte sich von seinem überhöhten Platz mir zu und sagte: ‚Wir fahren jetzt los‘. Er betonte noch einmal, was ich schon wusste, dass ich nur drei Bücher mitnehmen dürfe. Ich hatte mich für das chinesische Weisheitsbuch I-Ging, die Predigten von Meister Eckehart und die Biographie von C. G. Jung entschieden und war mit der Wahl jetzt auch zufrieden. Langsam fuhr die Fähre ab. Wohin die Fahrt ging, sagte der Fährmann oder Kapitän nicht. Ich war mir nicht sicher, wie genau er es jetzt selbst schon wusste. In einem anderen Zusammenhang erschien mir der Fährmann als Helfer des Todes, der eine große und umfassende Wesenheit war, die sich aber noch nicht genau zu erkennen gab, aber deren Existenz nicht zu bezweifeln war. Die Bezeichnung *Tod* entnehme ich unserem Sprachgebrauch, obwohl es im hier beschriebenen Rahmen sinnlos ist, vom Tod im üblichen Sinn zu sprechen.“

Im Bild der Fähre liegt auch der Gedanke des Übergangs und eines anderen neuen Ankerplatzes, von dem mir aber nicht bekannt war, wo er lag. Nur war es nicht ein offener Weg ohne Ziel, der Prozess meines Sterbens war nicht endlos, aber offen auf sein Ende hin orientiert und angelegt. Hier taucht wieder die Frage nach dem *Danach* auf, nach dem ‚Wie geht es weiter, wenn ich tot bin?‘ Tröstlich war mir das Bild eines Kapitäns und Steuermanns, der das Ziel kannte und in einen umfassenden Rahmen gehörte. Ich fühlte mich sicher und geborgen, es ist für mich eine seelische Realität, nicht nur ein Gefühl oder ein tröstlicher Gedanke.

Beispiel 3:
Dieses Bild war zugleich erschreckend und befreiend. In meiner beruflichen Tätigkeit habe ich mehrere kleine und auch größere wissenschaftliche Arbeiten veröffentlicht.

„Ich sah sie jetzt alle völlig unerwartet vor mir liegen und beobachtete, wie in der Überschrift jeder Arbeit mein Name gelöscht wurde. Den Prozess konnte ich nicht stoppen und musste warten, bis alle Namen nacheinander gelöscht waren. Bei einigen Arbeiten tat mir das sehr leid, weil ich sie liebte und auf sie stolz war. Aber es war endgültig vorbei mit den Namen, jetzt würde mich niemand mehr kennen. Es war ein Gefühl von Freiheit, und von Verlust und Abschied von erstrebten und geliebten Zielen, aber auch von Aufbruch zu neuen Möglichkeiten und Aufgaben. Auch der Gedanke, dass ich gern noch so manches geschrieben und veröffentlicht hätte, war dabei, irgendwie blieb das Werk unvollständig. Und dies für mein jetziges Leben, auch mit traurigen Gefühlen verbunden.“

Das Bild entstand in einer Meditation in einem Schweige-Retreat. Schweigen als Voraussetzung des Weges nach innen wird in allen Religionen und Anweisungen zur Meditation als unumgängliche Voraussetzung betont, um sich vom ununterbrochenen Strom der Gedanken zu befreien, leer zu werden und sich ganz dem zu öffnen, was von *innen* kommt. Auch die Aufforderung, das Ich los zu lassen, wird in dem Bild plastisch und Personen und Situationen bezogen dargestellt. Und dies nicht als abstrakte Forderung, wie in den meisten Texten, sondern konkret auf meine Person, mein Leben dargestellt. Auch nicht als moralische Forderung, sondern einfach so, als hilfreicher Hinweis auf eine jetzt vielleicht auch aktuelle neue Möglichkeit. Mein Sterben muss nicht dramatisch sein, die lieben Angehörigen können mich in Ruhe zielen lassen, einfach so. Auch das ist eine innere Wirklichkeit. Ruhige freundliche Sachlichkeit ist für mich der adäquate Rahmen des Umgangs mit meinem Sterben und den vielfachen Empfehlungen der Traditionen.

Es gibt einen Text in der Offenbarung des Johannes, Kap. 2, 17. Dort heißt es

„Wer da überwindet, […] dem will ich einen weißen Stein geben, auf dem ein neuer Name geschrieben steht, den außer dem Empfänger niemand kennt."

Das ist gut zu wissen und zu glauben im Hinblick auf die vielen Unbekannten, die mit meinem Sterben verbunden sind. Ein Name bleibt, auch wenn ich ihn noch nicht kenne, er überdauert die Zeit.

Der neue Name erinnert an die Praxis in Klöstern, wo neu eintretende Mitglieder der Gemeinschaft einen neuen Namen erhalten. Damit wird ein neuer Anfang gemacht, der sich an das bisher Gelebte nahtlos anschließt und zu einer Ganzheit zusammenfügt. In irgendeiner Form bleibt erhalten, was ich als ‚mein‘ und zu mir gehörig gekannt habe.

Auf die große Bedeutung des Namens für die Identität eines Menschen möchte ich nur hinweisen. Bedeutsam ist für mich bei diesem Text, dass der Name über die irdische Existenz hinausreicht und eine Form von Weiterleben zumindest andeutet.

Wörter im Umkreis des Todes

In meiner Kindheit und Jugend gab es in dem religiösen Kontext nur das Wort *heimgehen*. Der Tote ist der oder die Heimgegangene in die himmlische Heimat oder Herrlichkeit. Dort gibt es ein Wiedersehen mit allen, die vorher ‚gegangen‘ sind. Die Vorstellung war mir ein sehr tröstlicher Gedanke in der Stunde des Abschieds verbunden mit dem Bild eines Ortes, an dem sich die Toten befinden und auf mich warten.

Es besteht auch die Möglichkeit, mit den Gestorbenen wieder Verbindung aufzunehmen und mit ihnen zu sprechen. Dies geschieht z. B. in einer Aktiven Imagination im Anschluss an ein Traumbild. So konnte ich einen lebendigen Kontakt mit meinem verstorbenen Vater herstellen und mehrere gegenseitige Gespräche mit ihm führen, offene Fragen konnten wir klären, die für uns beide sehr wichtig und hilfreich waren. Seine Persönlichkeit war mir sehr nahe, ich lernte ihn noch einmal neu kennen, er wurde, so komisch es klingt, ein mir sehr naher Mitmensch mit seinen Nöten. Es wurde eine sehr bewegende Begegnung und Versöhnung.

Ich bin überzeugt, dass unsere Toten uns manchmal noch brauchen, um ihre weitere Reise fortzusetzen. Die Gespräche hinterließen ein befreiendes Glücksgefühl. Diese Andeutungen mögen genügen, um die Realität dieser Seite der Psyche zu zeigen.

Auf die Fähre nahm ich die *Predigten und Traktate von Meister Eckehart* mit. Er begleitet mich seit vielen Jahren, ich entdeckte ihn zu Beginn meines Psychologiestudiums in einem Antiquariat in Ostberlin, er ist mir immer ein zuverlässiger Ratgeber gewesen. Er fragt z. B. in einer seiner Predigten:

„Weshalb merkst du nichts davon? Weil du dort nicht daheim bist."[3]

Diese Frage hat mich immer sehr bewegt. *Daheim* weckt viele gute Assoziationen, nicht nur bei Flüchtlingen oder im Krieg an der Front, wenn der Soldat und seine Angehörigen auf Heimaturlaub hoffen. Heimatlieder berühren das Herz.

Aber *Daheim* gehört noch in einen weiteren Rahmen. Bei meinem Sterben wird dieses Wort mit seinen vielen Inhalten sicher sehr wichtig sein. Meister Eckehart kommentiert diesen Gedanken noch näher: Das Eigentliche muss von innen heraus kommen, es muss sich durch die innere Form bewegen.

„Es lebt recht eigentlich im Innersten der Seele. Dort sind dir alle Dinge gegenwärtig und im Innern lebend und suchend."[4]

Auch wenn ich dieses Wissen noch nicht genauer beschreiben kann, so weiß meine Seele doch darum und gibt mir Ruhe und Frieden. Der Bezug zum Eigentlichen ist hergestellt, alle Dinge meines Lebens in Gegenwart und Zukunft sind gegenwärtig, also in die Gegenwart meines Lebens einbezogen und für mein Bewusstsein verfügbar.

Das *I Ging*, das *Buch der Wandlungen*[5], das ich ebenfalls mitgenommen habe, ist eines der ältesten Weisheitsbücher der Menschheit, eigentlich ein *Lebensbuch*.[6]

Es besteht aus 64 Zeichen oder Bildern, die in vollkommener Weise das ganze Leben darstellen. Das Buch wurde und wird, wie in allen alten Weisheitstraditionen üblich, gleichzeitig als Orakelbuch genutzt. Weisheit und Wissen gehören einfach zusammen. Von Konfuzius wird erzählt, dass er ein weiteres Leben nur dazu nutzen würde, dieses Buch zu studieren. Das Studium lohnt sich auch für uns heute.

Ich habe das Buch der Wandlungen während meines Studiums am C. G. Jung-Institut in Zürich in meiner Lehranalyse bei Dr. Marie-Louise von Franz kennen

---

3 Meister Eckehart, 170.
4 Ebd., 1.
5 Wilhelm, (Hg.): I-Ging, Buch der Wandlungen.
6 Zimmermann, I Ging, 7.

und lieben gelernt. Seitdem begleitet es meinen Weg und ich habe dieselbe Erfahrung gemacht, wie Frau von Franz es für sich formulierte: „Das I-Ging hat mich nie enttäuscht." Das ist auch das Besondere an der Arbeit mit diesem Buch, zuverlässige persönliche Begleitung in allen mich bewegenden Fragen und Situationen jederzeit zu erhalten.

Die beiden letzten Bilder des Buches heißen „Nach der Vollendung" und „Vor der Vollendung". Es gibt keinen Stillstand auf dem Weg zur Vollendung und auch diese ist wieder ein Anfang. Es ist großer dialektischer Prozess. Auch C. G. Jung hat seine Psychologie eine „dialektische Psychologie" genannt. Die aus These und Gegen-These sich entwickelnde Synthese ist dann wieder die These in einem neuen dialektischen Prozess. So kann man den Weg zur Vollendung beschreiben. Der therapeutische Prozess folgt dem gleichen Muster.

So habe ich auch mein Leben verstanden, und so wird es sich weiter entfalten, in immer neuen Ringen einfach so, bis zu dem Übergang, den wir ‚Sterben' nennen. Ein Prozess ständiger Wandlung, was sich auch in den letzten beiden Bildern ausdrückt. Das *Nach* ist zugleich das *Vor* der Wandlung, ein neuer Prozess beginnt, der auch mein Leben kennzeichnet. Ob er oder wie er je endet, weiß ich nicht, brauche es aber jetzt auch noch nicht zu wissen. Ein offenes Geschehen, dem ich mich vertrauensvoll überlassen kann.

Die Träume weisen in die Zukunft, auf eine andere Küste oder ein neues Land. Vielleicht ist es das *Reine Land des Amithaba*, einem der Vier Dyjani-Buddahs des tibetischen Buddhismus. Auch in dieser großen Tradition geht es weiter, von Stufe zu Stufe, die im Einzelnen als Bardos genau beschrieben werden und erreichbar sind.

Das dritte Buch, das mich auf meiner letzten Fahrt begleitet, ist die Biographie von C. G. Jung: ‚Erinnerungen – Träume – Symbole.

Hier schließt sich ein Kreis, der am Anfang meines Psychologiestudiums an der Freien Universität Berlin 1949 begonnen hatte. Als *Oststudent* hatte ich nur sehr geringe finanzielle Möglichkeiten. Zum Glück gab es damals noch einen Buchwagen, der vor der philosophischen Fakultät stand. Dort kaufte ich antiquarisch die ‚Einführung in die Psychologie C. G. Jungs' von Jolande Jacobi. Dieses Buch hat meinen Lebens- und Studienweg entscheidend geprägt. Ich nahm mir damals vor, am Züricher Institut eine Analytikerausbildung zu machen – ohne die geringste Ahnung, wie das möglich werden könnte. Und jetzt gegen Ende meines Lebens stehe ich im übertragenen Sinn wieder in Berlin vor dem Buchwagen.

Mit Jung sage ich:

„In nichts bin ich ganz sicher. Ich habe keine definitive Überzeugung – eigentlich von nichts, neti – neti, weder dies noch das. Ich weiß nur, dass ich geboren wurde und existiere, und es ist mir, als ob ich getragen würde. [...] Der Archetypus des alten Menschen, der genug gesehen hat, ist ewig wahr. Auf jeder Stufe der Intelligenz erscheint dieser Typus und ist sich selber identisch, ob es ein alter Bauer sei oder ein großer

Philosoph wie Lao Tse. So ist das Alter also eine Beschränkung. Und doch gibt es so viel, was mich erfüllt: die Pflanzen, die Tiere, die Wolken, Tag und Nacht und das Ewige im Menschen. Je unsicherer ich über mich selbst wurde, desto mehr wuchs ein Gefühl der Verwandtschaft mit allen Dingen."[7]

Die Beziehung zum *Herz aller Dinge* und zum *Großen Einen*, von dem die Mystiker sprechen, ist hier der Bezugspunkt, den C. G. Jung gewählt hat.

Viele von uns müssen den Weg ins Weite auf eigenen Füßen unternehmen.

„Er wird seine eigene Vielheit sein, welche aus vielerlei Meinungen und Tendenzen besteht".[8] Zum Ende des Lebens kann ich alles zu einer Einheit zusammen fügen. Die entscheidende Frage für den Menschen ist: „Bist du auf Unendliches bezogen oder nicht? Das ist das Kriterium seines Lebens".[9]

Die Kapitel „Über das Leben nach dem Tode" und „Späte Gedanken" im gleichen Werk werde ich immer wieder mit Gewinn bedenken.

Zum Abschluss

Meinen Weg zu meinem Sterben habe ich so weit wie möglich beschrieben. Ich finde ihn auch im Tao Te King von Lao Tse prägnant zusammen gefasst, es ist das klassische Buch „Vom Sinn und Leben."[10] Dort heißt es bei Abschnitt 42:

> Der Sinn erzeugt die Eins,
> Die Eins erzeugt die Zwei.
> Die Zwei erzeugt die Drei,
> Die Drei erzeugt alle Dinge.
> Alle Dinge haben im Rücken das Dunkle
> Und streben nach dem Licht,
> Und die strömende Kraft gibt ihnen Harmonie.

Aus dem Anfang entfalten sich die zehntausend Dinge und sie kehren zum Anfang zurück, aus der Vielheit des Nun wieder zum ewigen Nun.

„Nun aber soll der Mensch sich in sich selber zur Eins zusammen fassen"[11] und aus den zehntausend Dingen zu sich zurückkehren. Dann ist der Kreislauf meines Lebens und Sterbens (wieder einmal?) vollendet, mit einer weiterhin strömenden Kraft, die immer spürbar ist.

---

7 Jung, Erinnerungen, 360 ff. .
8 Ebd., 346.
9 Ebd., 327.
10 Tse, Tao Te King.
11 Meister Eckehart, 202.

Literatur

Jung, Carl Gustav: Erinnerungen – Träume – Symbole, Olten 1987.
Meister Eckehart: Deutsche Predigten und Traktate, Zürich 1979.
Tse, Lao: Tao Te King. Diederichs Gelbe Reihe, Düsseldorf 1978.
Wilhelm, Richard (Hg.): I-Ging. Buch der Wandlungen, Düsseldorf 1960.
Zimmermann, Georg: I Ging, Kreuzlingen 2003.

Einfach leben

ANG LEE SEIFERT

Wir haben uns darauf eingelassen, über das eigene Sterben zu schreiben – jetzt sitzen wir hier und versuchen ein unlösbares Problem zu lösen. Denn wie kann man über etwas schreiben, das man noch nie selbst erlebt hat? Und das auch nicht wirklich vorstellbar ist. Natürlich wissen wir alle, dass wir sterben werden, aber können wir uns das wirklich vorstellen? Es gibt inzwischen viele Erfahrungen mit Sterbebegleitung und eine Menge Berichte über Nahtoderfahrungen – trotzdem: sich das eigene Sterben auszumalen, wirkt doch sehr erschreckend.

In seinem Buch ‚Kann man den Tod denken?‘ schreibt der französische Philosoph und Musiktheoretiker Vladimir Jankélévitch:

„Ich habe Bewusstsein vom Tod, und ich weiß, dass ich sterben werde, aber ich glaube es nicht. Wie alle Menschen wissen, dass sie sterben müssen, aber sie glauben es nicht. Sokrates meditiert über den Tod mit seinen Freunden einen ganzen Nachmittag lang, und schließlich stirbt er bei noch so wachem Bewusstsein."[1]

Was ist es, das Menschen veranlasst, an das, was sie wissen, nicht zu glauben und an etwas zu glauben, was sie nicht wissen? Wir glauben – nicht wirklich – an den eigenen Tod, obwohl er das einzige ist, was wir – wirklich! – wissen. Das Meiste im Leben kann sich verändern, oft ganz schnell, manchmal völlig unerwartet, kann plötzlich anders sein, als ich vor kurzem noch gedacht – und geglaubt habe. Aber *dass* ich sterbe, ist völlig gewiss, hundertprozentig, unweigerlich, unabänderlich, ist die einzige Gewissheit im Leben. Und gerade die will ich nicht wahrhaben, tue – vor mir selber – so, als sei dies vielleicht doch noch zu ändern. Jeder weiß, dass dies nicht der Fall ist und, wenn überhaupt, in unserem Leben sowieso nicht, und wenn, eines Tages, wird sich die Lebensspanne vielleicht um einige Jahre verlängern lassen. Was ja schon seit Anbeginn der Menschheit kontinuierlich möglich ist. Auch die Lebensqualität lässt sich weiter verbessern. Aber wird es je eine Unsterblichkeit – des Körpers – geben? Ist diese überhaupt erwünscht? Natürlich nicht. Zumindest nicht auf unserem Planeten, dafür ist er viel zu klein. Wir müssen schon aus Platzgründen sterben.

Die anderen. Ich nicht.

Es kann nur einen Grund geben die eigene Sterblichkeit zu verleugnen: Angst. Aber um welche Angst handelt es sich dabei? Ist es die vor Siechtum und Schmerzen? Ja, auch, aber nicht nur. Denn gerade auf diesem Gebiet hat die Wissen-

---

1 Jankélévitch: Kann man den Tod denken? 42.

schaft beachtliche Fortschritte erzielt, die Erträglichkeit und damit die Würde
des Alterns und Sterbens ist heute – zumindest bei einem großen Teil der Bevölkerung – gewährleistet. Welche Angst ist es also, aus der heraus wir das Sterben
verleugnen?

Eine interessante Überlegung dazu stellt Jankélévitch an:

„Sieh an, ich bin in jenem Jahr geboren worden. Sieh an, ich habe noch fünfzehn Jahre
zu arbeiten vor meiner Berentung. Er beginnt die Jahre zu zählen … Das kommt daher,
dass der Mensch nicht nur ein Sein ist, das ist, sondern das sich seines Seins bewusst
wird. Er überfliegt sein Werden, und er kann sich nicht anders verhalten, weil er ein
Bewusstsein hat, um bewusst zu werden. Wenn man sein Werden überfliegt zur gleichen Zeit, als man in ihr ist, erzeugt der Zusammenprall von einem Werden, das für
denjenigen, der es lebt, ewig sein könnte, aber das aufhört, es zu sein, wenn er es von
draußen betrachtet, wenn er sich über sich beugt, wie er es zu vermeiden nicht um-
hin kann, vor allem, wenn er die Dummheit begeht, anzufangen, seine Memoiren zu
schreiben, wie alle Welt jetzt … Dann also ist er verloren.“[2]

Das also ist – gemäß Jankélévitch – der Grund für die Verwirrung, aus der die
Angst vor dem Sterben entsteht: Dass ich mein Sein und mein Nichtsein zugleich betrachten muss. Weil ich weiß, dass ich bin, weiß ich auch, dass ich sterben muss. Wenn ich aber gestorben bin, kann ich nicht sein. Da ich jedoch das
Sein gewählt habe (der Verständlichkeit halber gehe ich hier von einem aktiven
Geschehen aus, was der Vorstellung mancher religiösen Anschauungen durchaus entspricht), muss ich zwangsläufig das Nichtsein ablehnen. Ich kann also
unmöglich beides gleichzeitig sein. Das verwirrt mich. Deshalb kann ich nicht
glauben, dass es so ist. Ich muss das andere, das Nichtleben, den Tod verwerfen.
Ich kann nicht sterben, weil ich das Leben gewählt habe. Mit dem Leben aber bin
ich ‚zeitlich‘ geworden, bin in eine Gegenwart eingetreten, die eine Zukunft und
bald auch eine Vergangenheit hat. Der Tod jedoch ist ‚ewig‘. Wenn jemand stirbt,
ist er unwiederbringlich fort. Mein Problem mit diesem Thema ist also die Zeit.

Noch einmal Jankélévitch:

„Einerseits ist es unausweichlich, den einen oder anderen Tag zu sterben. Der Mensch
ist ein Wesen, das zu sterben bestimmt ist, das ist unausweichlich. Andererseits ist
es nie notwendig, den einen oder anderen Tag zu sterben. Logisch gesehen, ist es nie
notwendig, aber auf Dauer wäre es absurd, nie zu sterben. … Es ist unmöglich, nie zu
sterben, und dennoch ist es nie notwendig, eher Montag als Dienstag zu sterben, eher
heute als morgen. Welches auch immer das festgelegte Datum ist, es kann ohne Absurdität vertagt werden.“[3]

Ich muss mich also vom Sein in das Nichtsein, von der Zeit in die Ewigkeit hin-
einbegeben. Zunächst in Gedanken, um das Sterben wirklich annehmen zu kön-

---

2 Ebd. 18
3 Ebd. 19

nen, später, wenn es dann soweit ist, auch körperlich. Das wird mir wahrscheinlich schwer fallen, weil ich meinen Körper mag. Es sei denn, er plagt mich mit ar-
gen Schmerzen. Wenn ich mich mit meinem Sterben beschäftigen möchte, muss
ich mich der Zeit widmen. Nicht in dem Sinne, in dem ich frage, *wann* wird es
Zeit sein, mich aus diesem Leben zu verabschieden, sondern *wie* wird meine Zeit,
in der ich mein Leben verbracht habe, dann gewesen sein. Wenn ich mir vorstelle, dass ich weiß: das sind meine letzten Stunden in diesem Leben, wird mir
nicht wichtig sein, was *nach* dem Sterbevorgang geschieht, denn das weiß ich
nicht, jetzt nicht und dann nicht. Es wird mir wichtig sein, zu wissen, was *vorher*
war, nur das kann ich wissen. Daraus ergibt sich für mich:

Jetzt, heute denke ich über den Tod nach. Wenn ich sterbe, kann ich das nicht
mehr. Denn das, was man bisher über das Sterben weiß – es scheint in den reli-
giös-philosophischen Lehren, vor allem des Buddhismus, ziemlich gut erforscht
zu sein – ist man wahrscheinlich nicht in der Lage, ein reflektierendes Bewusstsein zu bewahren. Man hat dann bestimmt genug damit zu tun, wenigstens ein
gegenwärtiges Bewusstsein aufrechtzuerhalten. Genau darauf scheint es, wie es
in den Totenbüchern verschiedener Kulturen beschrieben ist, anzukommen: in
der Kraft des erkennenden Augenblicks zu verweilen.[4] Was ich mir angesichts
des Absterbens des Körpers sehr schwierig vorstelle. Vielleicht ist das auch nur
möglich, wenn man es viele Jahre zuvor geübt hat. Was den Menschen in jeder
religiösen Lehre ja nahe gelegt wird. Es ist das Grundthema allen religiösen Stre-
bens: den geistigen ‚Übergang‘ eines Tages in Ruhe und Gelassenheit zu vollziehen, damit das Geistige nicht verloren geht, wenn der Körper stirbt, verfällt, sich
zurück zur Erde legt, in seine materiellen Bestandteile zerfällt. Dies meinte wohl
auch C. G. Jung, als er empfahl, sich von der Lebensmitte an mit dem eigenen
Tod zu beschäftigen.

Doch wie macht man das, heute, in unserer Welt, die doch so sehr auf das
Außen hin gerichtet ist? Muss ich mich dazu in einen Ashram begeben, ein Re-
treat aufsuchen, stundenlang im Lotossitz verharren? Meine Knie tut mir schon
weh genug. Muss ich jeden Morgen früh aufstehen, um zu meditieren? Soll ich
dann abends lieber nicht mehr fernsehen? Sollte ich öfter in die Kirche gehen?
Das alles ist natürlich möglich und kann auch bestimmt nicht schaden (außer
vielleicht den Knien). Für einige Menschen sind das auch die richtigen Wege.
Mir persönlich geht es aber um etwas anderes:

Da ich nicht weiß, ob es ein Jenseits gibt und wenn ja, wie dieses wäre, kann
ich, wenn ich mir mein Sterben, also den Vollzug des Todes, vorstelle, nur von
dem ausgehen, was ich weiß. Und das ist mein Leben jetzt. Ich weiß, dass ich
lebe, ich spüre es sowohl in meiner Körperlichkeit, als auch in meinen seelischen
Regungen und geistigen Bemühungen – z. B. indem ich über das Sterben nach-
denke. Das heißt, ich kann nicht das Nichtsein meditieren, sondern nur das Sein.

---

4 S. a.: Viseux, Das Leben nach dem Tod.

Und für mich ist die beste Art, das Sein zu meditieren, es zu leben. Mit allem, was dazu gehört, mit stillen und auch manchmal lauten Momenten, mit Lachen und Weinen, mit Traurigkeit – es gibt ja so Vieles in unserer Welt, das zum Weinen und Trauern ist – und Fröhlichkeit – über Vieles kann und muss man einfach lachen –, mit Nachdenklichkeit und Übermut, mit Fantasie und Lustlosigkeit, mit gelegentlichen depressiven Verstimmungen und manchmal auch Wutanfällen, mit Freude und Glück, und mit meiner ganzen Liebe zu meinen Liebsten, den Menschen überhaupt und vor allem auch und zuerst zu und mit mir. Das Leben in seinen tausend Möglichkeiten, in seiner ganzen Fülle zu leben, ist für mich die beste Art, mich auf das Sterben vorzubereiten und ich bin sicher, je mehr ich bis dahin *mich* erlebt habe, desto leichter kann ich sagen: okay, das war's, ich habe den Brunnen des Lebens ausgeschöpft – ein gewisser ‚Bodensatz' kann ja noch da sein, wie in einer Flasche guten alten Rotweins, die man nicht bis auf den letzten Tropfen leert –, ich habe *mich* erschöpft. Nicht das Leben ist mit meinem Tod zu Ende, das Leben wird vielleicht nie versiegen. Mein Körper hat das Erdendasein erfüllt, er braucht eine Regeneration, er wird recycelt.

Ich glaube auch, dass ich nicht sterben werde. Insofern ist wohl das Nichtglauben des eigenen Todes der meisten Menschen berechtigt. Nicht weil ich an ein ‚Jenseits' glaube, sondern weil ich an das Leben glaube, das immer, in irgendeiner Art und Weise lebendig ist. Alles, was ich erlebe, was ich denke, wie ich handle, ist in der zeitlosen Ewigkeit, im großen Unbewussten, bzw. ‚Kollektiven Unbewussten', wie C. G. Jung es nannte, bis in alle Ewigkeit gespeichert.

Mir scheint es angebracht, an dieser Stelle etwas über mein Verständnis des ‚Ich's' einzufügen:

Meines Erachtens wurde und wird das ‚Ich' von den verschiedenen psychoanalytischen Theorien und auch von den Aussagen über die Lehren des Buddhismus, der heute auch bei uns im Westen sehr verbreitet ist, geschliffen. Das Ich hat im Verständnis Vieler seine Bedeutung, die es haben könnte, ja, seine Würde verloren. Es wird von einem ‚Überich' unterjocht, von einem maßlosen ‚Es' überschwemmt, von einem aufgeblähten ‚Ego' erdrückt, vom falsch verstandenen Narzissmus geknechtet. Aber gibt es eine bessere Formulierung für die individuelle Person als ‚ich'? Dass jeder Mensch einmalig ist, wissen wir aus der Genetik. Warum sollte man dann nicht guten Gewissens ‚ich' sagen? Gerade in der Analytischen Psychologie wird die Individuation – die in der zweiten Lebenshälfte immer stärker bewusst wahr- und angenommen werden soll – besonders betont. Jung sagt:

„Es ist der Sinn meiner Existenz, dass das Leben eine Frage an mich hat. Oder umgekehrt: ich selber bin eine Frage, die an die Welt gerichtet ist, und ich muss meine Antwort beibringen, sonst bin ich bloß auf die Antwort der Welt angewiesen. Das ist die überpersönliche Lebensaufgabe, die ich nur mit Mühe realisiere."[5]

---

5 Jung: Erinnerungen, 320 f.

Und diese Realisierung vermag nur das ‚Ich', die seelisch-geistige Instanz mit bestem Bezug zum Körper, die sowohl die freudvolle Lebenskraft des ‚Es', als auch das überlegende, einsichtsvolle ethische Gefühl integriert hat.

Ein eigener Traum, der schon einige Jahre zurück liegt, fällt mir dazu ein – er hat zwei Teile:

„Ich halte einen Säugling im Arm, der im Sterben liegt. Ich bin verzweifelt, möchte nicht, dass dieses Kind stirbt. Ich gehe mit ihm zum Fenster und zeige ihm draußen fröhlich spielende Kinder, die gerade einen Schneemann bauen. Ich sage: ‚Schau, die Welt ist doch so schön, du darfst nicht sterben.' Doch das Kind blickt nach oben zu einem himmlischen Kind, winkt und lächelt ihm zu. Dann spüre ich, wie es kalt und tot in meinen Armen liegt."

Entsetzt wache ich auf und möchte diesen Traum gleich meinem Mann erzählen, der aber neben mir in tiefem Schlaf liegt. Ich will ihn nicht wecken, schlafe wieder ein und träume:

„Mein Mann kommt eine Treppe herunter. Ich stehe unten und will zu ihm hinauf laufen, um ihm, gefühlsmäßig stark aufgewühlt, meinen Traum zu erzählen. Da sehe ich eine Gestalt, die hinter ihm steht und ihn an der Schulter festhält. Ich bin ärgerlich, deute der Gestalt an, dass sie verschwinden soll. Doch sie – es ist nicht eindeutig, ob es sich um eine weibliche oder eine männliche Gestalt handelt – sagt lächelnd, aber so bestimmt, dass ich weiß, Widerspruch ist nicht möglich: ‚Wir gehen zusammen'.
Unten angekommen, zieht mich die Gestalt in eine Ecke hinein und sagt freundlich: ‚Es wird schnell gehen, du wirst nichts spüren, ich werde dich begleiten.' Entsetzt drehe ich mich zu meinem Mann um und rufe: ‚Ich muss sterben!'. Dann sehe ich einen großen, etwas unförmig zerklüfteten Stein, der von Goldfäden durchzogen ist, in meiner ausgestreckten linken Hand."

Beim Aufwachen spüre ich so etwas wie einen ‚heiligen Ernst' und eine tiefe Gewissheit, dass ich geführt werde. Trotzdem packt mich eine große Angst. Und ich spüre auch jetzt, beim Schreiben, wie mein Herz schneller schlägt.

Ich hatte das Glück, diesen Traum mit Marie Louise von Franz, die ich damals einige Male mit wichtigen Lebensthemen aufsuchte, besprechen zu können. Sie lachte über meinen naiven Satz zu dem sterbenden Kind, dass die Welt so schön sei und meinte: „Na ja, manchmal schon, aber für viele Menschen ist sie einfach schrecklich. Dieser undifferenzierte, unreife, ‚kindische' Teil des Ichs muss sterben."

Und sie empfahl mir nach der Besprechung des Traums: „Arbeiten Sie nicht zu viel. Nehmen Sie sich mehr Zeit für das Geschehen des Unbewussten, lauschen Sie nach innen, machen Sie Aktive Imaginationen, um Ihre Persönlichkeit zu differenzieren." Sie hätte auch sagen können: „Meditieren Sie Ihr eigenes Sterben". Mir blieb dieser Traum und die Arbeit mit Frau von Franz all die Jahre hindurch bewusst und die Gestalt, die mir so bestimmt die Botschaft gab ‚wir gehen zusammen', ist seitdem, auch in Aktiven Imaginationen ein ständiger Begleiter.

Im Hinblick darauf, dass mein Körper eines Tages den Prozess, den wir Sterben nennen, durchlaufen wird, und ich den Sinn meiner Existenz im Leben, speziell in der Aufgabe der Individuationsentwicklung, verstehe, ergibt sich für mich die Frage: Was ist heute für mich nötig, um diese Aufgabe zu meiner vollständigen Zufriedenheit zu erfüllen? Will ich mich mit Halbheiten abgeben, irgendwie passiv das Leben durchlaufen oder gar durchhetzen, möglichst viel von den äußeren Verlockungen und Annehmlichkeiten erleben? Meine Antwort lautet: Das genügt mir nicht. Zu Beginn des Sterbens, in diesem vielleicht sehr anstrengenden Geschehen, werde ich nicht in Frieden mit mir sein, wenn ich der an mich selbst gestellten Anforderung nicht nachgekommen bin, wenn ich sagen müsste: Oh je, wer bin ich eigentlich? Wenn ich das Wesen, das ich ein Leben lang verkörpert habe, gar nicht wirklich kenne. Das würde mir dann sehr zu schaffen machen und ich täte mich schwer, den Körper, den stets aufopferungsbereiten Träger meiner Wünsche, einfach so aufzugeben. Das würde mich quälen. Das will ich nicht. Aber das kann ich nur heute nicht wollen. Dann wäre es zu spät. Das heißt, wenn ich weiß, was ich dann sein, getan haben will, muss ich es heute tun. Es geht mir also in Anbetracht des Todes schlicht und einfach darum, mein Leben so zu gestalten, dass es mir – nicht erst dann, auch schon heute – möglich ist, das Erleben von Zeit zu transzendieren. Weil ich weiß, dass mein Denken und Fühlen, meine Einstellungen zum Leben, meine Haltungen zu ethischen Fragen, meine Liebe zu anderen Menschen nicht sterblich sind. Weil ich ganz individuell, ein Einzelwesen bin und dennoch, wie jeder andere Mensch, die Werte des Lebens verkörpere und durch mich hindurch in die Welt zurückgebe. Oder anders gesagt: Die Werte der Welt werden durch die individuelle Person aufgenommen, gefiltert, differenziert, erweitert und wieder von der Welt aufgesogen. Zeitlos. Sie sind nicht gebunden an Menschen und Zeiten und doch angewiesen auf das zeitliche Leben des Einzelnen.

Was heißt das praktisch? Wenn ich den Sterbeprozess möglichst hell und klar, also bewusst erleben will, gilt es dies zu trainieren. Ich muss üben, die Aufmerksamkeit zu halten. Auf den jeweiligen Augenblick. Auf das jeweilige Hier und Jetzt. In der Wahrnehmung dessen bleiben, was gerade geschieht. Zugegebenermaßen ist das, wie die meisten Menschen wissen, nicht einfach und wir sind immer wieder versucht, unachtsam, in die Vergangenheit zu grübeln oder ängstlich auf die Zukunft bezogen zu sein. Einfach nur das Hier und Jetzt und sonst nichts zu beachten … das klingt so erhaben, wird von den so genannten geistigen Meistern seit Jahrtausenden empfohlen und stößt dabei doch auf so viele Hindernisse des triebhaften Wollens und der Abwehr verschiedener Ängste. Mit der Freud'schen Empfehlung der ‚gleichschwebenden Aufmerksamkeit' für die psychoanalytische Situation oder dem von Sokrates eingeführten und heute von David Bohm wieder aufgenommenen ‚Dialog' stehen uns Methoden der Geistesschulung zur Verfügung, die wir eigentlich jederzeit aufnehmen können, um unser Sterben vorzubereiten. Auch C. G. Jung hat mit dem, schon im alten

Ägypten bekannten inneren Dialog – dem Gespräch eines Lebensmüden mit seinem Ba (der Seele) –, den er ‚Aktive Imagination' nannte, einen äußerst wirksamen Weg zur Vollendung der Individuation beschrieben.[6]

Zusammenfassend kann ich sagen: Über meinen eigenen Tod weiß ich nichts.
Aber über meine uneingeschränkte Hinwendung zum Leben kann ich im Hinblick auf das Sterben eine Aussage machen: Für mich geht es im Leben darum,
in der allmählich immer zentraler werdenden Selbsterkenntnis einen eigenen
Standpunkt zu finden, somit ein bestimmtes individuelles Profil zu entwickeln,
dieses als Credo zu formulieren, um endlich (möglichst!) ruhig, heiter und gelassen dem Sterbeprozess ungeteilte Aufmerksamkeit zu schenken.

Und hier noch abschließend zwei kurze Fragmente einer Aktiven Imagination:

Die Zeit mit dir

Die Zeit mit dir, mein Geliebter, schien mir zu kurz. Das war ein großes Er-
schrecken. Dieses kam aber dadurch zustande, weil ich meine Beziehung zu dir
in der Zeit begründet sah. Doch das ist sie nicht. Wenn ich es anders sehe:

Ich pflanze unsre Liebe in die Ewigkeit,
entziehe sie dem Fluss der Zeit.
„Genügt es nicht," fragt mich der Engel, „zu lieben jetzt?"
„Nein," sage ich, „denn jetzt ist bald Vergangenheit.
„Du willst die Liebe also halten?"
„Ja, mehr noch: denn wer ist's, der hält?"
„Du bist es, du, die liebt."
„Ja, schon. Doch wenn es mich nicht gibt?
Eines Tages
bin ich tot – und dann?"
„Du willst nicht, dass die Liebe stirbt."
„Liebe an und für sich gibt es immer.
Viele Menschen lieben, diesen, jenen…
Liebe stirbt nicht, diese nicht und jene nicht."
„Was ist es denn, das dich so drängt
in die Unendlichkeit zu gehen?"
„Es ist die Zeit, die nagt und frisst,
die in Vergessenheit geraten lässt."
„Doch wenn du nicht mehr bist,
wer ist es dann, der sie vergisst?
Macht Vergessenheit nicht alles neu?"
„Es geht mir nicht um Wiederkehr,
es geht mir um Beständigkeit.
Es geht mir um die eine große Liebe,
die unverwechselbar, nur ein Mal ist.

---

6 Vgl. Seifert (u. a.): Der Energie der Seele folgen.

Sie zu suchen kam ich her,
sie zu finden ist mein Sinn,
sie zu vereinen mit dem KOSMOS ist mein Werk:"
„Oh," sagt der Engel, „ich verstehe,
du suchst die Kraft der Ewigkeit."
„Ja, denn eine andre gibt es nicht.
Die eine Energie, die nicht vergänglich ist,
schwingt im Bewusstsein fort und fort,
schwingt immerdar und ohne Ende,
spielt durch die Ewigkeit für alle Zeit,
fern aller Zeit, unendlich, unaufhaltsam.
Sie ist die Wahrheit, die mich trägt,
von Leben zu Leben, ohne Ende.
Sie ist das einzige, das währt,
wenn alles hier vergangen ist."
„Ja," sagt der Engel, „du hast Recht,
es gibt nichts, was die Zeit aufhält,
doch weißt du, was sie transzendiert:
die Kraft, die im Bewusstsein steckt.
Da pflanze deine Liebe rein,
da bleibt sie, unzerstörbar durch die Zeit."
„Ja, Engel, danke, dass du mich verstehst
und danke, dass du weiter mit mir gehst."

Kannst du denn spielen...

„Kannst du denn spielen mit der Zeit?"
„Nein, sie ist unbarmherzig, sagt,
ich hätt' sie nicht genutzt.
Hätt' intensiver leben sollen, mehr bewusst.
Sie fordert mehr Beachtung, mehr Respekt.
Ich hätt' vergessen, ihr zu dienen."
„Ja, sie ist die große Meisterin,
die sich behauptet, die regiert.
Wir sind die Untertanen,
die sie mitunter schikaniert."
„Dich auch, mein Engel?
Bist du ihr auch verfallen?
„Nein, und du auch nicht,
wenn du ihren Gegenspieler siehst."

Was ist der Gegenspieler der Zeit?
Bewusstsein, das sich öffnet für die Ewigkeit.
Für das, was bleibt, wenn alles, das vergänglich ist, verschwindet.
Der Buddha sagt, es gibt nichts, was aus sich selbst heraus entsteht,
was unabhängig ist.
Das wäre etwas, was sich mit der Zeit verbündet,

was jetzt entsteht und dann vergeht –
zeitlich begrenzt.
Es geht darum, sich aus der Umklammerung der Zeit
in die Kraft des Bewusstseins zu stellen,
sich der Kraft des Bewusstseins zu öffnen.
Wie, wodurch ist das möglich? Mir möglich?
Mir, in meiner Umgebung, in meiner Lebenssituation?
Wenn ich nicht einen ‚Yoga-Weg‘ gehen kann?
Oder, anders gefragt: welcher könnte mein Yoga-Weg sein?
Wenn ich nicht im Ashram, nicht in Indien,
nicht in einer spirituellen Gemeinschaft lebe,
sondern ganz einfach bürgerlich normal?
Ganz einfach! Er ist ‚ganz einfach‘ –
‚einfach so‘,
weißt du noch? Das war der Anfang.
Es begann mit diesen Worten:
‚einfach so‘.
Kein Ausrufezeichen.
Ein schlichter, einfacher Punkt.
Nicht billig – keineswegs.

Literatur

Jankélévitch, Vladimir: Kann man den Tod denken?, Wien 2003.
Jung, Carl Gustav: Erinnerungen, Träume, Gedanken. Hg. V. Jaffé Aniela, Olten 1987.
Seifert, Ang Lee / Seifert, Theodor / Schmidt, Paul: Der Energie der Seele folgen, Düsseldorf / Zürich 2003.
Viseux, Dominique: Das Leben nach dem Tod, München 1994.

Sterben lernen, leben lernen

Wolf Büntig

> Man gratuliere mir!
> Auch dieses Jahr noch haben
> die Mücken mich gebissen.
>
> *Issa*

Seit Wochen, seit Monaten schiebe ich diesen Artikel vor mir her. Meine Biografie ist reich an Begegnungen mit dem Tod. Doch wo anfangen? Ist das nicht alles zu persönlich? Doch wenn ich nicht aus persönlicher Erfahrung schreibe, was habe ich dann zu sagen?

In dieses Hin und Her der Gedanken erreicht mich die Nachricht, dass Gerald Steinke gestorben ist. Er hat Naikan in Deutschland bekannt gemacht, jene wunderbare Methode zur Versöhnung mit dem Leben. Im März 2008 schrieb er noch: „Wer eine sinnvolle Tätigkeit in seinem Leben gefunden hat, die ihn ausfüllt, braucht keine Zeit zu vergeuden, um an den Tod zu denken, sondern er lebt sein Leben bis zu letzten Atemzug mit voller Kraft." Das gefällt mir. Aus der Anzeige ist zu sehen, dass er nur 56 Jahre alt geworden ist. Doch was besagt das schon. Die Indianer der großen Ebenen zogen mit dem Ruf in den Kampf „Heute ist ein guter Tag zum Sterben". Sie hatten eine mittlere Überlebenszeit von 37 Jahren. Ich stelle mir vor, dass sie in diesen wenigen Jahren mehr gelebt haben als der Durchschnitt von uns in der doppelten Zeit erlebt.

Heute ist ein guter Tag zum Sterben. Das wäre eine wunderbare Devise, nach der zu leben sich lohnen könnte. Doch lebe ich danach? Offensichtlich nicht, wenn ich meinen Schreibtisch anschaue, auf dem unzählige Schichten Papier kompostieren. Ich darf noch nicht sterben, ich muss noch so viel in Ordnung bringen, bevor ich sterbe. *Mañana*. Die Auseinandersetzung mit dem Thema Sterben zwingt mich zu der Einsicht, dass ich immer noch viel zu viel aufschiebe. *Mañana* heißt laut dem spanisch-deutschen Wörterbuch *morgen*, doch umgangssprachlich bedeutet es auch *irgendwann* oder auch *vielleicht*.

Ich bilde mir ein, keine Angst vor dem Sterben zu haben. Andererseits bin ich entsprechend meiner Prägung bemüht, möglichst viel unter Kontrolle zu halten. Ich meine zu wissen, dass ich eher die Verlassenheit als das Sterben oder beim Sterben eher die Verlassenheit als das Ende fürchte. Ich war Säugling in einer Zeit, zu der es gängige Praxis der schwarzen Pädagogik war, Kinder schreien zu lassen, um sie abzuhärten. „Schreien ist gut für die Lungen" meinen wohlmeinende Großmütter heute noch – 150 Jahre nachdem der deutsche Arzt und

Hochschullehrer Daniel Gottlob Moritz Schreber sich im Zuge der Eugenik um die Ertüchtigung der deutschen Jugend bemühte.

Die deutsche Mutter und ihr erstes Kind, das Standardwerk zur Kinderaufzucht von Dr. med. Johanna Haarer, der glühendsten Verfechterin der schreberschen Lehren, wurde noch 1987 in München vom Verlag J. Lehmann in München aufgelegt. Darin wurde die natürliche Zärtlichkeit zwischen Mutter und Baby als *Affenliebe* diffamiert. Es ging unter anderem darum, deutsche Kinder frühzeitig an Pünktlichkeit zu gewöhnen, weshalb sie nach der Uhr und nicht nach ihrer Bedürftigkeit gefüttert werden sollten. Außerdem sollte man Kinder gar nicht erst auf die Idee kommen lassen, dass sie so etwas wie einen freien Willen haben könnten, weshalb er bis zum vierten Lebensjahr endgültig gebrochen sein sollte. Lange Zeit glaubte ich, nur etwas wollen zu dürfen, wenn mein Wollen im Einklang mit dem Willen Gottes war, bis mir klar wurde, dass ich Gottes Wille mit dem meiner Mutter verwechselte.

Wenn ein Tier in auswegloser Situation weder kämpfen noch fliehen kann, stellt es sich tot. So habe ich, als ich noch zu klein und angewiesen war, um zu kämpfen oder fliehen, wie Millionen andere menschliche Säugetierchen gelernt, mich in auswegloser Situation tot zu stellen. Lieber tot als so mutterseelenallein.

Früh, beinahe

Doch nicht nur Totstellen, auch Beinahsterben ist mir von Anfang an vertraut. Meine Mutter erzählte, meine Geburt habe 24 Stunden gedauert und schließlich habe man mich mit der so genannten hohen Zange herausholen müssen. Das erste Foto zeigt einen langgezogenen, zerquetschten und schlecht durchbluteten Kopf, bei dessen Anblick man sich im Nachhinein wundern kann, dass alles gut gegangen ist. Eine Spätfolge war die eigentümliche Angewohnheit, unbedingt rückwärts einparken zu müssen. So wie am Anfang wollte ich offenbar nie wieder stecken bleiben. Auf der anderen Seite verschiebe ich Geburten – wie zum Beispiel die Fertigstellung dieses Buchartikels – so lange wie irgend möglich.

Mit zehn Jahren, nachdem meine Mutter gerade meinen Vater für tot erklären lassen und wieder geheiratet hatte, erkrankte ich am rheumatischen Fieber und kämpfte – es gab kein Penizillin – eine Woche lang um mein Leben. Ich erinnere mich, wie bei Temperaturen über 40 Grad der ganze Körper brannte und die großen Gelenke zum Schreien schmerzten, doch dass das Schreien nichts hilft, hatte ich ja schon gelernt. Der Junge, der ich damals war, war mit seinem Kampf allein. Die Mutter saß zwar Tag und Nacht daneben, doch sie schien fern. Viel näher war das Feuer in jeder Zelle und der Überlebenskampf. *Ich* wollte leben. Doch ohne *Du*, wer war ich denn? Ein isoliertes Lebewesen, das um sein Leben kämpft, solange die Kraft reicht. Die Kraft reichte.

Im gleichen Jahr wäre ich beinahe ertrunken. Angst hatte ich keine. Nur irgendetwas – ein unbändiger Lebenswille jenseits von allem Ich – ließ mich kämpfen, mich vom Teichgrund abstoßen, um den Kopf über Wasser zu bekommen und Wasser aushusten zu können – nur um beim Einatmen wieder Wasser einzuatmen. Irgendjemand hat mir dann ein Brett zugeschoben.

Mit vierzehn Jahren war ich noch einmal dem Tode nah. Ich war allein auf Radtour von Bayern nach Norddeutschland unterwegs und rutschte irgendwo im Rheinland in der Nähe des Geburtsorts meiner Mutter auf regennassem Kopfsteinpflaster auf den Schienen einer Straßenbahn aus und fand mich vor einem riesigen LKW auf der Straße liegen, so nah, dass ich gerade noch das entsetze Gesicht des Fahrers sehen konnte.

Ob ich da jemandem nachgehen wollte, dessen Tod nicht betrauert ist? Es könnte sinnvoll sein, der Frage nach einer solchen Identifikation einmal mit Hilfe des Familienstellens nachzugehen.

Die ich liebe, sterben

Auf dem Gut eines Onkels in Schlesien war der Fünfjährige lange Zeit verstört, als sein geliebter Hase starb. Dann fiel der Knecht des Gutes, den er gern hatte, weil er freundlich war, aus dem Baum und starb.

Auf der Flucht von Schlesien nach Oberbayern mit Zwischenstation in Berlin kamen alle Spielkameraden, die der Junge in wenigen Wochen kennengelernt und liebgewonnen hatte, beim gleichen Bombenangriff um wie die Milchfrau, die er mehr liebte als seine Mutter. Am 8. März 1945 sah er den Vater aus dem abfahrtbereiten Zug zum letzten Mal auf dem Bahnsteig stehen und hörte ihn sagen, dass er nachkommen werde, „wenn das hier alles vorbei ist." Doch der Junge wusste, dass er den Vater nie wieder sehen würde. Wieder ein paar Wochen später, inzwischen in Oberbayern, kam ein neuer Spielkamerad mit einer Handgranate, die er im Wald gefunden hatte, ums Leben. Wieder und wieder ging ich zum Hof, um den Heinzi zum Spielen abzuholen, und wieder und wieder musste mir die Bäuerin erklären, dass der Heinzi nicht mehr mit mir spielen konnte, weil er tot war.

Soviel Tod auf einmal ist zu viel für einen Siebenjährigen. Eine Möglichkeit, damit fertig zu werden, war Zynismus. Viele Jahre später, mit 32, merkte ich an der Reaktion der Teilnehmerinnen und Teilnehmer in einer Fortbildung in Gruppentherapie in Berkeley, dass an meiner Einstellung gegenüber meinem Vater etwas nicht stimmen konnte. Sie waren entsetzt, als sie mich sagen hörten „Vielleicht ist es ganz gut, dass mein Vater im Krieg geblieben ist – wer weiß, ob er mein Studium hätte bezahlen können." Da wurde mir zum ersten Mal bewusst, dass mir der Vater möglicherweise fehlte. Und ich verstand, was man in der Transaktionsanalyse ein Skript nennt. Ich sollte besser nicht lieben, denn „die ich liebe, sterben."

Sterben als Transzendenz

Leben ist gekennzeichnet durch die zwei einander widerstrebenden Tendenzen nach Gestaltpermanenz und Gestaltwandel. Wir wollen einerseits gemäß
dem Selbsterhaltungstrieb in unserer Eigenart für uns selbst und andere wie-
dererkennbar bleiben und andererseits infolge eines Transzendenztriebes über
uns hinauswachsen – wie die Schlange, die sich regelmäßig häuten muss, um
wachsen zu können. Die Raupe, die sich im Schutz des Kokons verwandelt,
muss eines Tages die schützende Hülle sprengen, um als Schmetterling leben zu
können.

In der Kindheit legen wir uns in dem Dilemma zwischen dem, was für uns
stimmt, und dem, was die, von denen unser Leben abhängt, für richtig halten,
einen solchen schützenden Kokon zu, den Charakterpanzer. Wir lernen, uns
mit Muskelkraft vor Panik, Einsamkeit, Vernachlässigung, Schmerz, Gering-
schätzung, Demütigung, Kränkung und so weiter schützen, indem wir die Zähne
zusammenbeißen, die Knie durchdrücken, den Hintern zusammenkneifen, den
Kopf hoch halten und so weiter und vor allem dadurch, dass wir die Luft an-
halten. Wir lernen, Gefühle weg- und Emotionen niederzudrücken. Das latei-
nische Wort dafür ist *deprimere*. Wir üben buchstäblich Depression.

Während des Medizinstudiums arbeitete ich gelegentlich als Nachtpfleger
auf einer Intensivstation. Dort habe ich viele Menschen im Sterben begleitet und
durfte dabei beobachten, wie bei diesem Prozess nicht selten eine faszinierende
Verwandlung sowohl bei den Sterbenden wie auch in ihrem Umfeld eintritt: Die
Zeit steht still, der Raum weitet sich und die sterbende Person, nachdem sie das
Kämpfen gegen ihr Leben und das dazugehörige Sterben aufgegeben hat, wird
gelassen und einverstanden; sie leuchtet und wird auf eigenartige Weise schön.
Der Raum ist trotz allem Klicken und Ächzen der Atem- und Kreislaufmaschi-
nen von einer tiefen Präsenz und Stille getränkt und am Prozess beteiligte Personen, wenn sie in der Selbstwahrnehmung geübt sind, können sich leicht, hell,
wach, gelassen, durchlässig, still und voller Erfurcht fühlen.

Ich habe seinerzeit diesen Vorgang wahrgenommen, aber nicht verstanden.
Heute, nach jahrelanger Erfahrung in der Beobachtung des Zusammenhangs
zwischen gewohnheitsgemäß fixierter Körperhaltung und der damit bewirkten
Einschränkung in Wahrnehmung, Fühlen, Denken und Handeln glaube ich, ihn
erklären zu können: Die Neigung, unser Potential zu entfalten, bleibt latent immer erhalten. Wenn im Sterben die Atmung allmählich versagt und die Muskelkraft nachlässt, können wir den Charakterpanzer und die damit verbundene
Abwehrhaltung gegen ein unserer Natur gemäßes Leben, das Wegdrücken der
Gefühle und die Unterdrückung der Emotionen im Dienst der Wahrung eines
gefälligen Scheins nicht aufrecht halten und werden nach einigem Kampf frei für
den Ausdruck unserer ursprünglichen Schönheit.

Auch für den Begleiter, sofern er dem Sterben zustimmen kann, gibt es in diesem Moment nichts mehr, womit er sich identifizieren muss. Er braucht nichts mehr zu wissen, zu können, in der Hand zu haben oder zu tun außer als Zeuge des Seins dabei zu sein auf einer ganz offenbar entscheidenden Wegstrecke im Dasein eines einzigartigen Menschen.

Der sogenannte Ich-Tod

Ich kenne seit der Kindheit Momente des Sterbens des *kleinen Welt-Ich*, wie Dürckheim die durch Sozialisierung definierte Persönlichkeit nenn. Diese soge-nannten *Seinsfühlungen* (Dürckheim) oder *Gipfelerlebnisse* (Maslow) sind Mo-mente umfassender Wahrnehmung, tiefen Friedens und Glückgefühls, ein Eins-sein in allem und mit allem, tiefen Friedens und der Stille – Augenblicke, in denen ich zugleich selbstvergessen und mehr *ich* bin als sonst. Ich habe diese Weitungen der normalerweise durch Denken und Sprechen definierten und da-mit beschränkten Welt bei den unterschiedlichsten Gelegenheiten erlebt: in der Natur ebenso wie beim Betrachten der Fresken des Giotto di Bondone in der Scrovegnikapelle in Padua, beim Chorsingen und beim Lieben, beim TaKeTiNa, jener von Reinhard Flatischler entwickelten rhythmischen, Transzendenz för-dernden Körperarbeit, und in der Meditation.

Manchmal geschieht in solchen Momenten auch eine Einsicht: „Erst wenn ich nicht mehr weiß, wer ich bin, weiß ich wer ich bin."

Vor Jahren kamen mir eine Zeit lang diese Einsichten in mein Ich-Sein als Nicht-Sein in Gedichtform zu – fast immer auf Englisch (vermutlich, weil dann Mami nicht so leicht etwas einwenden oder fehldeuten kann):

They say
you will find it
inside
in the deepest place of your self

how ever
when ever
I found it
neither was it an it nor was I an I
there was no inside or outside
the Self was not mine
and there was no place

just space and awareness
and appreciation and awe
and silence
and the rustling of reed and the croaking of frogs

Sie sagen
Du wirst es finden

Innen
Am tiefsten Ort deiner selbst

Doch wann immer ich es fand
War ich kein ich noch war es ein es
Da gab es kein Innen oder Außen
Das Selbst war nicht meines und
Da war kein Ort.

Nur Raum und Bewusstheit und
Wertschätzung und Ehrfurcht
und Stille

Und das Rascheln von Schilf und das Quaken von Fröschen.

Diese Momente der Überschreitung der vertrauten Ich-Beschränkung kommen nicht immer so esoterisch daher. Ich erinnere mich lebhaft und gerne an einen Tag zu der Zeit, als wir ZIST aufbauten. Ich war restlos erschöpft und suchte einen Platz, wo ich mich verkriechen konnte. Ich ging in die Kammer des Bauführers im Keller, sank in sein Bett, dachte für mich „jetzt könnte ich auch sterben" und ging der Frage nach, wo ich wohl begraben sein wollte. Da sah ich vor dem geistigen Auge die großen Buchen im Westen des Grundstücks, jenseits derer und durch die ich – je nach Jahreszeit – den Sonnenuntergang und so den Lauf der Jahreszeiten wahrnehme. Da lag ich nun in meinem Sarg unter den Buchen und stellte mir vor, wie Fliegenmaden sich erst des Sarges und dann meines Körpers bemächtigten. Bald war ich, wenn auch in meinen Umrissen erhalten, aufgelöst zu einem einzigen Gewimmel von etwa zehn Millionen Maden. Dieses Sterbeerlebnis fühlte sich so lebendig an wie nichts sonst, das ich je zuvor erfahren hatte. Nach etwa 20 Minuten tauchte ich auf und erlebte mich buchstäblich wie neu geboren – von Grund auf erfrischt, dem Leben zugewandt, kraftvoll und zuversichtlich.

Die Angst vor dem Sterben nutzen

In meiner Arbeit mit Krebskranken begegne ich oft Menschen, deren Motivation zur Therapie die Angst vor dem Sterben ist. Wenn ich die frage, was sie am Sterben fürchten, nennen sie mir Dunkelheit und Kälte, Verlassenheit, Kontrollverlust, Schmerzen, hemmungslose Emotionen und unerledigte Aufgaben oder Vorhaben.

Diese Befürchtungen stehen im Widerspruch zu den zehntausenden weltweit von Wissenschaftlern gesammelten Dokumentationen über das so genannte Nahtoderleben. Menschen, die klinisch tot waren und es noch einmal Dank Gottes Wille und ärztlicher Kunst auf diese Seite des Vorhanges geschafft haben, berichten mehr oder weniger einhellig das Gegenteil von unseren Befürchtungen: Typischerweise gehen sie durch einen Tunnel auf eine Lichterscheinung zu und erleben ein Heimkommen und Aufgenommensein, Wärme, Freude oder gar Glückseligkeit und eine gute Gleichgültigkeit, in der alles, was ist, so sein darf, wie es ist.

Ich glaube, dass unsere Ängste vor dem Sterben Übertragungen unserer Erfahrungen aus der frühesten Zeit des Angewiesenseins auf die letzte sind. Wir fürchten, dass wenn wir im Prozess des Sterbens nichts mehr im Griff haben, es uns so gehen wird wie am Anfang, als wir noch keine Kontrolle über unser Leben hatten und auf Gedeih und Verderb auf Menschen angewiesen waren, die unsere Bedürftigkeit nicht angemessen wahrnehmen konnten.

Und viele fürchten am Sterben die Vergeblichkeit. Wenn ich Betroffene frage, wofür sie zu mir kommen, sagen sie oft, sie wollten nicht sterben, und wenn ich sie dann frage „Warum denn nicht, wir sterben doch alle", dann meinen sie „Weil ich noch nicht gelebt habe. Ich habe immer versucht, es anderen recht und alles richtig zu machen, doch worum es in meinem Leben gehen soll, kann ich nicht sagen."

Die Art der Angst vor dem Sterben kann genutzt werden als Ausgangspunkt für die Frage, welches in seiner Entfaltung behinderte oder gar nicht erst geweckte Potential vor dem Sterben entfaltet sein will. Die Angst vor der Verlassenheit kann bedeuten, dass es Zeit wird, Kontakt aufnehmen zu lernen, die vor dem Kontrollverlust, Gelassenheit zu üben, die vor der Vergeblichkeit, ungeachtet des wahrscheinlichen Ausgangs sofort mit einem sinnvollen Projekt zu beginnen. So erlebte ein von einem Rückfall eines Bauchspeicheldrüsenkrebses betroffener Mann eine mit wissenschaftlichen Mitteln nicht erklärbare Spontanheilung, nachdem er, obwohl nach ärztlicher Meinung todgeweiht, einen Haufen Geld in eine hochwertige Kamera investierte, seine alte Leidenschaft für die Fotografie wieder aufleben ließ und hunderte von Bildern machte von allem, was im Frühjahr am Bodensee aufblühte. Ein anderer hatte nach dem Verlust einer sehr einflussreichen Position, die ihn zwar stolz aber nicht glücklich machte, einen Dickdarmkrebs entwickelt. Er war glücklich, als er entdeckte, dass er anderen Alten eine Freude damit machen konnte, dass er sie mit seinem Minibus zu Ausflügen zu alten Kirchen und Museen mitnehmen konnte, und starb einverstanden und mit einem Gefühl von Genugtuung, das sich immer dann einstellt, wenn man weiß, dass man genug getan hat.

Sterben üben

Wir sterben, wie wir gelebt haben. Wir sterben so bewusst oder unbewusst, so einverstanden oder im Zweifel, so kontaktvoll oder so entfremdet, so friedlich oder im Widerstreit, wie wir gelebt haben.

Wenn ich das Stille Sitzen anleite, zitiere ich gerne Salvatore Quasimodo:

> Ognuno sta solo sul cuor' della terra
> trafitto da un raggio die sole
> ed è subito sera.

> Ein jeder steht allein auf dem Herzen der Erde,
> durchdrungen von einem Sonnenstrahl.
> Und plötzlich ist es Abend.

Ich möchte damit daran erinnern, dass es hilfreich seien könnte, zu üben wahrzunehmen, dass wir und wie wir gerade jetzt in diesem Moment anwesend sind, damit wir sehen, wie alles kommt und geht und das einzige, was bleiben kann, der die Gegenwart bezeugende Geist ist, damit wir dereinst wissen, wer da gewesen ist und wie wir gehen, wenn wir gehen – dann, wenn es plötzlich Abend wird.

Dürckheims Seinsfühlungen, Maslows Gipfelerlebnisse, die Schilderungen von Nahtoderlebnissen sowie die Erlebnisse derer, die in der Meditation oder in der bewussten Anteilnahme am Prozess des immerwährenden Wandels im Leben das Sterben üben und immer wieder einmal den sogenannten Ich-Tod erfahren, haben etwas Wesentliches gemeinsam: Sie verweisen, ebenso wie die Berichte über die Durchbrüche zum Wesen der Adepten der östlichen Traditionen, in bisweilen bemerkenswert gleich lautenden Formulierungen auf eine unsere Alltagsrealität gleichzeitig übersteigende und umfassende Wirklichkeit, die als Maß aller Realität erlebt wird. Es lohnt sich zu üben, diese Momente zuzulassen, sich darauf einzulassen und die damit verbundene Grenzerweiterung der Alltagsrealität zuzulassen.

Diese umfassende Wirklichkeit erschließt sich nicht der Beweisführung, sondern der unmittelbaren Erfahrung vor allem durchs Fühlen. Das Fühlen ist unsere Möglichkeit einer Botschaft von uns selbst an uns selbst über unseren gegenwärtigen Zustand. Dieses Fühlen geschieht auf vielfältige Weise. Manche Menschen fühlen optisch – sie sehen sich in einer bestimmten Weise. Manche erkennen, wie es ihnen im Moment geht, an den Gedanken, die ihnen durch den Kopf gehen. Ich selbst fühle kinästhetisch, das heißt, ich nehme den Erregungs- und Spannungszustand meiner Gewebe wahr – eine Spannung hier, ein Vibrieren dort, die Engstirnigkeit, die Engherzigkeit, die sogenannten Schmetterlinge im Magen und die Hummeln im Po und die Enge, die wir Angst nennen – und bemühe mich, dem so Wahrgenommenen eine der Gegenwart angemessene Bedeutung zu geben. Oft allerdings gelingt das nicht. Dann verwechsle ich die gegenwärtige Situation mit einer aus der Vergangenheit und reagiere darauf reflexhaft so, wie es damals nützlich war – und heute kontraproduktiv ist.

Ich kann auch gut erkennen, wie es mir gerade geht, wenn ich die Musik wahrnehme, die mir durch den Kopf geht, ob das nun „All the lonely people, where do they are come from" von den Beatles ist, oder „Why don't we sing the song all together" von den Rolling Stones, Bob Dylans „I am a lonesome hobo without family and friend" oder Peter Seegers „There is more pretty girl than one." „Tobacco Road / I Have a Dream" von Eric Burden finde ich, was die Potentialentfaltung angeht, einen geradezu richtungsweisenden Text. Ein Mann wacht auf im Getto, schaut sich um und weiß „Ich muss das ändern." Ein Engel erscheint ihm, und als er den bittet ihm zu helfen, fragt er ihn „Was lässt dich glauben, dass du Manns genug bist, irgendetwas zu ändern?" Er antwortet „Weil ich ein Mensch bin!" Der Engel verspricht ihm Hilfe, doch er begreift, dass er zum Ausgleich seine Augen hergeben muss – den klaren Durchblick, seine Wahnidee, er würde irgendetwas verstehen. Und als er die Augen hergegeben hat, begreift er, dass auch das nicht genügt. Wenn man etwas ändern will, muss man sein ganzes Leben dafür geben. Erst jammert er, doch Mutter und Vater und alle, die ihn lieben, sagen ihm, dass das Leben ein Geschenk ist, und dass, wenn man etwas ändern will, es auch weiterschenken muss.

Als Student habe ich drei Jahre mit Hingabe im Münchner Bach Chor gesungen. Da haben wir viel Tröstliches über das Sterben gesungen – „Wer nur den lieben Gott lässt walten", „Man halte nur ein wenig stille", „Komm süßer Tod". Diese Liedtexte und Arien – meist für Solisten – gehen mir oft durch den Kopf, wenn es schwierig wird für mich im Leben.

Ein großes Vorbild im Umgang mit Leben und Sterben ist für mich Milton Erickson geworden. Er saß die letzten Jahrzehnte seines Lebens gelähmt im Rollstuhl, nachdem er zweimal Kinderlähmung und einen schweren Autounfall überlebt hatte. Er musste täglich ein paar Stunden Selbsthypnose üben, um mit seine Schmerzen umgehen und verständlich sprechen zu können. Auf die Schmerzen angesprochen pflegte er zu sagen „Ich habe nichts gegen die Schmerzen. Sie sind besser als die Alternative."

Ich will nicht nur zufrieden sterben, in Frieden, weil ich alles bekommen habe, was ich brauchte, sondern auch mit Genugtuung, mit dem Wissen, genug getan zu haben. So wie Jesus, der am Schluss sagen konnte „Es ist vollbracht. Was ich zu tun hatte, habe ich getan."

„Wen die Götter lieben, dem schenken sie ein Lied", sagen die Navajo. Ich glaube, dass jeder von uns durch sein Leben ein solches Lied zu singen hat, und einverstanden lebt und stirbt, wenn er es singt und gesungen hat, und im Zweifel an sich und im Zwiespalt mit sich lebt und stirbt, wenn er es nicht singt und nicht gesungen hat.

Sterben dürfen

Wir Menschen wollen leben, persönlich leben, nicht nur überleben, bevor wir sterben. Manche von uns haben selbst gar keine Angst vor dem Sterben, doch sie glauben leben zu müssen, weil sie glauben, dass der Partner damit nicht umgehen

könnte, wenn sie gehen. In den Kliniken erlebt man dementsprechend nicht selten eine paradoxe Situation. Die Verwandten fangen den Arzt vor der Tür zum
Krankenzimmer ab und bitten ihn „Wir wissen ja, was er hat, aber bitte sagen sie
es ihm nicht, er könnte es nicht ertragen!" Im Zimmer sagt der Patient dann zum
Arzt „Ich weiß ja, was ich habe, aber sagen sie es ihnen nicht. Sie könnten es nicht
ertragen." So entsteht eine Mauer des Schweigens um den kranken Menschen in
einem Moment, in dem er die Mitmenschen am dringendsten braucht.

In dieser Situation ist Arbeit mit den Angehörigen angesagt, um ihnen zu verstehen zu geben, dass das Sterben wie die Geburt ein wesentlicher Teil des Lebens ist, und dass man, wenn man das Leben eines anderen fördern will, seinem
möglichen Sterben zustimmen muss. Jedenfalls erleben es die Krebskranken in
meinen Gruppen als entlastend, ja belebend, wenn sie frei, das heißt auch ohne
Rücksicht auf andere, über die Möglichkeit ihres Sterbens sprechen können, und
lernen so, auch mit den Angehörigen frei über ihr Sterben zu sprechen.

Wer keine Angst vor dem Sterben hat, hat mehr Kräfte frei für den Alltag.
Deshalb nutze ich einen absichtlichen Versprecher dazu, die Teilnehmerinnen
und Teilnehmer am Workshop mit dem Gedanken ans Sterben vertraut zu machen. In der Meditation führe ich zum Atem hin mit der Formulierung „Ihr
könnt den Atem kommen und gehen lassen, wie *ihr* kommt und geht, ein und
aus und Pause, wie die Wellen des Meeres …" Der Verstand hört den Halbsatz
„…, wie ihr kommt und geht" als „…, wie *er* kommt und geht" – er, der Atem
–; denn das ist logisch auf der Ebene des Verstandes. Doch die Seele hört „Ihr
kommt und geht", denn das ist logisch auf der Ebene des Erlebens. Jeder weiß im
Grunde, dass wir kommen und gehen, doch leider ist diese Selbstverständlich-
keit kollektiv aus dem Bewusstsein verdrängt.

Wiedergeburt

Als ich meine erste Krebspatientin, die einen Rückfall von einem Schilddrü-
senkrebs trotz der Verweigerung der empfohlenen radikaloperativen Therapie auf wunderbare Weise überlebte hatte, nach Jahren fragte, ob sie Angst vor
dem Sterben habe, meinte sie, in der Stadt schon, doch nicht auf dem Lande.
Wenn sie dort sehe, wie das alles kommt und geht, dann wüsste sie: „Das geht
weiter."

Viele Menschen machen sich Gedanken, wie es dann weitergeht. Da hilft eine
Meditation von Carl Simonton „Gestehen sie sich ein, dass sie in einer Krise stecken und definieren Sie innerlich diese Krise. Dann lassen sie sich sagen: „Ich
stecke in dieser Krise und ich weiß keinen Ausweg. Und ich brauche auch keinen Ausweg zu wissen, so wie ich nicht zu wissen brauchte, wie ich geboren werden würde. Ich erkläre mich bereit, mich auf diese Krise einzulassen, so wie
ich mich auf meine Geburt eingelassen habe, in dem Vertrauen darauf, dass

die Kraft, die mir half, geboren zu werden, mich auch ans andere Ufer dieser Krise tragen wird."

Ich kann ganz gut leben damit, dass ich nicht weiß, wie es weitergeht, wenn dieses persönliche Wolf Büntig Leben einmal endet. Eine Weile werden ein paar Menschen sich meiner erinnern – manche dankbar, manche mit Groll. Das ist angemessen. Manchen habe ich Gutes getan, manchen habe ich auch übel mitgespielt. Das reut mich. Ich glaube von mir sagen zu können, dass ich niemandem wissentlich und mit Absicht geschadet habe, doch denen, denen ich geschadet habe, hilft das nichts. Manches hoffe ich noch gutmachen zu können, so lange ich lebe, doch ich habe nicht alles in der Hand. Also werde ich wohl sowohl mit Genugtuung als auch mit Schuld sterben.

Glaube ich an eine Wiedergeburt? Im Fleische – ja natürlich. Ich werde, was meine Leiblichkeit angeht, eingehen in den ewigen Kreislauf der Natur: Die Maden werden sich meiner bemächtigen, aus ihnen werden Fliegen werden, Vögel werden diese Fliegen fangen und so weiter. Asche zu Asche ...

Und als Person? Ich habe immer wieder im Schlafen und im Wachen, im Traum und im Tagtraum von meinen üblichen Identifikationen unterscheidbare Ich-Gestalten erlebt. In einem Traum bin ich eine Nonne, die einen Ritter gesund pflegt, in einem anderen werde ich selbst nach schwerem Sturz auf dem Dach der Welt von unendlich liebevollen Frauen gesund gepflegt und von unendlich heiligen Männer gesund gebetet und in einem Tagtraum mit einem guten Freund sehe ich mich schon vor zweitausend Jahren mit ihm auf dem *Forum Romanum* bummeln und Schmuck auswählen für unsere Liebsten von damals. Aber muss ich mich identifizieren mit jenen Gestalten, die diese Ich-Form vorübergehend annehmen, damit ich im persönlichen Bewusstsein aus dem unendlichen Bewusstsein etwas, das von mir gewusst sein will, aufnehmen kann?

>Standing at the sea shore
>I cannot tell
>where the river ends and the ocean begins
>and I wonder
>what will this river
>connecting source with sea,
>know of clouds
>
>Am Ufer stehend kann ich nicht sagen wo
>der Strom endet und der Ozean beginnt
>und mich nimmt Wunder
>was weiß wohl dieser Fluss
>der Quell mit Meer verbindet
>von Wolken.

Ich würde mich sehr wundern, wenn dasselbe Wasser ein zweites Mal den Rhein hinabflöße.

Das Wesentliche findet im Verborgenen statt

Es ist „der kostbare Moment"! – eine Erinnerung

Jürgen Holland

Jeder, der Sterbende begleitet hat, kennt die Situation vor allem nachts: der Kranke ist (sehr be)unruhig(t), nestelt an der Bettdecke herum, deckt sich immer wieder auf… Er scheint, nicht wirklich Schmerzen zu haben – oder vielleicht doch?! Er findet einfach seinen Platz nicht. Es ist auch nicht möglich, ihm durch neue Lagerung Erleichterung zu verschaffen. Ohnehin dreht sich sofort wieder auf den Rücken. Einen Schluck Tee vielleicht? Auch das ist mühsam oder wird verweigert. Mundpflege will er auch nicht. Ist das Zimmer zu kalt oder zu warm? Man versteht zumeist nicht mehr wirklich, was der Patient sagt, wenn er nicht überhaupt ganz durcheinander ist. Gelegentlich scheint er von ganz weit her zu kommen und kann antworten. Aber eigentlich ist alles sehr mühsam und schwer. Es will aber auch gar nichts wirklich helfen! Das führt zu großer Unsicherheit auch beim Pflegenden, ob denn für alles gut gesorgt ist. Auch die Angehörigen sind durch diese Situation sehr beunruhigt (wie der Kranke) und angespannt.

Solche Nächte, aber auch Tage können äußerst lang werden, wenn man am Bett steht und ratlos ist. Eine große Belastung. Wenn der Pflegende jetzt nicht wach und wachsam ist, trägt er seine Anspannung mit in die anderen Krankenzimmer …

Aber plötzlich ist er da: der kostbare Moment! Die Unruhe weicht wie Fieber gegen Morgen. Die Atmosphäre klart auf. Der Kranke scheint tief zu schlafen – für eine gute Frist. Man spürt mit großer Sicherheit, dass das Schwerste überstanden ist. Jetzt kann ihm nichts mehr wirklich etwas anhaben. Da ist Friede und „tief ausatmen können". Nun wird man die Pflege auf das Allernotwendigste beschränken, um den Kranken nicht mehr zu stören – in diesem kostbaren Moment.

Hospizpflege als Hintergrund meiner Überlegungen

Der Erfahrungshintergrund für das, was ich von Sterbenden für mein eigenes Leben und hoffentlich für mein eigenes Sterben gelernt zu haben glaube, ist die Pflege Sterbenskranker in einem Hospiz, wie das gerade erinnerte Erleben zeigt.

Ein Kriterium für die Eignung zur Sterbebegleitung wird in der Hospizbewegung darin gesehen, wie jemand auf die folgende Frage eines Todkranken antwortet: „Hast du akzeptiert, dass ich sterben werde?" Damit will er sagen: Bist du bereit, mich gehen zu lassen? Bist du fähig, mich in meinem Sterben zu stützen, das heißt mich zu halten, ohne mich festzuhalten? Wichtige Fragen. Für ebenso wichtig aber halte ich noch eine andere Fragen an die in der Sterbebegleitung Engagierten: „Hast du akzeptiert, dass auch du sterben wirst?" Damit bin ich beim Thema dieses Buches.

Die Überschrift meines kurzen Beitrags spricht davon, dass ein wesentlicher Zug von Pflege ein gewisses Verborgensein ist.

Verborgen deshalb, weil Vertraulichkeit und Verschwiegenheit in der Pflege vergleichbar der ärztlichen oder seelsorgerlichen Schweigepflicht besonders wichtig ist. Verborgen aber auch, weil „das Wesen der Pflege" nur schwer zu kommunizieren ist. Oft hatte ich das schmerzliche Gefühl, etwa im eigenen Freundeskreis oder auch in Angehörigengesprächen, das Eigentliche der pflegerischen Begegnung nicht vermitteln zu können oder gar bei meinem Gegenüber auf eine gewisse Abwehr zu treffen.

Verborgen – das bedeutet beispielsweise ganz schlicht, auf den Schutz des Kranken vor unerwünschten Blicken anderer zu achten oder dem Schwachen eine Hülle zu schaffen, die ihn sorgfältig abdeckt und ihn so vor allzu großem Wärmeverlust schützt.

Wie verwirrend kann es für die Angehörigen sein, wenn das Gegenteilige geschieht, der Sterbende sich immer wieder entkleidet und die Umgebung mit seiner Nacktheit und dem von Krankheit gezeichneten Körper konfrontiert.

Dann fühlt sich der Pflegende über den Kranken hinaus auch zur Sorge für sich selbst und die Umstehenden gefordert. Gibt es vielleicht zunächst für ihn selbst ein intuitives Verständnis und dann für die anderen einen hilfreichen Deutehinweis, der das leidvolle Erleben dieser Situation erträglicher macht: das Entkleiden als Versuch oder Wunsch, die leibliche Hülle abzustreifen!?

Das Wesentliche geschieht im Verborgenen vielleicht auch deshalb, weil die Krankenpflege als solche konfrontierend wirken kann und an Tabus zu rühren scheint oder rührt und somit eine Wand von Missverständnissen um das rechte Verständnis errichten kann. Aus der Perspektive des gesunden, sich selbst versorgenden Menschen wird die Vorstellung, jemand könnte etwa mit den Gesten der Grundpflege in das Persönlichste eingreifen oder eindringen, als etwas Ungeheuerliches und Abstoßendes erlebt und als Tabu sanktioniert.

Ich frage mich allerdings: Gehören Tod und Tabu nicht tatsächlich irgendwie zusammen? Vielleicht bedürfen gerade das Sterben und der Umgang damit zwar nicht unbedingt der Tabuisierung, aber doch eines gewissen Schutzes vor Öffentlichkeit, weil sich das Leben des Menschen gerade im Sterben als Geheimnis erweist. Deshalb wollen Hospize sozusagen Schonungen für das Sterben umgrenzen, damit dieser letzten Lebensphase Schonraum und Schonzeit gewährt sind.

Es ist sehr verständlich, dass man die Konfrontation mit körperlicher Entstellung, schlimmen Gerüchen, unkontrollierter Ausscheidung scheut. Vielleicht wird es als Zumutung empfunden, wenn der Sterbenskranke von einem gegengeschlechtlichen Pflegenden gewaschen wird.

Dieses ganze kreatürliche Elend mit hinein zu nehmen in sein Bewusstsein und in diesem Sinne das ganze Ausmaß der Not Sterbender auszuloten, kann vielleicht etwas wandeln. Dann braucht man vielleicht in seinem Schmerz nicht einen Groll gegen Hilfe von außen hegen, als eine Zumutung, vor der man sich selbst und seine Lieben schützen möchte.

Lieber wünschen sich verständlicherweise viele Menschen in ihrer Vorstellung für die Sterbesituation vielleicht eine stimmungsvolle oder geistliche Musik, möchten sich an den reinen, klaren Gedanken, an Weisheit halten können, an Bilder wie stärkende Engel und versöhnliches Ernteeinbringen …

Allerdings ist an dieser Stelle die aus reicher Erfahrung gewonnene Einsicht der Psychologin Stephanie Krenn ein zu Achtsamkeit und Zurückhaltung mahnender Hinweis: „Fragt z. B. ein Sterbender: ‚Glauben Sie, dass Gott mir meine Sünden vergeben wird?‘, kann ich aus meiner Achtung heraus antworten, indem ich seine Hand halte, ihn liebevoll ansehe und ermutige, seine eigene Antwort zu finden aus seiner jetzt wirksamen Weisheit – denn jeder von uns hat immer auch Quellen der Heilung in sich – und ich werde ihm nicht aufdrängen, was in ihm noch keine Worte gefunden hätte."[1]

Was aber ist mit all denen, die zu solchen Bildern, Gedanken und Überzeugungen schlicht keinen Zugang finden, weil sie ihn von ihren Voraussetzungen her nie hatten oder aufgrund ihres Lebensschicksals wieder verloren haben? Wer hätte das Recht zum Urteil über ihre verzweifelten Versuche, sich auf scheinbar banale Weise (Dauerfernsehen u. a.) oder durch medikamentöse Dämpfung vor ihren Ängsten zu schützen? Diese Menschen wach und wohlwollend im Blick zu haben und ihnen aufmerksam zuzuhören, sie achtsam zu pflegen, ist eine Weise, auch sie innerlich als „Todgeweihte" – ein bemerkenswertes Wort! – wahrzunehmen und zu würdigen. Wer weiß, welche Wandlung das bewirken kann?!

Einige Grundgesten der Pflege und ihre innere Bedeutung

Kann Pflege nicht bewusst Gesten so einsetzen, dass sie über das äußere körperliche Tun und dessen unmittelbare Wirkung zu einem inneren Erleben beim Kranken führen? Was mit dieser Frage gemeint ist, möchte ich am Beispiel einiger Aspekte der Grundpflege zeigen. Letztlich wird es darum gehen, das Zurückgeworfen-Sein auf das eigene Selbst und das Gefühl des Ausgeliefert-Seins für den Kranken erträglicher zu machen.

---

1 Krenn, Glaub an Dich, 179.

Ein in seinem Bett ganz in sich zusammengesunkener sterbenskranker Mensch wird vielleicht unbewusst spüren, was Daseinsschwere ist, und wenn er sich verschwitzt und unsauber fühlt, bedrängt ihn vielleicht etwas wie Scham. Was können dann gestütztes Aufsetzen und eine behutsame Waschung auch innerlich bewirken?!

Der Niedergedrückte mag sich aufgerichtet fühlen, der mit sich selbst Beschwerte erleichtert, beim Beschämten mag sich die Scham mildern. Wenn es auch nur Momente solch inneren Erlebens sind, wird es vielleicht genau da dem Kranken möglich, die Außenwelt für einen Augenblick wieder oder anders wahrzunehmen: die frische Luft am Morgen, eine Blume auf dem Tisch, das Rufen von Kindern, das ins Zimmer schallt...

Schon diese nur angedeutete Skizze macht für mein Verständnis die Not-Wendigkeit von Pflege – über die körperliche Ebene hinaus – in einem tieferen Sinn deutlich. Sie wendet nicht nur die körperliche, sondern, wenn es gut geht, auch die seelische und geistige Not.

Wenn das Zurückgeworfen-Sein auf das eigene Selbst nach allem Ringen, aller Ungeduld und allem Unmut, nach aller quälenden Unruhe zu einem Ganz-bei-sich-(Angekommen)Sein wird, dann ist es angezeigt, die Pflege auf das Nötigste zu beschränken, um den Sterbenden nicht zu stören, gar aufzustören oder zu verstören.

Im besten Fall führt das zu einem Moment großer Stimmigkeit, in die der Pflegende sich jenseits allen pflegerischen Tuns mit der Grundhaltung bloßer Präsenz einfügt.

Achtsame Präsenz vermag in Not ganz unmittelbar zu wirken, hin spürend, schauend und hörend, bei sich bleibend, vielleicht in bewusstem Atmen, ob der Pflegende nun ganz nah und in unmittelbarem Kontakt ist oder eher in gutem Abstand verweilt.

Einem sterbenden Menschen beistehen – vielleicht ein treffenderes Wort als begleiten – verlangt am ehesten eine Haltung, die Meister Eckhart so zum Ausdruck bringt: „Aller stillest stan und aller lerest ist da din allerbestz.“[2] Diese Haltung meint das Wort Präsenz.

Um das noch ein wenig zu konkretisieren, frage ich mich nach all den Jahren: Sterbende begleiten – (wie) geht das überhaupt?

Vielleicht verstehen Sie mich, wenn ich das Wort Sterbebegleitung eigentlich in Anführungsstriche setzen möchte. Wir können Sterbende hingeleiten an eine Schwelle, über die wir aber nicht mitgehen können, selbst wenn wir es wollten. Begleiter sollten deshalb immer gleichsam einen halben Schritt hinter den Menschen, die begleitet werden, hergehen: fragend, vorsichtig deutend vielleicht, ermutigend, in einfühlsamer Berührung, vor allem achtsam schweigend ...

---

2 Zitiert in: Frank, Totenbuch, 63.

Sogar dieses Hingeleiten zur Schwelle des Todes führt in der Regel durch von uns selbst noch nicht begangenes Land. Wir kennen allenfalls generelle Landkarten. Dass wir also letztendlich nichts wissen vom Tod und nur wenig vom Sterben und uns dementsprechend verhalten sollten, nämlich voll Ehrfurcht und Demut – das macht meines Erachtens die Weisheit jeglicher Sterbebegleitung aus.

Annäherung an „das eigene Sterben"

Was bedeutet all das über meine Erfahrung mit Sterbenden Gesagte im Hinblick auf mein eigenes Sterben? Welche Vorstellungen und Wünsche habe ich vor diesem Hintergrund für mich selbst?

In meinem Bericht liegt selbstredend auf der Krankenpflege das Hauptaugenmerk. Ihr gebe ich auch in meinen Vorstellungen vom eigenen Sterben das vielleicht größte Gewicht. Ich weiß ja um die auch innere Bedeutung bewusst vollzogener Pflege, um ihre umfassende Wirkkraft – auf Körper, Seele und Geist.

Die Pflege sollte deshalb so verlässlich, so sorgfältig und behutsam wie irgend möglich sein, gerade auch wenn wechselnde Pflegekräfte mit meiner Pflege betraut sind. Ich möchte, dass man freundlich und ruhig mit mir umgeht, auch wenn die Arbeitslast drückend ist. Ich möchte mich in den Blick genommen fühlen, aber möchte zugleich geschützt sein vor Übergriffen jedweder Art, dass beispielsweise von vornherein und immerzu andere besser wissen, was ich in einem bestimmten Moment brauche, wie ich „behandelt" werden muss.

Andererseits hoffe ich, dass ich das Vertrauen aufbringe, mich meinerseits auch zu überlassen, soweit es mir – gerade als in der Pflege „Erfahrener und Wissender" – möglich ist. Irgendwann kann ich ja sehr wahrscheinlich gar nicht mehr mitteilen, was ich brauche, und andere müssen das aus ihrer Intuition heraus für mich entscheiden.

Ich hoffe weiter, dass ich nicht in einer Weise von Schmerzen geplagt bin, die mich ganz und gar gefangen nimmt, mich in Auflehnung und Abwehr führt, die mich zuinnerst unfriedlich macht. Ich weiß um die Möglichkeiten einer achtsamen und gezielten Schmerztherapie, aber auch um ihre Grenzen.

Vor allem werde ich, wie ich mich kenne, viel äußere und innere Ruhe brauchen, möchte bei mir sein und bleiben können, auch und gerade wenn mich Ängste anfliegen oder Panik mich wegzuschwemmen droht. Dazu bin ich auch auf das Feingespür meiner Umgebung angewiesen, auf deren wachen Sinn für Nähe und Distanz.

Im besten Fall werde ich selber herausfinden, welche Bilder und Worte meine Angst beruhigen und mir Trost spenden. Bisweilen wird sich dieses Finden in einem vertrauten Gespräch ereignen, manchmal wird es mir auch ganz unverhofft jemand schenken. Geschützt sein möchte ich vor der Zumutung anderer, die sicher zu wissen meinen, mit welchem Trost ich mich verbinden sollte, der aber für mich gar nicht lebbar oder in diesem Moment nicht dran ist.

Was mit dem Bild sein wird, das mich schon lange im Blick auf das Sterben begleitet, weiß ich nicht: Barlachs Plastik „Das Wiedersehen"[3]. Es zeigt die Begegnung zwischen Jesus und Thomas nach der Auferstehung. Für meinen Blick zeigt der Künstler noch eine ganz andere Auferstehung, nämlich die des Thomas, der sich an Jesus aufrichtet. Wird es mir möglich sein, mich in meinem Sterben an dieses Bild zu halten? Wird es sich in meinem Verhalten widerspiegeln?

Insgesamt aber hoffe ich, dass ich kein schlechtes Gewissen bekomme oder mich davon zu lösen vermag, wenn ich mich nicht so verhalte oder verhalten kann, wie ich es von mir selbst erwarte oder wie es von mir gewünscht wird. Ich möchte vor allem nicht zur Plage für andere werden und hoffe, dass es gelingt.

Hilfreich wird für mich sein, wenn ich mein Sterben nicht als ein Scheitern erlebe, sondern als Einwilligen in einen kreatürlichen Vorgang, der in aller Einfachheit schlicht seinen Raum und seine Zeit braucht. Ich möchte für mich selbst in meinem Sterben frei sein von Leistungszwang und jeglichen Zwang zum Besonderen, ganz gleich ob diese Zwänge aus mir selbst aufsteigen oder von außen auf mich zukommen. Vielleicht kann gerade so in mir die Bereitschaft zum Aufbruch reifen.

Religion und Spiritualität sind Werte, um die ich mich immer wieder gemüht habe und mühe. Ob sie sich auch im Sterben bewähren? Gemeint sind ganz schlichte Dinge. Vom Wortsinn her geht es in der Religion um das Bewusstsein des Verbundenseins in einem größeren Zusammenhang und bei der Spiritualität um ein Bewusstsein, das mich atmen lässt. Für mich sind beide nur „wohldosiert" hilfreich, vermutlich auch im Sterben.

Eine Passage aus „Ein kleines Totenbuch" von Martin Frank bringt das für mich sehr schön zum Ausdruck. „Was auch immer meine Religion, mein Glaube, meine Überzeugung sein mag, versuche nicht, sie jetzt zu ändern. Und wenn ich nach einem Priester verlange, so zögere nicht, den besten zu holen, auch wenn es deiner Überzeugung widerspricht. Dass er viele Menschen hat sterben sehen, mag mehr helfen, als was er sagt. Ich will nur eine ruhige Stimme hören, die mir hilft, meine sich klammernden Finger zu öffnen."[4]

Von Sehen und Hören ist die Rede, von Gesehenwerden und etwas hören dürfen. Es geht also um Grundbedürfnisse im wahrsten Sinn des Wortes, denn sie sind uns sozusagen in die Wiege gelegt. Sie prägen wohl auch unsere Wünsche im Blick auf das Ende des Lebens. Ich jedenfalls kann das, was Martin Frank schreibt, gut nachvollziehen.

---

3 Barlach, Ernst, Das Wiedersehen, 1926, Ernst Barlach Haus – Stiftung Hermann F. Reemtsma, Hamburg.
4 Frank, Totenbuch, 51.

Der erste Laut eines neugeborenen Menschenkindes ist ein Schrei oder ein Wimmern, ein durchdringend lautes oder Aufmerksamkeit heischendes wortloses Fragen nach einem Ort der Zugehör(!)igkeit. Sein erstes Schauen wirkt abgründig offen – wie ein noch blickloses Suchen nach einem Augenblick des Angesehenseins.

Diese Urszene schreibt sich in unserem Leben fort als unsere tiefste Sehnsucht – nach einer Stimme, nach einem Blick, die mich meint und mir Geborgenheit vermittelt, ohne meine Freiheit zu gefährden. Geborgenheit und der Freiheit, so scheint es, prägen wie ein Muster auch unsere Vorstellungen vom Ende des Lebens.

Zum Schluss kommt mir die Erinnerung, dass einige Sterbende in traumähnlichen Zuständen in Bildern gesprochen haben. Besonders berührt haben mich zwei Begegnungen, in denen jeweils am Sterbetag das Motiv der Vermählung auftauchte. Einer war davon ganz überrascht, die andere zutiefst beglückt. Für meine Wahrnehmung ging es dabei um die stille Ahnung eines Sich-Vereinigens oder Ganzwerdens. Ein solcher Moment wäre auch in meinem eigenen Sterben der kostbare.

Literatur

Frank, Martin: Ein kleines Totenbuch. Zürich 2000.
Krenn, Stephanie, Die Sprache der Sterbenden, in: Krenn, Stephanie (Hg.), Glaub an Dich – Vorträge, Mainz 2006, 172–186.

Hospizarbeit als prägende Erfahrung
für das eigene Sterben

Verena Begemann

„Ich sitz' gern' auf einer Friedhofsbank, seh' die schattigen Alleen entlang und denk' nach über den tief'ren Sinn der Reise. Mit dem schicken Laptop auf den Knien, blätter' ich von Termin zu Termin und wenn ‚Wichtig!‘ davor steht, kicher' ich leise."

Dieses Lebensgefühl von innerer Ruhe und Gelassenheit, das Reinhard Mey in seinem Lied „Friedhof"[1] ganz bildhaft vor dem inneren Auge entstehen lässt, spricht mich an, weil ich diese Sehnsucht nach gelassenem Sein kenne. Die Friedhofsbank ist eine Ruheoase und zeigt, dass es die symbolische Begegnung mit dem Tod ist, die für eine heitere und zugleich tiefsinnige Zufriedenheit sorgen kann. Ich erinnere mich, dass ich meine Großmutter als Kind gerne auf den Friedhof begleitet habe, um meinen Großvater zu besuchen. Schon der Weg dorthin, auf dem wir nur wenig miteinander sprachen, war von einer besonderen Atmosphäre gekennzeichnet. Wenn wir ankamen, hielten wir vor dem schönen, großen Grabstein andächtig inne und meine Großmutter seufzte tief. Dann wurde schlicht und einfach getan, was getan werden musste. Frische Blumen pflanzen, kleine Sträucher schneiden, Unkraut zupfen und zum Schluss vom großen Brunnen frisches Wasser zum Gießen holen. Wenn wir wieder gingen wiederholte sich das Anfangsritual und so war alle Aktivität eingebunden in ein andächtiges Innehalten am Anfang und am Ende. Dieser Friedhofsbesuch war eine Unterbrechung des Gewohnten und gehörte doch mit dazu. Ich denke, dass diese Friedhofsbesuche vielen „Kindern in einer alternden Haut"[2] aus ihrer Biografie bekannt und vertraut sind und es uns gut tut, nach unserer persönlichen „Friedhofsbank" Ausschau zu halten, die uns einlädt über den Sinn und das Ziel des einzigartigen Lebens zu meditieren.

Ich zeige in diesem Beitrag, dass die Hospizarbeit meine eigene „Friedhofsbank" geworden ist, um über den „tief'ren Sinn der Reise" nachzudenken. Aus Erfahrungen in der Sterbe- und Trauerbegleitung nähere ich mich meiner Endlichkeit und formuliere Einsichten und Fragen, die mich bewegen. Anknüpfend daran zeige ich, was mir die dialogische Weggemeinschaft für die Kunst des Lebens und des Sterbens bedeutet. Mit abschließenden Gedanken zum Herzens-

---

1 Mey, Reinhard, CD Nanga Parbat, Capitol Music 2004.

2 Schoenacker, Theo, Die Bedeutung der Kindheit für das erwachsene Leben, Vortrag auf CD, Timpano Verlag 2006.

gebet versuche ich zu beschreiben, was mich im Leben trägt und wovon ich mir Halt beim letzten Loslassen zum ewigen Augenblick wünsche.

Hospizarbeit als Zeit des Innehaltens

Inne zu halten gehört wohl zu den großen Herausforderungen unserer Zeit. Bei mir selbst und in Gesprächen mit anderen nehme ich eine intensive Suche nach einem Lebensrhythmus wahr, der aktives und kontemplatives Leben in sich vereint. Wir sehnen uns nach Zeitoasen, in denen wir die Tiefendimension des Lebens ergründen können. Seit zehn Jahren bin ich auf unterschiedlichen Ebenen in der Hospizarbeit tätig und im Rückblick würde ich heute sagen, dass es für mich auch der Rhythmus von Aktivität und Ruhe gewesen ist, der die Hospizarbeit sehr attraktiv hat werden lassen. Im Rahmen von Erstgesprächen, Ausbildung und Qualifizierung von Ehrenamtlichen, Aufbau von Projekten ist viel Aktivität und Engagement nötig und erforderlich. Zugleich braucht es aber auch die andere Seite des Menschseins. In Begleitungssituationen und in Trauergesprächen gilt es inne zu halten, schweigen zu können und zu dürfen und die Passivität ertragen zu lernen. Ich habe bei mir selbst und auch bei Mitarbeiterinnen durchaus schmerzlich wahrgenommen, wie kreativ wir am Sterbebett werden, um genau diese Passivität zu vermeiden, die erforderlich ist, wenn uns der Tod widerfährt. Diese Erfahrungen haben mich und meine Sicht auf das Leben geprägt und zu der Frage geführt: Brauchen wir Sterbliche die Sterbenden, um einmal im Hamsterrad der Aktivität inne zu halten, ja vielleicht sogar gestoppt zu werden?

Ja, ich glaube, dass wir Zeiten brauchen, um über Sinn, Wert und Ziel des Daseins nachzudenken. Die ambulante und stationäre Hospizarbeit ist für mich ein Lehr- und Lernort des Lebens[3], weil wir hier am Sterbebett viel über uns selbst und über das Leben lernen können. Sterbende und trauernde Menschen gehören somit zu guten Lehrmeistern der Lebenskunst. Ich weise deutlich darauf hin, dass Hospizarbeit keine Therapie oder Therapieersatz für Begleiterinnen ist. Es ist ein gutes Maß an Demut notwendig, um sich in der Begleitungssituation ganz dem sterbenden Menschen und seinen Angehörigen zu widmen. Als eine Einheit der Fürsorge stehen sie im Mittelpunkt der Begleitung. Zugleich gilt es wahrzunehmen, dass wir als Begleiterin in der Kompetenz unseres Menschseins und unserer Mitmenschlichkeit gefordert sind, die wohl für jeden von uns eine lebenslange Lernaufgabe ist. Ich denke, es ist an der Zeit, in den vielfältigen Qualitätszirkeln und Zertifizierungsbestrebungen unseres kranken Gesundheitssystems die überlebensnotwendige Kompetenz der Mitmenschlichkeit zu stärken. Ich könnte mir durchaus vorstellen an einem nicht „zertifizierten

---

3 Begemann, Lehr- und Lernort.

Ort" zu sterben, aber ich würde mir wünschen einen aufmerksamen, liebevollen Mitmenschen am Lebensende an meiner Seite zu haben, der mit mir die Zeit in vergisst.

Darum nehmen wir uns im Rahmen von Vorbereitungskursen und Fortbildungen in der Hospizarbeit auch viel Zeit, um über Sterben und Tod nachzudenken und miteinander ins Gespräch zu kommen. Damit befinden wir uns auf den Spuren einer philosophisch-biblischen Tradition, die Ausdruck einer Lebenskunst war, zu der die Kunst des Sterbens (ars moriendi) selbstverständlich dazu gehörte.

Für Platon, der u. a. mit dem Dialog „Phaidon" den Grund zum Leib-Seele-Dualismus legte, gehörte das Denken an den Tod „zum Geschäft" eines freien, philosophierenden Menschen. Dieses galt als eine der wichtigsten Übungen im Alltag, die als Vorbereitung der Befreiung der Seele vom vergänglichen Leib durch den Tod verstanden wurde (Platon 1990). Eine etwas andere Akzentuierung finden wir in der biblischen Weisheitsliteratur: „Lehre uns unsere Tage zählen, dass wir ein weises Herz gewinnen", so heißt es im Psalm 90 in der Übersetzung der Zürcher Bibel. Es gilt die Vergänglichkeit zu reflektieren und sich des eigenen Maßes an Lebenszeit und individueller Zeitgrenzen bewusst zu werden, um in die Tiefe des Lebens und der Persönlichkeit vorzudringen. An den Tod mitten im Alltag zu denken ist eine der ältesten Übungen der Menschheit. Damit sorgten die Philosophen – Menschen, die intensiv über Leben und Tod nachdachten – gut für ihre Seele.

Hier sehe ich die Brücke zu uns Haupt- und Ehrenamtlichen in der Hospizarbeit. Wenn wir uns durch die Begleitung sterbender Menschen vom Tod des Anderen berühren lassen und uns angesichts dessen zugleich mit der eigenen Lebensgrenze vertraut machen, überprüfen wir unser Denken und Handeln in dieser Welt. Das heißt, wir sorgen für unsere Seele, um fürsorglich mit sterbenden Menschen umgehen zu lernen. Ein modernes und zugleich sehr lebenspraktisches „meditatio mortis" leuchtet hier auf. Der Tod des Anderen wird zu einem Wegweiser für das eigene Leben und wir sind letztlich beide Begleitete und Begleitende. Sich einzugestehen, dass wir alle nicht wissen, wie man am besten stirbt, lässt uns zu gleichberechtigten Partnern in einem Ereignis werden, das wir nur geschehen lassen können. Alle Begegnungen, Erfahrungen und Erlebnisse werden Teil der eigenen Lebensgeschichte. Geführte Gespräche, erlebte Trauer von Sterbenden und Angehörigen, wahrgenommene Schmerzen, eigene Gedanken und Gefühle über die Endlichkeit sowie alles Dasein für und mit dem Anderen wirken in und an der eigenen Persönlichkeit fort. Sicherlich müssen wir uns auch hier kritisch fragen: warum erfüllen uns Begegnungen in der Hospiz- und Palliativarbeit in dieser, einzigartigen Weise?

Ich denke, dass der Erfolg der Hospizbewegung und die Tatsache, dass 80.000 Ehrenamtliche hier engagiert sind, Ausdruck für die Sehnsucht nach Mitmenschlichkeit in unserer modernen Gesellschaft ist. Wir sehnen uns nach

Wertschätzung, Angenommensein und Geborgenheit. In Begegnungen am Lebensende werden wir eben nicht auf Leistung, Tempo und Status reduziert, sondern im Mittelpunkt steht eine einzigartige Lebensgeschichte, in der Freude und Glück ebenso wie Krisen, Ängste und Scheitern vorkommen und in mitmenschlicher Haltung geachtet werden.

Mit Lebenskunst das Abschiednehmen gestalten

Der existenzielle Imperativ von Wilhelm Schmid – Begründer der Philosophie der Lebenskunst – „Gestalte dein Leben so, dass es bejahenswert ist"[4], hat mich in unterschiedlichen Lebensphasen inspiriert, so dass ich mir wünschen würde, am Ende mein eigenes Lebenskunstwerk noch einmal anzuschauen.

Die Motivation zur sinnvollen und gewissenhaften Gestaltung des Lebens ist das Bewusstsein, dass das Werk nicht unendlich zu formen ist, sondern eine natürliche Begrenzung hat. Die Kürze des Lebens ist das „finale Argument"[5]. Die Form des Kunstwerks „Leben" wird durch Geburt und Tod bestimmt. Zwischen beiden Ereignissen liegt die begrenzte Lebenszeit. Ohne einen Horizont der Lebenszeit würden Handlungen an Bedeutung verlieren. Durch den Tod als Lebensbegrenzung wird das Leben zu einem kostbaren und wertvollen Gut. Es ist das Leben selbst, das geformt und gestaltet werden kann und will, um somit zu einem unverwechselbaren und individuellen Kunstwerk des Menschen zu werden. Kunst und Gestaltung gehören zusammen. Indem ein Kunstwerk gestaltet wird, erhält es eine Form. Das Werk wird aus der Ideen- und Gedankenwelt als etwas Einzigartiges schöpferisch ans Licht der Wirklichkeit gebracht. Das Kunstwerk kann gesehen, gehört, befühlt und auch bestaunt werden. Das Material der Lebenskunst „ist kein Marmorblock, keine Leinwand, kein Notenblatt, und doch handelt es sich um jene Art von Material, das im Grunde von allen Künsten bearbeitet wird (…)."[6]

Es würde mir entsprechen, die eigenen Krisenzeiten und die daraus erwachsenden Erfahrungen noch einmal zu reflektieren. Es sind doch oft diese Lebenszeiten, die das Kunstwerk zu etwas Einzigartigem und Unverwechselbaren machen. Erst durch Erlebnisse, die uns in der Tiefe berühren und die uns nicht selten auch verwundet haben, gewinnt das eigene Werk an Ausstrahlung, Beständigkeit und Wert. Ich spüre jedoch zunehmend, dass die sonnigen, leichten, farbenfrohen Zeiten in gleicher Weise wichtig und wertvoll sind, weil sie von einer besonderen Anziehungskraft und Lebensbejahung geprägt sind. Ich würde mir wünschen, dass mein Lebensbild einen farbenfrohen Untergrund

---

4 Vgl. hierzu ausführlich Schmid, Lebenskunst.
5 Ebd., 88.
6 Ebd., 71.

hat, das die dunklen Farben aufnehmen und integrieren kann, aber davon nicht beherrscht wird. Zu meinem Lebensbild würden klare Farben, starke Kontraste und immer wieder kleine goldene Punkte gehören. Ich empfinde mein Leben als großes Geschenk und bin davon überzeugt, dass mir der Abschied leichter fällt, wenn ich auf ein sinnerfülltes Dasein zurückblicken könnte. Damit diese Reflexion am Ende gelingen kann, bin ich im Hier und Jetzt verantwortlich für mein Tun und Lassen. Zu einem sinnvollen Leben gehören eben die schönen und schweren Zeiten, ein guter Rhythmus von Arbeit und Muße, von Langsamkeit und Schnelligkeit, von Alleinsein und Gemeinschaft. Ich hoffe, dass ich in meinem Bild einen Lebensrhythmus entdecken kann, der mir entspricht und ich nicht vor mir selbst auf der Überholspur des Lebens davon gelaufen bin. Es erscheint mir ein langer Übungsweg zu sein, den Rhythmus des Lebens zu finden, der dem eigenen Wesen gemäß ist.

Der Hospizpionier Heinrich Pera (1938–2004) ist mir seit einigen Jahren mit seinen authentischen Büchern „Da sein bis zuletzt" und „Sterbende verstehen" ein wertvoller Weggefährte. Seine Bücher hätte ich auch am Ende meines Lebens gerne griffbereit, weil sie ehrlich und wahrhaftig sind. Er gehörte zu den Menschen, die intensiv gelebt und mit dem Leben gerungen haben. Als katholischer Priester und Krankenpfleger ist er selbstbewusst seinen eigenen Weg gegangen und hat sich von Dogmen unabhängig gemacht. Er war ein Suchender und kannte Krisen. Genau deshalb konnte er auch für andere heilsam sein. Leider habe ich Heinrich Pera nicht persönlich kennengelernt, aber seine Erfahrungen, die er als Priester, Begleiter und Mitbegründer des Hospizes in Halle an der Saale beschrieben hat, machen Mut zu einem engagierten Leben, das eben auch unbequem ist. Pera schreibt: „Lebenskunst und die Kunst endlich zu leben sind nicht möglich ohne Begegnung. Wo wir einander begegnen, sind wir Lebende und Hoffende."[7] Ich möchte ergänzen: wo wir einander begegnen, sind wir auch Liebende. In der Liebe gehen wir das Wagnis der Hingabe ein. Wir sind Gebende und Empfangende und erkennen, dass wir auf das Antlitz, auf das leibliche Dasein des Anderen angewiesen sind.

Es wäre schön, wenn ich in meinem Lebensbild erkennen könnte, dass die Liebe in ihren Facetten von Gottesliebe, Eheliebe und Freundschaftsliebe das tragfähige Fundament meiner Lebensgestaltung gewesen ist. Für diese Reflexion würde ich mir einen Menschen an meiner Seite wünschen, der meine Gedanken und Gefühle mit mir aushalten kann. Es wäre mir wichtig mit einem offenen Gesprächspartner meine Lebensstationen anzusehen. Es sollte jemand sein, der selbst gelernt hat, zurück zu schauen. Zur Begleitung eines Lebensbildes ist keine Kunsttherapeutin notwendig, aber ein Mensch, der keine Angst vor der Berührung mit sich selbst hat und der erlebt hat, dass der Mensch erst am Du zum Ich wird.

---

7 Pera, Da sein, 15.

Bis zum Ende lernen, Mensch zu werden

Seit einigen Jahren bewegt mich die Dialogphilosophie „Ich und Du" Martin
Bubers (1878–1965), in der er gezeigt hat, dass der Mensch ohne echte Beziehung
zum Anderen Menschsein nur unvollkommen lebt und seinem schöpferischen
Wesen nicht gerecht wird. Der jüdische Religionsphilosoph, der von sich selbst
gesagt hat: „Ich habe keine Lehre, aber ich führe ein Gespräch", ist ein wertvoller geistiger Begleiter für die Gestaltung von Beziehungen – auch am Lebensende. Buber hilft mir als hebräischer Anthropologe mein Menschsein besser zu
verstehen und zu deuten. Zu einem würdevollen und sinnvollen Leben gehört es,
bejaht zu sein und selbst zu bejahen. Dies ist eine existenzielle Notwendigkeit für
menschliches Sein und Teil des menschlichen Wesens. Buber, der wie kein anderer das Wesen der Begegnung in der Tiefe ergründet hat, zeigt, dass wir erst in
Beziehung zu Anderen zu einer Persönlichkeit werden, die sich entwickeln und
wachsen kann. Erst wenn wir uns im menschlichen Antlitz des Mitmenschen
widerspiegeln können, erfahren wir uns als Menschen, die empfangen und verschenken können. Als Gegenüber wirken „Ich und Du" aneinander und erleben,
dass wir es beide wert sind, geliebt zu werden.

Auch Pera bezieht sich in seinem Buch „Sterbende verstehen" auf Bubers Dialogphilosophie und formuliert vier Voraussetzungen für eine Begegnung, die
mir wertvoll sind:

„Ich habe Achtung vor der anderen Person.
Ich vertraue ihr, denn das Vertrauen ist die Brücke, die in der Begegnung vom Ich zum
Du und von Du zum Ich führt.
Es kommt zur Begegnung, wenn ich höre. So können Beziehungen wachsen.
Ich respektiere beim Hören die Freiheit und das Anderssein des Anderen."[8]

Ich würde mir wünschen, dass die Grundhaltung der Offenheit im Mittelpunkt
meiner Begegnungen als Begleitende und Begleitete steht. Sie ist die gewollte Wesenstat für eine „Ich-Du-Beziehung" aus der heraus das Geschehen in der Begegnung zugelassen und angenommen werden kann. Offenheit zeigt sich besonders im präsenten Dasein, das unabhängig von Worten und Gespräch ist
und immer noch viel zu sehr in der Wirkung unterschätzt wird. Vielleicht ist es
manchmal gerade das schweigende und präsente Dasein, das die Chance in sich
birgt, sich mitzuteilen. Ein Mensch, der mit mir das Schweigen aushält, der sich
selbst und auch den anderen in aller Unvollkommenheit in der Stille aushalten kann, dem könnte ich mich wohl auch mit Fragen und Zweifeln nähern und
anvertrauen.

Offenheit für sich selbst und den anderen ist die qualifizierende Wesenstat des
liebenden und geliebten Menschen. Es ist die Bereitschaft sich auf eigenes und

---

8 Pera, Sterbende, 24.

fremdes Erleben und Wirken an einander einzulassen. Es ist ein Lebensstil, der zeigt, dass aufmerksame und sensible Beziehungen zum guten Leben gehören. Gegenüber-Sein als Haltung, die im Sinne der Tugend immer auch das gute Maß der Mitte ist, bedeutet, dass sich der Mensch zwischen Einsamkeit und Zweisamkeit bewegt.

Begegnung zwischen Ich und Du gehört zu den kostbaren und einzigartigen Augenblicken des Lebens, die man nicht erzwingen, für die man sich aber bereit halten kann: „Das Du begegnet mir von Gnaden – durch Suchen wird es nicht gefunden."[9] Ich und Du begegnen sich als Gegenüber, und zwischen beiden eigenständigen Persönlichkeiten entsteht eine Beziehung. Weil „Du" sich nicht abgrenzt, sondern sich nur ganz geben kann, sind die Übergänge von Begegnung und Beziehung entsprechend fließend. „Das Du begegnet mir von Gnaden" heißt doch: Das „Du" geschieht mir, der andere berührt mich und rührt mich in meinem Innersten an und durchdringt alles, ohne dass ich genau analysieren und definieren könnte, was geschieht. Nur in der Beziehung zwischen Ich und Du geschieht ein unmittelbares Wirken an der Substanz des Menschseins. Gnade und Wille fließen ineinander. Es ist etwas im Menschsein geschehen und hat dieses verändert. Nicht durch eigenes, aktives Tun, sondern durch ein Geschenk, das hilft, das Leben zu bejahen und schöpferisch zu wirken. Hier zeigt sich „die ganze Fülle der wirklichen Gegenseitigkeit, des Aufgenommenwerdens, des Verbundenseins […] es macht das Leben schwerer, aber es macht es sinnschwer."[10]

Im gegenwärtigen Augenblick der „Ich-Du-Beziehung" nimmt Leben Gestalt an. Dies sind die Momente, die nicht festgehalten werden können, die tiefen Augenblicke, in denen es nur noch echte Teilhabe und Teilnahme gibt. Jeder nimmt den anderen als eben anders denkende, sprechende und fühlende Person bewusst wahr. Es ist eine Gratwanderung, einerseits Leiden in sich aufzunehmen und diesem Raum im eigenen Leben zu geben und zugleich zu wissen und zu spüren, dass es nicht das eigene Leiden ist.

Wir wissen aus der Hospizarbeit, wie hilfreich es ist, im Leiden nicht allein gelassen zu sein und sich mitteilen zu können. Andererseits erleben wir auch die Grenze unseres Einfühlungsvermögens. Leiden wahrzunehmen und sich vom Schmerz des anderen berühren zu lassen, führt zum Mitleiden, das trotz aller Sensibilität ein anderes Leiden ist und niemals im Leiden der Betroffenen aufgehen kann und darf.

Buber spricht von einer Paradoxie des Mitgefühls, wenn man sich in den Schmerz des anderen einfühlen kann, ihn praktisch selbst spürt und dennoch zutiefst darum weiß, dass es der Schmerz des anderen ist.[11] Und genau hierin lie-

---

9 Buber, dialogische Prinzip, 15; eine verfehlte zwischenmenschliche Begegnung ist für Buber eine „Vergegnung".

10 Buber, dialogische Prinzip, 111.

11 Buber, Urdistanz und Beziehung, 33 ff.

gen Hilfe, Linderung und Trost verborgen. Mein Schmerz bleibt mein Schmerz, aber indem Mitmenschen in Treue und Verantwortung in höchster Not ganz gegenwärtig sind, geben sie meinem Menschsein Würde und Wert. Das einzige, was möglich ist und zugleich das höchste, was ein Mensch werdend sein kann. Ich glaube, dass es diese Begegnungen sind, die uns in der Hospizarbeit erfüllen, weil hier ein Weg der Selbsttranszendenz deutlich wird. Wenn wir unsere Zeit einem anderen Menschen widmen, dann können wir uns in wohltuender Weise in das selbstlose Dasein einüben. Wir brauchen für ein gutes Leben und somit gutes Sterben einen Sinn, der über uns hinausweist und in dem wir die geistige Dimension des Menschseins verwirklichen. Für mich wird diese geistige Dimension auf drei Ebenen sehr konkret:

1. Liebe: In der Liebe können wir uns zugunsten eines anderen Menschen selbst vergessen. In der Nächstenliebe, Freundschaftsliebe und erotischen Liebe spüren wir Lebendigkeit und Lebenskraft, die nur im Miteinander erlebbar wird.
2. Aufgaben: Wenn wir uns für eine Aufgabe engagieren, einer Sache dienen, dann steht dieses Engagement im Mittelpunkt unseres Denkens und Handelns. Wir wachsen über uns hinaus, wenn uns etwas wirklich wichtig ist.
3. Glaube: In Gebet, Meditation und Kontemplation wird die Begegnung mit dem ewigen Du Gottes erfahrbar. In dieser Verbindung übersteigt der Mensch seine individuelle Welt und Wirklichkeit. Für mich wird im Gebet die menschliche Sehnsucht spürbar sich als endliches Geschöpf in der Ewigkeit Gottes geborgen zu wissen.

Herzensgebet als spiritueller Weg

In der protestantischen Tradition aufgewachsen, später durch die christliche Mystik Meister Eckharts inspiriert, habe ich das Herzensgebet im Ev. Kloster Loccum entdeckt und übe mich seit einiger Zeit in Gemeinschaft in dieser Gebetsform. Es handelt sich hierbei um eine meditative Gebetsform mit einer langen Tradition, die bis in das 3. Jh. n. Chr. zurück zu verfolgen ist. In der ägyptischen Wüste beteten Mönche – Wüstenväter genannt – das Herzens- oder Jesusgebet und suchten den Dialog mit ihrem Schöpfergott. In dieser schlichten und zugleich ganzheitlichen Gebetsform, sind Körper, Atem, Wort beteiligt.[12]

Wenn ich auf der Meditationsbank sitze, übe ich meinen Geist darin zur Ruhe zu kommen. Dies ist eine lebenslange Übung, in der es immer wieder Enttäuschungen, Scheitern und Neuanfang gibt.

---

12 Ausführllich zur systematischen Darstellung des Herzensgebetes vgl. Köster, Die Übung.

Das Herzensgebet gibt Atem. Ich folge meinem Atem und überlasse mich dem Kommen und Gehen. Es entwickelt sich ein mir gemäßer Atemrhythmus, der mir den Wechsel von Leerwerden und Gefülltwerden deutlich macht. Und immer wieder nehme ich wahr, dass mein Atem stockt, dass er anhält, etwas festhalten will.

Zum Herzensgebet gehört ein persönliches Wort, das jede und jeder für sich selbst findet. Traditionell wurde der Name „Jesus Christus" angerufen. Heute kann es ein Bibelwort, ein Liedvers oder ein Wort sein, das das eigene Herz als personale Mitte und Ort der Gottesbegegnung berührt. „Das Herz ist der Ort, der helfen kann, eine solche Spiritualität auszubilden, es ist der Ort der Liebes- und Leidensfähigkeit des Menschen, ein fragiler, kein selbstverständlich gegebener Ort, ein Ort, der errungen und erbildet sein will."[13]

Das Herzensgebet ist für mich eine wertvolle Möglichkeit das Loslassen einzuüben. Mitten im Leben sind wir immer wieder zum Loslassen aufgefordert, es ist eine Aufgabe, die das Leben an uns stellt. Im Sterben wird diese Aufgabe mit großer Klarheit und Eindeutigkeit für uns unausweichlich. Es erscheint mir daher klug zu sein, nach einem Übungsweg zu suchen, der die Chance in sich birgt die Dialektik von Selbstbewusstsein und Selbstlosigkeit zu überwinden. Wertvolle Gedanken dazu eröffnet die christliche Mystik Meister Eckharts. Hier begegnen wir dieser Grundhaltung der Gelassenheit und des Loslassens. Die Transzendenzerfahrung des Loslassens ist in Verbindung mit einem Gehaltensein im göttlichen Sein zu sehen. Menschliches Loslassen vom Selbst bedeutet in der Konsequenz die Hinwendung zu Gott, sich ihm hinzugeben. Es ist das tiefe Vertrauen auf ein Aufgehobensein in seinen Geist und ein Fallenlassen dürfen in seine Ewigkeit. Nur ein leeres und ruhiges Herz kann Gott „in sich (ziehen), so dass (es) an sich selbst zunichte wird, so wie die Sonne das Morgenrot an sich zieht, so dass es zunichte wird."[14] So wie die Sonne das Morgenrot in sich hineinzieht und Morgenrot in die Sonne eintritt und hierin nur eine einzige Bewegung liegt, die nur einen Augenschein oder Augenblick lang dauert, so könnte ich mir vorstellen, dass mein letzter Atemzug in dem ewigen Odem Gottes aufgehoben ist. Es ist das Vertrauen, dass das letzte Ausatmen nicht ins Leere geht, sondern vom Geist Gottes aufgesogen wird. Mein Ausatmen ist im göttlichen Odem geborgen. In diesem Moment wird die endliche Lebenszeit zu einem ewigen Augenblick, dessen Dimension für uns ein Geheimnis bleiben wird, so dass im letzten Atemzug das Vertrauen auf Gottes Gnade die wertvollste Haltung ist. Ich möchte meine Gedanken und Empfindungen, wie ich sie in aller Vorläufigkeit, und sicher auch in Fragmenten dargestellt habe, mit einem Gebet von Nikolaus von der Flüe (1417–1487) enden lassen. Dieses Gebet zeigt in klarer und

---

13 Eckholt, Margit, Herzensbildung – Theologische Anmerkungen zur Einübung einer diakonischen Spiritualität, Vortrag am 25.02.2008 in Benediktbeuern, 4.
14 Mieth, Meister Eckhart, 95.

eindeutiger Weise mit wenigen Worten den Zusammenhang von Selbstlosigkeit, Loslassen und Gehaltensein. Für mich ist es ein Gebet, das sich im Alltag als tragfähig erweist. Heute denke ich, dass es ein gutes Gebet für die letzten Tage und Stunden wäre.

> Mein Herr und mein Gott,
> mein Vater, meine Mutter,
> nimm alles mir, was mich hindert zu dir.
>
> Mein Herr und mein Gott,
> mein Vater, meine Mutter,
> gib alles mir, was mich fördert zu dir.
>
> Mein Herr und mein Gott,
> mein Vater, meine Mutter,
> nimm mich ganz mir und mach mich zu eigen Dir.

Literatur

Begemann, Verena, Lehr- und Lernort des Lebens, Stuttgart 2006.
Buber, Martin, Das dialogische Prinzip, Gütersloh 2002.
–, Urdistanz und Beziehung, Heidelberg 1978.
Köster, Peter, Die Übung des Herzensgebetes, St. Ottilien 2007.
Mieth, Dietmar, Meister Eckhart, Mystik und Lebenskunst, Düsseldorf 2004.
Pera, Heinrich, Da sein bis zuletzt, Freiburg i. Br. 2004.
–, Sterbende verstehen, Freiburg i. Br. 1995.
Schmid, Wilhelm, Philosophie der Lebenskunst, Frankfurt a. M. 2000.

Sterben wir, so sterben wir dem Herrn – Leben im Angesicht des Todes

Oder: Leben wir, so leben wir dem Herrn – Sterben im Angesicht des Lebens

Ruth Lödel

Mauerstrasse 2

Da verbrachte ich eine beträchtliche Zeit meiner Kindheit. Es war ein Eckhaus, das der Pforte, die durch die Mauer führte, genau gegenüber lag. Das alte Haus war schön, Standstein außen, innen geschnitzte Holztüren mit eingelassenen bunten Gläsern, hohe Räume. Im Hausflur nistete eine Schwalbe. Keinen störte der Dreck. Und im Hof hinter dem Haus zogen die Mauersegler elegante Schleifen. Im Erdgeschoss des Hauses war die „Friedensburg", eine Gastwirtschaft mit einem schönen Gärtchen. Aus dem Dach des Hauses, direkt über den Schneegittern, ragten drei Gaubenfenster hervor. Dort wohnte meine Oma. Von ihrem Wohnzimmerfenster aus konnte man fast das gesamte Areal auf der anderen Seite der Mauer überblicken. Dort drüben wohnte mein Opa, seit ich vier Jahre alt war. Alltäglich gingen wir ihn besuchen. Dann richtete Oma mit Rechen und Besen das Domizil ihres langjährigen Gefährten, um zuletzt stets befriedigt festzustellen: „So, Robert, jetzt hast du's wieder schön."

Schon in ganz jungen Jahren war mir klar, dass es nicht das Privileg der ganz alten Menschen ist, hinter dieser Mauer zu wohnen. Mein Opa beanspruchte sein Plätzchen jenseits der Mauer nicht für sich alleine. Er teilte es sich mit seiner älteren Schwester Elli, die ihm hierher allerdings schon viel früher vorausgegangen war. Ich betrachtete oft das Bild der blühenden schönen jungen Frau im Familienalbum. Da trug sie ein elegantes weißes Kleid mit Spitzenkragen und einen Myrtenkranz im vollen Haar und lächelte hoffnungsvoll in die Kamera. Ein halbes Jahr später erlag sie einer Infektion.

Der Gang über den Friedhof gehörte zum Alltag des Kindes, das ich einmal war. Die nüchterne und doch sorgsame Art des Umgangs meiner Großmutter mit der Ruhestätte ihrer Toten, ließen mich den Tod als etwas dem Leben Zugehöriges empfinden, ebenso wie die Tatsache, dass ich die schönen alten Grabsteine mit ihrem glatt polierten schwarzen Marmorplatten und den fein geschwungenen Lettern als gute Bekannte begrüßte, suggerierten sie, die ihren Ort nie zu verlassen schienen, mir doch Zuverlässigkeit und Beständigkeit.

Dieses Gefühl wurde bestärkt durch die freundliche Geschäftigkeit der Gärt-
nerinnen, die vor den beiden neben der Mauerpforte platzierten Blumengeschäf-
ten mit geschickten Händen die Blumenbuketts und Sträuße ins rechte Licht
rückend, ihre Kunden bedienten und dabei doch stets noch Zeit fanden, dem
kleinen Mädchen ein Himbeerbonbon in den Mund zu stecken. Die von ihnen feilgebotenen farbenfrohen Lebensboten trugen fromme Namen wie Christ-
rosen und Gottesaugen, an Märchen erinnerten Stiefmütterchen oder Mimosen.
Als ich Letztere viele Jahre später bei einer Romreise im März an den Blumen-
ständen am campo de fiori in üppigen Sträußen angeboten sah, sodass der ganze
Platz von einem gelben, süß duftenden Teppich überzogen schien, da wurde die
ewige Stadt mir für einen Augenblick zu einem großen Gottesacker. Es war kein
unangenehmes Gefühl, half doch schon damals in meiner Kindheit die für die
jenseits der Mauer bestimmte Blumenpracht die Schärfe der Trennung von den
dort Wohnenden zu mildern.

Es gehörte zu meinen kindlichen Alltagserfahrungen: Mit den Toten lässt
sich's leben. Bestärkt wurde ich darin nicht zuletzt durch die Betrachtung der
Menschen, welche durch die Pforte in der Mauer ein- und ausgingen. Mehrmals
in der Woche konnte ich Gruppen von Leuten in schwarzen Kleidern das Mauer-
tor durchschreiten sehen. Sie trugen ernste Mienen. Ich versuchte, mich ihnen
anzupassen, indem ich beide Wangen nach innen zwischen die Zahnreihen zog.
Das gab mir das Gefühl adäquaten Verhaltens. Wenn die Trauergesellschaften
zurückkamen, wischte sich mancher oder manche verstohlen über die Augen,
selten weinte jemand offen. Die meisten aber verfielen diesseits der Mauer in leb-
hafte Gespräche. Beim Leichenschmaus im Wirtschaftsgärtlein ging es dann oft
sogar recht fröhlich zu, wenngleich die Schicklichkeit allzu lautes Lachen verbot.
Dies wiederum war bei den Totengräbern nicht immer der Fall. Hatten sie die
„Friedensburg" allzu ausgiebig besucht, dann gab ihr Verhalten schon manchmal Anlass zu Beschwerden. Gleichzeitig aber zeigten die Erwachsenen viel Verständnis angesichts des „schweren Dienstes", den diese Männer verrichten mussten. So alltäglich schien also das Friedhofstreiben doch nicht zu sein.

Auch für mich hatte es noch eine andere Seite. Mich faszinierte der Tod. Als
ich sieben Jahre alt war, verunglückte in meiner Heimatstadt ein Kleinbus, der
zehn 12jährige Schülerinnen zu einer Sportveranstaltung bringen sollte. Eines
der Mädchen erlitt tödliche Verletzungen. Ich kannte das Kind nicht, es wohnte
in einem anderen Stadtteil. Trotzdem habe ich mir den Namen bis heute ge-
merkt. Als Friedl beerdigt wurde, war ich – ich weiß nicht, ob es zufällig oder der
Neugierde meiner Großmutter zu verdanken war – auf dem Friedhof. Wir standen schweigend am Rand, während der Trauerzug an uns vorbeizog. Den Sarg
eskortierten sechs Mitschülerinnen des verstorbenen Mädchens. Sie waren ein-
heitlich gekleidet mit hellblauen Röcken und weißen Blusen. Der Sarg war weiß
lackiert und mit rosafarbenen Blumen verziert. Das sah sehr schön aus. Die Eltern des toten Kindes müssen sehr verzweifelt gewesen sein. Aber daran kann ich

mich nicht erinnern. Ich hatte nur Augen für diesen wundervollen Sarg. Und in mir machte sich ein Gefühl breit, das sich nur mit einem Wort benennen lässt: Neid! Ich war grenzenlos neidisch; neidisch auf dieses tote Mädchen mit seinem schönen Sarg und seinen Ehrenjungfern: Eine tote Prinzessin. Das schien mir viel attraktiver zu sein als Prinzessin Anne und Dornröschen zusammen. Wie sehr die Darstellung toter Kinder und schöner junger Frauen die Kunst und Literatur – besonders, aber nicht nur des 19. Jahrhunderts – beseelte, wusste ich damals natürlich noch nicht. Es beschlich mich vielmehr eine Ahnung, dass diese Faszination etwas Ungehöriges sei, weshalb ich meine Empfindungen vor den Erwachsenen sorgfältig verbarg.

Als ich 15 Jahre alt war und sehr mit Erwachsenwerden beschäftigt, starb Tante Hedwig. Sie war die jüngere Schwester meines Großvaters, also meine Großtante. Weil sie aber nur 1,53 m groß war, nannten wir sie Kleintante. Etwas altjüngferlich verschroben, war sie für uns Kinder oft Zielscheibe böser Streiche und Gegenstand dummer Witze. Ansonsten nahmen wir sie in ihrer Bescheidenheit kaum wahr. Nun fiel es ihr zu, der erste tote Mensch zu sein, den ich zu sehen bekam. Obwohl ich wusste, dass ich so etwas wie Ehrfurcht hätte empfinden müssen, rührte sich angesichts des kleinen Köpfchens zwischen der weißen Sargwäsche und der kümmerlichen Blumengebinde vor ihrem billigen Holzkasten eher ein wenig Mitleid in meinem Herzen, kam sie mir doch zwischen dieser Dekoration noch mickriger und armseliger vor, als sie es zu ihren Lebzeiten sowieso schon gewesen war. So konnte ich auch wenig anfangen mit den Einlassungen der in Sterbedingen viel mehr erfahrenen alten Tanten, die sich gegenseitig entzückt versicherten, die Hedwig sähe doch aus „wie im Leben", und wie sie sich freuen würde, könnte sie die vielen schönen Blumen sehen. Während der Predigt betrachtete ich dann eingehend die Zeichen der Vergänglichkeit, die braunen Ränder an den Blütenblättern der Tulpen und Osterglocken des Sargbuketts. Der junge Pfarrer redete wenig über die Tante, obwohl er sie ab und zu besucht hatte, aber er belehrte uns eindrücklich dahingehend, dass der Tod eine Strafe sei. Seine Worte beeindruckten mich weniger als dass sie mich irritierten: Sollte unsere Kleintante dafür, dass wir sie in einem schlecht geführten Altersheim hatten verkümmern und schließlich eingehen lassen wie eine ungeliebte Topfpflanze, jetzt auch noch bestraft werden? Eine diffuse Trauer suchte sich in mir Raum. Sie verflog aber ebenso rasch, als mir mehrere Tanten hintereinander beim Leichenschmaus zuraunten, ich sei so ein schönes Mädchen geworden und sähe einfach toll aus in meinem schwarzen Kostüm. Das Leben geht weiter.

Von Beruf „Beerdigungerin" –
vom professionellen Umgang mit dem Tod

Die Friedhofsmauer, an der ich aufwuchs, hatte bestimmt nicht viel zu meiner Motivation beigetragen, Pfarrerin zu werden, geschweige denn, dass ich einen Grund hatte, die Schatten der Mauer zu vertreiben, hinter der die Toten meiner Jugend wohnten. Als Vikarin stellte ich allerdings überrascht fest, dass ich die Scheu mancher jungen Kollegen vor dem Friedhof nicht teilte.

Die ersten vier und die letzten zehn Jahre meines Dienstes war ich hauptamtliche Altenheimseelsorgerin. Meine erste Pfarrstelle diente dem Wiedereinstieg in den Beruf nach einer längeren Kinderpause. Meine Aufgabe war die seelsorgerliche Betreuung zweier großer Altenheime. Zu Hause war ich Mutter dreier kleiner Kinder, im Dienst war ich von einer großen Schar Hochaltriger umgeben. Der Kontrast hätte nicht größer sein können. Oft trieb der Tod seinen Stachel mitten ins Leben: Die Kinderfaschingsfeier lief auf vollen Touren, als das Telefon läutete. Da stand ich dann da als Pippi Langstrumpf mit roten Schleifen im Haar und gemalten Sommersprossen auf der Nase und nahm die Nachricht vom Tod einer Heimbewohnerin entgegen. Im Hintergrund dröhnte „Jenseits von Eden".

Sehr schnell fand ich mich auf den zahlreichen Friedhöfen der Stadt zurecht. Mindestens drei bis vier Mal in der Woche, manchmal auch öfters verließ ich schwarz gekleidet das Haus. Als eine meiner Töchter nach dem Beruf ihrer Mutter gefragt wurde, antwortete sie wie selbstverständlich: „Beerdigungerin." Oft spielten meine Töchter mit ihren Puppen Bestattungsfeier. Hatte sie, wie dereinst ihre Mutter als Kind, die Faszination des Todes ergriffen? Jedenfalls fiel mir auf, dass sie nie „Bibelstunde" oder „Geburtstagsbesuch" spielten.

Ich lernte das Sterben kennen. Im Altenheim war es damals noch nicht so organisiert wie das heute der Fall ist. Und doch verunsicherte es mich, dass nun Sterben und Tod einen großen Teil meiner Dienstzeit in Anspruch nehmen sollten. Es fiel mir schwer, ständig nach Worten suchen zu müssen und nicht zu wissen, ob es die richtigen seien. Menschen von einem Leben, das ich kenne, in einen Zustand übergehen zu sehen, der im Erfahrungshorizont keines einzigen Menschen liegt, das machte mich oft ratlos, manchmal auch wütend. Ich wollte eine Gemeinde aufbauen, aber der Tod kam mir dauernd dazwischen.

Ich schaffte mir Bücher über Sterbebegleitung an und besuchte Seelsorgekurse, um „professioneller" zu werden. Geholfen hat mir beides nicht. So wie mir als Kind meine Todesfaszination ungehörig erschien, weshalb ich meine Fantasien verschwieg, so empfand ich es nun als unpassend, die Reaktionen meiner sterbenden Gemeindeglieder in Kategorien und Verhaltensmuster einzuteilen, die mir eine zielorientierte Handlungs- und Gesprächsführung ermöglichten. Ich, die noch nie selbst gestorben war, fand es widersinnig, Sterbenden gegenüber als Expertin aufzutreten. Auch begriff ich nicht, was es mir nützen sollte,

z. B. eine Sterbende, die mir ihre Verzweiflung entgegen schrie, in der „Phase der Ablehnung" zu wissen. Zudem bedrückte es mich, dass dem Eintreten des Todes, sooft ich es erlebte, immer ein Hauch von Banalität anhaftete. Der Tod an sich ist gewöhnlich, wenn nicht gar schäbig, weil ihm nichts Besseres einfällt, als Leben, das in Beziehung steht zu anderem Leben, zu verdinglichen und damit der Beziehungslosigkeit preiszugeben. In einer Tradition stehend, die nicht an den Tod glaubt, sondern an den lebendigen Gott, wollte ich meine sterbenden Brüder und Schwestern nicht auf die Banalität dieses Endes festgeschrieben wissen und ihren Leib nicht auf die Hülle, die da leblos vor mir lag. Ein Gebet der Beerdigungsagende, das ich am Friedhof häufig sprechen musste, führte mich weiter: *Stärke unseren Glauben, dass wir deine Weisheit und Liebe erkennen, den Trost des Evangeliums erfahren und im Vertrauen auf dich die Wege gehen, die du uns führst. Sei uns nahe mit deinem Geist und erfülle uns mit deinem Frieden in Jesus Christus, unserem Herrn.*

Ich fasste den Mut, das zunächst nur Nachgesprochene beim Wort zu nehmen. Und so griff ich zuerst zaghaft, dann immer beherzter zu den Trostspendern meines Glaubens. Bibel und Gesangbuch wurden meine ständigen Begleiter an den Sterbebetten. Einfach nachsprechen zu können, was sich über Jahrhunderte hinweg im Leben der Menschen bewährt hatte, war mir eine große Hilfe. Ich will nicht falsch verstanden werden: Auch die guten Worte der Heiligen Schrift passen nicht immer wie der Deckel auf den Topf. Nicht umsonst heißt es, wir sollten sie nicht unnütz im Munde führen und schon gar nicht plappern wie die Heiden. Ihr unschätzbarer Wert liegt darin, dass sie weder die Seelsorgerin noch die Menschen, zu denen sie geht, fixieren auf Erwartungen oder Bilder, die sich der eine vom anderen macht, sondern beide anleiten zum gemeinsamen *Hören*.

Die Weisheitsliteratur des Alten Testaments bereicherte mein Sprechen und Denken. Kraft aber gab mir vor allem der Hebräerbrief, dieses große Trostbuch der Bibel. Mit seiner drängenden Naherwartung ließ er mich auch angesichts des oft vergeblichen Ringens nach Worten bei den „Müden" ausharren in Zuversicht: *Werft euer Vertrauen nicht weg, welches eine große Belohnung hat (Heb 10,35).* Dies half mir, auch mit mir selbst Geduld zu haben. Und die hatte ich nötig.

Ich ließ mich zwar nicht mehr so sehr wie in jungen Jahren vom Tod faszinieren. Aber ich konnte es nur schwer verhindern, dass sich in meinen Umgang mit dem Sterben und Tod der mir als Pfarrerin anvertrauten Menschen und ihrer Angehörigen Routine schlich. Sicher, die Begegnungen mit Menschen im Angesicht des Todes sind so vielfältig, wie Menschengeschichten nur sein können. Ich erlebte leichtes und schweres Sterben, Kinder, die Vater und Mutter ehrten, gleichgültige nahe und ferne Verwandte, nachlässige wie pflichtbewusste Freunde, da waren Erbschleicher, die sehnsüchtig auf den letzten Atemzug warteten, ich sah tiefe Trauer und große Erleichterung über das Ende. Auch wenn ich mich stets bemühte, mit dem Herzen dabei zu sein, und mein Streben danach, den rechten Ton zu finden, meistens mit Dankbarkeit belohnt wurde – oft

kam die Friedhofsarbeit mir hart an, war das Leben doch einfach zu schön, um
„schon wieder" mit dem Tod konfrontiert zu werden. Ich wusste sehr wohl um
die Gefahr der inneren Abwehr, die uns nur allzu schnell vom Samariter zum
Leviten macht: Ich war im zweiten Jahr meines Vikariats, als ich mit meinem
Mentor zu einem der großen Friedhöfe der nahen Stadt fuhr. Wir hatten die Ver-
tretung eines Kollegen übernommen, der im Urlaub war. Es war ein herrlicher
sonniger Tag, und wir alberten im Auto gutgelaunt herum. Ich weiß nicht mehr,
wer von uns beiden dann die Trauerpredigt hielt – jedenfalls fing am Ende der
Ansprache ein alter Mann an bitterlich zu weinen. Auf der Rückfahrt schwie-
gen wir beide betroffen. Um den Tod aus unserem eigenen Leben herauszuhal-
ten, waren wir an unserem Nächsten achtlos vorübergegangen. Dabei sind Sterben und Tod, mit denen ich als Pfarrerin zu tun habe, nie allein das Sterben und
der Tod der „Anderen". Mit jedem Menschen, der geht, stirbt auch mir ein Stück
von meinem Leben. Wo Sterben und Tod unserer Mitmenschen in uns kein Mitgefühl hervorrufen und wo gar der Umgang mit dem Tod zur Gewohnheit und
Routine wird, bleibt zu wenig Atem, vom Leben zu sprechen.

Nicht immer und in allen Dingen macht Übung den Meister. Ich lernte es, in
den Gesichtern der Angehörigen zu lesen, durch die Verwirrung der Gefühle zu
Wahrheiten durchzustoßen, ich übte mich darin, was man mir über einen Verstorbenen sagte, mit dem „dritten Ohr" zu hören. Die Blumen auf den Särgen
sagten mir oft mehr über das Verhältnis der Trauernden zu ihren Toten, als jene
mir im Beerdigungsgespräch mehr oder weniger wortreich erzählt hatten.

So gewonnene Erfahrung ist sicher nicht schlecht, hilft sie doch oft, von der
Verklärung zur Klarheit zu kommen und dadurch gestörte Beziehungen und
entsprechende Trauerreaktionen ein wenig zurechtzurücken. Aber kann ich tatsächlich selbst mit dem größten psychologischen Spürsinn und Feingefühl auch
nur annähernd erkennen, was der Tod eines Menschen für ihn und seine Angehörigen wirklich bedeutet? Es wuchs die Überzeugung in mir, dass es da mehr
und anderes bedürfe als menschlicher Worte, selbst wenn diese von einer gewissen oder gar wissenschaftlichen Lebenserfahrung zeugen. Worte, die gut sind im
Angesicht des Todes, müssen von einem Leben erzählen, dessen auch unsere Toten teilhaftig sind. Als Theologin drücke ich es so aus: Da braucht es eine österliche Redefreiheit, welche die Todesbilder vertreibt. Diese „parresia" gewinnt
man nicht durch Übung, obgleich sie der lebenslangen „Einübung" bedarf.

Dieses Thema wurde mir mit fortschreitendem Alter, aber auch bedingt durch
die Rückkehr in die Altenheimseelsorge in meinen letzten zehn Dienstjahren
zum wichtigsten Gegenstand pastoralen Handelns und theologischer Reflexion.
Von Martin Luther lernte ich, dass die Betrachtung des Todes gerade nicht in
die Zeit des Sterbens und der Trauer gehöre, weil dies die „blöde, verzagte Natur" in die Gottvergessenheit treibe, das Sterben damit schwerer und gefähr-
licher mache und die Trauer zu einem Käfig, aus dem es kein Entrinnen gibt. Alles Leben, auch Leben im Angesicht des Todes, bleibt gutes Leben, weil es Leben

coram Christo ist. Allzu viel mit Sterben und Tod konfrontiert, nahm ich mir vor, immer wieder als ein Stück Selbsterfahrung einen Bildersturm zu vollziehen, meine eigenen seelischen, geistigen und geistlichen Innenräume von den Todesbildern zu entrümpeln und mich auf die Geschichten von dem zu konzentrieren, von dem es heißt, er habe den Tod überwunden.

Von der Liturgie des Lebens

Auch in diesen späten Dienstjahren litt ich sehr darunter, dass der Tod mir immer wieder liebe Gemeindemitglieder entriss. Auch nahm er mir persönlich viele liebe Menschen, Eltern, Freunde, Lehrer, auf deren Nähe, Rat und Zuwendung ich nun schweren Herzens verzichten muss. Die Trauer sitzt tief und will getragen sein. Wenn ein Mensch geht, bleibt nichts mehr, wie es war. Und dennoch lerne ich es – mit zunehmendem Alter immer selbstverständlicher – mit meinen Toten zu leben. Ich richte mit Rechen und Besen das Gärtlein meiner Eltern, damit sie „es schön haben", stelle mir Photos der Menschen, die ich liebte, auf meinen Schreibtisch, trage sie in meinem Herzen als Teil meiner Vergangenheit, aber auch meiner Gegenwart und, sub specie aeternitatis, meiner Zukunft. Aber allem voran will ich mir vom Tod für die Zeit, die mir mit meinen Menschen geschenkt ist, nicht den Takt vorschreiben lassen. Mein Leben und Handeln soll von einer Liturgie des Lebens bestimmt sein, die stets offen und frei von Gottes Jetzt Gebrauch macht.

Solche Liturgie des Lebens begegnete mir zunächst in der Gestalt einer Person. Als ich Burkhard Neunheuser kennenlernte, war er schon über 90 Jahre alt. Er war Liturgiewissenschaftler, viele Jahre Professor am Pontificio Instituto Liturgico der päpstlichen Universität S. Anselmo in Rom, ein großer Gelehrter. Als Mitglied des Benediktinerordens lebte er in seinen späteren Jahren in seinem Stammkloster Maria Laach. Aber man stelle sich kein vom vielen Studieren und Beten blasses altes Männlein vor. Pater Burkhard war ein hoch gewachsener drahtiger Mann. In seine großen Schuhe hätten meine Füße dreimal gepasst. Jeden Morgen konnte man ihn den Laacher See mit kräftigen Schwimmzügen durchpflügen sehen. Lebhaft und mit ausladenden Gesten sprach er von der Geschichte der liturgischen Bewegung. Ich kannte den mehrfach kolportierten Satz von ihm, dass Liturgie „Leben, Glut, Gnadenquelle" sei, bewegte Handlung, die zum Ausdruck zwinge in bekennendem Gotteslob und bekennender Tat des Lebens draußen. Dies war für Burkhard Neunheuser nicht einfach eine Definition gottesdienstlichen Geschehens, diese Liturgie des Lebens war von ihm ein ganzes Leben lang eingeübt worden. Sie hielt das Feuer der Liebe zu Gott und der Welt in ihm am Brennen, sodass es sich widerspiegelte in seiner unglaublichen Lebendigkeit. Am meisten aber beeindruckte mich beim Einzug der Mönche zum Gottesdienst in die alte Abteikirche das schöne Gesicht des hochaltrigen

Mannes: Wer diese strahlende Miene sah, musste in Augenlust verfallen, und Lebensfreude breitete sich aus. Um dieses Strahlens willen nannten Pater Burkards Mitbrüder ihn schmunzelnd „la gioia pasquale". Die Osterfreude war sein Lebensthema. Sie zu verkünden, war Ziel und Inhalt jeder seiner Predigten.

Wenn mir das benediktinische Leben als evangelisch-lutherischer Pfarrerin auch immer ein wenig fremd geblieben ist – dass der Gottesdienst als Ort der Gemeinschaft mit dem Auferstandenen das entscheidende Erfahrungsfeld eines von der österlichen Verheißung getragenen Lebens ist, das habe ich von „la gioia pasquale" gelernt. Gott sei Dank! Hätte ich sonst nicht die Versammlung meiner hochaltrigen Gemeinde und ihr allsonntägliches Gotteslob als makabren Abgesang des Lebens empfinden müssen? Im Licht der österlichen Verheißung aber wurde uns der Gottesdienst miteinander zum Lernort des Glaubens. Aus dem gemeinsamen Bekenntnis, der Anrufung des Kyrios, dem Hören und Verkündigen des Wortes, aus der Bitte um die Nähe seines Reiches und dem Segenszuspruch des dreieinigen Gottes empfingen wir Gnade, Lehre, Hilfe und Trost.

Der Gottesdienst ist ein wahrhaft guter Schmied, wenn es gilt, die *Waffenrüstung Gottes (Eph 6)* anzupassen. Wenn sie gut sitzt, wird sie die so Gewappneten einen guten Kampf kämpfen lassen, denn sie kämpfen ja nicht allein: *Der Herr ist meine Stärke und mein Schild; auf ihn hofft mein Herz, und mir ist geholfen. Nun ist mein Herz fröhlich, und ich will ihm danken mit meinem Lied (Ps 28,7f).* Dieser Kampf schafft den Tod nicht aus der Welt. Aber wer diesen Kampf fröhlichen Herzens kämpft, braucht den Widersacher des Lebens nicht zu verdrängen, sondern er blickt ihm ins Auge. Gerade der Kampf für ein Leben, das sich aus der Quelle der österlichen Verheißung speist, lässt die Lebenden auch das Sterben als Zeit des Lebens erfahren, und sie so wiederum dieses Leben – wie Luther das sagt – als ein „seliges Sterben" erkennen „von der Taufe bis ins Grab".

Gottesdienst ist Gotteszeit. Und die ist die schönste und die beste Zeit. Sie ist die österliche Schmiede gegen die Feinde des Lebens.

Natürlich muss nun deutlich gesagt werden, dass da keiner von uns den Hammer auf den Amboss schwingt. Und haben wir einen Anteil an diesem Geschehen, so sollte davon keinesfalls „groß" geredet werden. Zu gerne verzieren wir die Waffenrüstung Gottes mit allem möglichen liturgischen Schnick-Schnack. Das aber macht so eine Rüstung nicht wehrhafter, sondern eher schwer und unhandlich. Der Gottesdienst in seiner Gestaltung muss nicht irgendetwas, auch nicht etwas besonders Ergreifendes, aber er muss in allen Stücken die Liturgie des Lebens singen. Bei jedem Gottesdienst, an dem ich teilnehme, frage ich mich: Besitzen auch wir die Beherztheit eines „la gioia pasquale", von unserm Leben und damit auch von unserm Sterben im Horizont eschatologischer Freuden zu reden? Aus lauter Angst, „lebensfeindlich" zu erscheinen, schweigen wir uns oft genug über den Tod in unseren Gottesdiensten lieber aus und erweisen gerade damit dem Leben keinen guten Dienst. Und dann reden wir wieder vom Tod, als wäre in unseren Köpfen nur Platz für ihn und es bleibt kein Raum, vom Leben zu reden. Es ist die Verheißung neuen Lebens, Lebens aus der Hand des Schöpfers, welche den Tod entmystifiziert, und es so ermöglicht, ihn tapfer und nüchtern, manchmal sogar heiter zur Sprache zu bringen.

Wenn die Liturgie des Lebens gefeiert wird, wird der Tod an den Rand, auf den Zuschauerplatz verwiesen. Noch höre ich meine sterbende Tante lachen über den Wirt des 23. Psalms, der ihr im Angesicht der Feinde oder, besser gesagt, *des* Feindes voll einschenkt. „Nicht wie die Wirte auf der Wies'n", sagte ich lächelnd, „wo die Maß nur halbvoll ist und der Rest Schaum." Der Himmelswirt muss nicht knapp kalkulieren wie die Geschäftsleute und er lässt sich vom dunklen Betrachter seines schöpferischen Handelns nicht aus der Ruhe bringen. Meine Tante nahm die Einladung des Lebendigen in Anspruch und starb getröstet.

So mag sich die Gemeinde Jesu Christi, wenn sie sich zu seinem Gedächtnis versammelt, um ihn durch Brot und Wein zu empfangen, den Appetit durch den Widersacher des Lebens nicht verderben lassen. Das gute Leben, das ihr in diesem Mahl geschenkt wird, geht ja am Tod nicht achtlos vorbei. Es geht vielmehr mitten durch einen bestimmten Tod hindurch, nämlich den, der zum Auferstandenen führt.

In einen meiner Altenheimgottesdienste „verirrte" sich einmal eine leicht desorientierte sehr alte Frau. Sie hatte sich von unserer Versammlung offensichtlich eine harmlose Zerstreuung erwartet, Beten und Singen waren ihr fremd. Während des Abendmahls stand sie plötzlich auf und meinte in meine Richtung entschuldigend: „Verzeihung, Fräulein, ich glaub', ich bin hier im falschen Film." Sprach es und versuchte, den Schauplatz ihres Unbehagens so schnell wie möglich zu verlassen. Ich war erheitert, aber auch ziemlich sprachlos. Heute würde ich sie umzustimmen versuchen: „Ach bleibens' doch noch ein bissel, der Film hat gewiss ein Happy End!" Leider ist uns nicht immer die Geistesgegenwart geschenkt. Es wäre schön gewesen, hätte diese des Glaubens entwöhnte Frau mit uns gemeinsam auf die Zukunft am Tisch des Auferstandenen trinken können.

Es darf gelacht werden

Lachen ist gesund, sagt der Volksmund. Aber was hat dieser Spruch in einem Aufsatz über das Sterben zu suchen? Als vor einigen Jahren der Leiter des Museums für Sepulkralkultur Reiner Sörries anlässlich einer documenta in Kassel Karikaturen zum Thema Tod unter dem Titel „Schluss jetzt" ausstellte, wurde er sehr angefeindet. Über den Tod Witze zu machen, gilt vielen Menschen als ungehörig. Und was für den Tod gilt, gilt erst recht in der Nähe eines sterbenden und sowieso in Gegenwart eines toten Menschen. Angesichts des Todes zu lachen, ziemt sich nicht.

Konventionen sind wichtig, vor allem, wenn wir in sensible Bereiche vorstoßen. Trotzdem will ich nun einmal hintanstellen, was sich gehört. Lachen können und etwas zum Lachen haben, sei's am Sterbebett oder an der Totenbahre, das ist ein großer Trost. Lachen nämlich ist nicht nur ein menschliches Ding. Es gehört in besonderer Weise zu den göttlichen Dingen, und es ist eine besondere Gnadengabe. Vor nichts und schon gar nicht vor dem Tod müssen wir uns genieren, wenn wir die Komik einer Situation erfassen und diese uns zum Lachen reizt. Natürlich ist hier kein hämisches Lachen gemeint. Solches Lachen verletzt. Tröstendes Lachen aber verspottet nicht den Menschen in seiner Schwachheit, es verspottet den Tod. Es zeigt Leben an, Leben, das gegen den Tod den Sieg behält. Dieses Lachen ist ein Zeichen der Osterfreude, vor der die Bewacher am Grab des Gekreuzigten die Waffen strecken müssen, die bezeugt wird zunächst von Frauen, die kein Zeugenrecht besitzen, die sich spöttisch und doch hartnäckig Gehör verschafft durch den Mund der Unmündigen: *Hosianna dem Sohne Davids* (Mt 21,15).

Es gab sie in meinem Pfarrersleben immer wieder, diese Geschichten, die – wenn auch unter Tränen – zum Lachen reizen. Das waren stets gute, befreiende, vom Schöpfer geschenkte Momente. Es maße sich keiner an, er könne diese Momente selbst herbeiführen. Aber sie können in christlicher Freiheit, manchmal auch in christlicher Frechheit wahrgenommen werden. Einige wenige will ich erzählen.

Es mag manchem merkwürdig erscheinen, aber es ist mir immer ein großer Trost, wenn ein Mensch sich im Angesicht des Todes *nicht* ändert. Sollte es dem Tod zu verdanken sein, wenn ein schlechter Mensch sich plötzlich in einen guten verwandelte? Oder umgekehrt: Sollte es einen Schatten über das ganze Leben eines sonst liebevollen Menschen werfen, wenn er im Tode plötzlich von Hassgefühlen befallen würde? Und warum sollte ein Mensch, der in seinem Leben viel Willensstärke beweisen musste, sich gegen den Tod wie ein Kaninchen vor der Schlange ducken? Wie gut, wenn wir einen Menschen im Sterben so erleben, wie wir ihn vom Leben her kennen.

Meine geliebte Professorin hat sich ein Berufsleben lang in der Männerwelt der Theologie und Kirche behaupten müssen. Ihr großer Geist, ihre fachliche Kompetenz und ihre Unerschrockenheit halfen ihr dabei. Im Sterben kämpfte sie zäh und tapfer gegen die zunehmende Verwirrung ihres Geistes. Über lange Zeit quälte sie sich mit dem Gedanken, sie könne für ein bestimmtes Wort „die Kategorie" nicht finden. Als ich meinte, sie solle das doch nun getrost ihren Kollegen überlassen, entgegnete sie mir mit energischem Kopfschütteln: „Darüber muss erst abgestimmt werden." Von da an konnte ich sie getrost weiterkämpfen und schließlich gehen lassen. Sie wird auch für den Himmel eine große Bereicherung sein.

Die schönste Trauerrede in meinem Leben hörte ich von einer Pflegedienstleiterin (nicht von einem Theologen) für eine sehr temperamentvolle ehrenamtliche Mitarbeiterin in der Altenheimseelsorge. Ihre Rede gipfelte in dem Satz: „Bestimmt hat der liebe Gott noch tausend Aufgaben für sie. Denn die Hände in den Schoß legen, *das wäre ihr Tod.*" Wie habe ich – unter Tränen – gelacht! La gioia pasquale scheint auf, wo einem Toten nicht nur etwas nach-gesagt, sondern ungeniert etwas ihm Entsprechendes vorher-gesagt wird.

Am schönsten aber ist es, wenn – sei es gewollt oder ungewollt – Komik die Todesfurcht vertreibt und sich uns das strahlend zugewandte Antlitz des Schöpfers zeigt. Man rief mich zu einer schwerkranken alten Frau. Sie wirkte schmerzgeplagt und sehr verzagt. Ausführlich und langatmig schilderte sie mir alle ihre Leiden. Ich bemühte mich, ihr geduldig zuzuhören. Am Ende, als sie ihr zeitliches Unglück gründlich ausgeschöpft hatte, vertraute sie mir an: „Frau Pfarrer, ich habe solche Angst vorm Sterben." Als ich etwas zögerte, meinte sie, sich die Antwort selbst geben zu müssen: „Na", seufzte sie obenhin, „vielleicht wird's gar nicht so schlimm, bisher hat's ja noch jeder lebend überstanden." Sie stutzte kurz, und dann haben wir gemeinsam gelacht, dass die Wolken zerrissen. Und bei Gott: Wer will behaupten, dass dieser Satz nicht wahr wäre?

Schluss jetzt!

Ich wurde von den Herausgebern gebeten, über mein Sterben und meinen Tod nachzudenken. Nun habe ich einiges darüber geschrieben, wie ich Sterben und Tod bisher in meinem Leben erfahren habe. Habe ich damit das Thema verfehlt, daran vorbeigeredet? Vorstellungen von meinem eigenen Sterben, von meinem eigenen Tod – was könnte ich dazu sagen, was ich nicht doch implizit schon gesagt hätte?

Als Sterbebegleitung wünsche ich mir die guten Worte der Heiligen Schrift und einen la gioia pasquale, der sie mir auslegt. Kein professionell aufgemotztes „Schöner Sterben". Wer mich mit Duftöl oder schlechter Musik traktiert, wird – so befürchte ich – meine Unduldsamkeit zu spüren bekommen (ein schlechter Charakterzug, den ich sicher im Sterben nicht werde ablegen können).

Besser, wenn meine Menschen bei mir sind. Ihnen kann ich am ehesten zumuten, mich in Schwachheit zu ertragen. Wenn alle um mich her im Angesicht des Todes nüchtern bleiben und wachsam im Sinne Jesu (vgl. Mt 26,41), vielleicht sogar ein bisschen was zum Lachen haben, dann kann auch ich, so hoffe ich, das Sterben lebend überstehen.

Aber da jetzt wirklich und endgültig Schluss! In den Sprüchen heißt es: *Des Menschen Herz erdenkt sich seinen Weg, aber der Herr allein lenkt seinen Schritt.* Also sei auch dieser letzte Weg wie alle weiteren Schritte dem Schöpfer und Vollender des Lebens überlassen.

Fragment Leben – wo Leben in einem Moment sich entfaltet und vergeht

Renate Otte

Mir mein eigenes Sterben vorzustellen, ist Angst auslösend. Ich wehre diese Gedanken ab. Da will ich nicht hinschauen. Da erschrecke ich wie vor einem dunklen uneinsehbaren Abgrund. Doch das Sterben anderer mitzuerleben, gehört zu meinem Beruf als Pastorin und Krankenhausseelsorgerin. Wenn ich im Beruf Sterbende begleite, kann ich hinschauen, und da versuche ich, beizustehen und mit auszuhalten. Hier lerne ich, dass Sterben schmerzlich und traurig und manchmal schrecklich ist. Aber hier im konkreten Miterleben spüre ich auch, dass Sterbewege zu begehen sind. Die Sterbenden zeigen mir Lebenden, wie es dann einmal auch für mich gehen kann.

Leben im Fluss der Veränderungen

Seit einigen Jahren arbeite ich in einem Kinderkrankenhaus. Ich habe hier vor allem die ganz kleinen Patienten und Patientinnen vor Augen.

Ein langer Gang, vorbei an Türen zum Arztzimmer, zum Elternzimmer, zur Küche, zu Materialräumen führt zu den Patientenzimmern auf der neonatologischen Intensivstation. (Zu)früh geborene Babys werden hier intensivmedizinisch betreut.

Auf der linken Seite der Gangwand ist ein großes buntes Gemälde gestaltet. Die Künstlerin ist mir nicht bekannt. Es sind wohl die leuchtenden Farben, die mich und alle, die hier entlang gehen, immer mal wieder hinschauen lassen. Ein Wasserlauf mit hohen blauen Wellenbergen, darin bunte Fische, umrahmt von sattem Wiesengrün, durchschienen von warmem gelben Sonnenlicht – wie ein übergroßes Bilderbuch, in dem man viel entdecken kann, sieht die Wand aus. Das wirkt fröhlich und passt gut zu einer Kinderstation.

Beim genauen Hinsehen entdeckt man kleingeschriebene kurze Texte auf der Bildwand verstreut. „Aufgenommen im Fluss des Lebens" und „Leben ist Verwandlung" steht da.

Diese Sätze machen nachdenklich.

Leben ist wie ein Fluss, ständig in Bewegung und in Veränderung. Der Lebensfluss trägt den Menschen durch Höhen und Tiefen, von der Quelle bis zur Mündung.

In diesem Bild kann ich mich wiederfinden. Und wenn Sterben bedeutet: einmünden und aufgehoben sein in einem großen Zusammenhang, dann ist das auch eine gute Perspektive. Mein Leben hat einen Anfang und ein Ende, aber ich fange davor an, habe eine Quelle und ich werde nach dem Tod weitergetragen, münde ein in einen anderen Zusammenhang.

Geboren werden und Sterben sind Veränderungen in einer mir zwar unbekannten und unerforschbaren, aber mich doch einschließenden Kontinuität, deren bestimmende Qualität die Veränderung ist. In meinem christlichen Selbstverständnis nenne ich diesen kontinuierlichen Bezugspunkt im menschlichen Lebensprozess Gott. Bei Gott, von dem alles Leben kommt und zu dem es geht, liegen Ausgang und Eingang, Anfang und Ende. So kann ich an mein Sterben denken, so sage ich es manchmal, wenn ich Menschen beim Abschiednehmen von ihren Verstorbenen begleite.

Reif zum Sterben

Doch an einem Satz auf dem Flussbild reibe ich mich. Der schmeckt bitter: „Von Geburt an ist der Mensch reif zum Sterben." steht da. Diese Feststellung passt nicht zu den leuchtenden bunten Farben. Es gelingt nicht, diesen Satz schön zu färben. Diese Aussage steht da im Bild, aber sie hat keinen bildnerischen Ausdruck. Mindestens eine Stromschnelle oder ein schwarzer Wasserwirbel müsste diese Aussage ins Bild setzen. Die Zeile ist auch leicht zu übersehen. Ich habe den Text erst bei genauer Bildbetrachtung entdeckt. Er ruft meinen Widerspruch hervor. Das stimmt nicht. Geboren wird ein Mensch zum Leben. Wenn nach der Geburt gleich das Sterben kommt, ist es nicht richtig. Da fehlen Zeit und Entwicklung, Erfahrung und Gemeinschaft. Da fehlt das Leben. Der Mensch wird als Baby geboren. Wenn ein ganz kleines Kind stirbt wird sein Babysein abgebrochen, Kindsein in Kindergarten und Schule fällt aus, Erwachsensein in Beruf und Partnerschaft findet nicht statt.

Und doch spiegelt der Satz die reale Situation, dass auf der Frühgeborenen Intensivstation oftmals Kinder sterben, die nur ein paar Stunden oder Tage gelebt haben.

Er schafft es nicht.

Leon war so ein Kind. Zu früh war er in der 28. Schwangerschaftswoche geboren mit einem Gewicht von rund 700 Gramm. Seine Zwillingsschwester Lena wog noch etwas weniger. Beide waren bei ihrer Geburt noch nicht reif zum Leben. Die Lungen waren noch nicht ausreichend entwickelt und brauchten maschinelle Hilfe, um sich zu entfalten und den lebensnotwendigen Sauerstoff aufzunehmen. Trotz intensivmedizinischer Behandlung blieb Leons Kreislauf instabil und die Sauerstoffsättigung seines Blutes zu niedrig. Die Ärzte sahen nach der Erstversorgung keine medizinische Möglichkeit, sein Leben zu erhalten und fragten, die Eltern, ob sie Leon taufen lassen wollten. Diese nahmen das gern an und entschieden, auch Lena gleichzeitig taufen zu lassen. Ich besprach mit den Eltern die Taufe, und sie wählten Psalm 91 als Taufspruch für ihre beiden Kinder: „Gott hat seinen Engeln befohlen, dass sie dich behüten auf allen deinen Wegen." Wir deckten einen Altartisch mit buntem Regenbogenkreuz, Taufschale, Taufkerzen, Engelfigur, Taufurkunden, Blumen. Die Großeltern und Geschwister der Eltern kamen. Dann legten die Krankenschwestern Leon in den Arm seiner Mutter. Lena stand im Inkubator daneben. Wir, die Familie und das Behandlungsteam, bildeten, so gut es ging, einen Kreis mit und um die beiden Kinder, und ich taufte sie. Ruhig, angerührt, weinend, fragend, klagend, bittend und vertrauend waren wir beieinander. Das Staunen über die ganz kleinen, gerade auf die Welt gekommenen Kinder, der Schreck über die bedrohliche Situation und der Schmerz, sie nicht aufhalten zu können, wenn ihre Kraft zum Leben nicht reichte, mischten sich.

Leon schaffte es nicht. Sein Zustand verschlechterte sich zusehends. Seine Beatmung wurde reduziert und langsam abgestellt, weil sie keinen Sinn mehr machte. Gehalten von seinen Eltern starb er ruhig nach einem Leben von noch nicht einmal einem Tag Dauer. Er war nicht reif zum Leben. Er konnte seine Lebenskraft nicht entfalten, aber diese Stunden waren sein Leben. Infusionen und andere medizinische Eingriffe hat er erlebt. Fremde Hände haben ihn berührt, aber er hat auch die vertrauten Stimmen seiner Eltern gehört und ihr Streicheln gespürt. Er hat einen Namen bekommen. Und seinen Platz in seiner Familie eingenommen: Leon war und ist das erste Kind seiner Eltern.

Wie manche zu früh geborenen Kinder ist Leon gestorben – nicht, weil er reif war zum Sterben, sondern weil er nicht reif war zu einem längeren Leben. Doch ist in diesen wenigen Stunden, die er gelebt hat, viel geschehen. Die Familie hat diese Zeit intensiv miteinander erlebt. Es ist wichtig, da genau hinzusehen. Diese kurze Lebenszeit ist sehr wertvoll.

Lebensfragment

Mich lehrt so ein Kind wie Leon, dass es in einem Menschenleben, auch in meinem, manches gibt, was nicht heranreifen und nicht leben wird. Daran leide ich und bedauere es. Manchmal ärgert es mich und manchmal erleichtert es mich.

Ich „habe es geschafft", 60 Jahre zu leben, und ich hoffe, ich „schaffe" noch viele Jahre mehr. Leon hat nur ein paar Stunden Leben „geschafft". Es war die

Zeit, die ihm möglich war, für mehr hat seine „unreife" Ausstattung nicht gereicht, mehr Lebenszeit hatte er nicht zur Verfügung.

Oft sehe ich das, was nicht möglich war und was wir schmerzlich vermissen, wenn ein Kind so früh stirbt, unter der Perspektive des Unvermögens „er hat es nicht geschafft". Dieser Blick übersieht das, was doch da war. Er wertet das Erreichte ab gegenüber dem, was nicht möglich war und macht das, was ein Mensch wie Leon „geschafft" hat, klein.

Es braucht deshalb auch den Blickwechsel: Leon hat es mit Hilfe medizinischer Eingriffe „geschafft", dass seine Eltern ihn lebend in ihren Händen halten konnten. Mehr hätte ihn überfordert. Das muss bedauert und betrauert, aber auch eingesehen und akzeptiert werden. Leons Leben ist nicht nur daran zu messen, was nicht geworden ist, sondern auch danach zu schätzen, was möglich war. Dieser Blick ist geprägt durch die Identifikation mit den so früh sterbenden Kindern. Das, wozu sie in ihrem (zu) kurzen Leben Kraft hatten, muss genug sein und angenommen werden. Es verdient nicht, bemängelt zu werden, weil es gemessen an Erwartungen, Hoffnungen und Wünschen zu wenig ist. Es ist etwas Großes, ein paar Stunden zu leben oder viele Jahre – es ist ein ganzes Menschenleben. Ein Kind wie Leon könnte sagen: „Es war schön, euch kennen zu lernen. Ich wäre gern bei euch geblieben. Ich habe dazu getan, was ich konnte. Mehr schaffe ich nicht. Helft mir nun, dass das Sterben nicht so schwer wird und sagt mir, dass ich mich nicht fürchten muss."

Ein akzeptierender Blick ist von Liebe getragen und nimmt die Person wahr in ihrer kurzen oder langen Lebenszeit. Auch in dem zu früh abgebrochenen Leben von Leon ist die Dichte der Beziehungen, in die er hineingeboren und hineingenommen ist, spürbar. In diesem Fragment ist das Ganze des Lebensentwurfs enthalten.[1]

Die Taufe fügt dieses konkrete irdische Geschehen ein in einen Generationen und Welten umfassenden ewigen Zusammenhang. Sie weitet und vertieft die Lebensperspektive. Alles, was am Leben hindert, auch der Tod, wird mit dem Taufwasser abgewaschen. Glaubend öffnet sich auch für das kurze Leben Leons die Hoffnung auf eine neue Erde und eine neue Zeit, in der, wie die Offenbarung des Johannes beschreibt, kein Tod mehr sein wird. Der Ausgang aus dem irdischen Leben ist Eingang zu Gottes Ewigkeit.

---

1 Den Ansatz, Leben als Fragment zu begreifen, hat Henning Luther ausgeführt. Gemessen an einem Ganzen erleben wir Erfahrungen von Abbruch und Schmerz als Defizite. Henning Luther gelingt es, diese Fixierung aufzulösen und im brüchigen und fragmentarischen Leben Hinweise auf das ersehnte Ausstehende aufzuzeigen. „Im Fragment ist die Ganzheit gerade als abwesende auch anwesend. Darum ist es immer auch Verkörperung von Hoffnung." Henning Luther, Leben als Fragment. Der Mythos von der Ganzheit, in WzM, 43. Jg., 1991, 273; vgl. Ebd., Identität und Fragment. Praktisch-theologische Überlegungen zur Unabschließbarkeit von Bildungsprozessen, in: Ebd., Religion und Alltag, Stuttgart 1992, 160–183.

Dass diese Vorstellung mich auch in meinem eigenen Sterben trägt, hoffe ich. Es wird gut sein, wenn dieses Vertrauen dann nicht allein aus mir selbst wachsen muss, sondern, wenn es mir vor- und zugesagt wird wie im Psalm: Gott hat seinen Engeln befohlen, dass sie dich behüten auf allen deinen Wegen – im Leben und im Sterben.

Sie will leben

„Sie ist eine Kämpferin". So haben die Ärzte, Schwestern und die Eltern oft von Lena gesprochen. Die Zwillingsschwester von Leon hat sich – unterstützt von medizinischen und pflegerischen Maßnahmen – durchgekämpft durch Infektionen, Hirnblutungen und andere Komplikationen. Täglich waren ihre Eltern mehrere Stunden bei ihr. An guten Tagen konnte Lena auf der Brust ihrer Mutter liegen oder auf dem Arm ihres Vaters kuscheln. In schlechten Stunden war jede Bewegung eine Belastung für ihren Kreislauf. Dann musste sie im Inkubator bleiben, und die Eltern konnten nur vorsichtig ihre kleine Hand halten. Manchmal hieß es: „Sie zeigt den Weg". Dann waren alle unsicher, ob sie es schaffen würde, am Leben zu bleiben. Sie hat es geschafft. Nach gut vier Monaten im Krankenhaus war sie gut entwickelt und reif genug für ein Leben zu Hause.

An zu früh geborenen Kindern, die trotz lebensbedrohlicher Krisen heranreifen, erlebe ich, dass es in ihnen einen Grundimpuls zum Leben gibt, von dem diese Kinder am Leben gehalten werden. Dieses Miterleben bringt mich zu der Erwartung, dass mein Leben solange gehen wird, wie es geht. Ich sterbe dann, wenn ich keine Kraft mehr habe zum Leben, wenn eine körperliche Beeinträchtigung zu schwer oder eine Anforderung für mich zu groß ist. Diese Vorstellung erleichtert mich sehr und verändert meine Angst vor dem Sterben. Wenn ich keine Kraft mehr habe zum Leben, kann es gut sein, sterben zu können. Dann hilft es, gehen zu dürfen und nicht zurückgehalten zu werden durch die Bindung an die, die ohne mich weiter leben werden und um die ich mich sorge.

Gnädiges Sterben

Medizinisch heißt die Todesursache vielleicht: Krebserkrankung oder Herzversagen, Sepsis oder einfach Altersschwäche. Doch diese Erklärungen lüften nicht das Geheimnis unserer kurzen oder langen menschlichen Lebenszeit. Dieses Geheimnis beschreibt Psalm 139 als Geborgensein in Gott: „Deine Augen sahen mich, als ich noch nicht bereitet war und alle Tage waren in dein Buch geschrieben, die noch werden sollten und von denen keiner da war".

Wenn ich keine Kraft (mehr) zum Leben habe, bin ich „reif zum Sterben". Diese Kraftlosigkeit kann leider schon mit der Geburt eintreten. Ich sehe es als große Gnade an, alt und lebenssatt zu sterben – wie der Glaubensvater Abraham. Aber auch in einem Tod, der zur Unzeit oder zu früh kommt, liegt ein gnädiger Moment – dann jedenfalls, wenn ich darin sehen kann, dass er ein Ende da macht, wo weiteres Leben eine Überforderung wäre.

„Stark wie der Tod ist die Liebe"

Ari Van Buuren

Meditatio Mortis

Einen ähnlich durchdringenden Essay über das Phänomen „Tagebuch" als *Das Tagebuch und der Tod*" der belgischen Philosophin Patrica de Martelaere habe ich nirgendwo gelesen. Sie zeigt, dass ein Tagebuch die fiktive Anwesenheit eines Anderen mit einschließt, bis in das eigene Grab. Im März 2009 ist sie jung am Krebs gestorben.

Ein Tagebuch ist wie ein Testament: ein gutes Vorbild ist das Hinterhaus-Tagebuch des jüdischen Mädchens Anne Frank aus Amsterdam. Auch *Atemschaukel* von Herta Müller ist wie ein Tagebuch geschrieben.

Häufig empfehle ich Patienten und ihren Angehörigen, ein Tagebuch zu führen, als therapeutisches Instrument. Ihre Tagebücher treiben im Strom der Krankheit mit. Es sind Reisetagebücher, denn jede Krankheit *kann* den Beginn einer spirituellen Reise bedeuten. Ebenso markieren Bonhoeffers Briefe aus dem Gefängnis ,*Widerstand und Ergebung*' seine Lebensreise.

Lebensreiseberichte sind als eine Fülle von Markierungen zu verstehen. Sie können als ein eigenes ,Neues Testament' oder Psalmenbuch wirken. Darin kann man manchmal zurückblättern, um früher erfahrenes Licht und Trost erneut herbei zu rufen.

Exemplarisch ist auch das Buch von Ken und Treya Wilber über den Verlauf von Krankheit und Sterben von Treya: ,*Mut und Gnade*'. Sie reisten viel herum für Krebsbehandlungen. Die Gelassenheit ging ihnen oft dabeiverloren. Geschah dies etwa in der Spannung mit ihrer buddhistischen Lebensüberzeugung: ,Es ist, was es ist'? Aber ist Widerstand keine Voraussetzung der Ergebung?

Auch wir begannen, Tagebücher zu schreiben, als meine damalige Frau Yvonne Groen an Lungenkrebs erkrankte. Durch alles Auf und Ab hindurch hatte das Tagebuch eine heilende Wirkung. Es wurde mein Kamerad, verschaffte mir Atempausen und beschützte mich vor beklemmenden Gefühlen. Yvonne hoffte eines Tages, ihren ganzen Krankheitsprozess in meinem Tagebuch nachlesen zu können. Im Laufe der Zeit tauschten wir Tagebuch-Passagen aus. So durften wir gegenseitig in unsere Lebensgeheimnisse und dem Erleben von Sterblichkeit Einblick haben.

Wir machten Erfahrungen, durchlitten schmerzliche Erkenntnisse und gelangten zur Aussöhnung mit der Krankheit. Wir pilgerten nach Lourdes und meditierten. Im diesseitigen Leben erfuhren wir eine Intensivierung und sogar

‚Ewigkeitsleben'. Dies erschien uns als eine Qualität und Kunst des Lebens und Sterbens. Eine Gnade ist es, wenn man die spirituellen Kräfte der Kompassion mobilisieren kann.

Das Leben von Yvonne zum Tode wurde ein Pilgerfahrt, auch *meine* Meditatio Mortis. Zuvor war ich trotz aller Empathie als Krankenhauspfarrer noch nicht soweit gekommen.

Von der Passion zur Compassion

Auf der Grundlage unserer Tagebücher und therapeutische Imaginations-Sitzungen von Yvonne vollendete ich 2009 das Buch ‚*De passie van leven, liefde en dood*' (‚*Die Passion von Leben, Liebe und Tod*' Utrecht 2010). Es ist auch ein Denkmal des Hinausgehens oder ‚Exodus' von Yvonne.

Dieser Essay enthält mehrere Thematisierungen und Passagen aus meinem Passions-Buch: darin ist mit ‚Du' meine Frau Yvonne gemeint. Sie helfen mir ständig beim Einüben in mein eigenes Sterben.

Yvonne lebt in mir fort. Sie ist im Jenseits zusammen mit Geert, dem verstorbenen Partner meiner jetzigen Frau Liesbeth. Wir vier waren miteinander befreundet. Kurz bevor Yvonne krank wurde, starb Geert plötzlich. Yvonne hoffte auf ein gemeinsames Weiterleben von Liesbeth und mir. Während unserer Hochzeitstage erschien Yvonne mir, um mir mitzuteilen, dass sie und Geert immerwährend in Südfrankreich Ferien machen.

Mein ‚Passions-Buch' enthält auch interreligiöse Anspielungen als Exponent von gemeinschaftlicher Passion. Im University Medical Center (UMC) Utrecht führte ich als Leiter der Krankenhausseelsorge (Spiritual Care) mit der Unterstützung des Gesundheitsministeriums dort Interkulturalität ein. Dies führte zu einem multireligiösen Team von katholischen, evangelischen, humanistischen, muslimischen und hinduistischen geistlichen Betreuern.

In Zusammenarbeit mit den Abteilungen Patienten-Kommunikation und Ausbildung gestalteten wir die interkulturelle Erziehung von verschiedenen Krankenhausmitarbeitern. (vgl. die Beiträge von Mualla Kaya und mir im *Handbuch Interreligiöse Seelsorge*, Neukirchener Verlagsgesellschaft, Herbst 2010). Durch den Umgang u. a. mit Buddhisten und Hindus sind für mich Träume und Mythen mehr als zuvor eine spirituelle Wirklichkeit und Wahrheit geworden. Dies erzeugt ständig neue mystische Erfahrungen und setzt alte voraus.

Die spirituelle, politische und gesellschaftliche Herausforderung unserer Zeit ist es, den Weg von der Passion zur Compassion zu gehen. Compassion von Christus oder von Buddha geht tiefer als nur Mitleid, ist viel umfassender. Eben deshalb führte Karen Armstrong auch die „Charter for Compassion" ein.

Ende der Gier – die Weide ergrünt wieder

Auf der Grenze vom Leben zum Tod schrieb ich nach einer eingreifenden Pros-tata-Operation dieses Gedicht:

> Weiden zum Grasen
> ist
> mein
> Leben
> nicht mehr
> was es ist?
> es ist mehr,
>
> was es ist:
> ich erfreue mich
> der Vereinfachung-
> auf der Weide des Lebens
> verliert sich
> meine Gier
> sie gewinnt wieder
> ihr Grün

Unser Glück war groß. Der Krebs stagniert. Trotzdem setzt sich unser Glück mit Anstrengung fort. So wie der niederländische Dichter und Theologe Willem Barnard es in dem Lied: „Gottes Güte ist für das Glück allein zu groß …" wider-sprüchlich in Worte fasst.

Ich schaue mir häufig unser Bild von einem buddhistischen Mönch an: ruhig lehnt dieser gegen eine Mauer kurz vor einem tiefen Abgrund. Hierin erkenne ich auch unser angeschlagenes Leben. Es liegt Gnade in ihm.

Der Kern-Text meiner Oma war: ‚Lass dir an meiner Gnade genügen; denn Gottes Kraft wird in der Schwäche vollendet.' (2Kor 12,9). Diese Erfahrung machte ich auch, als ich meine Diplomarbeit zur Gestalt-Therapie (1994) schrieb und aus Piero Ferruccis ‚Inevitable grace' las.

Unvermeidliche, unwiderstehliche Gnade: ich will vor Dir weglaufen und gleichzeitig will ich Dich begrüßen … Das Unterwegs-sein auf Yvonnes Ster-ben hin ist eine Gnadenzeit. Es kommt dabei auf aktiven Einsatz, Verfügbar-keit und Hingebung an. Andererseits hat man es mit der passiven Erfahrung des Loslassens oder der Freiwerdung (‚detachment'), mit Compassion und Liebe zu tun.

In den gesünderen Jahren verschwamm diese Spiritualität mehr oder weniger. Das Loslassen wurde drei Jahre später durch den plötzlichen Tod unseres Freun-des Geert wieder geweckt. Und kurze Zeit später durch Deine Krankheit.

Compassion

Du liest viel in Jean Shinoda Bolens Buch ‚*Krankheit und die Suche nach dem Sinn*'. Dieses Buch geht uns – gemäß seinem ursprünglichen Titel „Close to the bone" – an die Nieren. Medizinstudenten empfehle ich das Buch in meinen Vorlesungen über Spiritualität. Wie gut dieses Buch auch beim Mobilisieren von spiritueller Kraft hilft! So inspirierte es Dich, die erste Chemotherapie als ein Ritual zu beschauen.

Du liest mir vor:

„Wenn der eine Mensch in einer Krise ein Rettungsplan für den anderen ist, kommt das dadurch, dass von Liebe und Respekt für den Betroffenen und dessen Kampf die Rede ist. In dem Augenblick, wo das Licht im anderen schwächer wird, ist die Nachricht: ‚Du bist wichtig' und ‚dieser Streit hat einen Sinn und Bedeutung', eingebunden in Kommunikation von Seele zu Seele die Rettungslinie. Der Kontakt von Seele zu Seele mit einem anderen, einem Ich-Du-Freund, Therapeut oder Partner, kann den Unterschied zwischen aufgeben und durchhalten sein."

Der Unterschied zwischen uns wird immer wieder durch die Synergie in gegenseitiger Sorge überbrückt.

Andere passende Sätze sind:

„Die lebensbedrohende Krankheit führt uns in die Unterwelt, wo sowohl das Leben als auch die Seele ein Risiko eingehen. Die Situation verstehen, kann einen wesentlichen Unterschied bedeuten. Man achte gut auf die Lektion dieses Mythos der Psyche: ihr Überleben kann von Ihrer Begabung ‚Nein' zum Selbstmitleid zu sagen, abhängen, oder eben von der Neigung, sich das schlimmst mögliche Ende vorzustellen oder die Bürde anderer auf sich zu nehmen."

Elisabeth Kübler-Ross, die Wegbereiterin der Sterbebegleitung und Hospiz-Bewegung, war meine Lehrmeisterin. Nur mit Widerwillen ging die 16-jährige mit ihren beiden Drillingsschwestern zur Konfirmation. Erst 35 Jahre später war sie froh über die Glaubensbekenntnistexte, die sie alle drei mitbekommen hatten: Glaube, Hoffnung und Liebe. Elisabeth wurde die Liebe zugedacht. Sie hatte immer betont: „Unter Liebe verstehe ich Leben und Tod, denn beide sind ein und das Gleiche." Erst während ihres langen Sterbeprozesses lernte sie, Liebe zu empfangen.

Diese ihre Lektion erfuhren wir auch in Deinem Krankheitsprozess. Das Aneignen spiritueller Lehren erscheint lediglich mit Umwegen möglich zu sein, auch bei Elisabeth. Sie selbst wies anderen den Weg zum Licht. Eine gewisse Tragik verbirgt sich darin, dass ‚Wegweiser' selbst nicht in Bewegung kommen.

Elisabeth war überzeugt, dass das innerliche oder göttliche Licht aus der Quelle reiner spiritueller Energie entspringt. ‚Geistige oder spirituelle Energie kann nicht von Menschen geschaffen oder manipuliert werden'.

Unserer Musiklehrerin schreibe ich in einer Mail:

„Zwischen Yvonne und mir wird tatsächlich viel Liebe mobilisiert. Gerade jetzt ist es mehr denn je bedingungslose Liebe, ja Compassion. Aber noch nie habe ich einen solchen Seelenschmerz empfunden.

Dieses Leiden von Yvonne und diese Trauer – es ist, als wenn man durch ein dunkles Haus läufst und plötzlich in einem Zimmer etwas auftaucht, was da wahrscheinlich immer schon war, aber es war noch nicht aufgefallen. Ist es vertraut? Es ist eigentümlich und schmerzhaft. Jedoch sind Seelenschmerz und psychische Kraft verbunden: ohne diese kann man nicht weiter kommen."

‚Psyche' hat zwei Bedeutungen: Schmetterling und Seele. Die Seele ist weder ein Hund noch ein Soldat! Wer mit seiner Seele imperativ und verschlossen umgeht, wird den Kontakt mit ihr verlieren, sowie Jesus dies in einem seiner Gleichnisse mit bildreichen Worten sagt (Lk 12,15–21).

Die Seele kann unser Führer sein. Professionell erfahre ich das bei Kranken und Sterbenden seit eh und je. Als Seelsorger, Gestalttherapeut und als Mensch habe ich gelernt, dass es um das Mobilisieren von Compassion und spirituellen Kräften geht, die in jedem Menschen verborgen sind.

Hoheslied der Liebe

Zu Beginn Deiner Krankheit gehen wir in die Krankenhaus-Kapelle. Auf dem Pult liegt die Bibel, aufgeschlagen ist das Hohelied, Kap. 8. „Stark wie der Tod ist die Liebe …" Zum ersten Mal wird mir die Tragweite dieses poetischen Textes klar. Warum verändern wir diesen Ausspruch meistens in „Die Liebe ist stärker als der Tod"? Durch diese Veränderung des Spruchs geht aber seine spirituelle Kraft verloren. Tod und Liebe sind ‚equal partners'.

Wir lesen ein feinfühliges Kinderbuch des interreligiösen französischen Autors Eric-Emmanuel Schmitt: Monsieur Ibrahim und die Blumen des Koran. Der Tod spielt in dieser luziden Geschichte vom jüdischen Jungen Momo und dem Arabischen Kolonialwarenhändler Ibrahim eine wichtige Rolle. Zusammen tanzen sie einen Derwisch-Tanz. Momo stellt fest: ‚Je schwerer Dein Körper wird, desto lichter wird Dein Verstand.' Später sagt der sterbende Ibrahim, Momo brauche nicht um ihn zu weinen: ‚Ich habe ein schönes Leben gehabt. Ich bin alt geworden. Ich hatte eine Frau, die vor langer Zeit gestorben ist, aber die ich noch genau so viel liebe.' Ibrahims Freund Abdullah zitiert Rumi: „Lass sterben, was lebt: das ist Dein Körper. Erwecke zum Leben, was tot ist, das ist Deine Seele." Dieses Zitat hallt in uns wider.

Die spirituelle Kraft des Hohenliedes finden wir auch in der *Mystik des Todes* von Dorothee Sölle zum Ausdruck gebracht. Sie zitiert Maxim Gorkis *Das Mädchen und der Tod:*

,Wie zwei treue Verschwörer
gehen die Liebe und der Tod zusammen durchs Leben.
Beide tanzen auf allen Festen,
auf Hochzeiten, bei Geburten und beim Sterben.
Und sorgen schlau dafür, dass der Segen dieses Lebens
die Menschen nicht verlässt.'

Sölle nennt Liebe und Tod sogar ,zärtliche' Verschwörer. Dank sei ihnen, so
kann man den Segen wiederfinden. Die Liebe erreichte trotz allem in Deinem
Krankheits- und Sterbeprozess einen Höhepunkt. Dies war eine schmerzliche
Befreiung.

Dein Wesen vereinfachte sich und verwandelte sich mehr und mehr in Liebe.
Manchmal wusstest Du nicht einmal, ob Du schon tot oder noch lebendig warst.
Es gab keine Bedingungen mehr für die Liebe.

Die Ewigkeitsdimension war von Anfang an der rote Faden durch Deinen
Krankheitsprozess hindurch. In Deinen letzten Tagen sagtest Du:

„Dann denke ich: wie ist es hier? Und dann wieder: wie ist es da? Ich kann es mir nicht
gut vorstellen. Am sichersten würde ich finden, wenn Du auch da wärst". Ich auch! …

Mein Freund und Kollege Aart kommt. Kurz davor hattest Du eine Fast-Tot-
Erfahrung. Mit einer sich überschlagenden Stimme wiederholst Du: „O war das
schön! …" „Siehst Du die andere Seite?". Du nickst. Unglaublich dass das geschieht, während Du schon beinahe ,dort' bist. In dieser besonderen Atmosphäre
empfängst Du die Krankensalbung.

Auf dem Weg in den Tod zogst Du Deine Bilanz. Was Du an Liebe gefunden
und bekommen hattest, hieltest Du Dir vor Augen – und ich mit Dir. Du ent-
decktest die Liebe für das Kind in Dir und für Deine Mutter. Manchmal scheinen wir Menschen ,zu spät' lieb zu haben.

Diesen Widerspruch beschreibt der niederländische Theologe und Dichter
Huub Oosterhuis in seiner poetischen Bearbeitung des Textes über die göttliche
Schönheit aus Augustinus ,*Confessiones*' X, 27. Geht es um Gott oder um den
Menschen?

Viel zu spät habe ich dich lieb gewonnen,
Schönheit du, so alt und doch so neu,
viel zu spät habe ich dich lieb gewonnen!

Du warst in meinem Innern, und ich war draußen
suchte dich wie ein sehender Blinder
Ich draußen, und wie wegfließendes Wasser
lief ich davon und verlor mich
in Schönheit, die nicht Du ist.

Du riefest und schriest
und durchbrachst meine Taubheit.

Augenblendend erschienst du.
Du duftetest und ich schöpfte Atem,
noch rang ich nach Atem und nach dir.

Ich kostete dich und nun dürste,
hungre ich nach dir. Mich, Leicht-berührten,
hast du entflammt. Und ich entbrenne
zu dir hin, um Frieden.

Autonomie

Zum St. Nikolausfest schenktest Du mir das postume Buch von Dorothee Sölle:
,Mystik des Todes'. Dieses Kleinod bewegt mich noch mehr als ihr Magnum
Opus ,Mystik und Widerstand'. Die Mystik wird sie – auch in ihrer politischen
und feministischen Theologie – wohl zu jeder Zeit genährt haben. Dem Tod entgegen lebend wird mir dies neu deutlich. Es ist wichtig dem Tod seinen Platz ein-
zuräumen!

Mehrmals beschreibt Sölle, dass der Tod das Ende der Autonomie bedeutet. Die Autonomie ist im westlichen Gesundheitswesen ein Dogma geworden.
Was ist eigentlich die ,Wahrheit' der medizinischen Diagnostik? Die quantitative
Dauer des Lebens zählt mehr als die Lebensqualität. Hierfür zieht das Gesundheitswesen alle Wissenschaften und Finanzen hinzu. Die Organtransplantation
ist ein Extremvorbild. Es ist nämlich weltanschaulich gesehen keineswegs neu-
tral, wenn der Staat von vornherein jeden als Organspender betrachten würde, es
sei denn er würde sich dagegen wehren.

Jetzt, wo Du im Sterben liegst, fällt mir der Overkill des Individualismus
umso mehr auf. Die buddhistische Kritik der Überbewertung von Autonomie in
unserer Kultur ist gerechtfertigt. Letzten Endes gehen wir in Gott auf und zählt
alle Individualität nicht mehr. Als Abendländer ist uns zu wenig klar, dass der
Tod das Leben vollendet.

Die Arbeit an der Weihnachtspredigt hilft mir trotz aller Widrigkeiten, durch
diese Tage zu kommen. Bald werde ich mit Erinnerungen leben müssen. Gemäß
den Worten der Weihnachtsnacht geht es um: Bewahren. Spirituell gesehen wird
dies auch mich bewahren. Es ist die ,Gestalt' von Maria, die alles in ihrem Herzen bewahrt!

Du wolltest gerne mitgehen, kannst aber nicht. Später hören wir uns die Auf-
nahmen von der Weihnachtsnacht an. „Wie schön einfach und vielsagend" sagst
Du. „Dies ist ,Sein', wahrhaftig aus der Ewigkeit …" Ich selbst werde mit dem,
was ich mich sagen höre, eins: *„Es dringt zwar ein Schwert durch die Seele Marias,
aber das Licht verlöscht nicht!"*

So predige ich inzwischen schon anders, sagt man: mehr mit dem Augenmerk auf die Sterblichkeit und das ewige Leben. Krippe und Kreuz sind aus dem

gleichen Holz geschnitzt. Sagte das nicht Luther? Spirituell kann man sich schon selbst vorwegnehmen. Was ich manchmal als einen Anschlag auf Deine und meine Autonomie erlebe, ist nur dadurch zu überwinden, dass ich das transzendierende Jesusgebet bete: „Nicht mein Wille, sondern Dein Wille geschehe."

Ewigkeitsleben

Ist der Tod ein Feind, paulinisch betrachtet? Genauso gut ist er eine Schwester, franziskanisch betrachtet. In den letzten Wochen seines Lebens schrieb der Hl. Franziskus von Assisi die Strophe über „Schwester Tod" in seinem Sonnengesang.

Vielleicht können wir Schwester Tod küssen, wenn wir unseren Atem bei ihr ausblasen, und sie will uns begrüßen, so wie der Heilige Geist uns küsste bei der Geburt.

Folgendes Gedicht eines Makah-Indianers fand ich vor vielen Jahren bei Elisabeth Kübler-Ross. Jahre später fand ich es auch in Ken und Treya Wilbers ,Mut und Gnade'. Schließlich fiel es uns während Yvonnes letzter Lebenszeit durch Dorothee Sölle zu: in ihrer gebrechlichen sterbenden Handschrift steht es vorn in ihrem Buch ,Mystik des Todes' abgedruckt. Ich entschloss mich, es bei der Beerdigung von Yvonne zu lesen.

> Steh nicht an meinem Grab und weine,
> ich bin nicht dort, ich schlafe nicht.
> Ich bin die tausend Winde, die blasen,
> Ich bin der Glanz des Diamanten im Schnee.
> Ich bin der Sonnenlicht auf dem reifenden Korn,
> Ich bin der sanfte Herbstregen.
> Wenn du aufwachst im Morgenlicht
> Ich bin die sanft sich hebende Rush
> Vom ruhigen Vöglein in kreisendem Flug.
> Ich bin die sanften Sterne, die nachts scheinen
> Steh nicht an meinem Grab und weine
> Ich bin nicht dort. Ich bin nicht gestorben.

In Hingabe will ich mich dem Tod nähern. Ich erinnere mich daran, wie Du mehrmals aus dem Zyklus ,Ankündigung des Todes' von Jacqueline van der Waals das letzte Gedicht unseren Freunden vorgelesen hast.

> Meine Stunden gehen vorbei wie der Sand,
> Der langsam durch geschlossene Finger rinnt
> Und wegfließt aus der festgeschlossenen Hand;
> Wie Wasser, das ich trank, aber nicht schmeckte.
> Ich weiß nicht, ob sie bitter oder süß sind.
> Ich weiß nicht, ob es leise in mir weint,

Oder lacht in mir – das Singen meines Bluts.
Es klingt so still, und das entfernte Rauschen,
Herr, von Deiner Ewigkeit, so süß.

Singen und Weinen gehen Hand in Hand. Auch Liesbeth liest Du das Gedicht vor. ‚Bald sieht Geert Yvonne' sage ich unvermittelt. Euch kommt das ganz und gar nicht komisch vor. In seiner irdischen Zeit wäre Geert über Deine Krankheit ziemlich ratlos gewesen.

Zwei Monate nach Yvonnes Tod besuche ich mit einer ihrer Schwestern und deren Partner eine Theatervorstellung. Es ist ein Einakter nach dem Buch von Eric-Emmanuel Schmitt: Mit Kinderaugen erleben wir den Sufismus und seinen Umgang mit Tod und Trauer. Als wir wieder zuhause sind, betrachten wir die Fülle unserer Blumen, die aus den von Yvonne gepflanzten Blumenzwiebeln entspringen. Mit Blick auf den Garten sprechen wir über Loslösung.

Was ich auf dem Weg nach ihrem Sterben besonders erfahren habe, ist die bedingungslose Liebe. Diese fast ego-freie Dimension möchte ich am liebsten nicht mehr verlieren. Während ich Yvonne hinüber ins Jenseits ‚half', fühlte ich mich wie eine Hebamme. Alles war dem untergeordnet. Oder besser ausgedrückt: es ist eine Ewigkeitsdimension des Lebens. Es ist ein solch schmerzlicher, großer Reichtum! Das Zurückkehren in den ‚Alltag' und die Arbeit fühlen sich sogar wie eine Regression an. Wie soll man das bloß miteinander in Verbindung bringen?

Innerhalb des Lebens erfuhren wir dessen Intensivierung und sogar ‚Ewigkeitsleben'. Ewigkeit ergab sich als eine Qualität des Lebens und des Sterbens. Vielleicht taucht nun die Frage auf, ob ich diese Qualitäten auch und vollkommen in meinen Lebensstil einbeziehen will und kann.

Los-Lösung

Am Valentinstag schenke ich Dir ein Buch von Polly Young-Eisendrath *The gifts of suffering: finding insight, compassion and renewal.* Sie ist Buddhistin. Die Basis-Metapher in diesem Buch ist: ‚Lege Deinem Maultier das Zaumzeug von hinten nach vorn an.' So kommt man zu Los-Lösung und Freiwerdung, zu Compassion und Vergebung. Alles ist in einer Rückwärtsbewegung.

Die Autorin illustriert das Wesen der Compassion an Treya Wilbers Verarbeitung nach dem Misserfolg der Chemotherapie. Selbstmitleid nennt sie dabei eine umgekehrte Form von Compassion. Sie beschreibt in deutlicher Weise, dass das Selbst nicht existiert, sondern eine Funktion ist, die metaphorisch mit der Bauchspeicheldrüse verglichen werden kann. Dieser Meinung war auch C. G. Jung, als er in seiner späteren Zeit das Selbst einen leeren Mittelpunkt nannte. Mit der buddhistischen Kritik, dass unsere westliche Kultur die Autonomie überbewertet, stimme ich absolut überein.

In Deiner letzten Lebenszeit spreche ich explizit über ein Versterben-wollen. Du erwähnst Petra, Deine Jugendfreundin, die vor Jahren an den Folgen von Brustkrebs gestorben ist. „Ich fühle mich wie Petra. Sie hörte auf zu essen. Das will ich auch. Willst Du darüber bitte nicht böse werden?"

Kurz darauf sagst Du plötzlich: „Ich hoffe, dass es mir noch gelingt, auf einem Dreirad zu fahren."

Welche verwirrenden und widersprüchlichen Signale. Wie damit umgehen? Manchmal geschieht Compassion ganz von allein, manchmal muss ich diese echt mobilisieren.

Ich war mir noch nicht dessen bewusst, wie sehr Sterblichkeit schmerzen kann. Kurz vor einer Imaginations-Sitzung sprichst Du über eine Art Niemandsland, einen Zwischenraum. Der gehört zur Ewigkeit und – nicht zu vergessen – zur Einsamkeit, „denn der Tumor ist eine einsame Figur." Du nennst es ein anderes Erleben der Zukunft. „Diese ist nicht weit entfernt, nur noch einen Tag, weil ich nicht weiß, wie ich mich fühlen werde."

Deine und meine Zukunft unterscheiden sich jetzt, das war vor kurzem noch anders! Alles zu wissen macht nicht glücklich. Aber wie soll man die Hoffnung mobilisieren? Vielleicht ist die Hoffnung nicht so sehr ein Fahrzeug in Richtung einer weiteren Zukunft, sondern vielmehr ein Instrument fürs Leben. Ich muss mich Deiner Krankheit wegen einmal mehr mit der Sterblichkeit versöhnen.

‚Alles Erschaffene weiß vom Schatten des Nichts' sagt Meister Eckhart. Ich verliere Dich, während Du noch da bist. Das ist also der Weg von allem Fleisch. Man darf am anderen anhaften. Die Anhaftung ist jedoch das Vorletzte. Das Letzte ist die Loslösung. Darum sollte man besser früher mit der Loslösung beginnen. „Wer stirbt, bevor sie / er stirbt, stirbt nicht wenn sie / er stirbt." Wer mit dem Tod des anderen rechnet, bevor es soweit ist, kann Trübsal überwinden.

Der Buddha hat recht. Er konnte sich, obwohl er ein Prinz war, aus dem Palast und aus seinem paradiesischen Leben zurückziehen. Christus hat recht. Er konnte sich in jungen Jahren dem Tod ergeben; alle Projektionen von anderen waren für ihn tödlich. In der Beziehung mit einer Geliebten gilt das gleiche: alle Projektionen loslassen. Ganz innerlich werden. Meditierend fühle ich eine Art Befreiung. Befreiung auch vom Ego. Jetzt kann ich vor allem wieder mit Compassion leben – und wenn es soweit ist: sterben.

Am Neujahrstag entsteht, so erklärst Du, ein Moment von Ewigkeit. Durch den Krebs ist das Leben konzentrierter, beschränkter, unsicherer geworden. Ein schöner Augenblick ist der, als Du später in der Küche in meine Arme kommst. Du beginnst die Melodie von: ‚Was die Zukunft bringen mag, mich leitet die Hand des Herrn …' zu summen. Dieses in den Niederlanden bekannte Trauer- und Traulied von Jacqueline v.d. Waals trägt uns. Sie schrieb dieses Lied als sie schon wusste, dass sie Krebs hatte.

Wir unternehmen eine Strandwanderung. Nächstes Jahr möchtest Du Deinen Geburtstag wieder an der Nordsee feiern. ‚Deo volente' denke ich dann: so Gott es will. Das fand ich früher etwas gezwungen. Muslime erinnern uns wieder daran, häufig sagen sie: „Inschallah".

Meine Geburtstagsfeier fand nicht mehr statt. Knapp drei Wochen danach ist Yvonne gestorben. In der Morgenstille meditiere ich und dieses Mal spüre ich keine Trübsal aufkommen. Wenn ich lediglich ein Mangelgefühl hegen würde, ließe ich Dich nicht frei!

Von empathisch zu pathisch

In einer Nacht bete ich „De Profundis". Der Psalm 130 war in der letzten Lebenszeit auch der Psalm meiner Mutter. Mein Freund und Kollege Aart tröstet mich damit, dass er mich genau so wie im Psalm einen Hüter nennt. Besorgt laufe ich nicht davon, ich warte auf den Morgen.

Ich warte am Rand Deines Lebens, und ich warte auch im Zentrum meiner Seele. Worauf? Auf inneren Frieden, dem ich gerne den Namen das Auge des Orkans gebe. Ich fühle auch Leere. Ist das ganze Warten nicht das Warten auf den Tod? Es gibt eine Traurigkeit zum Tode. Ist das auch Traurigkeit zu Gott? (vgl. 2Kor 7,10)

Pfingsten steht vor der Tür: das Fest von Wein, Träumen und Visionen. Der / die Heilige Geist ist für mich nicht in erster Linie ein flammendes Feuer oder ein Höhepunkt. Der / die Heilige Geist ist sowieso unsichtbar. Ich erfahre ihn / sie jetzt vielmehr als eine tragende Kraft. Geist ist Atem. Arbeitet er / sie nicht in der Stille, von der Seele aus?

Impulsiv nehme ich Jellemas Übersetzung des Mystikers Johannes Tauler aus dem Bücherschrank. ‚Zufällig' finde ich sofort Passagen über das Pfingstfest! Tauler beschreibt sehr schön, dass die Seele ein zartes Joch trägt, wenn sie von allen Ideen Abschied nimmt. Das Pferd bringt selbst den stinkenden Pferdemist zum Acker – so schreibt Tauler – und dank sei diesem Mist, denn durch ihn kommen aus dem Acker schöner Weizen und herrlicher Wein hervor.

Wir schauen zusammen mit einem deutschen Kollegen eine schon gesendete TV-Dokumentation über meine Arbeit im UMC-Utrecht an. Wir sehen mein Gespräch mit einem sterbenden Patienten und seiner Frau. In diesem Moment sind wir Schicksalsgenossen. Stimmt es, was ich damals sagte? Ja, es war empathisch. Jetzt bin ich, um es mit dem Wort von Dorothee Sölle zu sagen, pathisch geworden. Wie fragmentarisch in ihrer letzten Lebenszeit beschrieben, widerspiegelt ihre Mystik des Todes ein spirituelles Gleichgewicht. Es ist wunderbar und kräftig, was ich über den Tod als ‚Raum' lese und über die Ewigkeits-Dimension.

Leben im Letzten und im Vorletzten ist doppelt schwer. Es ist wie Teilzeitarbeit an zwei verschiedenen Stellen. Im Inner-Weltlichen wird einem das nicht klar – auch mir bis vor kurzem noch nicht. Die Empathie mit Patienten hatte ich bestimmt, aber die existentielle Krise und das spirituelle Erleben waren mir in ihrer letzten Tiefe nicht bekannt.

Hiob

Während deiner Krankheitszeit habe ich so manches Mal eine Art ‚Hiobgefühl'. Hat das tatsächlich mit Hiob zu tun? Es ist wohl eher der Fallstrick des Egos. Dann fühle ich mich, gerade bei Dir, wie ein Vermittler, am Rande des Lebens stehen.

Manchmal erlebe ich eine Art Willkür so wie Hiob, die ich nicht mehr so gut oder gar transzendent beschreiben kann. Glücklicherweise erscheint mir regelmäßig das Bild, aus dem ich Ruhe schöpfe: ich befinde mich im Auge des Orkan.

Es ist nicht so sehr Dein Leiden, das mich unterminiert, sondern vielmehr mein eigenes Verlangen. Der Schmerz wird erträglicher durch diese Erkenntnis. Ego-Schmerz macht störrisch, er raubt meine Energie. Gerade spirituelle Energie gibt Überblick über das Leben, gibt allem seine Bedeutung, macht dankbar und loslassend.

Warum sollte ich Dich einerseits in meinem Leben zulassen können, Dich aber andererseits nicht wieder loslassen können? Jetzt verstehe ich, was Hiob sagt: *„Der Ewige hat gegeben, der Ewige hat genommen, der Name Gottes sei gesegnet!"* Einmal scheint es Zufall, Willkür oder Kontingenz zu sein. Ein anderes Mal kommt es mir vor, dass alles Gnade ist. Ach, das Leben ist umsonst! Es ist ein Geschenk. Meine Hände werden entspannend leer. Ich verliere den Zugriff. Wenn man das Festhalten nicht aufgeben will, dann wird man ein Verlierer. Hiob steht stolz wie ein Fürst gegenüber Gott und den Menschen (31,37b)! Warum ich denn nicht?

Wenn Du plötzlich sagst: *„Du bist mehr für mich als nur ein Vermittler. Tatkraft bist Du"*, spendet das Trost. Ich sage nicht, noch nicht, dass ich mich jetzt bei Dir wie eine Hebamme fühle. In der nächsten Nacht träume ich. Als ob ich auf einem Wasserski-Brett gleite, segle ich über das Wasser und manchmal auch über Land. Das Skibrett geht in voller Fahrt voraus und ich fliege fast aus der Kurve. Dieses Erlebnis ist fantastisch und jagt mir gleichzeitig Angst ein. Dir kommt der Traum deutlich vor: „Es könnte auch für mich zutreffen". Es ist erfreulich, dass Du das ‚Segeln' die Tatkraft nennst!

Dein Krankheitsprozess leitet uns. Sogar die Zeitung lese ich anders, seit Du krank bist. Der Tsunami kommt mir vor wie eine neue Krankheit. Nichts ist selbstverständlich. Relevanz und Irrelevanz tauschen die Plätze. Die Erkenntnis der Endlichkeit wirkt begrenzend, gleichzeitig aber ruft sie Wehmut hervor, ja es entsteht sogar ein Verlangen danach in mir.

Kreuzeswort: *Vergib ...*

Noch nicht im Krankenhaus, sondern in der Gemeinde der Nikolaikirche fange ich wieder an zu predigen. Dort hat man sich für eine Reihe von Gottesdiensten über die Kreuzesworte Jesu entschieden. Der Gedanke eines Kollegen, dass die Kreuzesworte den Weg darstellen, auf dem Jesus sich von unten nach oben mit Hilfe von Chakras von seinem physischen Körper löst, ist überraschend und hilfreich.

Auf mich kommt das Gebet Lk 23,34). Warum bittet Jesus um Vergebung für diejenigen, die nicht wissen, was sie tun, statt für diejenigen, die nicht tun, was sie wissen? Reflektiert dies einen subtilen Unterschied zwischen Schuld und Sünde? Warum bittet er überhaupt um Vergebung? Lässt er sich denn irgendwann außerhalb des Todesschattens über Vergebung aus? Stellt er sich als Gekreuzigter verwundbar und zugleich unverwundbar auf? Erhebt er sich aus dem Leiden oderdurch das Leiden hindurch? Ist das mild und demütig oder doch eher sanftmütig und stolz?

Jesus sucht nach Vergebung für andere. Wie weit das geht, ist eine schwindelerregende Frage. Was Du aus Siegels Buch: *Wieder gesund werden* vorliest, gibt eine Antwort. Es wird eine Untersuchung nach der Persönlichkeitsstruktur von Menschen, u. a. Korea-Kriegsveteranen, erwähnt wird. Sie überlebten unter sehr schwierigen Umständen. Diese Menschen hatten einen sehr entspannten Geist. „Eines der Grundbedürfnisse, das sie von anderen unterschied, war das Bedürfnis nach Synergie. Der Untersuchende definiert das Bedürfnis nach Synergie als Bedürfnis, dafür zu sorgen, dass es sowohl Dir selbst als auch anderen gut geht." So nimmst Du Dich selbst auch wahr und auch ich mich!

Eine Krankheit wie Deine mobilisiert bei jedem viel. Nicht nur für Dich ist das gut – für jeden, der mitempfindet! Auch das ist: Synergie. „*Alle Dinge dienen zum Besten*" sagt Paulus mit dem gleichen griechischen Wort (Röm 8,28). Jakobus spricht von einer Synergie des Glaubens und Handelns (Jak 2,22). Dieses müsste einmal aktualisiert werden!

Als sich mir plötzlich die Frage, ob Krebszellen unwissend sind, aufdrängt, bekomme ich einen Schreck. Wissen sie denn, dass sie eine andere Struktur haben als die Zellen, die sich immerwährend teilen bis hin zu neuem Leben? Krebszellen teilen sich nicht zum Leben, sondern zum Tode.

Mitten in der Stille der Nacht, ich werde nachher predigen, stehe ich auf. Werde ich ‚es' noch können? Ich ringe mit der Thematik des Kreuzeswortes Jesu: ‚*Vergib ihnen, denn sie wissen nicht, was sie tun*'. Am frühen Morgen tut sich mir, vergleichbar mit der Jakobsnacht, eine Erkenntnis auf. Es ergibt sich eine Variante auf das Kreuzeswort: „*Vergib dem Krebs, denn er weiß nicht, was er tut.*"

Du weißt, dass ich über das Kreuzwort der Vergebung predigen werde. Auf dem Weg zur Kirche sage ich Dir, dass ich hoffe, dass ich mich traue, in der Predigt, aus meiner Intuition heraus etwas Spezielles zu sagen. Es ist spannend. Wie

werde ich es dosieren? Stimmt es aus pastoraler Sicht? Wirst Du Dich hierin erkennen?

Während der Predigt ist es dann soweit: ‚*Vergib dem Krebs: er weiß nicht, was
er tut …*‘ Dieses Nicht-Wissen, diese Vergebung schafft mir Luft. Die Kirchenbe-
sucher sind beeindruckt. Es hat Dich sehr berührt …

Später erlebe ich im Traum zwei Autounfälle. Bei Jesus waren die Henker am
Werk; das ist seine Passionsgeschichte. Bei Dir sind die Metastasen aktiv; das ist
Deine Passionsgeschichte. Wir bieten den Krebs-Henkern mit allen möglichen
medizinischen und spirituellen Mitteln Widerstand. Das ist auch nötig, ganz
sicher! Bei diesem Thema bin ich noch nicht am Ende mit meinen Überlegungen. Wird es je ‚stimmen‘?

Die Zeit ist kostbar

Nach der ersten Bestrahlung bist Du freudig erregt. Du fühlst Dich leicht und
glücklich mit der vielen Zeit für spirituelle Entwicklung. Dein Antlitz ist durch-
scheinend.

In der Nacht nach einer Imaginations-Sitzung schreibst Du ein Ostergedicht.
Du malst eine Uhr und ein Kreuz dazu und schreibst: „*Vergib dem Krebs, er weiß
nicht, was er tut.*"

> Die Zeit ist kostbar
>
> Die Zeit ist kostbar
> sagt die Uhr.
> Sie berührt behutsam jede Sekunde
> wie ein Zögern im Strom.
>
> Mein Kopf beugt sich wie von selbst
> aus Achtung vor dem Seelenschmerz
> intensiv verbunden mit Kreuzesworten
> in dieser Leidenszeit vor Ostern.
>
> Aber dann, nach einem weiteren Zuhören
> wird dunkel hell, und blau wird grün
> in einer Wiese voll Butterblumen
> meine Flügel breiten sich aus
> ich tanze nach der Musik
> mein Herz läuft über von Konfetti.
>
> Die Zeit ist kostbar, ich lebe.

Dein Gedicht berührt mich sehr. So kostbar, wie Du die Zeit nennst, so kostbar
fühlt sich diese zarte Poesie von Dir an. Dies ist ein Geschenk Deiner Seele.

Die letzte kurze Imaginations-Sitzung gibt Jan Taal an Deinem Bett, zwei Wochen bevor Du stirbst. Du kannst Dich von Deinem Körper frei machen. Jan liest Dein Ostergedicht und sagt: „Ich bin ein Schüler, Yvonne. Du aber eine Wissende! …"

In der Woche nach Deinem Begräbnis wird mir klar, dass Du wirklich erleuchtet bist. Dein Gebetsfoto bei der Lourdes-Grotte und Dein Ostergedicht sind von einer Schönheit wie Elfenbein. Ich erlebe Ego-Freiheit, ein Stehen im Raum der Compassion. Dank sei Deiner Krankheit und Deinem Sterben.

Bei Zeiten denke ich: wie war es kurz! Wir schienen zwar eine Ewigkeit zusammen zu sein. Jetzt erscheint es mir mehr wie ein Windhauch. Der Schmerz liegt auf dem Boden meiner Seele. Die Sterbenden und Hinterbliebenen gehen unterschiedliche spirituelle Wege. Was bedeutet Dein Gehen und mein Bleiben?

Ein Schlüssel bleibt: „Vergib dem Krebs, denn er weiß nicht, was er tut." Dies widerhallte bei Dir durch das außergewöhnliche Ostergedicht. Du beschreibst darin, wie Du Dich vor dem Seelenschmerz beugtest – vor dem Christus-in-Dir? Ich durfte bei Deinem Kreuz stehen. Dein Leid brachte Dich dazu, Dein Haupt voll Ehrfurcht und Ergriffenheit zu beugen. Den Schmerzen bist Du nicht erlegen, nein, Du ertrugst sie mit Würde. In diesem Sinn sagt Thomas von Kempen Dir und mir: *„Du trägst das Kreuz und das Kreuz trägt Dich!"*

Quellen

In Lourdes spazieren wir über die Esplanade zur Grotte de Massabielle. Es ist die Grotte der achtzehn Marienerscheinungen, die Bernadette Soubriou im Jahr 1858 erlebte. Der Felsen mit der weißen Marienfigur aus Marmor war ein Druidenstein. Venus Astarte wurde hier verehrt. Ein uralter heiliger Ort! Vor der einfachen Grotte steht eine kleine Menschenreihe. Millionen Hände vor uns haben sie glatt poliert. Unter einer erleuchteten Glasplatte liegt die Quelle, welche auf Anweisung von Maria unter Bernadettes Händen zu fließen begann.

Du besprenkelst Deine Tumorstelle. Voll Hingabe zeichne ich ein Wasserkreuz auf deine Stirn. Mit tränenden Augen drehst Du Dich um. Schweigend sitzen wir in der Sonne auf einer Bank gegenüber der Grotte. Später kniest Du, mit einem transparenten Antlitz wie aus Elfenbein, bittend nieder. Ich mache unauffällig Dein Gebetsfoto; das Bild steht später auf unserem Gedächtnisaltar.

Auch in der Basilika unserer Lieben Frau vom Rosenkranz kniest Du nieder. *„Dein Wille geschehe"* bitte ich als Mantra. *„Es ist ein langer Weg, Ewiger, um bedingungslos und ohne Ego Dein Diener zu sein"*. Durch Deine Krankheit, Yvonne, ist mein Wille gebrochen. Wie begnadet war und ist Maria. Dies wiederholte sich in Bernadette. Die Gnade wird sich doch auch weiterhin manifestieren? Ist eine Quelle nicht immer schon da, noch bevor wir sie erkennen?

Auch die Heilbäder führen spirituelle Erfahrungen herbei. Während und gleich nach dem Baden bin ich wie in einem ‚Stand des Seins'. Es ist ein Unterschied in der Hingabe, ob man ein Ritual ausführt oder es selbst erlebt. Neben mir betet ein italienischer junger Mann das Vater Unser. Sein Rhythmus nimmt mich mit, ‚es' betet auch in mir. Besucht meine Seele mich? Welches Schwert wartet auf mich? Maria versprach Bernadette bei ihrer dritten Erscheinung nicht, dass sie genesen würde.

Ich spüre eine besondere Art von Trauer. In der reformierten-pietistischen Mystik meiner Jugend wird von der ‚Traurigkeit nach Gott' gesprochen. Die Trauer blockiert nicht die innere Quelle – im Gegenteil, sie lässt sie mehr denn je fließen.

‚Der Kleine Prinz' von Antoine de St. Exupéry zeigt eine noch größere Imagination: *„Die Wüste ist so schön, weil irgendwo ein Brunnen versteckt ist"*. Das haben wir ja erlebt! Erst jetzt wird mir klar, dass ich ein Pilger auf Erden bin.

Eine meiner spirituellen Erfahrungen während unserer Lourdes-Pilgerfahrt ist ein ‚Tabor-Traum'. Unser Seelsorgerteam hat eine Retraite. Eine Kollegin begleitet mich in die Kapelle herein und zeigt mir ein biblisches Compassion-Bild. Es ist der Berg Tabor, wo Moses und Elia aus der Ewigkeit heraus dem verherrlichten Christus erscheinen (Lk 9,28–36). Dieser Traum von der Transfiguration oder Verklärung Jesu gibt uns den Schlüssel! Ein befreundeter interkultureller Theologe William Yang, auch Begleiter von Krebspatient / innen, verbindet in diesem Rahmen Christus und Buddha miteinander.

Petrus wollte die Präsenz von Moses und Elia fortsetzen: *„Lasst uns drei Laubhütten für euch machen*!" Jesus weist das ab, ermutigt von seinem Gespräch mit Elia und Moses in Bezug auf seinen durch das Leiden hindurch zu vollendenden ‚Exodus' (nur in Lk 9,31). So müssen auch Du und ich immer wieder den Berg hinab gehen. Wir können unsere Pilgerfahrt nicht so beständig machen, sondern vielmehr sie in unserer Seele mittragen wie eine erleichternde Erleuchtung und eine stille Kraft. *„There's a crack in everything and that's how the light gets in"* singt Leonard Cohen.

Nach dem Lesen in Coelhos Lourdes-Buch *Am Ufer des Rio Piedra saß ich und weinte* liegen wir ganz stille beieinander. Jetzt zusammen aus der Zeit zu scheiden wäre so schön. Zögernd fange ich an, Dir dies zu sagen. Du sagst, dass Du das sofort vermutet hast. Dieses zusammen Fast-Totsein geschieht öfters. Ist es Hingabe an Gottes Willen? Es bedeutet sogar Einigung von Sexualität und Spiritualität.

Zwei Monate nach dem Tod von Yvonne, öffne ich – wie Noah – am Morgen ein Fenster. Es entsteht ein Gedicht, als ich die Frühlingsvögel höre.

Wahnsinniger Schmerz

Vogelstimmen
öffnen mein Weinen
beben von innen

als ob
ein Rasiermesser
an meiner Haut entlang gleitend
beinah umklappt und verletzt:
Angst und Erregung
oder
bin ich schon verwundet?
Ist das Rasiermesser auf der Suche
nach Verletzungen unter der Haut?
Als ob
Wasser die Quelle sucht …
Als ob
Schmerz
eine Quelle ist …

Das Jahr des Krebses

Nach einer wunderschönen Autofahrt aus Lourdes kommen wir beim Cirque de Gavarnie an, einem Weltkulturerbe von der UNESCO. Du schreibst: „Es ist eine erregende und phantastische Wanderung durch den Cirque. Felsen, Schnee, Wasserfälle, grüne Wiesen, Bäche, Anstiege und Täler. Während ich noch unten durch die Wiesen laufe, mit einer Aussicht auf den herrlich beschneiten Cirque von Felsen und Gipfeln, vergleiche ich dies mit Lourdes. Ich sage zu Ari: ‚Dies finde ich mindestens eine so vergleichbare, wenn nicht größere mystische Erfahrung als in Lourdes. So eins mit der Natur! Ich umarme das Leben‘. Ich fühle mich gut und glücklich, quicklebendig, ich bin mich selbst, bin in meinem Element. Es ist so herrlich, um eben Ferien zu haben vom Krebs. Den Krebs haben wir zuhause gelassen.“

Wieder zu Hause machen wir einen Spaziergang am Nordseestrand entlang. Silberiges Licht und Wind berühren die Wellen. Das Geräusch der See ist anders als das des Bergwassers bei Lourdes. Manchmal atmet die See ungestüm. Der Atem des Bergwassers rauscht beruhigender.

„Lege ich zuviel Wert auf meine Erwartungen?" fragst Du. Und ich, lege ich zuviel Wert auf die Pilgerfahrt in Lourdes? Als ob das ein Zurückgewinnen sein könnte. Es ist keine Regression, eher eine Vorwärtsbewegung oder besser gesagt eine Vertiefungsbewegung. Die Vertiefung war in der Lourdes-Ferienzeit ohne Ende! Dies ist eine prachtvolle aber auch beängstigende Lebensqualität.

Trotz der Liebe ist es schmerzhaft zu sehen, wie stark Du Dich veränderst. Du kannst Dich kaum noch festhalten. Der Verbindungsfaden wird dünner. Ein Gedicht, das ich an der Nordsee schreibe, berührt Dich sehr: *„Der Regenbogen ist mein Streit mit dem Krebs."*

Jahr des Krebses
steigt aus dem Meer
ein Regenbogen
an der Basis
farbig und breit
zögert der Regenbogenbaum
wird er
ein Strunk?
färbt er die Wolken
rückwärts?
diffus
wird der Regenbogen
ein unbegonnener
Beginn
ein unvollendetes
Ende

Winter mitten im Sommer

An Deinem letzten Geburtstag bist Du von unseren Familien umgeben. Deine Ansprache überrascht uns:

„An diesem besonderen Tag, der Feier meines 50. Lebensjahres, will ich mit Euch bei den letzten Monaten still stehen. Ich empfinde es als sehr angenehm, dass Ihr alle hier seid. Als erstes möchte ich mich nochmals bedanken für alle Unterstützung, Anteilnahme, Besuche, Ermutigungen, Interesse und Wärme. Es ist so wichtig, dass man das Gefühl hat, zuverlässige Menschen um sich herum zu haben, mit denen man teilen und verarbeiten kann. Heute möchte ich Musik mit Euch teilen. Das Piano verschafft mir Ruhe und gleichzeitig Dynamik. Es tröstet oder ruft Gefühle hervor, die nicht in Worte gefasst werden können. Das Stück, das ich spielen werde, ist von Astor Piazzola. Es heißt ‚Winter'. Krebs fühlt sich an wie Winter mitten im Sommer. Das Thema, das ständig zurückkommt, ist die schlechte Nachricht, die Angst, die seit neun Monaten Teil unseres Lebens geworden ist. Die schnellen rhythmischen Klänge sind die Behandlungen, die Chemo, die Bestrahlungen, die Sondenernährung. Danach handelt es sich um Hoffnung und Unsicherheit – gleichzeitig ganz viele Gefühle. Das Stück endet schließlich mit fast unpassenden Klängen, ruhig und melodiös. Das Leben geht weiter, andere Themen, andere neue Klänge tauchen auf."

Anlässlich einer meiner Predigten über das Unkraut zwischen dem Weizen schreibst Du: „Selbst fühle ich oft, dass der Krebs das Unkraut ist. Aber der Krebs bringt mir auch etwas. Das kann man mit dem ‚Verbrennen' des Unkrauts durch die Bestrahlungen vergleichen. Das wird wieder als Dünger für das Fördern von neuem Wachstum verwendet. Der Krebs lässt mich wachsen: das klingt widersprüchlich und doch erfahren wir es so."

Vor langer Zeit entdeckte ich – dank sei 1. Korinther 13, dass Liebe Tatkraft, Hoffnung Spannkraft und Glaube Geisteskraft ist. Daran erinnerst Du bei der Feier dieses letzten Geburtstages, wenn Du eine Kerze mit der Heilkraftfarbe orange austeilst.

Würde, Kühnheit, Schönheit

Wir bekommen die schlimmste Nachricht, seitdem Du krank bist. Am Anfang nahm der eine Tumor ab. Seit Deinem Geburtstag littest Du ständig unter Ausfallsymptomen. Jetzt bist Du im Krankenhaus. Wir haben eine Verabredung mit dem Neurologen. Er sagt klipp und klar: „Sie haben Metastasen im Gehirn. Da wird nichts mehr gesund". Du schreist … Wir ergreifen gegenseitig unsere Hände. „Vielleicht ist Bestrahlung noch möglich. Aber die therapeutische Phase ist definitiv zu Ende". Also: point of no return! Du wirst aus dem Krankenhaus entlassen. Während ich nach Hause radele, um das Auto abzuholen, ist es so, als ob ich kaum vorwärts komme. Alles scheint sinnlos. Werde ich je noch lachen können?

Alles ist plötzlich so anders. Unser Garten ist Deine Schöpfung. Wirst Du nächstes Jahr seine Blüte noch sehen? Das Leben friert und wird nie wieder abtauen. *„Es ist Winter mitten im Sommer"* sagtest Du bei Deiner Geburtstagsansprache. Aber damals hattest Du noch Hoffnung.

Nachts schreibe ich Dir einen Brief voller Emotionen. „Ich bin so stolz auf Deine Kühnheit, Schönheit und Würde, die Du in den letzten Monaten gezeigt hast". Du bist froh darüber.

Wir sehen den Film ‚The last dance'. Krankenpfleger Todd organisiert eine Feier für seine alte Lateinlehrerin: *„Damit Sie jetzt erfahren können, was man bei Ihrer Beerdigung sagen würde!"* Das ist eine rechzeitige Würdigung!

Ich lese Dir von Eric-Emmanuel Schmitt Oskar und die Dame in Rosa vor. Es enthält dreizehn Briefe an Gott des 10 Jahre alten kranken Oskars. Einmal geht er mit der Oma-Dame in Rosa, eine ehrenamtliche Mitarbeiterin im Krankenhaus, zur Kapelle. Beim Kruzifix sagt diese archetypische Oma:

„Oskar, hab kein Angst, sondern Vertrauen. Sieh das göttliche Antlitz am Kreuz. Er erleidet körperliche Schmerzen, keine geistigen, weil er Vertrauen hat". Meine Stimme zittert, wenn ich am Ende den einzigen Brief der Oma an Gott lese: „In den letzten drei Tagen hatte Oskar ein Zettel auf seinen Nachttisch gelegt. Ich glaube, es war für Dich. Er hatte darauf geschrieben: ‚Nur Gott darf mich erwecken'. „

Die Oma hatte Oskar auch die Legende der zwölf Wünschel-Tage erzählt. Ein Tag zählt für zehn Jahre. So wird Oskar doch noch 110 Jahre! Und Du, und wir? Wenn wir in Wunsch-Monaten zählen, sind wir schon uralt. *„Lehre uns so unsere Tage zählen, dass das Herz weise werde …"* bete ich fortan mit Psalm 90.

Ziellos

Ungeachtet aller Verbundenheit zwischen uns ist der Weg für Dich einsam. Der Pforte des Todes sind wir uns mehr denn je bewusst. Du musst hindurch. Meine Zeit ist noch nicht da. Du fühlst alles so leer, so ziellos. Du hast alles satt. „Es ist so schwierig mich selbst tot zu sehen." Du wirst es erfahren, aber nicht wie heute kommunizieren können.

Du bittest mich aus Sölles Mystik des Todes vorzulesen. Unter Hinweis auf Meister Eckhart schreibt sie: „Alle Mystiker wussten, dass die Liebe immer jede Form der Zielstrebigkeit ausschließt." Der niederländische Autor Nescio sagt sogar: „Gottes Ziel ist die Ziellosigkeit."

Ebenso reagiert unsere belgische Lehrmeisterin der Gestalttherapie Trees Deturck. Sie zitiert das Gedicht XXXIX aus der Serie *Der Hüter der Herde* von Alberto Caeiro:

> Das Mysterium der Dinge, wo ist es?
> Wo ist es, weil es nicht sehen lässt
> Ausserhalb um zu zeigen, dass es Mysterium ist.
> (…) der einzige verborgene Sinn der Dinge
> ist, dass sie keinen einzigen verborgenen Sinn haben.
> Es ist fremder als alles was fremd ist,
> fremder als die Träume aller Dichter
> und die Gedanken aller Philosophen,
> dass die Dinge wirklich seien, was sie ähnlich sein
> und dass es nichts zu verstehen gibt.

„Es ist, wie es ist", endet Trees. Die Dinge sind, wie sie ‚sind'. Wie eine Suchaktion und dennoch ganz normal! Die Wirklichkeit sehen, ist nur möglich wenn man selber ein verwandelnder Prozess unter den verwandelnden Prozessen geworden ist.

An einem Nachmittag explodierst Du in großer, verzweifelter Wut. *„Ich bin keine wundervolle Patientin"* rufst Du. *„Wieviel Prozent wundervoller Patienten wird's überhaupt geben?"* stammle ich.

Deine Wut und Depression offenbaren sich gleichzeitig mit der palliativ gemeinten aber furchtbaren Bestrahlung des Gehirns. Wütend kommst Du herab von Deinem Kreuz. Du kannst nicht mehr ertragen, dass Du elf Jahre jünger bist als ich, und dennoch sterben musst. Bei einem Spaziergang an der Nordseeküste schreist Du das mir gegenüber heraus. Leider kann ich Dir dieses Guthaben nicht verschenken.

Vier Monate später, in Deinen letzten Tagen sagst Du plötzlich: *„Ich habe Dich auch provoziert…"* Sofort weiß ich, dass Du deine kosmische Wut am Strand meinst. Dann sage ich: *„Aber Du hast mich vielmals mehr geliebt…"*

Ein sanftes Joch

Die Krankheit belastet Dich. Aber im Anfang schon erinnerst Du dich an das sanfte Joch Jesu. Du schreibst Matthäus 11,28–30 auf:

„Kommt her zu mir, ihr alle, die ermüdet und beladen seid; ich will euch Ruhe geben. Nehmt mein Joch auf euch und lernt von mir, denn ich bin sanftmütig und von Herzen demütig. So werdet ihr Ruhe finden für eure Seele. Denn mein Joch ist sanft, und meine Last ist leicht."

Nach einem halben Jahr sehen wir in Lourdes, dass gerade dieser Text das pastorale Jahresthema ist.
     Wieder einen Monat später schreibst Du:

„Dankbarkeit und neue Hoffnung! Nach sieben Monaten beteilige ich mich am Gottesdienst bei Ari im Krankenhaus. Alle freiwilligen Mitarbeiter begrüßen mich ganz herzlich. Das Thema ist sogar ‚das sanfte Joch Jesu'. Am ersten Tag nach der Diagnose schrieb ich diesen Text auf eine Karte, die ich auf mein Piano stellte. In Lourdes begegnete ich dem Joch – Text wieder – das ist doch alles kein Zufall. Ari erzählt die jüdische Geschichte von Rucksäcken voller Steine mit darin verborgenen Diamanten, welche wir mittragen. Auch sagt er, dass wir das Joch tragen müssen, aber gleichzeitig trägt das Joch uns! Das ist seine Sanftheit. Das ist Kraft aus dem Kreuz. Die Ruhe ist keine Leere oder Sorglosigkeit, eher Kraft. In den letzten sieben Monaten haben wir diese Wahrheit ganz tief erfahren."

Ein Rucksack erscheint Dir während einer Imaginations-Sitzung. In der Ferne siehst Du ein Haus. Ist es das ewige Haus mit den vielen Wohnungen, von dem Jesus auf seinem Wege dorthin so gerührt spricht (Joh 14,2)? Die Ewigkeitsangst, zugleich eine Sehnsucht, wird transformiert wenn Du in Deinem Rucksack einen Schlüssel findest. Du bittest den Schlüssel, Dich zu öffnen!
     Versprochen hab ich Dir den Joch – Text einmal selbst zu übersetzen. Ich spüre eine gewisse Faszination, wenn diese Interpretation entsteht: „Nehmt mein Joch auf euch und lernt von mir: ‚Ich bin sanftmütig und ohne Macht, ohne Hochmut in meinem Herzen." Auf diese Weise ist die Sanftmut Jesu sogar eine Öffnung zu unserem eigenen Ich und Wesen. Ist dies nicht der intuitive Weg zur Seele?

Vor-Trauer

Im Traum verschwinden bei unserem Haus die Umfassungsmauern. Es wird „fassungslos". Freiheit möchte ich erfahren, damit wir mit einem ungeteilten Gemüt zusammen weiter leben könnten. Beide sind wir traurig. Wenn wir das teilen, wirkt das nicht erleichternd, sondern verdoppelnd.
     Manchmal fühlst Du dich wie in einer Todeszelle, voller Angst wegen der Gehirn-Bestrahlung. Deshalb wiederholst Du die Warnung von Jean Shinoda Bolen

vor dem Selbstmitleid, weil das deine Kraft unterminiert. Ehrlich gesagt, will ich nicht in deinen Widerstand hineingezogen werden. Stimmt deine Frage, ob das Ende der Hoffnung das Ende der Spiritualität bezeichnet? *„Das Ende der Hoffnung fordert ein anderes spirituelles Verkraften der aussichtslosen Lage"* antworte ich. David Kessler, Schüler von Elisabeth Kübler-Ross, sagt in seinem Buch *In Würde. Die Rechte des Sterbenden,* dass Hoffnung ein Recht des Sterbenden ist. Niemand darf einem das abnehmen. Du bist aber nicht so weit, dass Du eine andere Spiritualität mobilisieren kannst. Wut gibt Energie, Verzweiflung nicht. Alles hat mit der Grenze zwischen irdischer Zukunft und Hingabe an die Ewigkeit zu tun. Die Menschen um uns reagieren manchmal im Sinne von einem dieser beiden Pole.

„Warum ich nicht? Diese Frage ist wesentlich", sagst Du. „Aber mein Leben ist unvollendet. Dennoch zähle ich meine Segnungen. Trotz allem erfahre ich innere Ruhe."

Du zeigst eine gewisse Akzeptanz. Diese sei nicht ohne Angst für die vergangene (!) Zukunft. Auch ich erfahre im tiefsten Inneren Ruhe. Das Ende ist unumgänglich. Du schreibst Adressen für Deine Beerdigung, außerdem pflanzt Du Blumenzwiebeln in unserem Garten.

Einmal unterwegs ergreift mich eine große Müdigkeit. Das steht im Kontext einer Art ‚Vor-Trauer', wie dies eine alte Freundin, Gidi Croes, in einem Büchlein zart und angemessen beschreibt. Sie weiß Bescheid, denn sie verlor zwei Ehemänner an den Tod. Im Zug schreibe ich dieses Gedicht.

> Vor-Trauer
> endlich
> kommt
> die Betrübnis
> wie
> eine Lichtspur
> in der Nacht
> woran
> sich
> meine Augen
> entzünden
> die Wärme
> meiner Tränen
> verstärkt
> meine
> Kälte

Meine Gefühle sind wechselhaft. Es ist als ob ich Schlittschuh laufe. Ganz unerwartet tauchen schwache Stellen im Eis auf. Schnell und kräftig wollte ich Schlittschuh laufen. Wenn ich nur ganz wenig anhalte, kann ich auf dem Eis einbrechen.

Trauer steht in engem Zusammenhang mit meiner ‚Re-Incarnation‘. Willent-
lich oder wissentlich muß ich wieder zurück ins Carne, ins Fleisch, in die Mate-
ria, ins weitere Leben.

Erotik

Du gehst mit einer Freundin ins Van Gogh-Museum. Dort kaufst Du ein Buch
über Edvard Munch Vampir. Der Schrei von Munch hat Dich immer schon angesprochen. Jetzt faszinieren Dich die Madonnenbilder. Sie sind zweideutig, ero-
tisch. Die Einheit von Erotik, Heiligkeit und Tod sprechen mich sehr an. Hat dies
nicht alles mit Hingabe zu tun?
    Sexualität und Spiritualität bilden keine Gegensätze sondern eine transzen-
dente-immanente Einheit. In unserer ‚weniger‘ werdenden Sexualität verban-
den sich gerade Erotik und Ewigkeit miteinander. Gelegentlich fand ich das vor-
zeitige Ende unserer immer schöner werdenden Sexualität unehrlich. Was war,
fiel weg. Bei Krebs verschieben sich zwischen Haut und Orgasmus ständig die
Gleichgewichte. Dafür gibt es in Sachbüchern über zum Tod führende Krankheiten viel zu wenig Aufmerksamkeit.
    In unserem letzten Urlaub an der Nordsee schauen wir uns den Niederlän-
dischen Spielfilm *Türkische Früchte* von 1973 an. Ich muss zugeben, dass ich
den Film ziemlich flach finde. Die Verliebtheit von Erik und Olga ist deutlich.
Eines Tages trinken sie Kaffee im Amsterdamer Warenhaus *De Bijenkorf*. Olga
ist schon verändert. Als sie auf der Toilette ist, ruft die Bedienung plötzlich: *„Sie
müssen kommen. Ihrer Frau ist schlecht geworden.“* Olga liegt auf dem Boden. Im
Krankenhaus stellt sich heraus, dass sie einen Gehirntumor hat. Rund um den
Krebs spielen sich die letzten Filmszenen ab. Olga probiert etwas vorzulesen, es
klappt nicht mehr.
    Die letzten 15 Minuten bist Du erschüttert. Ich lege Deine Hände in meine
Hände. „Wenn ich Klavier spiele, geschieht das auch. Ich sehne mich danach, gerade gelingt es kurz. Du korrigierst mich auch manchmal, wenn ich etwas immer wieder sage, was nicht richtig ist.“ Möge Dir die Beeinträchtigung weiter erspart bleiben.
    Deine Hände in meinen, es geschieht etwas von innen in mir, etwas Ego-
loses. Der Diamant wird geschliffen. So ego-los erlebe ich die Erotik auch anders. Du willst die Erotik wieder aufnehmen, da Du immer wieder einmal danach verlangst. Vor kurzem hattest Du sogar Angst vor einem *Kommen* (Orgasmus). „Was wird dann wohl in meinem Kopf passieren?“
    Im Monat nach Deinem Tod fliege ich über den Wolken in der Sonne zu
meinem Sohn in London. Bin ich Dir jetzt näher? Fliegst Du mit? Ach, Du
bist nirgendwo und überall. Unauslöschbar lebst Du in meiner Seele fort. Mit
Dir habe ich die Liebe erfahren, so wie ich sie nie zuvor gekannt hatte. In Dei-

ner letzten Lebenszeit sagtest Du mehrmals, dass ich Dich glücklich machte. Aber das ist der Ehre zuviel. Auch Du warst die, die uns zu solchen Höhen brachte. So entwickelten wir uns und uns gegenseitig. In Deiner letzten Lebenszeit entdeckte ich eine andere Schönheit. *„Wenn auch unser äußerer Mensch zerfällt, so wird doch der innere von Tag zu Tag erneuert"* sagte schon Paulus (2Kor 4,16).

Ich will untersuchen, wie mein spiritueller Weg weitergeht. Was bedeutet der Tod von Yvonne? Ich habe auf nichts Anspruch. Leben ist Gnadenzeit. Leben ist Sein. Leben ist an sich. Leben ist ziellos. Leben ist vergänglich. Leben ist ewig. Leben ist Anhaften und Loslassen (detachment). Warum aber muss ich mit meinen erotischen Gefühlen kämpfen? Warum empfinde ich dafür Schuld? Als ich völlige Compassion erlebte, hatte ich dieses Verlangen fast nicht mehr. Es war Loslassen, eine Art ‚De-Incarnation'.

Zwei Welten

Früh am Morgen schreibe ich am vertrauten Tisch im Appartement von Freunden in Egmond an der Nordsee. Es ist das dritte Mal, dass wir hier sind. In der Ferne bewegen sich die Wellen der See. Wie und was fühle ich? Wut – die Kehrseite ist voller Traurigkeit. Manchmal kann ich es freilich herausschreien. Eigentlich fühle ich mich vom Leben betrogen. Wie ist das zu lösen? Oft erinnere ich mich an meine alte Mutter. Sie pflegte meinen dementen Vater, obwohl ihr die Energie fehlte. Auch ich wollte nur ausharren. Manchmal sehne ich mich nach Freizeit, ganz allein. Was in mir kämpft, ist meine eigene Not und die Sorge für Dich. Ohne diesen innerlichen Streit bin ich egoistisch! Du kannst doch nicht Deine Kräfte und Möglichkeiten übersteigen!?

Meine Sorge macht es kompliziert. Wie kann ich leben und lieben, wenn ich ständig denke, wie ich es für Dich optimal bequem machen kann. Auf spiritueller Ebene ist es so ganz anders als auf primär-emotionaler Ebene. Spirituell werde ich geschliffen wie ein Diamant. Emotional fühle ich mich unbefriedigt und gelassen, fast zynisch.

Wenn ich das spirituelle ‚Opfer' mit dem Emotionalen mische, mache ich es Dir zu schwierig. Oder Du verzweifelst. Oder Du hast Schuldgefühle, weil alles so anders geht.

Du bist heute auf einem anderen Weg durch das Leben als ich. Es dauert nicht mehr so lange, und dann musst Du das Leben sogar verlassen. Aus tiefster Seele wollte ich Dich auf diesem Weg begleiten. Aber Du leidest am Leben – ich nicht. Du musst loslassen, ich nicht so sehr.

Meine Arbeit liegt mir wie ein Mühlstein am Hals. Die Kontingenz meines Lebens wirkt entfremdend. Der heutige Weg in Liebe mit Dir ist so ganz anders als der Weg in der Welt des *einfachen* Weitergehens.

Es tut mir leid, in zwei Welten leben zu müssen. Ihre Zielsetzungen sind schmerzhaft verschieden. Die Perspektive eines arbeitsamen Lebens sind ganz anders als die Deines endenden Lebens. Deine Zielsetzungen sind nie mehr das, was man als *normal* bezeichnet. Die normale Arbeit, die normale Sexualität oder das normale Genießen. Manchmal ist es erstaunlich, wie minimal Du die Tage erlebst.

Aber: was ist *normal*? Es ist nicht das Innerweltliche, das wir Menschen sogar als normativ annehmen. Erst einmal bauen wir an unserem Ego. Danach lernen wir, es wieder loszulassen. Normal ist die Reise in die Ewigkeit. Normal ist es, die Ewigkeit hereinzulassen oder vielleicht sogar ins Leben hereinzurufen. Normal ist das Leben zum Tode. Vielleicht macht man das bewusster, wenn man ganz alt werden darf.

Bei Dir aber kam es über eine tiefe Brucherfahrung dazu. Die bösen Tage des Missgeschicks und der Krankheit sind zu uns hereingekommen.

Dieser Bruch ist so schmerzhaft. Auch weil Du und ich sehr auf uns selbst zurückgeworfen werden. Bin ich nur Zuschauer am Rande Deines Lebens? Ich möchte mehr sein als das! Dein Leben hat aber eine andere Gestalt als das meine. Du hast Deinen Krebs nicht gewählt, auch nicht, was so ungreifbar in Deinem Gehirn vorgeht. Du musst damit klarkommen. Und ich muss fast ablenkend damit klarkommen. Ja, es ist so, wie Augustinus sang: *„Viel zu spät habe ich Dich lieb gewonnen …"*

Später schreibst Du seit langem wieder in Deinem Tagebuch:

„Es ist Mitternacht. Es ist mir fast komisch. Heute Morgen habe ich lange geschlafen. Danach las Ari mir vor, was er am Morgen in seinem Tagebuch geschrieben hatte. Das ist wirklich wie ein Diamant. Es ergreift mich. Es ist von diesen zwei Welten hinaus geschrieben, in denen wir leben: hinaus vom ‚Normalen' und vom ‚Besonderen'. Insbesondere er hat sich auf diese zwei Welten zu beziehen, ich nur zu der ‚besonderen, zeitlosen Welt'. Hier und heute an der Nordsee, im freien Raum können wir das zusammen erleben und die spirituellen Energien auswechseln."

In der Nacht habe ich einen fast apokalyptischen Traum. Blitzschnell verschiebt sich die Erde in zwei Hälften, die sich in einem Punkt voneinaner weg und aufeinander zu bewegen. Kaum kann ich stehen bleiben. Sind es *unsere* zwei Welten?

Mäeutik: Helfen zur Geburt

Was darf ich sein für Dich? Eine Hebamme oder μαιευτης: endlich habe ich den Mut, mich darauf einzulassen. Es ist so reich, Deine spirituelle Geburt oder Wiedergeburt zu erfahren, entweder in diesem oder im zukünftigen Leben. Eben deshalb erlebe ich mich wie eine Geburtshelferin: „Ich folge Dir ganz in Deinem

Geburtsprozess. Dies meine ich positiv, denn daneben habe ich mein eigenes Leben."

In unserem Leben widerspiegelt sich ein *schmerzhaftes Genießen*, wie Du immer sagst. *„Deshalb sind wir auch einander begegnet. Damit Du mir helfen kannst zu sterben"*. Welch ein ergreifender und kühner Gedanke. Nie konnte ich vermuten dass die Mäeutik von Sokrates und Kierkegaard sich in diesem Sinne noch einmal bewähren würde.

Wir sehen uns zwei Filme vom Tibetischen Totenbuch an. Dieses uralte Buch erschien erst in 1927 in einer englischen Übersetzung. Carl G. Jung benutzte es für die Archetypenlehre. Wir lasen uns vor einigen Jahren beim Abendessen vor: ‚Das Tibetische Buch vom Leben und vom Sterben' von Sogyal Rinpoche. Er verbindet das Totenbuch auch ganz klar mit dem Evangelium und mit dem Gedankengang von Elisabeth Kübler-Ross.

Der erste Film zeigt die Seelenreise eines verstorbenen Mannes, beginnend von seinem Sterben bis zur Wiedergeburt nach 49 Tagen. Dieser Mann wird begleitet mit Ritualen des Tibetischen Totenbuches. Der zweite Film zeigt einen tibetischen Mönch im Gespräch mit einem Novizen. Sie werden zu einem unerwartet sterbenden Mann im Alter von 42 Jahren gerufen. Wieder gibt es ein Lese-Ritual zur Begleitung der Seele. Es ist dies eine Volksreligion, romantisiert und ritualisiert. Die Bardos oder Zwischenzustände markieren, ebenfalls mit Ritualen, das Hinübergehen der Seele.

Diese Filme betonen: alles ist Projektion. Um loszulassen, sollen wir das einsehen. Dies erinnert mich an einer Aussage von Meister Eckhart, nämlich dass wir Gott um Gottes Willen loslassen müssen … Auch die Götter, sowohl die positiven wie die zornigen, sind alle Projektionen. Ganz klar sind in diesen Filmen die Loslösung und die Compassion spirituelle Mittelpunkte. Du erfährst die Bardos am eigenen Leibe.

C.S. Lewis sagt nach dem Sterben seiner Frau: *„Je weniger ich mich beklage, desto näher scheine ich ihr zu kommen."* Das ist auch meine Erfahrung. Ich habe sehr viel geweint. Aber meine Trauer wurde in mein eigenes Ewigkeitsheimweh transzendiert. Wie eine Hebamme durfte ich Dich – ja doch! – rechtzeitig zurückbringen bis ans Licht.

Vollkommenheit

Auf einmal sagst Du: „Ich möchte so gerne meine Beerdigung mitmachen." „Ach, vielleicht braucht Deine Seele das nicht. Wir, die Zurückbleibenden, brauchen es." Du bist überrascht: „Das hast Du weise gesagt!"

Bei der Beerdigung selber mache ich ein Absolutions-Ritual. Erstens lese ich ‚unser' Gedicht Augustins: „Viel zu spät habe ich Dich lieb gewonnen". Dann spreche ich Dir ‚letzte' Worte entgegen:

„Stark wie der Tod ist die Liebe. Unwiderstehlich wie das Totenreich ist die Leiden-schaft. Ihre Flamme ist Glut des Ewigen. Beweihräuchern wolle ich Yvonne als ein Gottesgeschenk mit indianischem Weihrauch. Besprengen wolle ich Yvonne mit un-serem Pilger-Wasser aus Lourdes, zugleich erinnernd an ihre Taufe und hinweisend auf das Meer der Ewigkeit. Würdigen wolle ich Dich für Deine Liebe, Deine Kraft, Milde und Ergebung – dies alles war so manifest während Deiner Krankheit. Requiem Aeternam! Ich hoffe dass Du Ewigkeitsruhe erfährst, dass Ewigkeitslicht Dich er-leuchte, dass Engel Dich begleiten in die Welt Gottes."

Tief beeindruckt bin ich vom Buch *Über die Trauer (1961)* das C. S. Lewis nach das Sterben seiner Frau schrieb. Dorothee Sölle diskutiert darüber sogar mit Le-wis in ihrem Buch *Mystik des Todes*. Lewis und seine Frau erlebten eine späte Liebe und eine kurze Ehe wegen ihrer Krebskrankheit.

„Es war zu schön, um lange zu dauern, schreibt Lewis. Das kann eine grimmige pes-simistische Bedeutung haben. Es könnte aber auch bedeuten: ‚Dies ist genau, was es sein musste. Es hat seine eigene Vollkommenheit erreicht. Deshalb wird es nicht ver-längert.' Als ob Gott sagte: ‚Gut, Du hast Deine Aufgabe erfüllt. Das freut mich sehr. Und jetzt bist Du so weit, mit der folgenden Aufgabe anzufangen.'"

So erfahre ich es auch. Trotz allem nennt Lewis es Vollkommenheit. Einmal, und nicht nur einmal, schrieb ich, dass Du Wiedergeburt erfahren hast. Unsere Liebe hat eine Apotheose erreicht. Die Vollkommenheit gehört aber jetzt mehr Dir als mir. Wie kann ich an ihr beteiligt sein? Jedenfalls erlebte ich selber in Deinem Weg ins Jenseits die Ewigkeit. Aber *Ich* bin noch nicht drüben.

Ich muss weiterleben, sozusagen mit einem ewigen Heimweh, sogar eifersüch-tig auf Dein Vorangehen. Dieses Bewusstsein ist ergreifend.

Eine Woche nach deinem Hinübergehen in die Ewigkeit erwache ich mit einem Gefühl von Ergebenheit – oder vielleicht *„gelazzenheit"* im Geiste von Meister Eckhart.

Das Ewigkeitsleben tröstet mich. Stark wie der Tod ist die Liebe …

Übersetzt von Hilde Claas und Dr. Reinhard Kirste

Sterbeszenarien

Simone Jungebauer

Von einem altersbedingten Ableben bin ich selbst zurzeit statistisch noch un-
gefähr 52 Jahre entfernt. Es gibt zudem keinen Hinweis darauf, dass sich meine
Lebensspanne verkürzen müsste. Das bedeutet, dass ich vermutlich noch viel
Zeit habe, mein Leben zu leben und zu genießen. Ich könnte auch an dessen
Verlängerung arbeiten, wenn ich – wie mir ein unüberschaubares Angebot an
Ratgeberliteratur, Nahrungsergänzungspräparaten, Kosmetik-, Sport- und Well-
nessangeboten in ansprechender Aufmachung verheißt – die richtigen Dinge
kaufte, konsumierte und befolgte. Sterben ist für die meisten Menschen meines Alters ein Thema, über das sie nicht nachdenken, weil sie sich davon nicht
betroffen fühlen. Viel wichtiger scheint es doch zu sein, möglichst lange jung
und auf allen Ebenen leistungsfähig und attraktiv zu bleiben. Denn nur dann,
so wird medial und massenwirksam suggeriert, sei man in der Lage, ein zufrieden stellendes und beziehungsreiches, also qualitativ gutes Leben zu führen.
Die Rezepte gegen innere und äußere Verfallserscheinungen kosten aber erstens viel Geld und scheinen zweitens lediglich dahingehend zu wirken, dass sie
Menschen davon abhalten, das Unausweichliche der eigenen Endlichkeit wahrzunehmen. Wenn der Tod dann schon nicht zu vermeiden ist, so soll er sich möglichst schnell und schmerzfrei einstellen. Am besten unbemerkt im Schlaf und
ohne leidvolle, langwierige Vorgeschichten wie Krankheiten oder Alterserschei-
nungen. Einen guten Tod und ein leichtes Sterben wünschen sich vermutlich alle
Menschen. Die Realität des Sterbens vollzieht sich für die Betroffenen aber häufig nicht leise und heimlich, sondern mit großer emotionaler Beteiligung und ist
ein letztes aufrüttelndes Ereignis.

Die Art, wie ein Mensch stirbt, hängt nicht allein von seiner Einstellung zum
Tod ab oder davon, wie er die Schwierigkeiten und emotionalen Herausforderungen der letzten Lebensphase bewältigt. Ganz entscheidend ist auch, wie das
Umfeld auf die Situation reagiert, ob es Menschen gibt, die nicht bloß versor-
gen, sondern auch emotionale Nähe bieten können und auch, ob der Sterbende
als lebende und kommunikationsfähige Person wahrgenommen wird. Dies stellen für mich die Hauptfaktoren des unterschiedlichen emotionalen Erlebens des
eigenen Sterbens dar. Im Krankenhaus während meiner Tätigkeit als Krankenschwester haben viele schlechte Beispiele des Umgangs mit Sterbenden in mir ein
überwiegend negatives Bild von einem institutionalisierten Sterben – vor allem
im Alter – entstehen lassen. Den Gegensatz dazu bilden Kindheitserinnerungen
an das Sterben meiner Großeltern in meinem Elternhaus.

Wie wird es sein zu sterben? Und wie wird mein Tod sich für mich anfühlen? Auf diese Fragen werden allein die Zeit und die Ereignisse, die sie mit sich bringt, eine Antwort finden können. Diese Antwort wird sich allerdings zwangsläufig im Rahmen dessen befinden, was die dann jeweilige Zeit an Einstellungen, Haltungen und Bildern zu und von Sterbenden bereithält. Ebenso denke ich, dass ich mein Ende an dem bemessen und bewerten werde, was ich im Laufe meines Lebens mit Sterbenden erlebt und wie ich ihr Ende beobachtet und für mich bewertet habe.

Traditionelles Sterben

Die Bilder von dem, wie Tod und Sterben aussehen oder sich anfühlen und wie sie sich entwickelt haben, sind immer abhängig von sozialen, politischen, wirtschaftlichen und wissenschaftserkenntlichen Bedingungen der historischen und geographischen Orte, in denen sie entstanden sind. Das, was von ihnen nach außen dringt und durch die Werke der bildenden Kunst, Literatur, Wissenschaft und heute auch in Form von Bild- und Tonaufnahmen der Nachwelt erhalten bleibt, ist nicht selten eher die Wunschvorstellung dessen, was für die entsprechende Zeit ein je nach dem idealisiertes oder besonders grauenerregendes Sterben dargestellt hätte, als eine Abbildung der realen Umstände oder der empfundenen Einstellungen der Menschen zu ihrem eigenen Tod. Sie sind in ihrem Spektrum ebenso ein Produkt als auch ein Spiegel des jeweiligen Zeitgeistes. Dadurch lassen sich bestimmte Strömungen erkennen, die nicht nur die Themen Sterben und Tod betreffen. Es sind gesellschaftliche Strömungen oder Umbrüche, die eine Form ihres Ausdrucks neben anderen auch in den Todesbildern und Todesvorstellungen der Menschen finden.

Im 19. Jahrhundert gab es einen Wandel im Umgang mit Sterbenden. Er betraf eine große Scheu, Sterbende über ihren Zustand aufzuklären und war mit dem Schwinden des Wertes verbunden, den Sterbenden und ihren Mitmenschen Zeit zu geben, Dinge regeln und sich verabschieden zu können.[1] Zeit, die dadurch geschaffen wurde, dass ein nahes Ende angesprochen, öffentlich gemacht und ritualisiert gelebt wurde. Die Medikalisierung des Sterbens, gekoppelt an die fortscheitenden Entwicklungen der Pharmakologie und der Medizin, führte im Weitern dazu, dass das Leiden und die Schmerzen im Sterbeprozess gelindert werden konnten. Damit kam der Tod leiser und erträglicher, wurde gleichzeitig aber immer weiter aus dem öffentlichen Bewusstsein verbannt. Die zunehmend komplexer werdende medizinische Behandlung und Pflege konnte nur noch in einem professionellen medizinischen Rahmen stattfinden.[2] Gestorben wird seit-

---

1 Vgl. Ariès, Geschichte des Todes, 718 f.
2 Vgl. ebd., 747 ff.

her in der Regel in einer darauf ausgerichteten Institution, das heißt einem Krankenhaus, einem Pflegeheim und seit Mitte der 90er Jahre des letzten Jahrhunderts auch in Hospizen.[3] Das Sterben hier findet nicht mehr öffentlich statt und
auch die Trauer der Hinterbliebenen kann durch Medikamente und durch gesellschaftliche Regulative soweit gedämpft werden, dass sie nicht als öffentlich
sichtbares, alltägliches Phänomen in Erscheinung tritt. Damit ist mit Ausnahme
einiger ländlicher Regionen alles, was den Tod betrifft, zu einer sehr privaten
und für viele Menschen einsamen Angelegenheit geworden.

Das Sterben, wie ich es als Kind erlebt habe und wie es heute auch noch in
meiner Familie geschieht, ist ein anderes als das institutionalisierte Sterben, das
heute eher die Regel darstellt. Es vollzieht sich zu Hause. Das bedeutet, dass zu
einem bestimmten Zeitpunkt anerkannt wird, dass es keine Hoffnung auf Heilung mehr gibt und dass die Menschen Ideen davon haben, wie sie am Ende ihres
Lebens behandelt werden möchten bzw. wie sie nicht behandelt werden möchten. Ein weiterer Unterschied besteht darin, dass die Sterbenden ein wichtiger,
weil besonderer und aufwendiger Teil der Familie sind. In einem „Zuhause"
ist ein Sterbender immer gegenwärtig, selbst wenn man das Zimmer, in dem er
liegt, nicht betritt. Damit ist er vielleicht eine Belastung, vielleicht ist die Familie
dankbar, ihrem sterbenden Angehörigen in den letzten Tagen nahe sein zu können, aber er ist auf jeden Fall nie unwichtig und nicht von Menschen umgeben,
die ihm nichts bedeuten und für die auch er keine Bedeutung hat.

Meine Vorstellungen von einem guten Sterben sind geprägt durch mein Aufwachsen in einer vier Generationen umfassenden, ländlich traditionellen Großfamilie. Die Menschen in meiner Kindheit sind zu Hause gestorben, wenn das
nicht durch unvorhersehbare Ereignisse verhindert wurde. Ich erinnere Momente an den Sterbebetten meiner Großeltern, die auf mich als Kind sehr andächtig und atmosphärisch dicht wirkten. Ich habe das Ende ihres Lebens damals nicht als Bedrohung erlebt, sondern als den normalen Gang der Dinge.
Ungeschriebene Regeln, nach denen sich jeder seiner Rolle in der Familie gemäß
zu verhalten hatte, vermittelten mir als Kind ein Gefühl von Sicherheit. Die Regeln mündeten in einen Verhaltenskodex, der auch die häusliche Situation bei
einem Sterbefall konturierte. War eine unheilbare Krankheit diagnostiziert worden, so wurde eine Krankenhausbehandlung abgebrochen und die Menschen
nach Hause geholt, um dort sterben zu können. Das Sterben in einem Krankenhaus galt als unmenschlich. Daher fühlten sich die Angehörigen zum einen
den Sterbenden gegenüber verpflichtet, ihnen diesen letzten Dienst zu erweisen. Zum anderen beruhte das Zusammenleben dort in hohem Maße auf einem
Tauschhandel mit Fähigkeiten, Fertigkeiten und Kenntnissen, bei dem alle in irgendeiner Form schon einmal etwas für den anderen getan haben, was wiederum zu Dank verpflichtete. Zugleich fürchteten sich die Angehörigen, wenn sie

---

3 Vgl. Göckenjan, Sterben in unserer Gesellschaft, 10.

die Versorgung der Sterbenden nicht selbsttätig übernahmen, vor dem Verlust ihres öffentlichen Ansehens. ‚Das tut man nicht' und ‚das gehört sich nicht' sind auf dem Land auch heute durchaus noch handlungsleitende Kategorien, die mittels der Aufmerksamkeit der Mitmenschen überwacht und von ihnen auch geahndet werden. Individualisierungsprozesse sind dort unter der alteingesessenen Bevölkerung vermutlich noch nicht so weit fortgeschritten wie in der von städtischen oder städtisch geprägten Gebieten.

Das Sterben eines Mitglieds des Haushalts wurde im Dorf bekannt. Die Familienmitglieder kamen zusammen, saßen am Krankenbett und erzählten Geschichten und Begebenheiten aus dem Leben des Sterbenden. Auch Nachbarn, alte Freunde und Kollegen wurden informiert und statteten einen letzten Besuch ab. Arzt und Pastor kamen in regelmäßigen Abständen und schauten, ob sie für das körperliche oder geistige Wohlbefinden des Sterbenden etwas tun könnten. Zusätzlich wurde auch der Rat von jemandem hinzugezogen, dem man spezielle Heilkräfte nachsagte, um dem Sterbenden die größten Qualen zu nehmen und ihm das Sterben zu erleichtern. Diese Fähigkeit traute man weder dem Arzt noch dem Pastor zweifelsfrei zu. Auch heute noch spielen in der ländlichen Region, aus der ich stamme, die Dienste von heilkundigen Menschen eine große Rolle.

Meine ersten mythologischen Bilder vom Tod wurden nicht durch christliche Motive geprägt, sondern eigentlich eher durch volkstümliche oder heidnische Vorstellungen. Der praktizierte Ritus, der die Prozesse des Sterbens, des Umgangs mit dem Leichnam, der Bestattung und der Trauerzeit begleitete war ein evangelisch-lutherischer, die Bilder und Vorstellungen waren jedoch wesentlich älter. In dem Zusammenspiel von religiösen und traditionell überlieferten Motiven lassen sich Übereinstimmungen zu dem erkennen, was Dursun Tan von der ostanatolischen alewitischen Bevölkerung und ihren Bildern von Sterben und Tod und vor allem von deren Funktionen für die Gemeinschaft in ländlichen Regionen beschreibt und analysiert.[4]

Das Erleben des Umgangs mit Sterbenden in meiner Kindheit hat bei mir zu der Überzeugung geführt, dass Sterben ein wichtiger Prozess im Leben der Menschen nicht nur für die Sterbenden ist. Der Prozess kann die Gemeinschaft stärken, wenn er mit all seinen leidvollen und schmerzhaften Aspekten akzeptiert, bewusst begleitet und intuitiv als „gut" bewertet wird. Dazu bedarf es Rituale und Verhaltensregeln, die allen Beteiligten bekannt sind und die als Handlungs- und Bewertungsgrundlage dienen. Ebenso kann er zu einer erschreckenden und sogar traumatisierenden Erfahrung werden, die das Leben aller begleitet und auch das Sterben der Betroffenen erschwert, wenn man versucht, ihn beiseite zu drängen.

---

4 Vgl. Tan, Das fremde Sterben, 174 ff.

Institutionalisiertes Sterben

In den Jahren, in denen ich als Krankenschwester auf einer internistischen Station in einem großstädtischen Krankenhaus gearbeitet habe, sammelte ich andere Erfahrungen in dem Umgang mit Sterbenden. Ich habe eine Spielart des „modernen" Sterbens in einer Institution erlebt, die sich von dem Sterben früherer Zeiten und auch von meinen Kindheitserfahrungen erheblich unterscheidet.

Die Patienten auf der Station waren bis auf wenige Ausnahmen hoch betagt, größtenteils stark pflegebedürftig und galten als multimorbide. Personell war die Station durch einen hohen Krankenstand der Mitarbeiter und durch rigide Sparmaßnahmen der Krankenhausleitung häufig nicht dem Pflegeaufwand der Patienten angemessen besetzt und ich musste oft hinter den Ansprüchen, die ich an meine Arbeit als Krankenschwester stellte, zurückbleiben. Zeit für irgendeine Tätigkeit, die außerhalb des unbedingt Nötigen lag, gab es dabei nicht. Die Betreuung von Sterbenden jenseits der täglichen routinemäßigen und standardisierten pflegerischen Verrichtungen galt unter der immer währenden „Notstandskultur"[5] in meinem Kollegium nicht als unbedingt nötig. Sterben funktioniert auch allein; Überleben für alte und kranke Menschen in einem Krankenhaus nicht in jedem Fall. Dieser Zustand war oft unendlich belastend, da es mir dabei nicht allein um Ansprüche an ein professionelles Handeln ging, sondern vor allem um meine Ansprüche als Mensch an eine menschliche Haltung, die, indem Sterbende von mir allein gelassen wurden, weit hinter dem zurück blieb, was ich als menschenwürdig bezeichnen würde.

Ich fand es immer faszinierend und erschreckend zu beobachten, wie sterbende Menschen ihr Ende aufgenommen haben. Wenn das Sterben nicht plötzlich und unvorhersehbar eintritt, scheint es einen ganz individuell verschieden auftretenden Punkt zu geben, von dem an die Menschen wissen, dass sie sterben werden. Einige nehmen es mit einer großen Ruhe und Gelassenheit auf und erwecken den Anschein, dass sie ihr Schicksal akzeptieren. Andere verhalten sich ähnlich, wirkten auf mich aber resigniert und gerade bei den Alten, die über wenige soziale Kontakte verfügten und in Heimen lebten oder eine lange und qualvolle Krankengeschichte hinter sich hatten, schienen die Lebensgeister nicht selten schon lange vor dem Tod erloschen zu sein. Es gab auch solche, die bis zum Ende gegen etwas zu kämpfen schienen, denen kein Medikament und keine andere Hilfestellung Erleichterung von dem, was sie innerlich in ihrer letzten Phase durchmachten, verschaffen konnte. Die beiden letztgenannten Gruppen haben für mich das Bild eines einsamen und schrecklichen Sterbens geprägt.

Bei dem Versuch, meine Erlebnisse im Krankenhaus zu bearbeiten, bin ich auf Norbert Elias und sein Essay Die Einsamkeit der Sterbenden in unseren Tagen gestoßen. Das Menschenbild, das in unserer Gesellschaft dominiere, sei das

---

5 Streckeisen, Legitime und illegitimem Schmerzen, 199.

des „homo clausus", eines in seinem Inneren von der Außenwelt abgetrennten Wesens. Der Mensch verstehe sich als ein weithin unabhängiges Einzelwesen, als ein aus sich heraus sinnstiftendes Subjekt. „Sinn", so aber Elias, „ist eine soziale Kategorie; das zugehörige Subjekt ist eine Pluralität miteinander verbundener Menschen". Ein von anderen unabhängiger Sinn des Einzelnen existiere laut Elias nicht, da der Sinn, den jede einzelne Person in ihrem Leben und ihrer Existenz sähe, maßgeblich von der Bedeutung, die die Person sich selbst für andere zumesse, abhänge.[6] Ich denke, dass sich vor diesem Hintergrund sagen lässt, wenn Menschen, denen es – warum auch immer – an persönlichen, emotional positiv besetzten Bindungen zu anderen Menschen mangelt, im Sterben allein gelassen werden, so nimmt die Institution, in der das Sterben geschieht, in Kauf, dass sie „sinnlos" sterben. Tagtäglich findet also in unseren Institutionen ein „sinnloses" Sterben statt.

Den Grund dafür sieht Elias in der mangelnden Identifikation der Menschen untereinander und der daraus resultierenden Verdrängung des Todes sowohl aus dem Bewusstsein des Einzelnen als auch aus dem der Öffentlichkeit. Um die Sicherheit zu erzeugen, die sich früher nur in einer Gruppe von anderen finden ließ, sind Menschen nun nicht länger von Nöten, da die Menschen (der westlichen Hemisphäre!) in einer historisch nie zuvor da gewesen Situation der empfundenen Sicherheit vor Naturgewalten, Kriegen und staatlicher Willkür leben. Durch Fortschritte in der Medizin hat sich außerdem die natürliche durchschnittliche Lebenserwartung erheblich gesteigert. Diese Umstände prägen das typische, in der Gesellschaft vorherrschende Bild vom Sterben: ein friedliches durch Krankheit oder altersbedingtes Dahinscheiden in einem Bett.[7]

Das Sterben in einem Bett verläuft, wie ich erfahren habe, aber nicht zwangsläufig friedlich. Auch nicht in einer Institution, der alle Möglichkeiten zur Reduktion körperlichen Leidens zur Verfügung stehen. Es hängt maßgeblich davon ab, wie derjenige, der stirbt, seine Situation bewertet, d. h. ob er mit seinem Leben zufrieden war, ob er Dinge unerledigt gelassen hat, die er nun nicht mehr vollbringen kann, ob er sich in einem Zustand des körperlichen oder seelischen Leidens befindet, ob er sich in seiner Umgebung geborgen fühlt und vieles mehr. Als Krankenschwester habe ich keinen Einfluss auf das gelebte Leben meiner Patienten und auch nicht darauf, wie sie dieses bewerten. Ich muss aber zwangsläufig auf deren gegenwärtige Situation Einfluss nehmen und kann sie im Rahmen meiner Tätigkeit entscheidend zum Positiven oder Negativen wenden. Es liegt an mir, wie ich Pflegebedürftigen begegne. Und es ist eine grundsätzliche Frage meiner professionellen Haltung, ob ich den Menschen in den Mittelpunkt meiner Arbeit stelle oder die pflegerische Aufgabe, die es zu erledigen gilt. Aber selbst diejenigen, die sich für den Menschen als Maßstab ihrer Handlungen ent-

---

6 Vgl. Elias, Einsamkeit der Sterbenden, 58.
7 Vgl. ebd., 10 ff.

schieden haben, kommen institutionell bedingt an die Grenzen ihrer Möglichkeiten, diese Haltung in der täglichen Arbeit zu leben. Es ist nie genügend Zeit vorhanden, den Bedürfnissen derjenigen, die keine Familie oder keinen Freundeskreis im Hintergrund haben, nach menschlicher Nähe, nach persönlichem Austausch und nicht zuletzt nach Sicherheit in einer existenziellen Lebenssituation Raum zu geben.[8] Gerade die Alten und Alleinstehenden sterben in einem Krankenhaus häufig einsam und leidvoll. Die anderen, die über ein funktionierendes soziales Netz verfügen, das auch in der Sterbesituation weiter besteht, können Zeitmangel und Stress des Personals durch ihr persönliches Umfeld ein Stück weit kompensieren. Schwierig wird es auch hier, wenn die räumlichen Bedingungen oder wirtschaftliche Überlegungen der Klinik eine den Bedürfnissen des Sterbenden entsprechende Unterbringung nicht zulassen. Die Angehörigen oder Freunde können dann die Begleitung des Sterbenden nicht so durchführen, wie es von beiden Seiten gewünscht wird, da immer auch auf die Bedürfnisse der Mitpatienten und das gewohnte, routinierte Procedere des Stationsbetriebs Rücksicht genommen werden muss. Ein Extrembeispiel hierfür sind die zunehmenden Fälle von Patienten mit so genanntem Migrationshintergrund – vor allem, wenn sie einer muslimischen Glaubensrichtung angehören. Es mangelt an einer institutionellen und personellen Offenheit, die beim Fehlen interkulturell geschulten Personals beginnt und bei nicht vorhandenen Möglichkeiten, Sterbe-, Trauer- und Totenrituale durchführen zu können, endet.[9]

Ich habe während meiner Tätigkeit als Krankenschwester auch im Krankenhaus Sterbende betreut, von denen ich sagen würde, dass sie gut begleitet gestorben sind. Es überwiegen aber die anderen Eindrücke, die mich glauben lassen, dass Sterben in einer Institution, wenn es unter äußerlich guten Bedingungen geschehen soll, Glückssache ist. Ich bin zu der Überzeugung gelangt, dass die Chancen auf ein gutes Sterben in einem Krankenhaus für jüngere Menschen wesentlich besser stehen als für alte. Maßgeblich hängt es davon ab, ob es unter den Mitarbeitern des Krankenhauses Menschen gibt, die sich vom Schicksal des Sterbenden berührt fühlen, diese Emotionen zulassen können und ihnen gemäß handeln. Das ist bei jüngeren Menschen schneller und leichter der Fall als bei hoch betagten. Die Institution als solche sieht ein Sterben eher als Nichterfüllung des Heilungsauftrags. Besondere Bedürfnisse der Sterbenden können im institutionellen Rahmen, der versucht, die in ihm stattfindenden Abläufe weit möglichst zu standardisieren und zu ökonomisieren, nur erfüllt werden, wenn es dort Menschen gibt, die bereit sind, sich ihrer anzunehmen. Das nach außen proklamierte Leitbild oder kostspielig entwickelte Ethikleitlinien sind nur bedingt dazu geeignet, für deren Umsetzung im Alltag zu sorgen. Hierzu bedarf es institutioneller Regelungen, die es ermöglichen, menschenfreundliche Haltungen

---

8 Vgl. Schwerdt, Qualität und Qualifikation, 59.
9 Vgl. Tan, Das fremde Sterben, 226.

und Einstellungen der Mitarbeiter auch in wirtschaftlich oder organisatorisch schwierigen Situationen zu verwirklichen. Letztlich bedarf es eines den Menschen in seiner Würde achtendes, gesellschaftlich gelebtes Menschenbildes.

Gestaltetes Sterben

Elias sieht einen Schritt, die möglichen Schrecken, die das Sterben für den Einzelnen hat, zu lindern darin, die Sterbenden nicht allein zu lassen, ihnen nicht das Gefühl zu geben, peinlich zu sein. In solch einem Verhalten sieht er auch die Chance, das Bild des „homo clausus" zu überwinden und eine stärkere Identifikation der Menschen miteinander zu fördern. Das Aussondern Alter und Sterbender aus der Gemeinschaft der Lebenden und das allmähliche Erkalten der emotionalen Beziehungen zu ihnen kann durch eine Hinwendung zu den Sterbenden als Personen, die für jemanden eine Bedeutung haben oder hatten, aufgehalten werden.[10] Die individuelle und die soziale Verdrängung des Wissens um die eigene Sterblichkeit sollte durch die Gewissheit ersetzt werden, „dass die Menschheit eine Gemeinschaft der Sterblichen ist und dass Menschen in ihrer Not Hilfe nur von Menschen erwarten können".[11]

Eine inzwischen etablierte Möglichkeit der zwischenmenschlichen Hilfe im Sterbeprozess stellt die moderne Hospizbewegung dar und unbestritten hat das Engagement der vielen Menschen, die in der hospizlichen und palliativen Arbeit mit Sterbenden tätig sind, dazu beigetragen, dass das Thema Sterben in der öffentlichen Diskussion enttabuisiert wurde. Es wird sogar bereits wieder von einem öffentlichen Sterben gesprochen.[12] Als Belege werden hier die politischen Debatten über Patientenverfügungen und Sterbehilfe genannt, ebenso wie die Präsenz der Themen Sterben und Tod in künstlerischen Arbeiten und nicht zuletzt das alltäglich auf dem Sofa zu konsumierende medial inszenierte Sterben auf dem Bildschirm. Gestorben wird allabendlich in Krimis, Krankenhausserien, Kriegsfilmen, in den Nachrichten und sogar in einer Fernsehserie über ein familiär geführtes Bestattungsunternehmen in den USA.

Die hier gezeigten Bilder und Szenarien sind medial aufbereitet und gestaltet. Sie betreffen aber nicht das Sterben derjenigen, die es sich anschauen. Entweder geht es in ihnen um eine abstrakte, theoretische Auseinandersetzung mit dem Sterben, das irgendwo in der Zukunft verortet ist oder es ist zu absurd, als dass sich der Zuschauer mit dem gezeigten Sterben identifizieren müsste. Die Wenigsten fallen einem brutalen Gewaltverbrechen zum Opfer und schon gar nicht erwarten sie es. Es ist hierzulande auch unwahrscheinlich, in einen Krieg

---

10 Vgl. Elias, Einsamkeit der Sterbenden, 68.
11 Ebd., 11.
12 Vgl. Macho, Sterben heute, 4; Saake, Gegenwart des Todes, 6.

zu geraten oder ein so exotisches Krankheitsbild zu entwickeln, dass in einem Krankenhaus das Personal aus Mitgefühl oder Forscherinteresse die Schichtzeiten ignoriert und alles in Bewegung setzt, um diesem einen Menschen zu helfen. Sogar die Darstellungen realistischer Begebenheiten in den Nachrichten sind banal geworden. Jeden Tag sterben hunderte Menschen an einer Vielzahl möglicher Katastrophen, die zumeist die armen Gegenden unseres Planeten aufsuchen, wo auch vorher die Lage der Menschen bereits hoffnungsarm erschien. In wiederkehrenden Zyklen kommt es zu Wellen einer großen Hilfsbereitschaft und Spendenfreudigkeit. Das Interesse an den großen Katastrophenszenarien ebbt aber regelmäßig relativ schnell wieder ab und hat an dem Leid der Menschen in weiten Teilen unserer Erde nicht viel verändert. Ich würde sogar behaupten, dass auch dieses Leid häufig lediglich konsumiert wird.

Die Fähigkeit, über den eigenen Tod nachzudenken, wird erst aktiviert, wenn er biografische Wahrheit der eigenen Person wird.[13] Die Kontexte, in denen Menschen dem Sterben begegnen, unterscheiden sich. Es gibt kein gemeinsames öffentliches Nachdenken über den Tod und das Sterben. Auch unterscheiden sich die Bilder und Vorstellungen, die sich die Menschen in ihrer jeweiligen Realität von ihnen machen, erheblich voneinander. Innerhalb einer Gesellschaft entstehen somit verschiedenartige Gegenwarten, die in unterschiedlichen Kontexten angesiedelt sind und das Auseinandersetzen der Menschen, die in diesen Gegenwarten leben und deren Leben sie letztlich hat entstehen lassen, maßgeblich beeinflusst. Ist das Sterben zu einer biografischen Wahrheit für eine Person geworden, so hat diese Wahrheit ihren Platz immer noch jenseits der Öffentlichkeit in einem privaten Kreis, der in manchen Fällen eben ausschließlich aus den Angestellten der Institution besteht, in der das Sterben stattfindet. Es ist heute die Funktion und die Aufgabe dieses Kreises, dem Menschen in ihrer Mitte zu helfen, sein Sterben zu gestalten und es am Ende auch zu beurteilen. Es gibt allerdings keine gesellschaftlich verankerte Gewissheit mehr, wie ein gutes Sterben auszusehen hat. Letztlich ist nur wichtig, dass es „als Resultat eines konsensuellen Verständigungsprozesses zur Biographie des Sterbenden auftritt".[14] Es ist also dieser private Kreis, der es vermag der sterbenden Person und ebenso der Gesellschaft einen Sinn in ihrem Sterben und auch rückblickend für ihr Leben zu vermitteln oder ihnen diesen Sinn zu verwehren.

---

13 Vgl. Saake, Gegenwart des Todes, 5.
14 Ebd., 6.

Mein eigenes Sterben

Beginne ich jetzt vor dem vorgestellten Hintergrund mir über mein eigenes Sterben Gedanken zu machen, so muss ich als erstes festhalten, dass es, wie eingangs bereits gesagt, für mich keine biografische Wahrheit darstellt. Ich bin 34 Jahre alt und im Moment gibt es abgesehen von einem theoretischen Interesse an dem Thema in meinem Leben keinen greifbaren lebenspraktischen Anlass, den Prozess meines eigenen Sterbens zu antizipieren. Zweitens ist es mir nicht möglich, meinen eigenen Tod zu denken. Ich scheine zu denjenigen Menschen zu gehören, die dazu neigen, Gedanken an ihren Tod durch den Glauben an einen unsterblichen Teil in ihnen zu verdrängen; einen Teil, der das Sterben sozusagen überlebt und im Jenseits weiter existiert. Glaube ist hier nicht gemeint im Sinne einer religiös oder andersgearteten weltanschaulichen Überzeugung oder Gewissheit. Es ist eher die mangelnde Fähigkeit, mir das Ende meines Daseins vorstellen zu können. Ich werde mich also auf den Prozess meines Sterbens konzentrieren. Dazu ist drittens vorab zu sagen, dass zu sterben für mich nicht das wünschenswerte Ziel meines Lebens darstellt. Es ist eine unausweichliche Notwendigkeit, der ich bestenfalls, wenn es soweit ist, akzeptierend entgegen sehen kann.

Da es nahezu unendlich viele erdenkliche Szenarien gibt, die im Falle meines Sterbens eintreten könnten, je nach dem wann, wieso und wo ich sterbe, werde ich auch keine konkreten Aussagen treffen können. Ich werde aber versuchen, einige Rahmenbedingungen zu formulieren, von denen ich im Moment glaube, dass sie mir am Ende meines Lebens wichtig sein könnten.

Zunächst möchte ich weiterhin, dass der Tod nicht zum Ziel meines Lebens wird. Ich möchte nicht, dass irgendwelche Umstände oder Ereignisse eintreten, die mich dazu veranlassen, den Tod herbei zu sehen. Vielleicht erreiche ich einmal ein Alter oder eine Lebensphase, in der ich sage, dass es jetzt gut sei. Der Tod könnte dann der nächste Schritt sein, weshalb ich ihn dann auch akzeptieren kann. Ich möchte aber keine körperlichen oder seelischen Leiden erleben müssen, die zur Folge haben, dass ich sterben möchte.

Genauso möchte ich nicht einsam sterben. Vielleicht ist es am Ende mein Wunsch, allein zu sein und meine Ruhe von anderen Menschen zu haben. Das wäre dann aber eine freiwillige Entscheidung meinerseits und kein Umstand, der sich nicht ändern ließe, weil sowieso niemand da wäre, der mich begleiten möchte. Ich verbinde mit der Gegenwart anderer Menschen die Hoffnung auf ein Gefühl, wie ich es in meiner Kindheit in Gegenwart von Sterbenden wahrgenommen habe. Nicht nur der Sterbende, sondern auch die Überlebenden, die Trauernden waren gut aufgehoben in der Gemeinschaft. Das ist ein Punkt, der im Moment eine große Bedeutung in meinen Überlegungen hat, da meine beiden Kinder noch ein paar Jahre brauchen werden, bevor sie erwachsen sind. Gerade die Sorge um sie wird meinen Sterbeprozess desto stärker begleiten, je früher er stattfindet.

Der Ort, an dem ich sterben werde, ist zunächst eine Äußerlichkeit, der ich nicht so große Bedeutung beimesse. Die Frage wird vielmehr sein, inwiefern und wie stark der Ort mein Sterben beeinflusst. Wie starr sind dort vorhandene Routinen und wie viel Raum bleibt für mich als Mensch? Werde ich dort all dessen, was mich ausmacht, was ich als meine Identität empfinde, beraubt oder bleibt es mir bis zum Schluss? Werde ich als die, die ich bin, sterben können oder nur als Fall in einem beliebigen Zimmer?

Die Vorstellung eines Sterbens in einem Krankenhaus macht mir Angst. Und je älter ich in meinen Vorstellungen werde, desto größer wird auch die Angst. Es gibt Erkrankungen und Zustände, die ein Sterben in einer Institution unumgänglich werden lassen. Die beruhigendere Alternative wäre für mich dann ein Hospiz. Es ist zwar auch eine Institution mit Routinen und Erwartungen an die Patienten, aber eine, die mehr Möglichkeiten bietet, auf Einzigartigkeiten, wie sie jeder Mensch mit sich bringt, einzugehen und zu reagieren. Es ist allerdings unklar, ob ich die nötigen Voraussetzungen für eine Aufnahme erfüllen werde. Vielleicht werde ich einfach alt und älter und irgendwann sterbend und die Vorteile eines Hospizaufenthaltes bleiben mir verwehrt.

Das Sterben, wie ich es als Kind erlebt habe, wird für mich nicht selbstverständlich so verlaufen, da ich die Strukturen der ländlichen Großfamilie verlassen habe. Vielleicht ließe sich Ähnliches mit Familie, Freunden und ambulanten Diensten gestalten. Der zentrale Punkt ist für mich die Gegenwart von Menschen, mit denen ich mich wesentlich austauschen kann. Ich werde meinen Tod nur einmal sterben und er wird das existenzielle Ende meines Lebens sein. Daher ist er für mich nicht banal. Auch wenn die Chance auf ein in diesem Sinne gutes Sterben größer ist, solange ich jung bin, habe ich doch die Hoffnung, dass sich auch im Alter Weg finden lassen, meine Vorstellungen zu verwirklichen. Aber die Hoffnung bleibt vage.

Literatur

Ariès, Philippe, Geschichte des Todes, München 1982.

Elias, Norbert, Über die Einsamkeit der Sterbenden in unseren Tagen, Humana conditio, Baden-Baden 2002.

Göckenjahn, Gerd, Sterben in unserer Gesellschaft – Ideale und Wirklichkeit, in: Aus Politik und Zeitgeschichte 4, Bonn 2008, 7–13.

Macho, Thomas, Sterben heute, in: Aus Politik und Zeitgeschichte 4, Bonn 2008, 3–4.

Saake, Irmhild, Gegenwarten des Todes im 21. Jahrhundert, in: Aus Politik und Zeitgeschichte 4, Bonn 2008, 5–6.

Schwerdt, Ruth, Qualität und Qualifikation – Zwei Seiten einer Medaille in der Pflege schwerkranker Menschen am Ende ihres Lebens, in: Napiwotzky, Annedore / Student, Johann-Christoph (Hg.), Was braucht der Mensch am Lebensende? Stuttgart 2007.

Streckeisen, Ursula, Legitime und illegitime Schmerzen, Ärztliche und pflegerische
    Strategien im Umgang mit invasiven Maßnahmen bei Sterbenden, in: Saake, Irm-
    hild / Vogd, Werner (Hg.), Moderne Mythen der Medizin, Studien zur organisier-
    ten Krankenbehandlung, Wiesbaden 2008, 191–214.
Tan, Dursun, Das fremde Sterben, Sterben, Tod und Trauer unter Migrationsbedin-
    gungen, Frankfurt a. M. 1998.

… als seien wir nur am Ende sterblich

Klaus P. G. Gahl

„Kann man wagen, über den eigenen Tod zu sprechen? Wird, was ich sage, angesichts meines Todes standhalten? Hält es stand angesichts des Todes meiner Nächsten? Hält es stand angesichts des uns allumgebenden Todes? … Aber eben darum: Kann man wagen, nicht vom Tod zu sprechen?" So fragt der Physiker und Philosoph Carl Friedrich von Weizsäcker eingangs seiner dreigliederigen Überlegungen „Der Tod".[1]

Aufgefordert, als Arzt über das eigene Sterben, den eigenen Tod zu schreiben, wird der Befragte der besonderen Dringlichkeit und Konkretheit der zitierten Fragen nicht ausweichen können. Der Dringlichkeit – indem das „Man" zum Ich wird; Konkretheit – indem der Nächste der mir, dem Arzt, gegenüber möglicherweise täglich begegnende Kranke in unmittelbarer Hilfs- und Handlungsbedürftigkeit ist, zugleich emotional ferner als der geliebte Nächste, aber dem Handlungsappell unausweichlicher. Also: „Kann ich wagen, über den Tod zu sprechen?" – sei es im Selbstgespräch, sei es mit dem Kranken oder mit einem Nächsten? Und: „Kann ich es wagen, nicht vom Tod zu sprechen?" Kann, darf oder muss ich gar den Tod ausklammern aus dem Gespräch mit dem Kranken oder – im Blick auf ihn – wiederum mit mir? Konkreter: Kann (das ist eine psychologische Frage) oder darf (das ist eine moralische Frage) oder muss (das ist eine praktische Frage) der Arzt dem sich ihm hoffnungsvoll anvertrauenden Kranken das Gespräch über Sterben und Tod vorenthalten?

Wie wird das Denken, Vorstellen, Wünschen für mein eigenes Sterben, meinen eigenen Tod geprägt von der Antwort auf diese Fragen? Wie in einem Zirkel wird meine Erwartung, mein Vorblick von meiner ärztlichen Begegnung mit dem Sterben und dem Tod von Schwerkranken und Sterbenden bestimmt – und umgekehrt: meine Erwartung – beeinflusst auch bezüglich der Handlungsweisen der mich behandelnden Ärzte und Pflegepersonen – mein Handeln für den Sterbenden.

Kann ich also das Nachdenken über das eigene Sterben, den eigenen Tod verdrängen, ohne dass mein ärztliches Handeln für einen Sterbenden in die Gefahr unmenschlicher Ignoranz von dessen existentieller Not gerät? Wenngleich gerade die Erfahrung von Sterben und Tod zu schweigen gebieten kann, muss der

---

1 Weizsäcker, Carl Friedrich: Der Tod. In: Paus, Ansgar (Hrsg.): Grenzerfahrung Tod, Frankfurt a. M. ²1980, 319–338, hier 319.

um das Leben des Kranken besorgte Arzt offen sein für das Gespräch über Sterben und Tod.

Nur wenige Fragen, die sich mir als Arzt für mein Handeln angesichts des Endes eines Kranken, der Grenzsituation (Jaspers) von Sterben und Tod), für meine konkrete Entscheidung gestellt haben, will ich hier an mich selbst richten und mich aus der Perspektive des jetzt Gesunden zögernd Antworten nähern – wohl mit der Weizsäcker'schen Frage im Hinterkopf, wieweit ich den eigenen Antworten standhalten kann. Mir ist – gerade auch aus der Erfahrung des Umgangs mit schwerkranken und sterbenden und mehr oder weniger bewusst auf den Tod hin lebenden Menschen – bewusst, dass solche Antworten „aus der Mitte des Lebens" im Leiden, in der „Krankheit zum Tode" dann sehr unsicher werden und ihre Tragfähigkeit für Wünsche und Erwartungen einbüßen können.

„Aus der Mitte des Lebens" – der Gedanke, stets „mitten im Leben vom Tod umfangen" zu sein, meldet sich in seiner zugleich befreienden und bedrohenden Ambivalenz immer wieder einmal – auch unabhängig von Krankheit oder markierbaren Ereignissen konkreter Bedrohung – wie ein Appell, als Orientierung. Ihn dauerhaft für die Lebensgestaltung wirksam zu halten, ist mir zu schwer – gerade auch wegen seiner positiven, befreienden Perspektive, die die Entfaltung unserer Möglichkeiten, das Geschenk der Zeit, der Erlebnisfähigkeit, den Blick auf die „Talente" eröffnet. Diese Dimension der Ambivalenz wahrzunehmen und gegenüber der bedrohenden Anfälligkeit, Ungesichertheit, der Kontingenz unseres, meines Lebens überwiegend bestimmend sein zu lassen, ist schwer. Andererseits kann ich die ständige Bedrohtheit weder emotional noch rational gleichgegenwärtig erleben. So wird das „mitten im Leben" auf ein unbestimmtes fernes Ende verschoben: als seien wir nur am Lebensende sterblich.

Wie wünsche ich mir dieses Ende,
das Sterben, den Tod?

Wohl wissend, dass diese Phase, diese am schwersten aktiv zu erlebende und in innerer Einstellung oder – sofern möglich – auch äußerer Gestaltung zu leistende Aufgabe unseres Lebens (wenn wir sie denn bewusst gestalten und nicht nur in sie hineingleiten) häufig eingeleitet wird durch einen Prozess der allmählich nachlassenden körperlichen und geistigen Kräfte, möglicherweise bis zur völligen Hinfälligkeit, Umnachtung oder durch einen kürzeren oder längeren Leidenszustand in Abhängigkeit von nahen oder fernen Personen – in dieser auch mir möglicherweise bevorstehenden Involution wünsche ich mir, auch dann noch als Subjekt in meiner Leiblichkeit, die mir „Organ" der Selbst-Empfindung war und ist und mein Leben lang sein wird, geachtet zu werden: dass nicht der Verlust der physischen und psychischen Kontrolle und vermeintlich

auch der Autonomie (sie kann als das konstitutiv Unverfügbare der Menschenwürde nicht verloren, wenngleich missachtet werden) zu inhumanem Verhalten
und Handeln verführen möge. Auch wünsche ich mir medizinische Hilfen zur
Beschwerdelinderung, ggf. unter Nutzung palliativmedizinischer Möglichkeiten
wie Schmerzlinderung, Sedierung und Angstminderung, wie es dann medizinisch und ärztlich geboten ist. Auch einer ärztlich kritisch indizierten termina-
len Sedierung würde ich zustimmen.

Ich wünsche mir das Vertrauen in die mich bis zu meinem Lebensende betreuenden, mich behandelnden Ärzte, dass sie um meine dann aktuelle Einstellung
hinsichtlich widernatürlicher, individuell oder sozial nicht zu rechtfertigender
Lebensverlängerung, um meine Erwartungen hinsichtlich medizinisch kritischen, ärztlich besonnenen und verzichtbereiten Handelns und (auch darum
möchte ich bitten können) um meine Hoffnungen wissen, dass ich bereit sein
möchte, das Ende anzunehmen. Auch möchte ich bitten, dass nicht eine unbe-
absichtigte Nebenwirkung einer besonnenen Behandlung, eines Medikamen-
tes (Analgetikum oder Sedativum o. ä.) im Sinne indirekter Sterbehilfe eine
Ärztin, einen Arzt belastet. Eine Last, die mich seit vielen Jahren immer wieder bedrückt, mir den Selbstvorwurf der Unachtsamkeit hinsichtlich der möglichen Atemlähmung eines Sedativums in der Agonie eines mir eng verbundenen
alten Herrn auferlegt; die Dankbarkeit der (in häuslicher Umgebung dabei-
sitzenden) Angehörigen, dass ich den geliebten Vater in seinem Todeskampf erlöst hätte, hat mir die Last nicht erleichtert. Möge niemand meinetwegen in solche
Not geraten!

Auch bitte ich um die Kraft und Einsicht in gebotene Therapiebegrenzung
oder – verzicht (i. S. passiver Sterbehilfe), sofern medizinisch weder mir noch
meinen engsten Angehörigen, meinen Vertretern gegenüber plausibel eine Aussicht auf eine Besserung meines Krankheits- und Leidenszustandes gegeben werden kann. So wünsche ich auch, im Falle eines Wachkomas oder eines „persis-
tent vegetative state" nicht über ein halbes Jahr hinaus behandelt zu werden, sei
es mit maschineller Beatmung oder künstlicher Ernährung oder mit Antibiotika
bei einer interkurrenten Infektion.

Würde ich wiederbelebt werden wollen
mit den modernen Methoden der Reanimation und
der Lebensverlängerung?

Das hängt von den Bedingungen ab, unter denen sich die medizinische Indi-
kation dazu stellt. Eine bösartige Herzrhythmusstörung mit Herz-Kreislauf-
stillstand im Rahmen eines akuten Herzinfarktes kann, sofern sehr schnell
gehandelt wird, oft relativ leicht überwunden werden. Hier wäre eine Reanimation vertretbar. Die gleiche Rhythmusstörung bei chronischer Grund-

krankheit oder in hohem Alter sollte meinem Leben ein Ende setzen dürfen, ohne medizinische Intervention. Das Handeln wie das Geschehenlassen muss sich rechtfertigen lassen angesichts meines geäußerten oder gemutmaßten Willens.

Die oft gehörte Mahnung, Leben wie Sterben habe seine Zeit, – gerade von theologisch-seelsorgerlicher Seite häufig geäußert – ist auch im Blick auf das mögliche Schuldigwerden an einem „unzeitigen" Sterben durch Unterlassen von möglicher Lebenserhaltung zu bedenken. Wer will schon bestimmen, wann meine Zeit gekommen ist? Die besonnen bedachte Sinnhaftigkeit ärztlichen Handelns in einer solchen Situation ist dann in meinem Sinne die Richtschnur – auch mit dem Risiko des Irrtums der Entscheidung. Ich möchte jedenfalls nicht unter gewaltsamen Maßnahmen intensivmedizinischer Reanimation sterben, wie mich die Erinnerung an meine erste (versuchte) Wiederbelebung schon während meiner Studienzeit Anfang der 60er Jahre bis heute belastet.

Möchte ich „aufgeklärt" sterben? Möchte ich die Diagnose oder den Status einer nicht (mehr) behandelbaren Krankheit wissen? Möchte ich – soweit das bei gebotener selbstkritischer Zurückhaltung der mich behandelnden Ärzte überhaupt möglich ist – die Prognose nach Dauer und Qualität eines voraussichtlich nicht mehr zu verbessernden Krankheitszustandes erfahren?

Wieder kann ich nur aus der Sicht des Gesunden antworten: Ja, ich möchte „aufgeklärt" sterben: dass es aufgrund eines nicht (mehr) heilbaren Krankheitszustandes – sei es eine chronische oder eine akute Krankheit oder eine Unfallfolge oder ein anders bedingter Zustand – mit mir zu Ende geht. Nicht medizinisch-technische Daten, keine vermeintlich exakten Zeitangaben will ich wissen (deren Fragwürdigkeit ist mir bewusst). Ich wünsche mir die Kraft, die Bereitschaft, anzunehmen und auszuhalten, was unvermeidbar ist – einschließlich der Schwere und des Leidens einer Krankheit. Wie viel unerträgliches, auch vermeidbares Leiden, verbunden mit Auflehnung, Hass, Verzweiflung habe ich erlebt? Und wie viel Tapferkeit, Ergebenheit, Vergebung und Frieden auch in schweren Krankheits- und Sterbephasen?!

Wie wünsche ich mir Begleitung in meiner Sterbephase?

Was erwarte ich? Wen wünsche ich mir, dabei zu sein? Soll überhaupt Jemand bei meinem Sterben anwesend sein?

Auch diese Frage kann ich nur mit dem Vorbehalt möglicher Revision beantworten. Auch mit dem Vorbehalt, dass die dann aktuelle Situation bestimmt, ob Jemand am Bett steht. Ja, ich wünsche mir die spürbare Nähe meiner engsten Angehörigen, meiner Frau, meiner Kinder, vielleicht die meines engsten Freundes (HR). Ich wünsche auch geistlichen Beistand in der Sterbephase, die Möglichkeit des offenen seelsorgerlichen Gesprächs über Hoffnung und Schuld. Ich möchte auch zeitig Abschied nehmen können von meiner Familie, von Freunden, Wegbegleitern. Es wird Menschen geben, die mir nahe, weil für mein berufliches und persönliches Leben wichtig gewesen sind, von denen ich mich nicht werde verabschieden können. Ich möchte um Vergebung bitten können. Auch wenn Schuld bleiben wird, wünsche ich mir, in Frieden sterben zu dürfen. Abschied auch vom eigenen Leben, von Wünschen und Hoffnungen für Lebzeiten. Ist schon das Älterwerden ein Prozess des fortwährenden Loslassens, der Abschiednahme, so bitte ich auch um Kraft, Einsicht und Gelassenheit, in der fortschreitenden Erkrankung und Einschränkung nicht am Leben festhalten zu wollen. Auch die rechtlich geschützte, aber praktisch abnehmende Fähigkeit zur Selbstbestimmung aufgeben und die zunehmende Abhängigkeit von Mitmenschen – seien sie mir emotional verbunden oder als medizinisch oder pflegend Betreuende funktional zugetan – akzeptieren zu können, wünsche ich mir.

Ich wünsche mir auch den Beistand, die Geduld, die Nachsicht und die Verzeihung der mich am Ende Begleitenden und Betreuenden in den (von Elisabeth Kübler-Ross so eindringlich geschilderten, aber nicht regelhaft sukzessiv durchlaufenen) Phasen des Haderns, der Verzweiflung bis zur ergebenen Akzeptanz, sterben zu müssen.

Würde ich um aktive Sterbehilfe bitten wollen?

Würde ich eine Ärztin, einen Arzt um Assistenz zur Selbsttötung bitten wollen?

Ich bin durch fast 40 Berufsjahre hindurch selten, sehr selten um die „erlösende Spritze", um aktive Sterbehilfe gebeten worden.

Aus meiner derzeitigen Situation zufriedenstellender Gesundheit heraus würde ich das nicht wollen. Und ich bitte um die Kraft, im Zustand einer unheilbaren Krankheit, schweren Leidens nicht von diesem Entschluss abzuweichen. Ich möchte nicht eine andere Person, nicht meine engsten Angehörigen, nicht einen engen Freund und nicht einen Kollegen instrumentalisieren zu einer Handlung, die nicht nur juristisch strafbar, illegal, sondern moralisch für die ausführende Person lebenslänglich belastend, schuldhaft erlebt wird, erlebt werden kann. Mag der ärztliche Kollege aufgrund seines Wissens und seines Könnens oder der gegebenen Möglichkeiten auch eine (vermeintlich) funktionale Distanz zu einem solchen Schritt haben, die ihm vielleicht die psychische Belastung erleichtert, wenn er mich von Schmerzen und Qualen nicht anders zu befreien, zu erlösen weiß – ich möchte, will ihn nicht der (vielleicht erst später) erlebten Last aussetzen.

Ich wünsche mir, nicht in solches Leid geraten zu müssen, das in Not, Verzweiflung oder Schwachheit die Bitte um aktive Sterbehilfe oder Suizidassistenz wachrufen könnte. Selbst ein in großer freundschaftlicher Nähe und im Wissen, dass mein Ende nahe ist und ich keine Therapie mehr wünsche, vollzogener Tötungsakt oder die Beihilfe dazu kann zur unerträglichen Gewissensbelastung führen, die ich Niemandem aufbürden möchte.

Beeinflussen meine Überlegungen zu einer anthropologischen Medizin meine Erwartungen des Lebensendes?

Ich habe durch meine Berufsjahre hindurch immer wieder mehr oder weniger intensiv und konkret über Aspekte einer für mein ärztliches Handeln relevanten Anthropologie nachgedacht. Was ist mir im Blick auf mein eigenes Sterben davon wichtig geworden? In der Begegnung – diese nicht nur als zufälliges oder allein durch die Funktion als Arzt veranlasstes Zusammentreffen, sondern auch im empathischen oder (mit Fritz Hartmann) isopathischen Sinne verstanden – in der Begegnung mit dem Sterben Anderer ist mir die „Solidarität des Todes" (Viktor von Weizsäcker) immer wieder deutlich geworden – nicht als nur gewusstes biologisches Gesetz sondern als mich existentiell angehende menschliche, anthropologische Grundbestimmung der auch „mitten im Leben" und nicht erst am Ende mich begleitenden Unabweisbarkeit des Todes. Weiß ich, wann? Der Tod gehört nicht allein im Naturablauf zum Leben hinzu. Wir erleben uns als endlich und vergänglich. So ist auch jede ernstliche Erkrankung ein memento mori, Erfahrung von Zeitlichkeit und Endlichkeit. Vielfach erlebt, selten ausgesprochen.

Diese konkrete Erfahrung macht nur spürbar, was unsere, meine Existenz ständig begleitet, was menschliche Existenz insgesamt auszeichnet: das Pathische (i. S. V. v. Weizsäckers). Dieses ist etwas Anderes als die ständige Bedrohtheit, Ungesichertheit. Es ist das, was als das immer vorausgehende Noch-nicht und das uns anhängende Nicht-mehr, die verlorene Zukunft der Vergangenheit und die in der Gegenwart offene Zukunft meines Lebens, die meine biographische Existenz unterlegt. Nicht nur in der ambivalenten Freiheit und Notwendigkeit durch den Tod „mitten im Leben", auch meine Bindung an die Vergangenheit nicht gelebten und für die Zukunft ungewissen Lebens, das in die Gegenwart hereinreicht als Aufgabe. In Weizsäckers fünf Modalitäten von Müssen, Sollen, Dürfen, Können und Wollen, dem „pathischen Pentagramm" sind die pathischen Kategorien menschlicher Instabilität, menschlicher Fluktuation im Möglichen, im Ungelebten genannt. In ihrem ambivalenten Charakter enthalten sie alle ein „noch nicht", das dennoch schon wirksam ist: ein Müssen, das zu erfüllen ist; ein Sollen, hinter dem das Gebot von sachlicher oder moralischer Pflicht steht; das Dürfen, das auf seine Einlösung wartet; das Können, das sich im Vollzug bewährt, und das Wollen des zustimmenden Entschlusses, der in die Tat umgesetzt werden will.

„Wenn ich sage, dass ich etwas will, so enthält dies geradezu die Konstatierung, dass das Gewollte nicht ist. Wenn ich sage: ich kann, dann ist ebenfalls darin enthalten, dass das, was ich kann, nicht ist; und ebenso in allen übrigen pathischen Aussagen … die pathischen Aussagen betreffen etwas Nicht-Seiendes; dass also allgemein das Pathische ein Nicht-Ontisches ist. … das Pathische hat immer einen persönlichen (subjektgebundenen) Charakter.“[2]

In allen also der „Gegensatz von Seiendem und Nichtseiendem, die Dialektik von Freiheit und Notwendigkeit“[3] in der Situation der Entscheidung. Dieser konstitutive pathische Grund meiner Existenz dringt im Kranksein und angesichts des Sterbens und des Todes (auch des Anderen) an die Oberfläche emotionaler und rationaler Erfahrung – sei es als Angst oder Hoffnung, als Verzweiflung oder Ergebung.

Schluss

Über das eigene Sterben, den eigenen Tod aus der Erfahrung eines Arztes schreiben zu sollen, kann nur vor dem Hintergrund der sich an ihn stellenden Fragen von kranken, sterbenden Menschen, denen er beruflich begegnet ist, versucht werden. Es können nur zögernde Antworten sein, die sich erst in der Zukunft bewähren können. Diese Zukunft ragt aber schon immer in den gegenwärtigen Lebensvollzug herein – zumal die Antworten das ärztliche Handeln mitprägen.

Es ist die unausweichliche Wechselseitigkeit, ja Gegenseitigkeit im Sinne Viktor von Weizsäckers, die angesichts des Sterbens und des Todes eines Anderen das Nach- oder Vordenken im Blick auch auf mein Sterben, meinen Tod so zwingend macht. Meine Wünsche, Erwartungen, Ängste und Hoffnungen für diesen Lebensabschnitt orientieren mein ärztliches Handeln in der Begegnung mit einem auf den Tod hin lebenden, vielleicht schwerstkranken Menschen. Es ist *sein* Sterben, *sein* Tod, das bzw. der in *mein* Leben hereinwirkt. Und es ist meine Hoffnung, die meine Haltung und mein Handeln prägen.

---

2 Weizsäcker, Viktor von: Anonyma (1946). In: Peter Achilles, Dieter Janz, Martin Schrenk & Carl Friedrich von Weizsäcker (Hrg.): Viktor von Weizsäcker – Gesammelte Schriften (GS). Frankfurt a. M. 1987 ff. Bd. 7, 41–89, hier 49.

3 Ders.: Der Gestaltkreis. Theorie der Einheit von Wahrnehmen und Bewegen (1940). In: GS Bd. 4, 77–337, hier 314.

„In meines Vaters Hause sind viele Wohnungen"
(Joh 14,2)

ANNE STEINMEIER

Sich schreibend und sprechend ins Verhältnis zu sich selbst und anderen zu setzen macht etwas wahrer, wirklicher. Aber kann ich das – mich schreibend zu meinem eigenen Sterben in Beziehung setzen, zu dem, was ich nicht weiß, mir nicht wirklich vorstellen kann, auch wenn ich anderes Sterben, Sterben mir naher Menschen, erlebt habe? Wie kann ich mich schreibend dem annähern, was mir unbekannt, ungewiss entgegenkommt? Wer ist die Andere, die ich dann sein werde? Ich kann ehrlich nur antworten mit dem, was mir bisher leitend war, was mich getragen hat, nicht nur in bestimmten und besonderen Situationen, sondern in den Fragen und Herausforderungen, die in der Kunst zu leben aufgegeben sind. Eine Kunst, die ich mit Paul Ricœur im Horizont der Fragilität der Veränderungsprozesse als eine wesentlich durch Andersheit sich bildende Narration beschreibe. „Lernen, sich zu erzählen, bedeutet auch: lernen, sich anders zu erzählen"[1] – diese Erkenntnis Ricœurs ist für mich auch in der Annäherung an den Gedanken des eigenen Sterbens leitend.

Weil ich Veränderlichkeit, Unbeständigkeit, Diskontinuität als konstitutiv für die Hermeneutik des Selbst, also auch der Hermeneutik meines Lebens, erfahre und denke, interessiert mich ein theologisches Denken, das „das radikale Wagnis des Lebens" in sich trägt, wie Paul Tillich formuliert.[2] Ein Denken, das sich nicht auf einen sicheren, unberührbaren, vorgegebenen, nur jeweils neu zu vermittelnden und zu übersetzenden Inhalt beruft, sondern die Stärke und transzendierende, Leben eröffnende Kraft der Wirklichkeit Gottes in der Berührbarkeit und Verwundbarkeit wahrnimmt, in der Gott selbst in uns und unter uns ohne Ende schöpferisch lebendig ist – auch noch im Sterben.

Ein Denken ins Offene, sich selber riskant im Wagnis eines Mutes zum Sinn, der die Wirklichkeit der Endlichkeit nicht übergeht und den Widerspruch gegen den Tod in sich trägt und Sinnlosigkeit nicht immer schon „aufhebt".

Dass dieser Mut selber „offenbarende Kraft" hat, ist mir der Schlüssel zum Gottesbegriff der „Macht des Seins", wie Tillich formuliert.[3] Jenes Geistes, jener Kraft, diese Worte ziehe ich vor, „die das Nichtsein transzendiert", „die grö-

---

1 Ricœur, Wege, 134.
2 Tillich, Mut, 127.
3 Ebd., 134

ßer ist als die Macht" und die Kraft des eigenen Selbst und „die Macht unserer
Welt".[4] Die darin zugleich alle bloßen Frage-Antwort-Korrelationen sprengt, wie
ich mit Tillich über Tillich hinaus denke, die inkarnatorisch wirklich und wirksam ist, verbunden mit der Kontingenz der auch für Gott offenen Geschichte,[5]
in der Sinn und Leiblichkeit ungetrennt sind, verbunden mit der Andersheit und
Kontingenz auch meines Lebens und Sterbens. Eine Geschichte, in der darum
„(n)ichts, was geschieht, … gleichgültig" ist, „weil es Spuren der Kontingenz in
Gottes Leben hinterläßt und damit in seine göttliche Identität eingeht", wie Ingolf Dalferth und Philipp Stoellger schreiben.[6]

Von diesem ins Offene führenden Denken sind mir zunehmend die Künste
in ihrem kreativen Potential, das sie zur Deutung und Gestaltung von Leben
und Sterben bieten, wichtig geworden. Die Sprachen der Kunst suchen nicht in
einer vereinheitlichenden und harmonisierenden Teleologie zu vereinnahmen.
Sie vermögen vielmehr, erfahrene Kontingenz zu gestalten. Sie können Räume
eröffnen, in denen unverfügbar Neues entstehen und gefunden, in denen Viel-
schichtiges und Widersprüchliches geborgen werden kann.

Als die unbekannte Andere, die ich sein werde, finde ich mich zuerst wieder in Erinnerung an die Besuche in Bremen zum Figurenkreis von Thomas
Lehnerer (1955–1995) im Museum „Weserburg".[7] Auf einem 1,10 Meter hohen,
rundgebauten Sockel von 6 Metern Durchmesser sind 74 Figuren aufgestellt,
deren Blicke in die Mitte des Kreises gerichtet sind. 59 Figuren sind Lehnerers
eigene Ton-, Wachs- oder Bronzefiguren, zwischen 1989 und 1994 entstanden,
ihnen zur Seite stehen objets trouvés. Diese Figuren, Lehnerer hat von Begleitern gesprochen, berühren mich sehr. Sie sind klein, oft nur von der Größe einer
Hand, ihre Glieder sind mit dem Leib verschmolzen. Den Abdruck der Finger
und die Schrunden ihres Entstehungsprozesses tragen sie ungeglättet wie Male
auf ihrer Oberfläche. Den Blick nach innen gleichwie nach oben oder in die
Ferne gerichtet, schauen sie und lauschen. Sie scheinen versunken und dennoch
erwartungsvoll.

Wenn sie Namen tragen, dann heißen sie: Mensch, Mann, homo pauper, kleiner Mann, großer Lazarus, Mönch, Wanderer, Nomade, Freunde. Es sind Leben-
dige, das heißt für Lehnerer Unverwechselbare, Individuen, an denen man die
unterschiedlichsten Färbungen, kristalline Strukturen, aber auch Gussfehler beobachten kann. Entstanden sind sie im Prozess des Gießens mit der verlorenen
Form. Eine Methode, die konsequent mit dem Unberechenbaren und Kontin-

---

4 Ebd., 117.
5 Vgl. Dalferth, Stoellger, Einleitung, 38.
6 Ebd., 43 f.
7 Vgl. Steinmeier, Ethik. Lehnerer war Theologe, Kunstwissenschaftler und freischaffen-
der Künstler.

genten arbeitet.[8] Gegenüber Zielgerichtetheit und Perfektion hat Lehnerer von
einer Logik der „zufälligen", aber nicht beliebigen Kräfte gesprochen, die „für
sich selbst jeweils ganz bestimmte Dinge zum Ausdruck bringen wollen."[9] In
der „Methode der Kunst", seiner Habilitationsschrift, beschreibt er Kunst und
künstlerische Kommunikation als Einübung in ein freies kommunikatives Spiel
auch und gerade mit all jenen Kräften, die sich der aktiven, nur selbstbestimmten, plan- und machbaren Gestaltung entziehen. Ein Gedanke, den Lehnerer
nicht nur auf die bloße Atelierkunst, sondern auf die „menschliche Bewußtseins-
arbeit im sozialen Ganzen"[10] und von hieraus auf die „Qualität einer Religion",
die „für uns Menschen gut" ist, bezogen hat.[11]

So war Lehnerers Grundfrage, an der er sich mit den Händen und in der
Theorie abgearbeitet hat, die ihn, der mit nur 39 Jahren an der Krankheit ALS
gestorben ist, bis zum Schluss nicht losgelassen hat: Wie entsteht Lebendiges? In
dieser Frage finde, wünsche ich mich aufgenommen in diesen Figurenkreis, der
an einer Stelle geöffnet ist, der einlädt, in den offenen Kreis hineinzugehen, den
Figuren ins Gesicht zu sehen, oder in der Öffnung stehen zu bleiben und so sich
selbst mit in den Kreis hineinzustellen.

Aber es stehen ja nicht nur eigene, von Lehnerer gestaltete Figuren dort in diesem Kreis, sondern auch objets trouvés, Kultfiguren früherer Jahrhunderte und
anderer Kulturen und Religionen. So steht eine Franziskusstatue neben einer
Buddhafigur, eine afrikanische Göttin neben einer tönernen Skulptur Lehnerers. Durch ihre Fragmentierung, Vermoderung, durch ihre „Verletzungen" erzählen diese gefundenen Figuren eine eigene Geschichte.

Im Figurenkreis ist zugleich ein größerer Zusammenhang gegenwärtig, größer auch als mein eigener Glaube, als mein eigenes Erkennen. Wie entsteht Lebendiges? Das ist die Frage, die die Grenzen sprengt. Eine Frage, die neu verbindet. In diesem Sinne erinnert mich der Figurenkreis an Martin Bubers Bild des
Kreises, der von den „Beziehungen der Menschen zu ihrem wahren Du", den
„Radien, die von all den Ichpunkten zur Mitte ausgehen" und den Kreis bilden,
geschaffen wird. „Nicht die Peripherie, nicht die Gemeinschaft ist das erste, sondern die Radien, die Gemeinsamkeit der Beziehung zur Mitte."[12]

Lehnerer hat die unersetzbare Funktion der Kunst für die Menschen, für die
Kunstschaffenden ebenso wie für die Rezipienten, in der Möglichkeit gesehen,

---

8 Die Figuren sind zumeist aus Wachs oder Ton mit der Hand geformt. Dann werden
sie mit Gips umschlossen, der Gips wird erhitzt, das Wachs schmilzt heraus, geht „verloren", dann wird in den Hohlraum der Figur Bronze gegossen, diese erstarrt. Der Gips wird abge-
schlagen, die Figur danach, wenn überhaupt, nur noch wenig bearbeitet. Mit diesem Verfahren gibt es jede Figur nur einmal.
9 Lehnerer, Homo Pauper, 38.
10 Lehnerer, Hirn, 210.
11 Lehnerer, Synkretismus, 322.
12 Buber, Ich und Du, 136.

ein unverfügbares, von nichts und niemandem ableitbares Selbstempfinden, ein Empfinden der Freiheit, zu berühren, – wieder – zu erwecken. Ein Empfinden, das er auch als ein „Empfinden aus Gott" bezeichnet hat.[13] Ein Empfinden, dem selbst eine widerständige Kraft innewohnt. In seinem Begleitheft zu seiner Ausstellung „Jesus Maria Affennot", vielleicht schon angesichts seiner ausgebrochenen Krankheit geschrieben, wird dies ausdrücklich: „Nichts und niemand (nicht einmal ich selbst) kann mich zwingen, mich so oder so zu fühlen. … Mein Leben mag objektiv noch so erbärmlich sein, es mag unwürdig, ohnmächtig, gequält verlaufen, nichts und niemand kann sagen, daß es subjektiv – dem Selbstempfinden nach – nicht (in jedem Moment) überaus lebenswert ist. Gleiches gilt natürlich auch umgekehrt. Das Leben mag objektiv noch so glücklich und erfolgreich erscheinen, wenn ich mich elend fühle und leide, so ist das – für mich subjektiv – schrecklich. Glück und Unglück haben einen doppelten Boden. Auf diesem eigentümlichen Sachverhalt beruht das, was wir gemeinhin als Wunder bezeichnen." Es ist nach Lehnerer „für den Einzelnen die Quelle der Wunder, für die Menschheit insgesamt aber die Quelle der Menschenrechte."[14]

Um nichts weniger als die Achtung dieses Wunders geht es mir auch in der Seelsorge und wünsche ich mir in der Begleitung, die ich brauchen werde: eine Seelsorge, die den Schutzraum einer verwundbaren Würde des Lebendigen wahrt. Eines Lebendigen, das mit Andersheit rechnet, das nicht immer schon weiß und sich verfügend absichern muss.

In diesem Kreis zu sein, bedeutet für mich zugleich, in einem Kreis lebendiger, verwundeter Begleiter zu sein, oder anders formuliert, in Anlehnung an die Hamburger Psychoanalytikerin Diana Pflichthofer, in einem Kreis „verwundbarer Container".[15] Das ist auch mein Bild für die Seelsorge: Angesichts von Erfahrungen, die übermächtig und zerstörerisch sind, angesichts also auch der Erfahrung des Sterbens braucht es Menschen, Begleiter und Begleiterinnen, die sich zu ihrer Verwundbarkeit bekennen, mit denen es möglich ist, Erfahrungen und Sprache zu teilen.

In anderer Weise sehe und empfinde ich dies auch bei den „Engel-Bildern" von Paul Klee. Es ist dieser „vielschichtige Ausdruck" der „einfache(n), durchgezogene(n) Linie", die mich in ihrer „Weisheit, Zartheit, Bitterkeit, Komplexität" berührt.[16] In der Unvollkommenheit dieser Zeichnungen, in ihrer Verletzlichkeit liegt etwas Tröstendes und Heilendes, das Klee für sich und andere schafft und findet. „Er lässt sich beschenken von seinen unvollkommenen Engeln", schreibt Pflichthofer. Was ihn anschaut, „ist ein Teil seines verletzten Selbst."[17] Darum können diese Zeichnungen ihn und andere berühren, können

---

13 Lehnerer, Methode, 57, Anm. 39.
14 Lehnerer, Figuren, (o. S.).
15 Pflichthofer, trostlose Couch, 350 ff.
16 Franz, Näherungen, 152.
17 Vgl. Pflichthofer, trostlose Couch, 355.

ihm und anderen in ihrem Schicksal nahe kommen. Von Symbolen der Wandlung spricht Ingrid Riedel. Engelwerdung – Selbstwerdung in verschiedenen Stadien und Zuständen, Transformationen mitten im Leben, in den „kleineren Tode(n) und Auferstehungen", aber eben auch in den Passagen zwischen Leben und Tod.[18]

In diesem Sinne brauche ich Bilder, Gestalten, Symbole, Metaphern, die größer sind als ich selbst, die mir voraus sind. Im Anschluss an Ricœur spreche ich von der Weisheit eines geläuterten Glaubens, der noch den Zerfall der Bilder, den Ikonoklasmus in die Bewegung des Glaubens selbst hineinzunehmen sucht.[19] Ein Glaube, der durch Umwege der Trauer um verlorene, nicht mehr haltende, vielleicht als illusionär erkannte Objekte hindurchgegangen ist und die Stärke hat, sich auszusetzen.[20] Dieser Glaube braucht Gestalten, die Räume und Zeit eröffnen können, vielleicht und hoffentlich auch noch angesichts der absoluten Kontingenz des Sterbens. Dass es noch im Sterben imaginative, ikonische, bildende Variationen gäbe, das wünsche ich mir. Wenn ich das so schreibe, formuliere ich es zunächst unter der Voraussetzung eines noch wachen Bewusstseins, aber ich denke, ich hoffe, auf einer anderen, mentalen Ebene eines tieferen Bildgedächtnisses gilt es auch, wenn das nicht mehr so ist.

Auch unabhängig von meinem Wachbewusstsein vertraue ich auf „Gespräche im Zwischenreich des Träumens", wie Thomas H. Ogden formuliert.[21] Mit diesem Zwischenreich ist ein zwischen Unbewusstem und Vorbewusstem verorteter „Grenzbereich"[22] bezeichnet, ein psychisches Kraftfeld, in dem Impulse „zur symbolischen Repräsentation … nicht nur durch das unablässige Streben nach unbewusstem und bewusstem Ausdruck entsteh(en), sondern auch durch das Phänomen, ‚daß das Bewußte nirgends dem Unbewußten entläuft, überallhin ihm entgegenläuft'",[23] wie Ogden im Anschluss an Lou Andreas-Salomé schreibt. Damit ist die psychische Arbeit nicht nur als linear stattfindend gedacht, sondern im Sinne eines „Diskurses", in dem „(u)nbewusstes Erleben und vorbewusste Erfahrung, ‚Es-heit' und ‚Ich-heit' unmittelbares sensorisches Erleben und verbal vermittelte Erfahrung" ein Leben lang im Gespräch bleiben, indem sie einander „schaffen, negieren, erhalten und beleben".[24] Die für mich im Gedanken an das Sterben wichtige und tröstende Konsequenz dieser Erkenntnis ist, dass das seelische Leben nicht aufhört, Formen, Metaphern, Stimmen zu suchen, in denen es schöpferisch lebendig sein kann. Ogden spricht von der Möglichkeit

---

18 Riedel, Engel, 14.
19 Vgl. Ricœur, Konflikt, 206.
20 Ebd., 284.
21 Vgl. Ogden, Gespräche. Vgl. Steinmeier, Poesie.
22 Ogden, Gespräche, 14.
23 Ebd., 15; vgl. Lou Andreas-Salomé, Brief an Sigmund Freud, 9. April 1916, in: Pfeiffer (Hg.), Briefwechsel, 47.
24 Ogden, Gespräche, 14.

eines schöpferischen Erkanntwerdens im „Dritten" einer Form, die aber „nicht schon da" ist und nur darauf wartet, „ins Licht gerückt zu werden."[25]

Das bedeutet für mich, dass ich eine Seelsorgerin, einen Seelsorger brauche, die, der von „dem klaren Bewußtsein" und der damit verbundenen Gelassenheit „der Gegenwärtigkeit Gottes" getragen ist, „die das persönlichkeitsspezifische Heilige evoziert", wie Christiane Burbach formuliert.[26] Das Sanctum ist „innen und außen, … außen als das Transzendente, dem sich der Mensch in Gottesdienst, Meditation und Gespräch öffnen kann, und … innen, wenn einem Menschen die Gnade zuteil wird, der Kraft des Heiligen inne zu werden."[27] Wichtig ist mir an diesem Gedanken, dass das äußere Sanctum „selbstverständlich vorausgesetzt" wird und nicht in der „Anspannung des homo faber" erst ins Gespräch gebracht werden muss.[28] In dieser Seelsorge gibt es nicht Subjekt und Objekt, sondern sind beide Beteiligte dezentriert. Die Metapher, die Ogden für diese Wahrnehmung findet, ist die des unbewussten dritten Subjektes, das gemeinsam geschaffen und zugleich gefunden, aber individuell erlebt wird.[29]

Das gilt für mich auch für Gespräche des Abschieds von nahen Menschen. Wenn es gelänge, miteinander in diesem Zwischenraum zu sein, wäre das zugleich ein Lebendiges, das den Anderen, der zurückbleibt, trösten könnte, weil es über das hinausgeht, was die Sterbende und der im Leben Zurückbleibende je für sich sind.

Von hierher wird die Offenheit für das bereitet, was eintreten möchte, wird Gelassenheit möglich, auf eine „Form" zu warten, die „sich zeigen mag".[30] Hier wird nicht schon zuhandene Bedeutung nur noch freigelegt, Gedanken und Gefühle, die hier auftauchen, sind keine bloße Wiederholung, sondern ein Neues, das jetzt entsteht oder neu und wieder entdeckt wird. Dazu gehört die Spannung von Zurückgezogenheit und Kommunikation, von Sprechen und Schweigen, von Gemeinschaft und Alleinsein. Damit verbinde ich meine Sensibilität gegen jede vereinnahmende, auch religiöse Sprache, die die im inneren psychischen Raum wirklichen Bedeutungen in eine universelle und daher unpersönliche Wahrheit umwandelt.

Ich wünsche mir mit einer Seelsorgerin, einem Seelsorger das Entstehen einer gemeinsamen Landschaft. Daniel Stern spricht von einer intersubjektiven Rekursion, einer „Reentry-Schleife" nicht nur im Gehirn eines Menschen, sondern zwischen zwei Psychen als einer „Erfahrung ,höherer Ordnung'", eben des intersubjektiven Bewusstseins.[31] In diesen intermediären Raum können Formen, Ge-

---

25 Ebd., 151.
26 Burbach, Kraft der Weisheit, 59, im Gespräch mit Karlfried Graf Dürckheim.
27 Ebd.
28 Ebd.
29 Vgl. Ogden, Gespräche, 17.
30 Ebd., 18.
31 Vgl. Stern, Gegenwartsmoment, 136.

staltungen, Metaphern eintreten, die heilen und die die Gelassenheit geben können zu gehen. Dann nämlich wäre eine Gegenwart da. Eine Gegenwart, die die
Zeit verwandelt.

Was mich tragen wird, welche Vorstellungen, Bilder und Symbole mir helfen
werden, weiß ich darum noch nicht. Aber wenn ich noch denken kann, werden
das immer auch Gestalten in Sprache sein. Denn das, was mir wichtig ist, gerade
was mir an Sprachgestalten bedeutsam geworden ist, habe ich nicht nur allein
entdeckt, sondern diese sind mir zuteil, geschenkt worden. Zu diesen Geschenken gehören Gedichte, darunter verstehe ich auch Texte aus der Schrift.

Als ich als Schulmädchen zum ersten Mal zu Weihnachten einen Kinder-
gottesdienst erlebt habe, trugen die einzelnen Gruppen Passagen aus der Bibel vor, ich erinnere mich an Weissagungen aus dem ersten Testament und an
die Weihnachtsgeschichte. In diesem Gottesdienst habe ich meinem Großvater,
der mich begleitet hatte, gesagt: „Solche Gedichte möchte ich auch lernen." Die
Worte habe ich damals nicht verstanden, aber sie haben mich in ihrem Klang berührt, der im Verstehen nicht allein zu fassen ist.

Zu diesen Geschenken gehören vor allem auch solche Sprachgestalten, die mit
der lebendigen Stimme bedeutsamer Anderer für mich verbunden sind. Das sind
vor allem Gedichte von Rilke, dem Dichter meiner Großmutter und der Mutter einer meiner besten Freundinnen, die uns in ihre Lektüren und ihre literari-
schen Schatzkammern miteinbezog. „Tempel im Gehör", heißt es in den „Sonet-
ten an Orpheus."[32]

Was mich schon früh angesprochen hat und was ich erst viel später angefangen habe zu verstehen, ist, was der Literaturwissenschafter Ulrich Fülleborn
als „Poetik der Komplementarität" beschreibt: die sprachliche Annäherung an
menschliche Daseins- und Welterfahrungen, „Rilkes ‚Unsagbarkeiten'", die in
einer Vielzahl einander widersprechender Bilder und Aussagen nebeneinander
stehen bleiben.[33] Im Gegensatz zu einem auf Ausgrenzung und Verdrängung be-
ruhenden Rückzug in eine immer schon gedeutete und vereinbarte Welt finde
ich hier Sprachräume, in denen auch das nicht oder nur schwer zu Benennende,
Unwägbare, Flüchtige, Nicht-Fassbare Ausdruck findet.

„Auch die sternische Verbindung trügt. / Doch uns freue eine Weile nun / der Figur
zu glauben. Das genügt."[34]

Dieses „genügt" ist keine Reduktion, sondern lässt die sinn- und kontingenz-
gestaltende Kraft des Poetischen erst eigentlich hervortreten: ein poetisches
Sagen gegen alles Besitz- und Machtdenken in Sprache, die Einübung einer

---

32 Rilke, Sonette I, I, in: Werke, 241.
33 Fülleborn, Besitz und Sprache, 226.
34 Rilke, Sonette I, XI, in: Werke, 246.

„Daseinsform des Bezugs statt des Besitzes."³⁵ Dieses „genügt" ist auch eine Ent-
lastung, es geht nicht um das Ganze, es geht um den Vollzug, den Mitvollzug der
Figur, der Metapher. Die „„Figuren', in denen wir ,wahrhaft' ,leben'",³⁶ sind keine
Hervorbringungen eines bezugslos verabsolutierenden Ichs, weder der Sterbenden noch der Seelsorgerin, sondern „etwas, das uns zuteil wird", kein bleiben-
der, verfügbarer Besitz, sondern Gestaltwerdungen als Geschenk des gegenwärtigen Augenblicks.³⁷ Mit dem „innige(n) Einbezogensein in die offene Welt der
Bezüge", mit Rilkes so genanntem „Weltinnenraum", ist ein Erfahrungsraum beschrieben, der die „Gleichzeitigkeit von Dekomposition und Renaissance" des
Ichs formuliert.³⁸ In diesem Sinne lässt sich von poetischer Lebenskunst sprechen, die das Sterben einbezieht. Dazu gehören, ob ich sie noch verstehe oder
nicht, auch Erzählungen, dazu wird für mich Literatur gehören. Nicht, um sie zu
verstehen, sondern um in ihr aufgenommen, geborgen zu sein. Etwas in mir wird
die Worte aufnehmen, vielleicht manches auch erinnern.

   Ich wünsche mir Menschen, die mir vorlesen, wenn ich selber nicht mehr lesen
kann. Bei Roland Barthes habe ich gelernt, dass der Körper auf den „Textkörper"
antwortet.³⁹ Am Leitfaden des Körpers dringt Barthes zu einer Erweiterung der
Sprachdimension vor, einer Musik der Sprache. Das meint keine Vereinnahmung
alles Nicht-Sprachlichen in die Sprache, sondern eine qualitative Erweiterung,
eine Intensivierung der Spracherfahrung, eine „Anreicherung des Sprachlichen
mit Nichtsprachlichem."⁴⁰ Dadurch kann ein Text, wie die Araber es ausdrücken,
zum „gewissen Körper" werden. In diesem „gewissen Körper" ist eine Ordnung
der Welt repäsentiert, erfahrbar auch und gerade dann, wenn innere und äußere
Ordnungen bedroht und vielleicht zerstört sind. Klaus Eulenberger schreibt:

„Vielleicht nicht das Unwichtigste beim Vorlesen ist, dass man – wenn man zuhört –
darüber einschlafen kann. … In gewisser Hinsicht ist dieses Zuhören eine Rückkehr in
den pränatalen Status, eine exemplarische Inszenierung der Regression."⁴¹

Barthes spricht von einer Atopie in der Sprache, die anders als die Utopie ein wirklicher Ort ist, der sich jedoch jeder einordnenden Klassifizierung entzieht. Als
„gleichsam immanentisierte Utopie" bezeichnet Atopie „die Ahnung von einem …
Ausgangs,punkt'",⁴² von dem aus eine „contretemps, als eine Gegenzeit zur Gegenwart, … in ihrem savoir-vivre ihre (für uns) ,utopischen Modelle'" bewahrt.⁴³

---

35 Vgl. Fülleborn, Besitzen als besäße man nicht.
36 Rilke, Sonette I, XII, in: Werke, 246.
37 Vgl. Engel, Rilke-Handbuch, 413 f.
38 Gerok-Reiter, Wink und Wandlung, 146.
39 Bayerl, Musik zur Musik, 218.
40 Ebd., 270.
41 Eulenberger, (Vor)lesen, 90.
42 Bayerl, Musik zur Musik, 270.
43 Ette, Barthes, 355.

Modelle nicht zuletzt des Übergangs. In der letzten Passage wünsche ich mir
eine Begleitung, die oder der, wie Jürgen Ziemer schreibt, „die Bibel im Ganzen"
als ein „Buch der Übergänge" zu lesen die Freiheit und den Mut hat.[44] „Immer
wieder begegnet uns in ihr ein transitorischer Zug. ,Ich hebe meine Augen auf zu
den Bergen. Woher kommt mit Hilfe?' (Ps 121,1). Von Abraham angefangen, geht
es um Aufbrüche und Abschiede", Berufungen ins Offene, „Erfahrungen von großem Mut und verstörender Angst, … von Verlassensein und Gesegnetwerden."[45]
Da ist die Geschichte von der Wüstenwanderung, von Joseph, von Jakobs Kampf
in der Nacht, von der Sturmstillung. In Texten wie diesen geht es um „Gott im
Übergang", Gott auf der Passage.[46] Auch Gott ist in den biblischen Texten „nicht
einfach zuhanden."[47] Im Durchgang durch die „Kampfzonen"[48] der Wege der Erzählung liegt für mich eine große Bedeutung biblischer Erzählungen, die Weis-
heitskompetenz der Ungewissheitstoleranz zu stärken.[49]

Vielleicht brauche ich auch Sprache für meinen Zorn, für meinen Neid, meine
Verzweiflungen, meinen Widerstand gegen das Sterben. Dann wünsche ich mir
eine Seelsorgerin, einen Seelsorger, der mit mir an den Jabbok geht und die nicht
immer schon vom Morgen weiß.

Dabei trägt mich der Gedanke, dass Gott „*selber* von diesen Metaphern lebt",
wie Philipp Stoellger schreibt. Dass sie „Lebensform des Miteinanders von Gott
und Mensch" sind, Figuren des Imaginären, die mehr wagen, „als einer für sich
vermöchte".[50]

Wenn ich wach wäre und denken könnte, würde ich mir vielleicht auch Stifte
und Hefte wünschen und schreiben. Noch in der Sterbebegleitung, sofern ein
Mensch bei Bewusstsein ist, schreibt Silke Heimes, kann Poesietherapie dazu
verhelfen, sich dem eigenen Tod anzunähern. Auch in der Auseinandersetzung
mit schweren Erkrankungen kann das Schreiben nach Heimes helfen, unbewusstes Wissen zuzulassen und Neues zu erfahren. Die kreative Schreiberfah-
rung kann am Ende des Lebens nicht nur ein „reowning" des bisher Fremden
und Unangeeigneten ermöglichen, sondern noch einmal neue Gegenwart, trotz
des bevorstehenden Todes ein neues Stück Leben ermöglichen: „Betroffene können dazu angeregt werden, nicht ausschließlich auf den Tod zu warten, sondern im Hier und Jetzt zu leben, indem sie die Aufmerksamkeit verstärkt auf
den Lebensinhalt richten und nicht auf die Lebensdauer."[51] Gerade, wenn der

---

44 Ziemer, Rituale, 195.
45 Ebd., 195 f.
46 Ebd., 194.
47 Ebd., 196.
48 Vgl. den Titel einer Ausstellung von Menschenbildern der ehemaligen Bühnen- und
heute in Berlin arbeitenden freien Malerin Xenia Hausner.
49 Sachse, Shit, 184 f.
50 Stoellger, Das Imaginäre, 62.
51 Heimes, Schreiben, 26 f.

Gedanke an den Tod alles Leben zu verschlingen droht, kann das Schreiben helfen, eine neue Selbstorganisation zu erlangen, indem noch einmal Neues geschaffen und gefunden wird. Gestalten vielleicht einer schöpferischen Erinnerung, dessen, wie es „gewesen sein wird".[52]

Wichtig scheint mir in diesem Zusammenhang die Erinnerung daran, dass Schreiben eine körperliche Geste ist.[53] Als performative und transformative Geste[54] überschreitet und konsolidiert Schreiben zugleich, was David Krell als „verge" zwischen Erinnern und Vergessen, Konstruktion und Destruktion der Bezüge zur Vergangenheit, Unmittelbarkeit und Dispersion der Referenz bezeichnet.[55] „Im Gedächtnis ruht nicht das identische, selbstgegenwärtige Subjekt, sondern die ‚komplexe Vielheit meiner Person.'"[56]

Es ist zugleich das, was mich bei Walter Benjamin berührt, was er von Baudelaire und Proust lernt und zugleich schon fortschreibt, vorausschreibt, was später Gilles Deleuze in der Spannung von „Differenz und Wiederholung" entfaltet. Es ist die Sprache eines „auferweckenden Gedächtnisses, so als spräche dieses Gedächtnis" – das Gedächtnis des Flüchtigen, Bedeutungslosen, Alltäglichen, das Gedächtnis der verlorenen Zeit – „zu jedem Ding: ‚Lazarus, stehe auf!'"[57] Es ist Sprache zugleich des Gebets.

Dass solches Schreiben noch einmal zurückführt in das Gespräch mit einem Anderen, vor allem dem bedeutsamen Anderen, wenn es denn möglich wäre, weil vieles auftauchen, lebendig werden würde, was wie verschüttet sein mag, nicht nur an Erinnerungen, sondern an Gedanken, und vor allem Gefühlen, dass gesagt werden könnte, was noch gesagt sein will, das wünsche ich mir.

Aber wenn das alles nicht mehr geht? Dann wünsche ich mir, dass jemand da ist, einfach nur da, leiblich spürbar auch, und der trotzdem Distanz hält vor einem vielleicht Zuviel, und dafür sorgt, dass ich gehen kann und Sterben nicht verlängert wird. Das dieser Jemand mich frei lässt, die Andere zu werden, die wartet. Um – das kann ich nur in der alten Sprache der unio mystica sagen – zu denen zu gehen, denen zu folgen, die vorausgegangen sind. Philipp Nicolai, dessen seelsorgliche Theologie der unio mystica in der Zeit der Pest entstanden ist, spricht in seinem „FrewdenSpiegel des ewigen Lebens" von einer über alles Begreifen hinaus gehenden „verinnerten Gottesidentität, der Ringmawren" der Liebe Gottes,[58] die nicht zerstört werden kann, und der Mensch nicht in ihr. Weil der, „der in vns ist / … grösser ist denn der in der Welt ist",[59] so wird, „(w)ie

---

52 Vgl. Pethes, Mnemographie, 16.
53 Ebd., 25.
54 Vgl. Burbach, Schreiben, 99.
55 Vgl. Krell, Verge.
56 Pethes, Mnemographie, 27.
57 Ebd., 25.
58 Nicolai, FrewdenSpiegel, 97.
59 Ebd., 213.

nun die Seele errettet / vnd ewig leben wirdt / … auch alles / was in die Seele ge-
pflantzet oder gebildet / kein Verderben oder Auffhören haben."[60] Weshalb aber
auch, diese Hoffnung verbindet sich für mich mit der Vision von Nicolai, „viele
Wohnungen" bereitet sind (Joh 14, 2), wie es in den johanneischen Abschieds-
reden heißt.

Literatur

Bayerl, Sabine, Von der Sprache der Musik zur Musik der Sprache. Konzepte zur Spra-
cherweiterung bei Adorno, Kristeva und Barthes, Würzburg 2002.

Buber, Martin, Ich und Du, Heidelberg [10]1979.

Burbach, Christiane, Seelsorge in der Kraft der Weisheit. Perspektiven einer Re-Vision
der Konzeptualisierung von Poimenik, in WzM 52, 2000, 51–68.

– Schreiben, in: Eulenberger, Klaus / Friedrichs, Lutz / Wagner-Rau, Ulrike (Hg.),
Gott ins Spiel bringen. Handbuch zum Neuen Evangelischen Pastorale, Gütersloh
2007, 96–100.

Dalferth, Ingolf U., Stoellger, Philipp, Einleitung: Religion als Kontingenzkultur und
die Kontingenz Gottes, in: Dalferth, Ingolf U. / Stoellger, Philipp (Hg.), Vernunft,
Kontingenz und Gott, Tübingen 2000.

Deleuze, Gilles, Differenz und Wiederholung (1992), München [3]2007.

Engel, Manfred, Rilke-Handbuch. Leben-Werk-Wirkung, Stuttgart / Weimar 2004.

Ette, Ottmar, Roland Barthes. Eine intellektuelle Biographie, Frankfurt a. M. 1998.

Eulenberger, Klaus, (Vor)lesen, in: Eulenberger, Klaus / Friedrichs, Lutz / Wagner-
Rau, Ulrike (Hg.), Gott ins Spiel bringen. Handbuch zum Neuen Evangelischen
Pastorale, Gütersloh 2007, 89–92.

Franz, Erich, Näherungen – Die Intensivierung der Leere in Klees Zeichnungen von
1939, in: Museum Folkwang Essen (Hg.), Paul Klee, Späte Zeichnungen von 1939,
Essen 1989, 147–156.

Fülleborn, Ulrich, Besitzen als besäße man nicht. Besitzdenken und seine Alternativen
in der Literatur, Frankfurt a. M., Leipzig 1995.

– Besitz und Sprache. Offene Strukturen und nicht-possessives Denken in der deutschen Literatur, Ausgewählte Aufsätze, hg. von Blamberger, Günter / Engel, Manfred / Ritzer, Monika, München 2000.

Gerok-Reiter, Annette, Wink und Wandlung. Komposition und Poetik in Rilkes „Sonette an Orpheus", Tübingen 1996.

Hausner, Xenia, Kampfzone, Käthe-Kollwitz-Museum, Berlin, Staatliches Russisches
Museum, St. Petersburg, Forum Gallery, New York 2000.

Heimes, Silke, Kreatives und therapeutisches Schreiben. Ein Arbeitsbuch, Göttingen
2008.

Krell, David, Reminiscence and Writing. On the Verge, Bloomington 1994.

Lehnerer, Thomas, Die Methode der Kunst, Würzburg 1994.

– Religiöser Synkretismus und moderne Kunst, in: Drehsen, Volker / Sparn, Wal-
ter (Hg.), Im Schmelztiegel der Religionen. Konturen des modernen Synkretismus,
Gütersloh 1996, 313–322.

---

60 Ebd., 404.

– Homo Pauper, Stuttgart 1993.
– Figuren 1989/92, München 1993.
– „Ich antworte, dass man mit dem Hirn und nicht mit den Händen malt." Über-legungen zum Phänomen der Künstlertheorie, in: Zacharias, Wolfgang (Hg.), Schöne Aussichten? Ästhetische Bildung in einer technisch-medialen Welt, Essen 1991, 191–212.
Nicolai, Philipp, FrewdenSpiegel des ewigen Lebens, Frankfurt a. M. 1599, Faksimile-Neudruck, SWB 23, Soest 1963.
Ogden, Thomas H., Gespräche im Zwischenreich des Träumens. Der analytische Dritte in Träumen, Dichtung und analytischer Literatur, Gießen 2004.
Pethes, Nicolas, Mnemographie. Poetiken der Erinnerung und Destruktion nach Wal-ter Benjamin, Tübingen 1999.
Pflichthofer, Diana, „Wer, wenn ich schriee, hörte mich denn …?" Die trostlose Couch?, in: Wellendorf, Franz / Wesle, Thomas, Über die (Un)möglichkeit zu trau-ern, Stuttgart 2009, 344–363.
Pfeiffer, Ernst (Hg.), Sigmund Freud – Lou Andreas-Salomé. Briefwechsel, Frankfurt a. M. [2]1980.
Ricœur, Paul, Der Konflikt der Interpretationen, Bd. 2, Hermeneutik und Psychoana-lyse, München 1974.
– Wege der Anerkennung. Erkennen, Wiedererkennen, Anerkanntsein, Frankfurt a. M., 2006.
Riedel, Ingrid, Engel der Wandlung. Die Engelbilder Paul Klees, Freiburg i. Br. 2000.
Rilke, Rainer Maria, Werke, Kommentierte Ausgabe (KA), Bd. 2, hg. von Engel, Man-fred / Fülleborn, Ulrich / Nalewski, Horst / Stahl, August, Frankfurt a. M. / Leip-zig 1996.
Sachsse, Ulrich, Shit happens – Sinngebung bei schweren Persönlichkeitsstörungen, in: Posner, Werner / Echterhoff, Silke / Schröter, Hartmut (Hg.), Krisen erleben, Lengerich 2008, 167–187.
Steinmeier, Anne M., Ethik ins Werk. Eine praktisch-theologische Annäherung an Thomas Lehnerer (1955–1995), in: Steinmeier, Anne M. / Klie, Thomas (Hg.), Kul-turkontakt, BThZ 24, 2007, 48–79.
– Poesie der Seele. Zur Kunst der Seelsorge in Gespräch und Liturgie, in: WzM 60, 2009, 263–281.
– Kunst der Seelsorge. Religion, Kunst und Psychoanalyse im Diskurs, Göttingen 2011.
Stern, Daniel, Der Gegenwartsmoment. Veränderungsprozesse in Psychoanalyse, Psy-chotherapie und Alltag (2005), Frankfurt a. M. [2]2007.
Stoellger, Philipp, Das Imaginäre des Todes Jesu. Zur Symbolik zwischen Realem und Imaginärem. Eine Variation der ‚Symbolik des Todes Jesu', in: Assel, Heinrich / As-kani, Hans-Christoph, (Hg.), Sprachgewinn. Festschrift für Günter Bader, Berlin 2008, 41–62.
Tillich, Paul, Der Mut zum Sein, in: Tillich, Paul, Sein und Sinn. Zwei Schriften zur Ontologie, GW XI, [3]Frankfurt a. M. 1982, 13–139.
Ziemer, Jürgen, Rituale. Schwierige Übergänge, in: Eulenberger, Klaus / Friedrichs, Lutz / Wagner-Rau, Ulrike (Hg.), Gott ins Spiel bringen. Handbuch zum Neuen Evangelischen Pastorale, Gütersloh 2007, 192–198.

Das eigene Sterben denken

ANDRAS URS SOMMER

Wer das eigene Sterben denken will, denkt zunächst an der Sterben der anderen. Ich denke etwa daran, wie jüngst das Leben meiner Großmutter in wahrhaft biblischem Alter langsam erloschen ist, während ihr Sohn ihr aus Selma Lagerlöfs *Christuslegenden* vorlas. Ich denke daran, wie meine Mutter vor einem Vierteljahrhundert ihr Leben jäh bei einem Verkehrsunfall verlor. Ich denke daran, wie ein Freund, B., sich vor ein paar Monaten in die Garage begab, alles abdichtete, sich in sein altes Cabriolet setzte, den Motor anließ und auf den Tod wartete, der nach wenigen Minuten eingetreten sein muss. B. war das, was man einen glücklichen Menschen zu nennen pflegt: Eine wunderbare Ehe hatte ihn viele Jahrzehnte beflügelt, sein Sohn und dessen Kinder machten ihm viel Freude, der Rückzug aus dem Berufsleben hatte ihm fast unbeschränkten finanziellen Spielraum gelassen. Im Vollbesitz seiner Manneskräfte hatte er noch einen Monat vor seinem Suizid in unserem Garten eine riesige Baumwurzel aus dem Boden gehievt – eine Leistung, zu der ich, immerhin dreißig Jahre jünger, nie im Stande gewesen wäre. B. war das, was man einen ganzen Kerl nennt. Sicher, es hatten sich da und dort die Schwächen des Alters angekündigt; eine Operation stand bevor, aber – fragen sich seine Frau und sein Sohn, die B. und die Welt nicht mehr verstehen – kann das denn ein Grund sein, seinen eigenen Lebensfaden brüsk durchzuschneiden? Hat B. denn keinen Augenblick lang an sie gedacht? Liebevoll gepflegt hätten sie ihn, wäre es nötig geworden, daran besteht kein Zweifel. Aber offensichtlich wollte B. so sterben, wie er gelebt hat – entscheidungsfreudig und stark. Er wollte für sich kein neues Leben erfinden – ein Leben, in dem er vielleicht nicht mehr hätte tanzen gehen können, in dem ihm Hammer, Bohrer oder Schaufel vielleicht nicht mehr gehorcht hätten, in dem er sich vielleicht nicht mehr an einem guten Glas Wein oder an einem feinen Essen hätte erfreuen können. Es scheint, als ob B. sich selbst treu geblieben sei; er wollte augenscheinlich keine Kompromisse machen. Auch mit dem Tod nicht.

Noch an ein anderes Sterben denke ich, wenn ich über mein eigenes Sterben nachdenken soll. Ein Sterben, an das zu denken ich lieber vermeide. Ich habe Herrn T. nicht gekannt, als ich um 4 Uhr morgens in seine Wohnung kam. Die Rettungsdienstleitstelle hatte mich als Notfallbegleiter des Greifswalder Kriseninterventionsteams hingeschickt, um Frau T. zu betreuen, die ihren Ehemann im Badzimmer sterbend aufgefunden hatte. Herr T. hatte sich anscheinend mit der ihn schwer beeinträchtigenden Demenz nicht abfinden wollen. In einem lichten Augenblick muss ihm der Griff zum Küchenmesser als einziger Ausweg aus diesem Leben vorgekommen sein. Der Anblick, der sich seiner Frau, dann dem Notarzt und der Polizei, schließlich mir als Notfallbegleiter im Badezimmer bot, war entsetzlich. Seither frage ich mich – mit dem Bild des verbluteten Herrn T. vor Augen –, weshalb jemand, der dieses Leben nicht mehr leben will, in Deutschland zu einer derart brachialen Todesart gezwungen wird. Weshalb kann man nicht zum Arzt und danach in die Apotheke gehen, um sich eine hinreichende Dosis Natrium-Pentobarbital zu besorgen, mit deren Hilfe man dann gelassen den Sterbeweg in Angriff nehmen könnte, vielleicht sogar begleitet von seinen Angehörigen, die nicht fürchten müssten, wegen unterlassener Hilfeleistung von den Strafverfolgungsbehörden belangt zu werden?

Man darf sich fragen, weshalb das Sterbenwollen kein legitimer Wunsch eines Menschen sein darf – und weshalb jemand nicht das Recht haben sollte, diesen Wunsch auf möglichst schmerzlose Weise zu verwirklichen. Es ist sonderbar, dass ein Zwang zum Leben zu den politischen Grundgeboten unserer Gesellschaft zu gehören scheint, obwohl die religiöse Basis dieses Zwangs zum Leben, dass nämlich eine höhere Macht namens Gott einzig und allein Verfügungsberechtigung über das Leben habe, längst nicht mehr Mehrheitsmeinung ist.

Wer einen Beleg dafür braucht, dass wir in einer „Spaßgesellschaft" leben (eine Auffassung, gegen die sonst einiges spricht), könnte ihn im allgemeinen Widerwillen gegen ein „nicht natürliches" Lebensende finden. Dann würde man etwa folgendermaßen argumentieren: Der durchschnittliche europäische Staat hält sich nicht länger für berechtigt, bei Kapitalverbrechen auch Kapitalstrafen zu verhängen, sprich: Mord mit der Todesstrafe zu ahnden, weil ihre Vollstreckung der Menschenwürde und den Menschenrechten widerspräche (dabei lässt man sich ungern die Frage gefallen, ob man denn die in Nürnberg verurteilten Kriegsverbrecher oder womöglich gar Goebbels, Himmler und Hitler wirklich hätte „lebenslänglich" in Berlin-Spandau einsitzen lassen wollen). Der durchschnittliche mitteleuropäische Staat tut sich ebenso schwer damit, seinen Soldaten öffentlich hörbar das Töten anderer Menschen zu befehlen, wozu Soldaten nun einmal da sind. Man spricht stattdessen verschämt von „Wiederaufbauhilfe", von „Personenschaden" statt von getöteten Feinden, bei den Toten in den eigenen Reihen von Unfall- oder Anschlagsopfer statt von Gefallenen. Diese Art des Sprechens und der verschämte Umgang mit dem staatlichen Gewaltmonopol indizieren offenkundig, dass man niemandem – zumindest nicht dem heimischen Publikum, d. h. den Wählern – den Spaß verderben will. Spaß am Leben erscheint als ein ehernes Gebot, gegen das schamlos derjenige verstößt, der seinem Leben ein eigenes Ende bereitet. Wer sich dem Leben unter den jeweils gegebenen Umständen verweigert, verweigert sich dem Spaß. Suizid subvertiert die Grundlage der Gesellschaft, nämlich Spaß haben zu müssen. Deshalb ist Suizid heutzutage geächtet.

Aber die Reduktion darauf, dass Suizid den Spaß verderbe und deshalb unter uns nicht wohlgelitten sei, greift zu kurz. Denn diese Erklärung setzt schon voraus, was sie beweisen will, nämlich dass Spaß der oberste Wert unserer Gesellschaft sei und jedes „nicht natürliche" Lebensende diesen Spaß verderbe, daher geächtet werde. Jedoch kann auch ein ganz anderer, oberster Wert dieselbe Ächtung nach sich ziehen, zum Beispiel, wenn das Leben selbst und das Leben um jeden Preis als oberster Wert gilt. Immerhin ist auffällig, dass der Suizid keineswegs nur in unserer Gesellschaft verabscheut wird (hier vielleicht noch am wenigsten), sondern in unterschiedlichsten kulturellen und sozialen Zusammenhängen. Vielleicht rührt dieser Abscheu eher daher, dass der Suizid unabweisbar die Frage an die Zurückbleibenden stellt, warum sie denn noch leben. Der Suizid fragt die Zurückbleibenden unerbittlich, ob es sich denn für sie zu leben lohnt. Und ob ihr Leben zu rechtfertigen ist. Da man darauf keine wirkliche Antwort zu haben pflegt, verunglimpft man den Suizidanten lieber als moralisches Monster.

Aber vielleicht bin ich auch hier wieder vorschnell und verkenne das vorsichtig-zurückhaltende Verständnis, das man Suizidanten und Suizidwilligen mittlerweile entgegenbringt. Über weite Strecken kann von deren Verunglimpfung als moralischen Monstern keine Rede mehr sein. Doch die Frage von Seiten der Suizidanten und Suizidwilligen an die Suizidunwilligen bleibt bestehen: Warum willst Du am Leben bleiben? Aus dieser Frage folgt leicht die Erkenntnis, dass nicht das Sterben oder der Tod, sondern das Leben das eigentliche, dem Menschen aufgegebene Problem ist.

Weshalb spreche ich über das Sterben allgemein und über das Sterben anderer, wo ich doch über das eigene Sterben nachdenken sollte? Tue ich das, weil ich dem eigentlichen Thema geflissentlich ausweichen will – weil ich mich scheue, die Beschränktheit meiner selbst reflektierend in den Blick zu nehmen? Abstrakt und theoretisch lässt sich über diese eigene Beschränktheit, die Endlichkeit des Daseins ja trefflich ein feines Wortgewebe spinnen. Aber in der Praxis scheine ich doch viel lieber über den Tod der anderen zu sprechen. Bin ich erleichtert darüber, dass mich dieser Tod selbst bisher noch nicht getroffen hat und spreche also über den Tod den anderen, um mir den eigenen möglichst fern zu halten? Oder ist vielmehr der Tod der anderen der einzige Tod, über den ich sprechen kann, mangels Erfahrung mit dem eigenen Tod? Natürlich könnte man sich mit dem alten philosophischen Spruch helfen, das ganze Leben sei ein Sterben, so dass die eigene Lebenserfahrung auch immer schon eine Sterbeerfahrung sei. Aber wenn sich Leben und Sterben nicht unterscheiden, wäre auch das Nachdenken über das eigene Sterben nur ein Nachdenken über das eigene Leben. Gewiss ist ein solches Nachdenken nicht die schlechteste Art und Weise, seine Zeit zuzubringen. Aber wenn Leben und Sterben zusammenfallen, bleibt doch reichlich unklar, worum es denn im Nachdenken über das eigene Sterben noch gehen soll.

Gemeinhin wird Sterben, oder genauer: das Totsein, für ein Lebewesen als Übel angesehen. Lebewesen sind dazu bestimmt, zu leben. Leben sie nicht mehr,

ist das schlecht für sie. Nun haben schon die antiken Stoiker ein Verfahren entwickelt, mit den angeblichen Übeln umzugehen, die einen als Menschen bedrängen. Dieses Verfahren nannte sich *praemeditatio malorum*, die geistige Vorweg-
nahme von Übeln durch stete, bewusste Vergegenwärtigung: Es bedeutet, sich
auszumalen, was wäre, wenn einem diese Übel widerführen. Man soll sich das
Leben so vor das geistige Auge stellen, als ob dieses Leben jeweils die schlimmst-
mögliche Wendung nähme.

Die *praemeditatio malorum* im Blick auf mein eigenes Sterben – nicht auf
mein Leben im allgemeinen, sondern auf die allerletzte Phase meines Lebens vor
meinem Nichtmehrsein – würde nicht in plüschernen Gemütlichkeiten bestehen. Ein friedvolles, warmes und kuscheliges eigenes Ende, in höchstem Alter,
im Kreise seiner Lieben ruhig zu entschlafen, nachdem man den Nachgeborenen
noch einige bedeutsame Lebens- und Sterbeweisheiten mit auf den Weg gegeben hat, ist zwar jedem zu wünschen, jedoch als Vorstellung, die philosophisch-
therapeutisch wirken soll, ungeeignet. Die Frage ist nicht, wie ich denn mit meinem Sterben umgehen kann, wenn es mir gar keine Probleme bereitet – denn
dann gibt es gar keine Frage –, sondern wie es wäre, wenn mein Leben auf
grausame, schmerzvolle, einsame Weise ein Ende nähme. Diese *praemeditatio
malorum* würde nicht davor zurückschrecken, sich dieses mein eigenes Sterben
in allen entsetzlichen Details, die ein Unfall, eine Krankheit oder völliges Verlassensein mit sich bringen kann, vor das innere Auge zu stellen.

Vielleicht wird manch einer vor einer solchen Übung angewidert zurückschrecken: Was für eine perverse Lust an der Selbstquälung muss jemanden
überkommen, wenn er sich solchen Phantasien hingibt? Ist es nicht widerwärtig
abgeschmackt, sich angesichts des eigenen Sterbens in einen regelrechten Blut-
rausch zu versetzen? Ist es nicht viel angemessener, vornehm den Mantel des
Schweigens über das eigene Sterben zu breiten und sich nur verhalten darüber zu
freuen, dass dieses eigene Sterben noch nicht da ist?

Jedoch ist auch diese vornehme Zurückhaltung nicht ohne Risiko. Denn wenn
man es sich in der eigenen Gegenwart zu behaglich macht, ist man für das künf-
tige Unglück womöglich nicht gerüstet. Es mag beruhigend sein, sich vorzustellen, dass es immer so gradlinig weiter gehen wird wie bisher, und man auch
dem Tod in ruhiger Gradlinigkeit werde begegnen können. Aber es ist sehr die
Frage, wie weit diese beruhigende Vorstellung trägt. Denn was passiert, wenn die
Gradlinigkeit abbricht und man sich dann doch in einen gähnenden Abgrund
taumeln sieht? Da wäre derjenige besser gewappnet, der immer schon vorweg-
genommen hat, dass sich ein solcher Abgrund kaum würde vermeiden lassen –
oder dass jedenfalls immer damit zu rechnen sei.

Die Stoiker wollten sich mit ihrer *praemeditatio malorum* offensichtlich nicht
an einer masochistischen Lust am unvermeidlichen eigenen Untergang laben.
Die *praemeditatio malorum* hat eher den Charakter eines existentiellen Tests: Sie
soll, sozusagen auf dem Trockendock, die Hochseetauglichkeit meines Lebens-

entwurfes überprüfen. Was wäre meine Art zu leben wert, wenn ich mein Leben jetzt unmittelbar und womöglich unter Qualen lassen müsste? Hat meine Art zu leben auch dann vor mir selbst Bestand, wenn ich alles verliere, was äußerlich mein Dasein ausmacht: Gesundheit, Job, Vermögen, Ansehen, Familie, Freunde, schließlich das Leben selbst? Dieser existenzielle Test der *praemeditatio malorum* ist sichtlich ein Härtetest: Ich will herausfinden, wie weit ich beim Verzicht gehen kann, ohne mich selbst zu verlieren. Und es könnte sich bei diesem Test leicht herausstellen, dass mich in meinem Dasein bereits der Verlust des Jobs so aus der Bahn wirft, dass ich meine Art zu leben für gänzlich gescheitert halte. Der Test der *praemeditatio malorum* kann daraufhinwirken, dass ich Prioritäten neu verteile und mich wenigstens partiell gegen die Anfechtungen des Schicksals immunisiere. Man muss ja nicht gleich mit den Stoikern der Ansicht sei, die *praemeditatio malorum* belehre darüber, dass all die Dinge, die wir gewöhnlich wertschätzen: Gesundheit, Job, Vermögen, Ansehen, Familie, Freunde, das physische Leben selbst, eigentlich völlig wertlos, weil unbeständig seien, und dass es einzig und allein auf die Tugend ankomme, die sich auch unter den widrigsten Umständen bewähren müsse. Die Stoiker wollten in ihrer *praemeditatio malorum* deutlich machen, dass das, was wir gewöhnlich für Güter halten, eben gar keine Güter seien, aber andererseits war ihnen ebenso wichtig, darzustellen, dass die vermeintlichen Übel – Krankheit, Jobverlust, Bankrott, Ehrlosigkeit, Freunde, die zu Feinden werden, eine Familie, die sich abwendet – eben auch gar keine Übel seien. Denn die Tugend bleibe davon ganz unberührt.

Nun mag man seine Schwierigkeiten mit dem stoischen Tugendmonismus haben. Und man wird vielleicht die irdischen Güter auch nicht ganz so geringschätzen, weil uns nicht mehr wirklich klar ist, was bliebe, wenn die Tugend bliebe. Aber auch in weniger radikaler Form kann die *praemeditatio malorum* als Test dienlich sein, nämlich dazu, die Gewichte zu justieren, die man den vermeintlichen Hauptbestandteilen seines Lebens einräumt: Wie würde ich mein Leben leben, wenn ich krank oder arbeitslos oder ohne Familie wäre? Sähe meine Lebensgestaltung grundlegend anders aus – und wenn ja, sollte ich nicht mein jetziges Leben so gestalten, dass es auch mit diesen Eventualitäten umgehen könnte?

Prämeditationen sind allerdings nicht ungefährlich, denn je nach Anwendung zeitigen sie genau den gegenteiligen Effekt, als er von den stoischen Vätern der Methode intendiert war: Denn wenn ich das, was ich im Augenblick gerade mein eigen nenne, zur Disposition stelle und es gleichzeitig doch für ein wünschenswertes Gut halte, kann ich leicht von Sorge zerfressen werden. Stelle ich mir beispielsweise vor, die große Liebe, die mich derzeit mit meiner Partnerin verbindet, werde künftig in Brüche gehen, dann ist eine vorauseilende Verzweiflung nicht weit, die mir selbst das große Liebesglück der Gegenwart bitter schmecken lässt. Andererseits stelle ich äußerst ungern in Abrede, dass das Liebesglück ein Gut sei – was ich tun müsste, wollte ich dem stoischen Gebot genügen, nur die Tugend für ein Gut zu halten, alles andere hingegen für gleichgültig. Die *praemeditatio malorum* ist also kein ganz einfach zu handhabendes Instrument. Wer sich ihrer bedient, um herauszufinden, was sein Leben eigentlich ausmacht, bewegt sich auf einem sehr schmalen Grat zwischen Beruhigung und Verzweiflung. Aber da wir ohnehin geneigt sind, über Künftiges uns in der einen oder anderen Weise Sorgen zu machen, kann es nützlich sein, dieser intuitiven Praxis des Sich-Sorgens den Rahmen einer philosophischen Übung zu geben. Die *praemeditatio malorum* leitet an zur Relativierung dessen, was ich für unentbehrlich halte. Sie leitet an zur Selbstrelativierung.

Bei all diesen prämeditativen Überlegungen bleibt man freilich im Modus des Als-Ob: Was wäre, wenn... Es ist ja keineswegs ausgemacht, dass die fraglichen Dinge tatsächlich passieren; vielleicht lebe ich ja immerzu fort in voller Gesundheit, mit Job, Vermögen, Ansehen, Familie und Freunden. Das einzige der vorwegzunehmenden *mala*, das mit Sicherheit eintritt, ist der Tod: Wie immer sich mein Leben sonst gestalten mag, ist es sicher, dass es nicht immerzu fortdauert. Der Tod ist das einzige *malum*, dessen Eintreten wir als gewiss annehmen müssen. Im Unterschied zu allen andere, bloß möglichen *mala* tritt der eigene Tod mit Sicherheit ein. Ihn wenigstens gedanklich vorwegzunehmen, ist daher auf jeden Fall geraten. Dann ist es unerlässlich, das eigene Sterben zu denken.

Dabei muss man sich nicht das Sterben in seinen schlimmstmöglichen Formen vor Augen stellen. Ich brauche mir keine besonders grausam Todesart auszudenken, um mich mit dem Umstand zu konfrontieren, dass ich eines vielleicht nicht fernen Tages nicht mehr sein werde. Ist diese Konfrontation nicht schon schockierend genug? Fühle ich mich nicht eigentlich als ein Wesen, das zur Ewigkeit bestimmt ist – als ein Wesen, dem es nicht angemessen ist, sterben zu müssen?

Jahrtausende europäischer und vorderasiatischer Denk- und Religionsgeschichte zehren von der Vorstellung, der Mensch sei zur Unsterblichkeit bestimmt und streife mit seinem physischen Tod nur eine lästige Hülle ab, um danach vom Körper unbelästigt eine rein geistige Existenz zu führen. Jedoch hat die Intensität und die Bestimmtheit dieser Unsterblichkeitshoffnung in den letzten zwei, drei Jahrhunderten merklich abgenommen. Zunächst ist die Gewissheit zerbrochen, dass der Mensch ein duales Wesen aus Körper und Geist sei, die mehr oder weniger zufällig zusammengefügt wurden. Wir haben erhebliche Schwierigkeiten, den Glauben aufzubringen, irgendeine Form von Geist vermöchte unabhängig von einem Körper zu existieren. Alle uns bekannten Formen von Geist treten in Gemeinschaft mit einem Körper auf.

Man könnte vermuten, dieser Gewissheitsverlust in Sachen Körper / Geist-Dualismus und Unsterblichkeit habe den Menschen in eine bodenlose Angst gestürzt; es gelinge ihm nicht mehr, sich mit seinem Dasein zu arrangieren, wenn es keinen Ausgang in die Unsterblichkeit mehr habe. Jedoch ist von dieser Angst, zu einer definitiven Sterblichkeit verdammt zu sein, nur wenig zu spüren. Wir scheinen keine großen Qualen mehr zu durchleiden angesichts der Tatsache, dass uns die Gewissheit einer persönlichen Unsterblichkeit abhanden gekommen ist. Die Antwort „Unsterblichkeit!" auf so viele bange Fragen nach dem Warum und dem Wozu des Daseins provoziert heute unter durchschnittlich säkularisierten Mitteleuropäern selten mehr als ein Achselzucken: Was sollte ich mit der Unsterblichkeit auch anfangen? Dieses Achselzucken ist ein starkes Indiz dafür, dass uns mittlerweile nicht nur die Antwort „Unsterblichkeit!" abhanden gekommen ist, sondern auch die Frage, auf die „Unsterblichkeit!" eine Antwort sein soll. Das heisst nicht, dass wir nicht mehr nach dem Warum und dem Wozu des eigenen Daseins fragen. Sondern wir stellen diese Fragen nach dem Warum und Wozu nicht mehr so, dass sie eine Antwort provoziert, die jenseits dieses eigenen Daseins liegt, in einem imaginären Anderswo und Anderwann. Die Frage nach dem Warum und dem Wozu des Daseins verlangt heute eine Antwort in dieser Welt und nicht jenseits von ihr. Der durchschnittlich säkularisierte Mitteleuropäer ist keineswegs gleichgültiger, abgestumpfter, verblendeter als seine gläubigen Vorfahren. Er hat nur ein paar Illusionen abgestreift, an deren Persistenz manche Kreise interessiert sind. Der durchschnittlich säkularisierte Mitteleuropäer trauert dem Unsterblichkeitsphantom kaum nach, denn er wüsste nicht mehr anzugeben, wozu ihm dieses Phantom dienen sollte.

So wird man vielleicht annehmen, der durchschnittlich säkularisierte Mitteleuropäer werde nichts so sehr fürchten wie die Konfrontation mit seinem eigenen Sterben, damit er sich, wenn er schon keinen Unsterblichkeitsglauben mehr hat, wenigstens dem Trugbild eines ewig verlängerten hiesigen Daseins hingeben kann. Aber tut er das wirklich?

Wenn ich an mein eigenes Sterben denke, verschiebt das die Gewichte. Zum einen relativiert es die Gegenwart, es relativiert die Wichtigkeit meines eigenen Seins. Zum anderen aber gibt dieser von den Illusionen über ein mögliches Nachher und Jenseits befreite Blick meinem jetzigen, hiesigen, einzigen Leben erst seinen Wert: Hier und jetzt, nicht anderswo und anderswo muss ich das tun, was ich tun will. Der Wert des Lebens liegt in seinen Konkretionen und nicht darin, unendlich viele Möglichkeiten zu haben, die ein endlich begabtes Wesen ohnehin nicht ausschöpfen kann, selbst wenn es eine Ewigkeit lang Zeit hätte

Das Nachdenken über das eigene Sterben zeigt eines. Es zeigt, dass Sterblichkeit nicht furchtbar, entsetzlich, schockierend ist. Es zeigt, dass Sterblichkeit tröstlich ist. Tröstlich ist meine Sterblichkeit nicht, weil mein Leben ein Jammertal wäre, aus dem so schnell wie möglich herauszukommen für jeden höchst wünschenswert sein müsste. Vielmehr ist meine Sterblichkeit tröstlich, weil mein Tod mich als endliches Wesen vom Druck der Unendlichkeit befreit. Vom Druck, unendlich viele Möglichkeiten zu haben. Unsterblichkeit, wie sie sich Priester und Philosophen ausgemalt haben, wäre für beschränkte Wesen die schlimmste Strafe, die sich ausdenken lässt. Als endliche, menschliche Wesen sind wir der Unsterblichkeit nicht gewachsen. Der Tod nimmt Möglichkeiten. Und das ist tröstlich. Die Unbegrenztheit von Möglichkeiten ist mir nicht angemessen. Besser ist es, in einer beschränkten Zeit eine beschränkte Anzahl von Möglichkeiten zu verwirklichen. In dieser Verwirklichung liegt das Glück, das mir in der Unendlichkeit versagt bliebe.

Das Nachdenken über das eigene Sterben zeigt noch ein anderes. Es zeigt, dass nicht der Tod, sondern nur das Leben ein Problem darstellt, nämlich wie ich es gestalte angesichts der Fülle von Möglichkeiten, die verwirklicht werden könnten. Angesichts des Todes wird das Leben sich bewusst. Es wird zum Problem.

Angesichts des eigenen Sterbens kann ich anders leben – so leben, dass ich damit zufrieden bin, nur dieses Leben zu haben. Auf den Akt des Sterbens kommt dabei nicht viel an. Und doch will man im Sterben dem Leben, wie man es gehabt hat oder wie man es sich zumindest zu haben gewünscht hat, treu bleiben. So wie der Freund B. seinem Leben auch in seinem Sterben noch treu geblieben ist, indem er zu sterben beschloss. Das bedeutet, dass ich mein Sterben allenfalls in die eigene Hand nehmen darf.

Das Sterben ist ebenso wenig ein Übel wie der Tod. Es kommt nur darauf an, was man mit dem Leben macht, wenn man sich sein eigenes Sterben und sein eigenes Todsein vor Augen gestellt hat. Diese Vergegenwärtigung des eigenen Sterbens und des eigenen Todseins verhindert, dass man sein Leben zu leben vergisst. Das eigene Sterben ist ausgesprochen heilsam. Das eigene Sterben entlastet von der grausamen Qual, ewig sein zu müssen.

Die Gabe des Lebens als die Auf-Gabe meiner Selbst

Eine Meditation über mein eigenes Sterben?

DIETER WEBER

„Wofür gibst Du Dein Leben hin? Für was, für wen?" Mit dem Älterwerden stellt sich diese Frage immer dringlicher. Denn zum Älterwerden gehört das Gewahr-werden, dass es mich irgendwann nicht mehr geben wird. Zunächst aber kündigt die Frage „Wofür gibst Du Dein Leben hin?" einen Eigentumswechsel an: Mein Leben für einen Anderen, eine andere Sache? Die Aussage, ich kann mein Leben nicht behalten, weil ich sterben *muss*, klingt so banal wie schwer erträglich. Dass ich mein Leben nicht für mich behalten kann, wenn ich leben *will*, diese Einsicht wächst erst mit einer doppelten Erfahrung: Erstens mit dem Leiden an der Un-umkehrbarkeit der Zeit. Sie lehrt uns jetzt zu leben, denn wer zu spät kommt, den bestraft das Leben. Es wird kein „Früher", kein „Wie Früher" mehr geben, du hast deine Jugend hingegeben, deine Lebenszeit drangegeben – wofür?" Zwei-tens, was damit zusammenhängt, dem Wunsch, dem Leben Sinn und Wert zu geben, dem Wunsch nach einer gefüllten Zeit, einem erfüllten Leben. Nicht nur weil wir sterben müssen, sondern weil wir leben wollen und unserem Leben „Fülle" geben wollen, müssen wir unser Leben hingeben. Mit dieser Paradoxie möchte ich mich auseinandersetzen. Indem ich sie aufarbeite, will ich mich der Lebens-Aufgabe, die mir durch mein Sterben und Leben gestellt ist, nähern.

Ich gebe mich hin, damit es mich gibt

Die Frage des Älterwerdens „Wofür gibst Du Dein Leben hin?" verschleiert die ursprünglichen Eigentumsverhältnisse „unser" Leben bzw. von uns selbst betref-fend. Das kleine Kind kennt seinen Leib noch nicht als seinen. Es kennt seine af-fektiven Zustände noch nicht als seine eigenen. Es kennt sich nicht als sich selbst. Es muss sich selbst noch kennenlernen.[1] Es weiß noch nicht, dass es *es gibt*. Es versteht sich noch nicht „von selbst" und als ein Selbst. Es muss selbst noch erst auf die „Welt" kommen, leibhaftig, affektiv, als wollendes, denkendes, handeln-des Subjekt. In all seinem Sinnen, seinem Sehnen und Streben, seinem Wahr-nehmen und Bewegen teilt es mit, dass es einen anderen braucht, um genährt zu werden, sich zu spüren und zu erfahren, um es selbst zu werden. Seine Bedürf-

---

1 Vgl. Fuchs, Leib; Merleau-Ponty, Wahrnehmung; Dornes, Seele.

nisse legt es offen zu Tage.[2] Es kann nicht anders. Mit all seinen Sinnen gibt es sich einem Anderen hin: Der Rassel in der Hand, dem Spiel von Licht und Schatten an der Decke, dem Mobile über seiner Wippe, dem Lachen der Mutter und ihrer Brust, um seinen Hunger zu stillen und seinem Wunsch nach Wärme und Geborgenheit. Erst in dieser Hingabe an seine Außenwelt lernt es seinen Leib *als* seinen kennen[3], erfährt seine Umwelt *als* seine Umwelt[4], und dann auch seine Emotionen *als* seine Emotionen, kann ihrer als *seine* Gefühle[5] gewahr werden.

Im Prozess der Affektspiegelung kann das Kind nicht anders als sich in seinem affektiven Ausdruck einem Anderen hinzugeben. Es ist einerseits begabt mit der Fähigkeit elementare Affekte spontan zu äußern.[6] Andererseits ist es darauf angewiesen, dass seine Affekte von der primären Bezugsperson gespiegelt werden. Über diese Spiegelung seiner Affekte, Erwiderung seiner eigenen Hingabe, seines sich einem anderen Anvertrauens, empfängt das Kind sich in seiner Affektnatur[7], seiner affektiven Befindlichkeit wieder und bildet allmählich eine

---

2 Seine Bedürfnisse teilt das Kind als affektive Zustände (auf der Basis einer zunächst angeborenen Kompetenz) spontan mittels seiner Leiblichkeit mit (vgl. Panksepp, Affective Neuroscience; Downing, Emotion, 429 f.; Oster, Facial Expression, 261 f.; Dornes, Seele, 172 f.).

3 Zur Kennzeichnung des Prozesses der Verleiblichung, bzw. Einverleibung des „eigenen Leibes" spricht Thomas Fuchs im Anschluss an Maurice Merleau-Ponty von Inkarnation. Hierbei bezeichnet Inkarnation im engeren Sinne die Verleiblichung als „die Aneignung des zunächst in fremden oder widerspenstigen Empfindungen innerhalb der Leiblichkeit erscheinenden Körpers, die Bildung des motorischen und perzeptuellen Körperschemas. Im Gestaltkreis von spontaner Bewegung und Empfindung gewöhnt sich der Säugling an seinen Körper und lernt ihn zu beherrschen" (siehe Fuchs, Leib, 327, vgl. auch 326–328, 327; vgl. auch Gebsattel, Medizinische Anthropologie, 26 f.). „Der Säugling lernt in seinem Leib zu wohnen, er ‚gewöhnt sich an ihn'" (Fuchs, Leib, 126).

4 Im Blick auf die Einverleibung seiner Umwelt spricht Fuchs im Anschluss von Merleau-Ponty von Habituation: „Um ‚zur Welt zu sein' (Merleau-Ponty), muss der Leib erst ‚zur Welt kommen'" Fuchs, Leib, 328. Diese leibliche Aneignung der Welt beginnt mit der Geburt. Vgl. auch Merleau-Ponty, Wahrnehmung.

5 Im Anlehnung an Damasio spreche von Emotionen bzw. affektiven Zuständen als Körperzustände, in denen die leiblich / somatisch-vegetative Befindlichkeit integriert ist. Werden diese wahrgenommen, spricht Damasio von Gefühlen; gefühlte Gefühle sind bewusste Wahrnehmungen von Emotionen, (vgl. Damasio, Feeling, 67 ff. und ders., Spinoza-Effekt, 67 ff.). Die hiermit angedeutete Unterscheidung von Gefühlen und gefühlten Gefühlen vernachlässige ich hier. Damasio suggeriert, dass Emotionen allein durch physische Phänomene verursacht werden, weil sie sich nur auf der Basis physischer Prozesse realisieren lassen. Dass Emotionen und ihr mehr oder minder bewusstes Erleben als Gefühle oder gefühlte Gefühle immer eine physiologisch beschreibbare Grundlage haben, bedeutet aber nicht, dass sie auch durch soziokulturelle Prozesse bildbar sind, wie der weiter unten angesprochene Prozess der Affektspiegelung nahelegt.

6 Vgl. Panksepp, Affective Neuroscience.

7 Panksepp spricht im Blick auf die angeborenen Affekte, unserer Affektnatur im Sinne des elementaren „I" nach Mead, von dem Ego-core; vgl. Panksepp und Watt, The ego, 201 f. Diese Affektnatur als Kern eines leibhaftigen Ich differenziert sich über Interaktionsprozesse sozial aus.

sekundäre Repräsentanz seiner Affektnatur, wie sie sich jeweils in seinen affektiven Zuständen zeigt. Im Laufe seiner Entwicklung vermag dieser äußere Dialog
zwischen ihm und seiner primären Bezugsperson zum inneren zu werden. Der
Dialog zwischen seiner Affektnatur und der Einverleibung der sozialen Spiegelung / Erwiderung seiner Affektnatur einschließlich des sozialen Spiegels, zunächst dem signifikanten Anderen, vermag das Kind ein Selbst zu bilden und die
Erfahrung zu machen, dass es es gibt. Mit der Ausbildung einer sekundären Repräsentanz einhergehend, bilden wir eine Weise der Beziehung zu uns selbst aus
als Spiegel / Reflex der Beziehungsweise unserer primären Bezugspersonen[8] zu
uns. In diese Beziehungsweise eingeschrieben und durch sie hervorgerufen, ist
sowohl das Erleben meines Selbst, wie das Vertrauen in mich selbst als Spiegel
des Vertrauens, das uns die primäre Bezugsperson geschenkt hat.[9] D. h. die elementare Gabe, dass es mich gibt, ist das Er*geb*nis des geschenkten Vertrauens
der primären Bezugspersonen als Erwiderung meines mich bedingungslosen
Anvertrauens und des daraus resultierenden Selbstvertrauens und Vertrauens
in den Anderen.[10] Es gibt mich als mich Selbst, mein Selbst, weil ich mich einem
bejahten, erwiderten Vertrauen verdanke.

In dem das Kind sich Dingen, insbesondere aber Personen hingibt, kommt es
erst leiblich und sozial auf die Welt. Erst so beginnt das Kind es *selbst* zu werden
als unverwechselbares Individuum im Unterschied zu anderen Individuen. Deutet man dieses Geschehen im Anschluss an Mauss als eine elementare Form des
Gebens mit den drei Momenten von Geben, Empfangen und Erwidern / Weiter-
geben, dann lässt sich die Erwiderung der Selbst(-hin-)gabe des Kindes durch
die primären Bezugspersonen als eine Wandlung[11] der Gabe wie eine Verwand-

---

8 Diese von Spontaneität und Unbedingtheit gekennzeichnete Beziehungsweise unserer
primären Bezugspersonen zu uns – in gewisser Weise ausgelöst und somit doch bedingt durch
die „bedingungslose" Hingabe von uns selbst – kann als eine bedingte Unbedingtheit gefasst werden (vgl. Caillé, Anthropologie, 101 f.). Fehlt auf Seiten des Kindes diese bedingungslose Hingabe, fehlt das auslösende Moment für spontane, einfühlsame Beziehung der primären Bezugspersonen. Dieser frühe Interaktionsprozess wurde sehr genau untersucht von
Papoušek, Intuitive elterliche Kompetenzen, 4–10.

9 Genauere Darstellungen zur Affektspiegelung siehe Dornes, Seele; 172 f.; Fonagy et al.
Affektregulation, 182 f.

10 Diese Einsicht, die in der Analyse des wechselseitigen Anerkennens bei Fichte und Hegel
ihren Ausgang genommen hat, bei Mead sozialpsychologisch übersetzt und weiterentwickelt
wurde, hat durch die moderne Säuglingsforschung ihre empirische Bestätigung erhalten; vgl.
exemplarisch Dornes, Seele; Rochat, Others in Mind.

11 Vgl. Mauss, Die Gabe, 35 f.; zu Mauss' Theorie der Besessenheit und Selbsttranszendenz durch den Prozess der Gabe ausführlicher Schüttpelz, 171 ff., insbesondere 185 und die
Mauss-Interpretation von Moebius, Die elementaren (Fremd-)Erfahrungen 106 f. Der, der eine
Gabe empfängt, ist von ihr besessen – d. h. er nimmt sie nicht einfach in Besitz. Das Nehmen
nimmt einen selbst mit, woraufhin man fragen kann wie sehr, oder nimmt einen mit, wohin?
So oder so kündigt der Empfang der Gabe, und selbst wenn es nur die Erwiderung der eigenen Gabe ist, eine Verwandlung des Empfängers durch die Gabe an. Dass diese Verwandlung,

lung des Kindes, das von dem Empfang seiner erwiderten Selbsthingabe durch die primäre Bezugsperson besessen[12] ist und zu seiner Selbsttranszendenz führt: Es bildet ein Selbst als ein *sich* selbst verstehen (und als ein *Selbst* sich zu verstehen) im Unterschied zu (aus seiner Sicht) dem Nicht-Selbst eines Anderen. Es *eignet* sich seinen Leib als den *seinen*, seine Umwelt als die *seine*, seine Emotionen als die *seinen* an und wird darüber seiner selbst[13] gewahr, wird gewahr, dass *es es gibt.*[14] Wer oder was ist dieses „Es", das gibt? Das „Es" scheint zunächst das Kind in seiner bedingungslosen Hingabe zu sein – doch es geht darin nicht auf. Die Frage nach dem „Es" lässt sich nicht von seiner Tätigkeit, zu geben, getrennt verstehen.

Eine bestimmte Richtung in der Linguistik hat diesen Sprachgebrauch von: „es gibt etwas", als Ergebnis eines Prozesses der Grammatikalisierung des Verbs „geben" rekonstruiert. Dabei verliert das Verb „geben" immer mehr semantisch entleert und erfüllt nur mehr die Rolle eines Hilfsverbs wie „sein" oder „haben". D. h. der Satz „morgen *gibt* es Regen", kann ersetzt werden durch: „morgen *wird* es regnen" und umgekehrt.[15] Im Anschluss an Husserl und Heidegger lässt sich dieser Wechsel vom Geben, ein Subjekt des Gebens beinhaltend, zum „es gibt" auf den Prozess der Gebung zurückführen, „reduzieren". Im Prozess der Gebung als Phänomenwerdung (*dass* etwas „letztlich", d. h. für uns nicht mehr hintergehbar erscheint), ist ein „Subjekt" als Geber und ein Subjekt als Empfänger nicht mehr erkennbar.[16] Vielmehr scheint ein Viertes auf, das diesseits von Geber, Gabe und Empfänger liegt. Das Eigentümliche der Bildung des Selbst, dass es mich gibt, ist gerade, dass dieses Vierte, dass es mich gibt, nicht nur in gewisser Weise Voraussetzung, sondern Ergebnis „meiner" Hingabe ist. Dieses Vierte = die Gebung besteht als Voraussetzung meiner Hingabe, man könnte sagen: ‚Es gibt mich gewissermaßen *als* Möglichkeit und intendierte Wirklichkeit',

---

die sich aus dem frühkindlichen Interaktionsprozess mit seinen primären Bezugspersonen ergeben kann, durchaus auch destruktiv sein kann, mögen jene tiefgreifenden Persönlichkeitsstörungen sein, wie sie Fonagy als Ergebnis eines misslingenden Prozesses der Affektspiegelung beschrieben hat (vgl. Fonagy / Target, Neubewertung, 855).

12 Besessensein meint nicht notwendig Besessenheit. Das Besessensein ist hier mehr im Gegensatz zu dem Besitzen und über etwas verfügen als Eigenem, Angeeignetem gemeint. In einem zweiten Schritt komme ich auf dieses Besessensein von der Erwiderung der Lebenshingabe des Kindes durch die primäre Bezugsperson zurück, wenn es um die Frage des Vertrautseins mit sich und der primären Bezugsperson, dem, was das Kind als das Eigene empfindet, und des sich selbst Besitzens, geht.

13 Zur elementaren Bedeutung des Selbstgefühls vergleiche die Novalisexegese von Frank; vgl. Frank, Selbstgefühl.

14 Vgl. Weber, Ich gebe.

15 Vgl. Lenz, Grammatikalisierung von *geben,* 52 f.

16 Martin Lintner spricht im Anschluss an Luc Marion und Rolf Kühn von einer dreifachen Einklammerung: der des Empfängers, der des Gebers und der des Objekts der Gabe; vgl. Lintner, Schenken, 376; Marion, Étant donné, 121–168; Kühn, Mehr Reduktion – mehr Gebung, 75–78; ders. ‚*Es gibt',* 211 f.

dass ich mich *als mich* erleben kann, muss und will oder kurz gesagt, ‚es gibt mich als spontaner, präreflexiver Wille, dass es mich gibt'. Damit diese Möglichkeit als Wirklichkeit erlebt wird, werden kann, muss / will ich mich – spontan – hingeben. Man könnte auch sagen: Die erste Gebung = „es gibt" ist ein Wille, rekonstruierbar als meine Affektnatur. Die zweite Gebung = es gibt mich *als* mich = ich erlebe, dass es mich gibt als ein *selbst*, ist Er-geb-nis eines sozialen Prozesses: von spontaner Hingabe von mir und spontaner Erwiderung meiner Hingabe durch einen anderen. Damit ist unauflöslich ein Moment an Zeitlichkeit in das „Es gibt" eingezeichnet und damit einhergehend ein Moment des Dialogischen als Ermöglichungsbedingung des Reflexiven (dass es mich *als* mich gibt). Dieses „Es" des ‚es gibt mich' ist „größer" als wir selbst. Denn es ist nicht nur auf Seiten des Säuglings wirksam, sondern auch auf Seiten der primären Bezugsperson, die ebenfalls spontan intuitiv auf die Selbsthingabe des Säuglings reagiert. Auch in der primären Bezugsperson fallen aufgrund der Spontaneität der Erwiderung der Selbsthingabe Empfangen und Erwidern zusammen aber auch Verpflichtung und Spontaneität, Müssen und Wollen. Das „Es" des ‚es gibt mich' zeigt sich erst in diesem antizipierten und sich vollziehenden intersubjektiven Geschehen, in das die Interaktionspartner durch dieses Eigentümliche Ineinanderfallen von sich Hingeben / Erwidern müssen *und* wollen eingebunden sind und das damit über die Verfügbarkeit der Interaktanden hinausgeht. (Man könnte das „Es" gegen Freud entindividualisieren als Resonanz der Affektnatur des Säuglings und der sozialisierten Affektnatur der primären Bezugspersonen). Möglicherweise ist dieses „Es" als Energie einer ersten Gebung bereits als elementares Inter-esse, Zwischen-sein, Bezogen-sein auf einen Anderen in mir selbst angelegt. In diese Richtung weisen die Überlegungen von Stein Bråten. Bråten geht davon aus, dass so etwas wie ein companion space, ein Raum für einen virtuellen Anderen in uns angelegt ist, der die Erwiderung unserer Lebenshingabe antizipiert.[17]

Am Ende meines Lebens werde ich wieder auf diese erste Gebung zurückgeworfen: ‚Es gibt mich als präreflexiver, spontaner Wille, dass es mich gibt und mich in Zukunft geben kann'. Dieser Wille meldet sich in unvermeidlicher Weise als Todesangst, der Angst, dass es mich nicht mehr gibt – wenn gewissermaßen das Er-*geb*-nis der „zweiten" Gebung, dass „es mich gibt" in Frage gestellt wird. Dieser Wille ist nicht etwas, zu dem ich mich gänzlich reflexiv verhalten kann. Dieser Wille steuert selbst meine Reflexion, mein Denken.[18] Daher kann man

---

17 Vgl. Bråten, Dialogic Mind, 187 f.; ders, Virtual otherness, 139 f.

18 Dieser Wille, der mich zu spontaner Hingabe um meiner selbst willen führt, der auch den anderen spontan sich verpflichtet fühlen lässt und der reflexiv nie ganz eingeholt werden kann, lässt sich als eine energeia deuten, eine Energie. Diese aber lässt sich nicht ohne weiteres im Sinne Freuds als Triebenergie, die auf die leiblichen Bedürfnisse eines Individuums zurückgeführt werden kann, deuten. Eher ist sie der Idee der Affektlogik von Luc Ciompi vergleichbar (Ciompi, Affektlogik), da sie aufgrund ihrer Qualität zum einen nie ganz reflexiv

sagen: Dieser Wille ist etwas in mir, das mich will und das mich mit dem anderen verbindet. Auf diesen elementaren Aspekt dieses impliziten Bündnisses als Bedingung meines Werdens, komme ich später zurück.

Das „Es" beinhaltet also auch die / den Andere(n) (Mutter und Vater), denen das Kind sich anvertraut, die dieses Vertrauen nicht enttäuschen, weil sie sich spontan verpflichtet fühlen. Da aber dieses spontan sich verpflichtet Fühlen nicht etwas ist, das uns frei zur Disposition steht, zu dem wir uns frei verhalten können noch wollen, kann dieses „Es" genauer beschrieben werden als eine Energie, die den, der sich hingibt und den, der diese Hingabe erwidert, *sich spontan verpflichtet fühlen lässt*. Diese Energie, dieses „Es" ist das gelingende Geschehen der bedenkenlosen Lebenshingabe, dem Vertrauen des Kindes einem Anderen gegenüber, der diese Lebensgabe nicht veruntreut, sondern sogar „belohnt". Diese „Belohnung", diese Erwiderung erfolgt nicht nach dem Gleichheitsgrundsatz: Wie Du mir, so ich Dir. Sie folgt keinem Kalkül. Der Andere erwidert diese Lebenshingabe mit seiner eigenen Lebenshingabe – spontan.

Nach Mauss resultiert die Erwiderung einer Gabe aus einer Verpflichtung. Diese Verpflichtung ergibt sich daraus, dass durch den Empfang einer Gabe, der Empfänger verwandelt wird, er ist besessen von der Gabe des anderen. Es kommt zu einer komplexen Melange von Gabe (Sache) und Empfänger (Person). Und weil die Gabe, insbesondere die in der Gabe enthaltene Selbsthingabe, auch den Geber birgt und die Gabe selbst eine Vermischung von Geber und Gabe beinhaltet, kommt es im Empfang der Gabe nicht nur zu einer Vermischung von Gabe und Empfänger, sondern über die Gabe auch zu einer Melange von Empfänger und Geber.[19] Der so von der Gabe und dem Geber „besessene" Empfänger fühlt sich verpflichtet die Gabe zu erwidern. (Dass wir überhaupt von der Gabe und dem Geber besessen sein können, hat mit diesem elementaren, impliziten Verbundensein von Geber und Empfänger, zu erfahren, dass man selbst ist / wird und sich darum spontan hingibt, zu tun.) Übertragen auf das elementare Geschehen in der Interaktion von primärer Bezugsperson und Säugling lässt sich diese Erwiderung als eine spontane Verpflichtung der primären Bezugsperson gegenüber dem Säugling deuten. Diese spontane Verpflichtung der primären Bezugsperson ihrem Baby gegenüber ist in eine komplexe Interaktion eingebet-

---

einholbar und zum anderen nicht auf ein Subjekt begrenzbar ist. Vielmehr fungiert diese Energie als etwas übertragbares, miteinander teilbares, das zugleich die diese Energie miteinander Teilenden selbst verwandelt und sie sie selbst werden lässt. Bezogen auf diese letzten Merkmale findet diese kommunizierte Energie hier am deutlichsten ihre Entsprechung in der Idee des intermediären Raumes von Winnicott religionspsychologisch interpretiert (vgl. Winnicott, Übergangsobjekte, 11; Altmeyer, Innen, Außen, Zwischen, 48; vgl. Heine, Religionspsychologie, 194 f. vor allem 201 f.; Buber, Dialogisches Prinzip).

19 Mauss, Gabe, 173; hier wird aus der französischen Ausgabe übersetzt, da die deutsche Version von Mauss (1999, 52) nur die Hälfte des Satzes wiedergibt; vgl. auch Därmann, Fremde Monde, 102 f.

tet. Diese wird bereits mit der Geburt des Babys sinnfällig, erinnert aber letztlich an die Lebens*gabe*, das eigene Leben der Eltern betreffend. D. h. das Baby kann die Eltern ihrer eigenen Lebensgabe dankbar innewerden lassen.[20] In diesem offen zirkulären Prozess des Hin und Her und Weiter des Gebens ist, wie bereits versucht wurde deutlich zu machen, eine Energie enthalten. Diese manifestiert sich im Akt des Gebens im Geber, der etwas von sich hingibt, preis gibt und darin sich selbst hingibt, der sich aufgibt und verliert, ferner der Gabe, die den Geber und seine Hingabe irgendwie enthält, sowie dem Empfänger. Dieser erwidert aus einer Verpflichtung heraus diese Gabe, gibt zurück oder weiter. So sehr diese Energie sich im Prozess des Gebens, Empfangens und Erwiderns, in den Motiven des Gebers, der Macht der Gabe wie den Motiven und dem Besessensein des Empfängers manifestiert, geht sie doch nicht in diesem Akt des Gebens auf, hört nicht auf, erschöpft sich nicht darin. Sie liegt dem sich Hingebenden wie dem Empfänger, der diese Hingabe erwidern ‚muss‘ – wobei das Müssen von dem Wollen und dem Können sich nicht mehr klar unterscheiden lässt – immer voraus. Sie zeugt vielmehr von der uneinholbaren Lebensgabe, die wir nie ganz erwidern können, der wir uns verschuldet, verpflichtet fühlen im Sinne eines „zwanghaften" Wollens – letztlich ist es diese Lebensenergie, von der wir besessen sind. Sie zeugt aber auch von einem Verlust, davon, dass wir die Lebensgabe nicht bei uns behalten können. – Zeugt sie auch von dem so radikalen Verlust des Todes? Diese Frage drängt sich auf, ohne dass sie beantwortet werden kann.[21]

Eine erste Antwort auf die Frage: „Wozu geben wir unser Leben hin" könnte lauten: „Wir geben unser Leben hin, um es zu empfangen, oder noch pointierter, um überhaupt erst auf die Welt zu kommen und zu erfahren, dass es uns gibt". In dem das Kind dabei sich selbst als sich selbst erleben lernt, beginnt es sich von den primären Bezugspersonen zu teilen.

---

20 Die Gabe des Lebens, der sich die Eltern selbst verdanken, ist hier nicht nur auf ihre physische, sondern auch ihre soziale Geburt bezogen. In diesem Kontext sei nur auf den engen Zusammenhang von Feinfühligkeit von Eltern und Bindungsprozessen mit ihren Kindern und den Bindungserfahrungen der Eltern mit ihren eigenen Eltern hingewiesen, den die Adult Attachment Interviews (Interviews mit Erwachsenen, wie sie die Beziehung zu ihren Eltern erinnern) nahe legen (vgl. Main / Hesse / Kaplan, Predictability, 245 f.). Diese Weitergabe erfahrener Feinfühligkeit und Empathiefähigkeit der eigenen Eltern an die eigenen Kinder verläuft weitgehend spontan und präreflexiv und zieht genau aus dieser Spontaneität, Fraglosigkeit und Bedingungslosigkeit seine Energie, seine Wirksamkeit.

21 Hiermit wäre auf einen möglichen, rätselhaften Zusammenhang von Lustprinzip und Todesprinzip angespielt.

Ich will mein Leben teilen, um dazuzugehören

Im Gegenzug gewissermaßen als Reflex dieser elementaren Lebenshingabe äußert sich ein anderer Prozess der Lebenshingabe. In ihm sucht das sich von den primären Bezugspersonen teilende Kind mit ihnen *etwas* zu teilen. Waren die Lebensäußerungen des Kindes in den ersten Lebensmonaten eher expressiv, werden sie bei dem Kind, das seiner selbst gewahr wird, dass es es gibt, mehr und mehr intentional. Je mehr es sich nämlich im Zuge seines ,es *selbst*-Werden' von seiner Umwelt (insbesondere seiner primären Bezugsperson) zu teilen beginnt und weiß, dass *es* es als Individuum mit einem *eigenen* Leib, *eigenen* Emotionen, *eigenen* Gedanken, *eigenen* Intentionen gibt, *will* es *sein* Wahrnehmen und Bewegen, *sein* Sehnen und Streben, *sein* Denken und Handeln mit Anderen teilen. Diese Mitteilung äußert sich in der Geste des Zeigens[22], und zwar des protodeklarativen Zeigens: „Das Kind will durch das Zeigen seine Wahrnehmung mit der Mutter teilen, gerade weil es sich von ihr zu teilen beginnt. Dieses „Teilen-mit" und später das sprachliche „Mitteilen" setzen eine ursprüngliche Teilung voraus, die in der Mitteilung wieder überwunden wird."[23] Wiederum gibt das Kind sich hin, teilt es sich mit – nun aber nicht mehr jedem. Es teilt nicht mit jedem sein Leben, sondern mit dem, mit dem es vertraut[24] wurde, dem es sich anvertraut und der dieses Vertrauen beantwortet hat, der „Ja" zu ihm gesagt hat. Anderen, ihm nicht Vertraute gegenüber, fängt es an zu fremdeln.[25] Schon in diesem durch die Säuglingsforschung beschreibbaren Prozess, in dem wir erst gewahr werden, dass es uns gibt und wir erfahren, dass wir Leib und Leben und ein Selbst haben, können wir unser Leben nicht behalten. Alles beginnt schon a) mit einer Hingabe und b) dem Wunsch das eigene Leben und Erleben zu teilen. Eine zweite Antwort auf die Frage: Wofür geben wir unser Leben hin, scheint daher zu sein: „Weil wir es mit anderen teilen wollen." Und warum wol-

---

22 In der Säuglingsforschung wird zwischen protoimperativem und protodeklarativem Zeigen unterschieden. Drückt die Geste des protoimperativen Zeigens aus, „gib" mir, kommuniziert das protodeklarative Zeigen: „teile mit mir die Aufmerksamkeit für" (vgl. Dornes, Seele, 122 f.).

23 S. Fuchs, Leib, 277. Man könnte hier von einem symbolischen Prozess in seiner ontogenetischen Urform sprechen. Tomasello spricht von joint attention, geteilter Aufmerksamkeit. Bald ist es nicht nur die Aufmerksamkeit für etwas, was das Kind teilen will, sondern eine ganze Handlung, ein Spiel. Tomasello nennt dies „shared intention" (vgl. Tomasello, kulturelle Entwicklung, 84 f.; Tomasello u. a., Shared intentionality, 121f).

24 Die Erfahrung, dass es mich gibt, die eng verknüpft ist mit dem Prozess der Entwicklung des Selbst und hat ihren Kern in der Affektspiegelung.

25 Das Fremdeln und eine erste Schüchternheit setzen bezeichnenderweise mit der „Neunmonatsrevolution" ein, wenn das Kind in Folge der Affektspiegelung mit seinen primären Bezugspersonen vermutlich ein erstes Selbstgefühl und Vertrautheitsgefühl auch mit seinen primären Bezugspersonen gebildet hat (vgl. Rochat / Striano, Social-cognitive development, 3 f.; Rochat / Striano, Self-Other discrimination, 169 f.; Tomasello, Kulturelle Entwicklung, 94f und 118 f.).

len wir es mit anderen teilen? Weil wir erst in der Gemeinschaft mit anderen, mit denen wir unsere Perspektive, unsere Interessen, unsere Leidenschaften teilen, erfahren, dass es uns als dazugehörende gibt. Denn das, was wir teilen, was wir anderen geben, um es im Empfangen, Annehmen und in der Erwiderung in gewandelter Form wieder zu empfangen, ist nicht allein die Gabe, sondern immer auch wir selbst.[26] In dem wir unsere Perspektive mit anderen teilen, suchen wir nach Anerkennung, wollen wir als wir selbst(-ständig)[27] gewordene dazu gehören. In dem wir Teil haben an der Perspektive anderer, wollen wir Teil haben an etwas Größerem und mehr werden. In dem wir durch dieses *einander* Mitteilen und mit anderen *etwas* Teilen *uns* letztlich mitteilen können, können wir die Erfahrung machen, dass es uns gibt als zu anderen gehörend und andere als zu uns gehörend.[28]

In dem das Kind sein Leben mit anderen teilen und darin sich mitteilen will, setzt sich in gewisser Weise fort, was in der ersten Hingabe an das ihm begegnende begann. Aber diese neue Form der Hingabe geschieht unter einem Vorbehalt. Das Kind will sich nicht verlieren, wenn es sich einem anderen hingibt. Denn durch das, was es im Rahmen seiner Lebenshingabe bekommen hat, nämlich ein Vertrautsein mit sich selbst, dass es seinen Leib als seinen sich angeeignet hat, ein Gespür, ein Gefühl für sich selbst und ein Wissen seiner Gedanken, dass es es gibt, hat es etwas zu verlieren. Es fängt an zu fremdeln. Und später, wenn es weiß, das es es gibt und sich selbst erkennt, will es sich nicht verlieren, es will nicht vor Scham vergehen, wenn es sich zu erkennen gibt, wenn es etwas von sich preisgibt. Es fängt an sich zu verbergen, zu schämen. Je mehr wir

---

26 Hier zeigt sich ein symbolisches Verständnis der Gabe. D. h. die Gabe repräsentiert immer auch den Geber. Dass in jeder Gabe wir uns selbst geben, ist ein Kerngedanke der Soziologie der Gabe von Marcel Mauss. „Aber außerdem gibt man beim Geben *sich* selbst, indem man gibt und wenn man *sich* gibt, dann darum, weil man *sich* selbst – sich und seine Besitztümer – den anderen schuldet." Mauss, Gabe, 93; Hervorheb. Auch nach Simmel beinhaltet die Gabe, dass man sich dabei in einem bestimmten Aspekt seiner Persönlichkeit ganz gibt; vgl. Simmel, Dankbarkeit, 105 f.

27 Das „Selbst-ständig"-werden spielt, sowohl auf das Aufrichten des Kindes, als auch auf die Ausbildung eines eigenen, zielgerichteten Willens ab dem 9. Lebensmonat an. Fonagy spricht in diesem Kontext von der Ausbildung eines teleologischen Selbst und bald darauf einem intentionalen Selbst, vgl. Fonagy u. a., Affektregulation, 206 f.

28 Fast könnte man sagen, „in dem wir ‚wieder' mehr werden und in Größerem aufgehen wollen". Denn die Selbstwerdung beinhaltet nicht nur einen Gewinn, sondern auch einen Verlust. In dem wir uns als wir selbst und von anderen unterschieden erleben, hören wir auf unmittelbar in einem größeren Ganzen aufzugehen. Die Erfahrung des nicht mehr ganz in einem größeren Ganzen aufzugehen, ist implizit auf einer ganz basalen, leiblichen Ebene zu denken. Dabei muss nicht von einer totalen Symbiose, Verschmolzenheit des Säuglings mit seiner Umwelt ausgegangen werden, um auf den Verlust im Sinne der Trennung, Teilung hinzuweisen, den die Selbstwerdung mitbedingt. Selbstwerdung und Dazugehören, Teilen im Sinne von sich Unterscheiden und Miteinander Teilen im Sinne eines miteinander Verbundensein sind komplementäre Prozesse: Sie konkurrieren miteinander und bedingen einander.

spüren, dass es uns gibt, in dem wir unseren Leib, unsere Umwelt und unsere Emotionen uns angeeignet haben und wir das, was zu uns gehört, in Besitz genommen haben, als Besitz angenommen haben[29], bedeutet jede Lebenshingabe eine Gefahr, dass wir verlieren, dass uns genommen, was uns gehört, dass uns enteignet und fremd wird, was uns eigen und vertraut ist, wenn wir uns oder etwas von uns hingeben.[30] Wir werden misstrauisch. Jede Gabe von uns bedeutet also nicht nur, dass wir etwas von uns mitteilen wollen, mit anderen teilen wollen, um in dieser Form der Gemeinschaft zu spüren, dass es uns gibt und wir mehr werden. Wir laufen dabei auch Gefahr, das, was wir von uns einem anderen gaben, und mit ihm teilten, zu verlieren. Wir fürchten, dass das uns eigene, enteignet und uns fremd wird, dass ein anderer es in Besitz nimmt, dass es nicht mehr zu uns gehört, sondern von einem anderen „besessen" wird, dass wir uns nicht mehr uns selbst gehören, sondern von einem anderen besessen sind[31], oder dass wir in der Hingabe an einen anderen uns selbst verlieren.[32] Weil wir über die erste Lebenshingabe uns als ein *Selbst* empfangen haben, kann genau dies auf dem Spiel stehen, wenn wir unser Leben für etwas hingeben.

So wird die Lebenshingabe, die Selbstmitteilung uns immer mehr zum Risiko. Jede Lebenshingabe verbirgt sich hinter der Maske der Scham, dem Gehemmtsein – self-consciousness bedeutet im Englischen auch Selbstbefangenheit – der Furcht, dass es im Auge des Anderen nicht annehmbar und nicht gut genug ist, was wir zu geben haben, dass wir uns mit dem, was wir zu geben haben, nicht sehen lassen, dass wir beschämt werden können. Oder wir fürchten, dass das, was wir zu geben haben, in der Annahme durch den Anderen vereinnahmt und dadurch enteignet wird, und wir nicht zurück empfangen, was wir gegeben haben, dass die Erwiderung unserer Gabe als fremd, als „gift" erscheint. Wir verlieren unsere Spontaneität. Mit dem Älterwerden aber verlieren wir damit das

---

29 Die neuere Säuglingsforschung konnte plausibel machen, dass die Ausbildung von Selbstbewusstsein und die Entwicklung von Scham einhergeht mit dem Aufkommen eines Sinnes von Besitz, dass einem etwas gehört, einem eigen ist, vgl. Rochat, The innate sense, 738 f. und Rochat, Me and Mine.

30 Die Flasche, die wir einem anderen zum Trinken reichen, ist nicht mehr wirklich unsere, wenn wir sie zurückbekommen. Bei unserem Bett, das wir einem Fremden für nur eine Nacht gegeben haben, verspüren wir den Drang, es frisch zu beziehen. Dass wir die abgezogene Bettwäsche in die Wäsche packen, dient bei weitem nicht nur einem hygienischen Zweck. Wir waschen das Fremde heraus, damit die Bettwäsche wieder unsere eigene werden kann. Es sei hier nur auf das kritische Verhältnis von Fremd und Eigen in der Organspende oder die Reinheitsbedürfnisse, deren Bedeutung in unserem Kulturkreis sich längst nicht nur auf das Alte Testament begrenzen, hingewiesen.

31 Eine extreme Form des Selbstverlustes, der Enteignung, findet im sexuellen Missbrauch statt, der je früher umso dramatischere Formen der Selbstenteignung, des Selbstverlustes / Leibverlustes zeitigt.

32 Die Angst sich selbst zu verlieren, in der Hingabe an einen Anderen, mag lebensgeschichtlich erst viel später, in der Pubertät und mehr noch in der Phase der Partnerschaft von viel größerer Bedeutung zu sein.

Gespür, die Offenheit und Empfänglichkeit für jene Energie, die uns befähigte, uns spontan dem anderen hinzugeben, mehr noch das Gespür dafür, dass diese Energie[33] uns mit dem anderen verbindet, welches auf ein elementares Bündnis hinweist, dem sich unsere Lebensgabe, dass es uns gibt, verdankt. Am Ende werden wir uns selbst fremd. Am Ende verlieren wir nicht nur etwas, sondern uns selbst.[34] Es ist, als würde etwas, was zu uns gehörte, durch den anderen auf magische Weise verändert, verzaubert werden, dass wir es nicht mehr wieder haben wollen und können.

Mit der Entwicklung des Selbst, dem, was uns eigen ist, was uns gehört, entwickeln wir, parallel mit dem selbständig, eigen-ständig Werden, einen Sinn für Gerechtigkeit.[35] Was wir gegeben haben, wollen wir zurückbekommen. Was wir investiert haben, an Zeit und Energie, an Emotion und Hoffnung, soll sich rechnen. Andernfalls droht unsere Lebenshingabe zum Opfer[36] zu werden. Die Rechnung in unserem Leben scheint nicht aufzugehen. Der Kontostand gerät ins Minus. Der Andere, das Leben schuldet uns etwas. Unser Denken und Empfinden wird instrumenteller, strategischer, berechnender und orientiert sich mehr am Nutzen. Dennoch hört die spontane Hingabe unseres Lebens nicht auf. Es bleibt ein Gespür, dass das Leben einen nicht so reich macht, einem nicht so viel zurückgibt, wenn wir nur mit Kalkül und strategisch geben, „um zu". Mehr haben und vor allem mehr sind wir, wenn wir spontan geben und unsere Gabe spontan erwidert wird, wenn wir von jener spontanen Energie, Lebensenergie zehren, wie etwa in unserer spontanen Lebenshingabe zu Beginn unseres Lebens oder wenn wir verliebt sind.

---

33 Dies bedeutet nicht, dass jene Energie, die mehr ist als nur eine Energie des Sozialen, nicht für uns lebenslang bedeutsam bleibt. Im sich Verlieben, in der Zuwendung zu den eigenen Kindern, und es müssen nicht nur die eigenen sein, werden wir empfänglich für diese Energie der spontanen Hingabe, dem Müssenwollen. Dieses Müssenwollen der spontanen Hingabe ist sehr verwandt der Freiheit von sich selbst, wie Theunissen sie vor Augen hatte (vgl. Theunissen, Gebetsglaube, 321 f. und ders., Freiheit, 285 f.).

34 Die Scham, dass wir enteignet werden, dass wir uns selbst fremd werden, ist noch elementarer als etwas zu verlieren.

35 Nach neueren interkulturell durchgeführten Experimenten scheint sich der Sinn für Gerechtigkeit im Kindergartenalter bis zum 7.–8. Lebensjahr zu entwickeln (vgl. Rochat, Be human, 48 f.).

36 Beim Opfern wird das vom Opfernden Dargebrachte nicht einfach nur hingegeben, sondern zerstört. In dem, was der Opfernde opfert, opfert er etwas von sich, ohne die Sicherheit zu haben, etwas dafür zurückzubekommen – und im Extremfall dadurch auch keine Schuld zu begleichen und also sich nicht zu entschulden.

Das Ende der Lebens-Gabe oder die Absurdität des Todes

Zum Ende unseres Lebens lässt sich die Aussage: „Wir können unser Leben nicht behalten!", reformulieren und neu deuten: „Unser Leben hat angesichts des Todes keinen Bestand, wird bedeutungslos, wenn wir unser Leben nicht einer / einem ‚Anderen‘ hingeben." Ungeachtet der Frage, ob diese Behauptung stimmt, scheint diese Interpretation auf den ersten Blick mit der ersten Deutung nahezu identisch zu sein. Doch gibt es eine, ja mehrere entscheidende Differenzen. Die Lebenshingabe am Anfang unseres Lebens ist Voraussetzung, dass wir überhaupt als wir selbst auf die Welt kommen. Am Anfang des Lebens haben wir viel mehr zu gewinnen als zu verlieren, bis wir allererst wir selbst geworden sind und wir erleben, *dass es uns gibt*. In der ‚Lebenshingabe‘ aber am Ende des Lebens sind wir 1.) damit konfrontiert, alles zu verlieren und *dass es uns am Ende nicht mehr gibt*. 2.) wir antizipieren dieses Ende, nehmen es an, wenn wir angesichts des Todes unser Leben einem ‚Anderen‘[37] hingeben. Und 3.) wer / was dieser / diese / dieses ‚Andere‘ ist, ist selbst ein Problem. Kann es denn irgendein Versprechen geben, dass dieses ‚Andere‘ die Hingabe unseres Lebens in einer uns erfüllenden Weise erwidert? Kann uns denn angesichts des Todes, wo wir alles, ja die Welt verlieren, überhaupt noch etwas geschenkt werden?

Die Deutung „Wir können unser Leben nicht er-halten, und nicht geschenkt bekommen, wenn wir unser Leben nicht einem ‚Anderen‘ hingeben" erweist sich am Ende unseres Lebens am schwersten – am schwersten zu verstehen und am schwersten zu ertragen. Denn sie widerspricht am meisten der immer mehr unabweisbar werdenden Erfahrung des Sterbens: Was sollen wir noch geschenkt bekommen, wenn wir doch sterben müssen? Diese Hingabe heißt, dass wir uns, unser Leben letztlich einem Anderen anvertrauen müssen. Doch diese Hingabe, dieses Vertrauen wird auf eine zweifache Probe gestellt: 1.) Der, die dem, dem wir unser Leben hingeben, liegt für uns im Dunkeln. Gibt es *ihn / sie / es* überhaupt? Wie kann und soll er / sie / es unsere Lebenshingabe erwidern und wie können wir dies jetzt schon wissen? Es gibt keinerlei Rückgabe-Garantie für unser hingegebenes Leben. 2.) Wie kann es eine Gabe und eine Erwiderung der Gabe geben, die *end*-gültig ist, die für unser eigenes Ende ein für alle Mal gültig sein kann?

Beide Fragen hängen aufs engste zusammen. Und es kann die eine Frage nicht wirklich ohne die andere gestellt und beantwortet werden. Dennoch wende ich mich zunächst mehr der ersten Frage zu: Wem können wir unser Leben hingeben? Wem soll und kann es gehören? Wem können wir es anvertrauen? Wem können wir soviel Vertrauen schenken, dass wir das Vertrauen zurückbekommen, etwas dafür zurück zu bekommen, was uns über unsere Lebenshingabe,

---

37 Es ist völlig offen, wer oder was genau dieses Andere ist, ob Personen, mein eigenes Leben oder eine ‚höhere‘ Instanz oder alles zugleich.

unser Sterben hinwegtröstet, und zwar im Vorhinein tröstet, dass wir loslassen
können und das endgültig, das für unser Ende gültig sein kann?

Unseren eigenen Eltern, wie einst, als wir uns ihnen ganz und gar anvertrauten, ihnen trauten und unser Leben in ihre „Hände gaben"? Soviel wir ihnen
verdanken, sie leben nicht ewig, in der Regel überleben wir sie. Das Vertrauen
unseren Eltern gegenüber speiste sich daraus, dass wir unser Leben, dass es uns
gibt, letztlich ihnen verdankten. Wir vertrauten uns Ihnen an, gaben uns ihnen
hin, um uns immer wieder selbst aus dieser Beziehung herauszuempfangen. Spätestens in der Trauer um sie, werden sie Teil von uns, teil unserer Erinnerung,
des Innern in uns. Wenn wir heimkehren zu unseren Müttern und Vätern, mag
hierin ein gewisser Trost liegen (vgl. 1Kön 22,40; Gen 47,29 f.).

Enthält dieser Trost ein eher regressives Moment, folgt eine andere Antwort
einem eher progressivem Antrieb: Wie ist es mit unseren Kindern, mit der nach
uns folgenden Generation? Können wir auch ihnen gegenüber die Hoffnung
hegen unser Leben ‚zurückzubekommen‘,[38] weil in ihnen etwas von uns aufgehoben ist und weiterlebt, wenn wir unser Leben für sie hingeben? Dass wir
für unsere Kinder, dass wir für eine nachfolgende Generation da sein können,
dass wir ihnen etwas mitgeben können, was uns überdauert,[39] was in einer folgenden Generation von uns als Spur weiterlebt, mag trösten. Und doch verflüch-
tigen sich unsere Spuren. Und auch die nachfolgende Generation unterliegt der
Vergänglichkeit. Der Idee, in etwas weiterzuleben, ist nur auf Hoffnung gebaut.
Die Hoffnung, ihnen etwas mitzugeben, was uns nicht gegeben war (und damit
die Schuld des in unserem Leben unerfüllt gebliebenen zu begleichen), bleibt oft
zwiespältig und von Zweifeln durchzogen. Wird die nachfolgende Generation
überhaupt schätzen, was wir ihnen zu geben bzw. zu vererben haben? Wird unser
Erbe, unsere Mitgift vielleicht sogar zur Bürde, zum ‚Gift‘? Und wird uns diese
Weitergabe, unser ‚Testament‘ hinwegtrösten über das eigene Sterben, den eigenen Tod, die eigene Nichtigkeit?

Mit dieser letzten Frage ist das zweite Problem benannt: So wichtig und tröstlich es für uns ist, dass wir etwas zu vererben haben, dass wir etwas von uns
weitergeben können, dass unser Leben Spuren hinterlässt und wir nicht das
Gefühl haben, umsonst gelebt zu haben, angesichts des Todes und damit der

---

38 Der Annahme, dass wir von dem, dem wir etwas schenken, vorab etwas zurückbekommen, d. h. noch ehe er unsere Gabe erwidert, ja selbst wenn unklar ist, ob er unsere Gabe empfängt und annimmt, liegt eine Intuition zugrunde: Dass wir uns in dem anderen wiedererkennen. So kann die Gabe Ausdruck unseres Mitgefühls für den Empfänger sein. Ihm nicht unser
Mitgefühl zu geben, tut uns selbst weh. Dies mag bei den eigenen Kindern am deutlichsten zu
spüren sein. Wir geben hier um unserer selbst willen. Hier ist die Melange von Geber, Gabe
und Empfänger, wie Mauss sie plausibel gemacht hat, am engsten (vgl. Mauss, Gabe, 173).
39 Eine verwandte Einsicht drückt sich in dem vielzitierten neutestamentlichen Modell
eines „Generationenvertrags" im 2. Brief an die Korinther aus: „Denn es sollen nicht die Kinder den Eltern Schätze sammeln, sondern die Eltern den Kindern" (2Kor 12,14).

Endgültigkeit unserer Lebenshingabe drängt sich die Frage auf: Kann unsere Lebenshingabe endgültig sein, dass auch ihre Erwiderung für uns endgültig sein kann? – Eine Erwiderung, die wir noch zu Lebzeiten antizipieren können? Und wird nicht auch diese antizipierte Erwiderung unserer Lebenshingabe mit unserm Tod oder spätestens dem Tod derer, denen wir uns hingegeben haben, nichtig werden? Führt nicht der Tod die Logik von Hingabe, Erwiderung und Zurückempfangen ad absurdum? Die Frage, *wem* geben wir unser Leben hin, dass dies *,endgültig'* sein kann, verschiebt sich hin zu der Frage: „Wie geben wir unser Leben hin?" Weder ein Zurück-geben, gewissermaßen in die Vergangenheit in das Woher, noch ein Weiter-geben, gewissermaßen in die Zukunft, auf das Wohin, vermag mich allein angesichts der Nichtigkeit des Todes zu trösten.

Die Frage, „Wie geben wir unser Leben hin?", ist schon in der Frage enthalten, wie führen wir unser Leben, geben unser Leben hin, dass es nicht vergeblich war, ist und wird. Was aber meinen wir, wenn wir sagen, dass unser Leben nicht vergeblich, nicht um sonst ist? Zunächst führt uns diese Frage noch dazu, dass wir Bilanz ziehen: Was hat mir das Leben gebracht, was hat es mir vorenthalten, was schuldet mir das Leben, was habe ich dem Leben zu verdanken? War es eine gefüllte oder leere Zeit? Und wir legen Rechenschaft ab: *Vor* uns, *gegenüber* anderen, vielleicht aber auch *vor* einer höheren Instanz, *für* unser Leben, *für* das, was wir getan und was wir unterlassen haben. Eine Lösung dieser zentralen Probleme; wem können wir unser Leben hingeben und anvertrauen und wie kann unsere Lebenshingabe endgültig sein, dass sie auch eine Erwiderung erfahren kann, die für uns endgültig sein kann, dass wir loslassen können, wird es nicht geben. Es scheint mir, als wollten wir in der Logik von Gabe und Rückgabe den Tod austricksen. Der Tod lässt nicht mit sich handeln – er ist das Ende allen Tausches, aller Wechselwirkung. (Mit dieser Verschiebung löst sich insgeheim die Alternative von Eigentum und Verlust, Welt haben und Welt verlieren, als eine sinnvolle auf.)

Beide Probleme, wem geben wir unser Leben hin und wie kann diese Lebenshingabe endgültig sein und ihre Erwiderung, sind nicht lösbar. Wir können sie nicht lösen. Wir müssen aufgeben, loslassen. *Unser* Wille muss sterben. Wir fangen an zu trauern auf eine Weise, die in der Regel alle anderen Prozesse des Trauerns im Leben übersteigt. In gewisser Weise kann man bereits die Lebenshingabe, die immer auch einen Verlust bedeutet und nie nur eine Öffnung, als eine Trauer deuten. Wir geben unser Leben hin, solange, bis wir einsehen, dass wir es nicht wieder zurückbekommen können: Wir werden nicht mehr jung. Wir können unsere Begabungen nicht behalten. Wir verlieren sie. Und schließlich schwindet auch die Hoffnung, noch Zeit zu gewinnen. Die Bitte wenigstens auf Zeit verschont zu bleiben, unser Leben nicht hinzugeben, versiegt mehr und mehr – sie taugt nicht. Längst schon geht der Blick mehr in die Vergangenheit: Was hat mir das Leben gegeben?, als dass wir die Frage stellen: Was kann mir das Leben noch bringen? Hat mir das Leben so viel gegeben, dass es *genug* ist, dass ich loslassen und aufgeben kann? Was schuldet mir mein Leben, was schulde ich ihm? Was schulden mir andere, was schulde ich Ihnen? Es muss diese Bilanz *positiv* aufgehen, dass ich loslassen kann. Es kann nicht einfach nur ein Nullsummenspiel sein, um nicht dem Verdacht der Sinnlosigkeit ausgesetzt zu sein. Aber was ist dies für ein Pluszeichen vor meiner Lebensbilanz, dass es größer sein kann als der alles auslöschende Tod, der Tod, der alles absurde erscheinen lässt? Die Frage ist mir zu schwer. Immerhin spüre ich: Ich muss fähig werden, anderen und mir selbst zu vergeben und Vergebung anzunehmen, um dieses mich verzehrende Gericht, vor das mich der nahende Tod stellt, zu einem milderen Urteil über mein Leben zu führen. Doch das Urteil bleibt hart – und endgültig. Was, welche Gabe befähigt mich dieses Urteil anzunehmen, diesen bitteren Kelch zu trinken? Welche Gabe ist so groß, dass sie mich befähigt dieses Urteil auf mich zu nehmen? Sterbe ich nur im Protest?

Welche Gabe ist groß genug, zu trauern, loszulassen, sein Leben hinzugeben, ohne eine Garantie zu haben, etwas dafür zurückzubekommen? Welche Gabe ist groß genug, dass mein Leben, dass meine Lebenshingabe trotz aller Versäumnisse und Sinnlosigkeiten, vor allem aber trotz der Sinnlosigkeit und Absurdität unseres Todes Sinn macht? Dies kann keine Gabe sein, die uns von einem anderen Menschen gegeben werden kann. Sie übertrifft das menschenmögliche.

Die Entdeckung der Dankbarkeit als Lebens-Aufgabe

Wir geben auf, wenn die Vergeblichkeit unseres Tuns uns erschöpft. Wir realisieren, wir können nicht erzwingen, dafür etwas zurückzubekommen, dass wir unser Leben hingegeben haben. Wir sehnen uns nach Gerechtigkeit, nach gerechtem Ausgleich. Ein Ton, eine Stimme, die meine Per-sona am Ende erfüllt und durchdringt und alle anderen Stimmen in mir (auch den Ruf nach Gerechtigkeit) übertönt: "Ich will leben! Ich will nicht allein sein!" Doch wer ist dieses *„Ich"*? Ich will, dass es mich auch morgen noch gibt. *Es mich* gibt? Wer oder was ist dieses *„Es"*?

Diese Fragen führen mich an den „Anfang". Sie lassen mich möglicherweise jener unverfügbaren Lebensenergie innewerden, die mich ganz und gar und ganz spontan dem Anderen hingeben ließ. Es ist dieses „Es" (oder Bubers „Zwischen"), das andere spontan mit mir teilten, das uns miteinander verbunden hat. In diesem spontanen, selbstverständlichen und darum verborgenen Bündnis bin ich auf die Welt gekommen. Und nun soll ich diese Welt verlieren und soll dieses Bündnis aufgelöst werden? Ich habe zwar am Ende meines zweiten Lebensjahres ein Ich ausgebildet und dies ging damit einher, wie Philippe Rochat plausibel macht, dass ich mir mich und meine Welt aneignete und dies ein Verständnis von mir und ferner ein Verständnis von Gerechtigkeit, für gerechten Tausch, was „Dir" und „mir" gehört, entstehen ließ.[40] Doch dies heißt nicht, dass mir je dieses Bündnis, diese mit dem Anderen geteilte Lebensenergie, gehörte, dank derer ich überhaupt erst erfahren habe, dass *es mich"* gibt. Wenn dies stimmt, dann hat auch mir nie jemals die Welt, auf die ich nur dank dieses Bündnisses kam, gehört. Dieses „Ich", meine Individualität, was mir unverwechselbar eigen war und ist, war zwar die Grundlage meiner eigenverantwortlichen Lebensführung und Selbstbestimmung. Dieses individuelle Ich aber geschah nur dank jener Energie, jenem „Es", das ich mit anderen spontan teilte – und sie mit mir. Theologen deuten dies als Ermöglichung meiner Autonomie dank einer Theonomie (vgl. Tillich).

Eine erste Einsicht war: Es gibt unser Leben, es gibt mich gar nicht, ohne dass ich spontan mein Leben hingebe. Erst dann kann ich mich empfangen. Bei dieser Entdeckung blieb etwas anderes weitgehend unausgesprochen. Woher stammt diese Fähigkeit, diese Begabung, dass wir unser Leben nicht nur hingeben und aufgeben müssen, sondern *können und wollen,* ja wenn in dieser Lebenshingabe unsere Daseinsfreude erst zum Vorschein kommt? Diese Begabung zu geben und zu empfangen liegt in einer grundlegenden Dankbarkeit.[41] Ihr eigen ist die Spontaneität des Gebens und die Freude zu empfangen – und eigentlich sogar die Freude geben zu können.

Alles Geben und Empfangen ist begleitet von einem tiefen Vertrauen, in den anderen wie einen selbst. Fragt man nach der Ursache dieser Dankbarkeit, wird man sie nicht auf die Erfahrung / den Empfang einer einzelnen Gabe zurückführen können.[42] Sie besteht nicht / erschöpft sich nicht in der konkreten Dankbarkeit für den Empfang von etwas. Diese Dankbarkeit geht über den Empfang einer einzelnen Gabe weit hinaus. Sie erschöpft sich auch nicht in dem, dass wir als Ausdruck unserer Dankbarkeit etwas geben, so wie man etwa eine Schuld begleicht. Sie stellt gar keine Schuld dar, eher eine Form des Verbundenseins, begleitet von einem Vertrautsein. Nur die Erfahrung der Liebe, geliebt zu sein, die von der Spontaneität der Zuwendung des anderen zu mir und von mir zu dem anderen getragen ist, ein „Müssenwollen" oder „Wollenmüssen", stiftet ein solches Bündnis wie die Dankbarkeit. Dieses „Müssenwollen" trägt ein Moment von Unverfügbarkeit in sich. Wir können uns nicht entschließen, einen anderen zu lieben oder dankbar zu sein, und können dies auch nicht von dem anderen erzwingen. Es trägt ein Moment von Unverfügbarkeit in sich und doch

---

40 Rochat, Me and Mine.

41 Zur möglichen Differenzierung des Verständnisses von Dankbarkeit vgl. Henrich, Gedanken, 173. Im folgenden orientiere ich mich an dem Begriff der Dankbarkeit, wie Simmel ihn entfaltet hat (vgl. Simmel, Dankbarkeit, 103 f.).

42 Die Frage nach den Bedingungen der Entstehung einer fundamentalen Dankbarkeit, wie sie hier zugrundelegt wird, dürfte nicht abschließend beantwortbar sein. Wichtige Bedingungsfaktoren dürften die Ausbildung von Urvertrauen (einer sicheren Bindung) wie die Fähigkeit zu trauern sein, davor aber die unverfügbare Gabe des Lebens.

erfahren wir, dass wir genau dann nie mehr wir selbst sein können als in diesem „Müssenwollen". Das Moment der Unverfügbarkeit und Spontaneität / Unwill-kürlichkeit und Authentizität haben die Erfahrung der Liebe und die Erfahrung der Dankbarkeit gemein. Wie die Liebe stellt die Dankbarkeit ein Phänomen dar, das sich in ihrer Praxis, wenn wir lieben und oder unsere Dankbarkeit bezeugen, sich nicht erschöpft, sondern vermehrt. Beide stellen etwas Überfließendes dar. Sie erzeugen sich in der Beziehung, die sie stiften, selbst. Im Moment der Dankbarkeit wie der Liebe sind wir ganz bei dem anderen und genau so bei uns selbst und wir selbst.

Dankbarkeit können wir nie *haben*, sondern wir können nur dankbar sein, mit Dankbarkeit begabt *sein*. Anders formuliert: Sie kann kein Besitz sein, den man hat, sondern sie beschreibt eine Seinsweise. Wir können über die Gabe, dem was vermeintlich uns eigen ist, nicht verfügen. Vielmehr nehmen wir wahr, wie sich die Dinge fügen. In der Dankbarkeit sind wir frei von der „Herrschaft der Zeit", die eng verknüpft ist mit der Sorge im Leben zu kurz zu kommen, etwas zu verpassen, der Sorge um uns.[43] In der Dankbarkeit erleben wir die geschenkte Weile[44], wir leben in der Gegenwart. Wer aus Dankbarkeit gibt, erwartet keine Erwiderung im strengen Sinne. Das Empfangen der Gabe durch den Anderen, ist dem, der aus Dankbarkeit gibt, ist dem Gebenden schon zugleich Erwiderung. Ja, der Dankbare ist dankbar dafür, dass er geben kann und dass es ihn gibt. In seiner Dankbarkeit ist Geben, Empfangen und Erwidern in eins gefallen. Denn er weiß sich mit dem anderen schon verbunden. Er weiß nicht nur, dass es ihn gibt, sondern teilt mit dem Anderen sein Dankbar-Sein, teilt sich ihm mit, ist und empfängt sich selbst in dieser Mitteilung. Wer aus Dankbarkeit einem ande-ren gibt, tut dies nicht, weil er mit dem Anderen ein Bündnis schließen will. Ihr liegt auch kein Kalkül zugrunde. Sie ist nicht Mittel zum Zweck, sondern Selbst-zweck. Wir geben nicht aus Dankbarkeit „um zu", sondern wir geben, weil wir dankbar sind als Ausdruck dafür, dass wir uns einem „anderen" schon verbun-den fühlen. Wer so gibt, „ist" ganz bei dem Anderen und so bei sich selbst. Es gibt ihn, weil er ganz bei dem anderen sein kann, weil er sich ganz dem anderen an-vertrauen kann. Und ganz anvertrauen kann er sich dem anderen, weil er genug hat an geschenktem Vertrauen.

Damit ist die Dankbarkeit (und analog die Liebe) in einer nahezu idealen Form beschrieben, wie sie in unserem Leben oft nur momenthaft auftreten, gleich einem Gefühl, besser noch einer Stimmung oder einem Gestimmtsein. Doch gehen Liebe und Dankbarkeit nicht in einem Gefühl oder einer Stimmung auf. Sie stellen eher eine Lebenshaltung oder eine Daseinsweise dar. Zu oft aber sind diese Lebenshaltung, diese Daseinsweise unterbrochen durch oder überlagert von Zweifeln, Ängsten und Sorgen. Dennoch können sich beide Lebensweisen

---

43 Theunissen, Gebetsglaube, 321 f.
44 Theunissen, Freiheit, 285 f.; Josef Welte / Bernhard Welte, Geschenkte Weile.

wie von selbst wieder einstellen. Zum Ende unseres Lebens kann diese Stimmung der Dankbarkeit als Ausdruck dieser Daseinsweise an Gewicht zunehmen.

Woher aber kommt die Gabe der Dankbarkeit, wenn sie nicht auf etwas Konkretes zurückgeführt werden kann, was uns gegeben wurde? Die Erfahrung stellt sich in einem Innewerden ein. Dieses Innewerden gleicht einer Fügung. Uns fügen können wir im Zuge einer Trauer, wenn wir aufgeben vor Erschöpfung und da nur noch ein unaussprechliches Seufzen uns entfährt. Und wessen werden wir inne?: Dass es *etwas* gibt, dem wir unser Leben verdanken, noch bevor wir etwas gegeben haben. Diese Dankbarkeit ist die Gabe, die uns versöhnt mit der Vergeblichkeit unseres Tuns, unserer Lebenshingabe.

Wie komme ich dorthin, dass ich die „Dinge des Lebens"[45] lerne dankbar anzunehmen? Um die „Dinge des Lebens" dankbar anzunehmen, muss Trauer„arbeit" geleistet werden. Es gilt zu betrauern, loszulassen, freizugeben die Vorstellung, dass mir etwas gehört, dass ich auf etwas einen Anspruch habe. Dass ich den Anspruch habe, dass das Leben gerecht zu mir ist und mir gibt, in dem Maße ich mich hingegeben habe, geopfert habe. Die Trauerarbeit hat ihren Umkehrpunkt und Sinn in der Auf-Gabe, dass wir aufgeben, etwas erzwingen zu wollen, und im Eingeständnis, dass wir vom Leben oder im Leben nichts erzwingen können. Die Trauerarbeit, die zur dankbaren Haltung führt, beinhaltet eine tiefe Einsicht in die Vergeblichkeit verfügen zu können, was wir bekommen haben. Die Erfahrung der Vergeblichkeit des eigenen Tuns, vor allem aber die Einsicht in die Vergeblichkeit verfügen und erzwingen zu können, dass uns das Leben, das gibt, was wir von ihm erwartet haben, resultiert aber nicht in einer Verzweiflung. Vielmehr findet diese Trauerarbeit in der Erfahrung ihre Erfüllung, dass die Schuld, was mir die Anderen schulden, was ich mir selbst schulde, was mir „das Leben" schuldet, meinem Leben, schon gegeben und darum vergeben ist, dass auch ich vergeben kann meinen „Schuldigern". Wo erfahre ich diese Vergebung? In einem Inne werden, einem Seufzen und Weinen. In diesem Seufzen und Weinen (üb)ergebe ich mich jener Macht, der ich mich verdanke.[46]

---

45 Ich spiele hier bewusst auf den Film „Die Dinge des Lebens" („Les choses de la vie") von Claude Sautet aus dem Jahr 1970 an. Nach einem Unfall erzählt der Film in mehreren Rückblenden den Lebenslauf seines Protagonisten und die zentrale Lebensentscheidung. Im Moment, als er zu einer Entscheidung in seinem Leben kommt, um es zu gewinnen, verliert er es – oder lässt los? Er erliegt den Folgen seiner Verletzungen. Die „Dinge des Lebens" dankbar anzunehmen, wie sie sind, erweist sich angesichts des Todes als eine tiefe Zumutung, die zugleich unvermeidbar ist. Man mag aber auch fragen: Was hätte das Leben ihm noch schenken können? Als er die eine zentrale Entscheidung getroffen hat, ist er für einen Moment glücklich und dankbar.

46 Aus psychologischer Sicht wäre das, was uns Seufzen und Stöhnen lässt unter der Herrschaft der Vergänglichkeit, das wir alle miteinander teilen und uns verbindet, dieses „Es"; aus theologischer Sicht wird diese existentielle Erfahrung in Verbindung gebracht mit Gottes Odem oder dem Geist Gottes, der uns in unserem unaussprechlichem Seufzen vertritt (vgl. Röm 8,26).

Ich kehre heim. Ich kehre zurück, in dem ich mich jener Lebensenergie über-
lasse, der ich mich verdanke. Aus christlicher Sicht bediene ich mich dankbar
der Worte des Paulus: „Nun lebe aber nicht ich, sondern Christus lebt in mir."
(Gal 2,20). Wenn wir diesen Weg gehen können, haben wir teil an dem Neuen
Sein, wie Tillich es beschrieb. Wir können unser Leben dankbar hingeben, ohne
es zu verlieren. Mehr noch, nie sind wir mehr wir selbst als in Hingabe[47] an den
Anderen, also in Liebe und Dankbarkeit. Was begabt uns dazu? Die Liebe und
Dankbarkeit, die wir uns schenken lassen können und mit anderen teilen. So
werden wir frei von der Herrschaft der Zeit, der Knechtschaft der Vergänglichkeit, der wir als Teil der Schöpfung unterworfen sind. – „Nicht, dass ich es schon
ergriffen hätte", das ewige Leben, „ich jage ihm aber nach." (Phil 3,12 f.) „Jetzt
erkenne ich's stückweise; dann aber werde ich erkennen, gleichwie ich erkannt
(geliebt) worden bin" (1Kor 13,12; vgl. 1Kor 8,3). Wann ist dieses „Dann"? Wenn
dieses „Dann" eingetreten ist, werde ich erkennen, dass es keine Frage der Zeit
war, sondern des ewigen Lebens[48], das über, unter und in der Zeit verborgen
liegt.
   „Ich glaube; hilf meinem Unglauben!"

Literatur

Altmeyer, Martin, *Innen, Außen, Zwischen* – Paradoxien des Selbst bei Donald Winni-
   cott, in: Forum der Psychoanalyse 21 (2005), 43–57.
Bråten, Stein, *Dialogic Mind*: The infant and the adult in protoconversation, in: Marc
   E. Carvallo (Hg.), Nature, Cognition and System, Dordrecht 1988, 187–205.
Bråten, Stein, Participant perception. *Virtual otherness* in infants and adults, in: Cul-
   ture & Psychology 9/3 (2003), 261–276.
Buber, Martin, Das *dialogische Prinzip*, ³Heidelberg 1973.
Caillé, Alain, *Anthropologie* der Gabe, Frankfurt a. M. 2008.
Ciompi, Luc, Die emotionalen Grundlagen des Denkens. Entwurf einer fraktalen
   Affektlogik, Göttingen 1996.
Därmann, Iris, *Fremde Monde* der Vernunft. Die ethnologische Provokation der Phi-
   losophie, München 2005.
Damasio, Antonio R., The *Feeling* of What Happens: Body and Emotion in the Making
   of Consciousness, New York 1999 (dt.: Ich fühle, also bin ich. Die Entschlüsselung
   des Bewusstseins. München 2000).
–   Looking for Spinoza – Joy, Sorrow, and the Feeling Brain, New York 2003 (dt.: Der
   Spinoza-Effekt – Wie Gefühle unser Leben bestimmen, München 2003).

---

47 Das Weglassen des bestimmten Artikels soll kenntlich machen, dass es bei dem *Tun* des
Gebens, des Hingebens sich um eine *Seins*weise handelt.
48 Der Begriff des Ewigen ist ein Grenzbegriff. Er bezeichnet hier eine Freiheit von der
Herrschaft der Zeit im Sinne einer Freiheit von der „Knechtschaft der Vergänglichkeit". Mehr
kann man vermutlich nicht über das Phänomen des Ewigen sagen sagen, weil selbst das Sagen
immer Zeitbestimmungen folgt und also unter der Herrschaft der Zeit steht.

Dornes, Martin, Die *Seele des Kindes.* Entstehung und Entwicklung, Frankfurt a. M. 2006.

Downing, George, *Emotion,* body and parent-infant interaction, in: Nadel, Jacqueline / Muir, Darwin (Hg.), Recent Research Advances, Oxford 2004, 429–449.

Fonagy, Peter / Target, Mary, *Neubewertung* der Entwicklung der Affektregulation, in: Psyche – Zeitschrift für Psychoanalyse 56 (2002), 839–862.

Fonagy, Peter / Gergely, György / Jurist, Elliot L. / Target, Mary, *Affektregulierung,* Mentalisierung und die Entwicklung des Selbst, Stuttgart 2004.

Frank, Manfred, *Selbstgefühl,* Frankfurt a. M. 2002.

Fuchs, Thomas, *Leib,* Raum, Person. Entwurf einer phänomenologischen Anthropologie, Stuttgart 2000.

Gebsattel, Viktor Emil von, Prolegomena einer *medizinischen Anthropologie,* Berlin / Göttingen / Heidelberg 1954.

Henrich, Dieter, *Gedanken* zur Dankbarkeit, in: ders., Bewusstes Leben. Untersuchungen zum Verhältnis von Subjektivität und Metaphysik, Stuttgart 1999, 152–193.

Kühn, Rolf, *Mehr Reduktion – mehr Gebung.* Zur Diskussion eines phänomenologischen Prinzips bei J.-L. Marion, in: Salzburger Jahrbuch für Philosophie 43 (1998), 73–114.

– Zur Phänomenalität des ,Es gibt' als reines Sich-geben, in: Wiener Jahrbuch für Philosophie 31 (1999), 211–227.

Lenz, Alexandra N., Zur *Grammatikalisierung* von „geben" im Deutschen und Lëtzebuergeschen, in: Zeitschrift für Germanistische Linguistik 35.1/2 (2007), 52–82.

Lintner, Martin M., Eine Ethik des *Schenkens:* Von einer anthropologischen zu einer theologisch-ethischen Deutung der Gabe und ihrer Aporie, Münster 2005.

Main, Mary / Hesse, Erik / Kaplan, Nancy, *Predictability* of Attachment Behaviour and Representational Processes at 1, 6 and 19 Years of Age: The Berkely Longitudinal Study, in: Klaus E. Grossmann / Karin Grossmann / Evertett Waters (Hg.), Attachment from infancy to adulthood: The major longitudinal studies, New York 2005, 245–305.

Marion, Luc, *Étant donné*, Essai d'une phénoménologie de la donimation, Paris 1997, 121–168.

Mauss, Marcel, Die *Gabe.* Form und Funktion des Austauschs in archaischen Gesellschaften. Deutsch: Eva Moldenhauer, in: ders., Soziologie und Anthropologie. 2 Bände. München 1975.

Merleau-Ponty, Maurice, Phänomenologie der *Wahrnehmung* (1966), aus dem Französischen von Rudolf Boehm, Berlin 1976.

Moebius, Stephan, Die elementaren *(Fremd-)Erfahrungen der Gabe.* Sozialtheoretische Implikationen von Marcel Mauss' Kultursoziologie der Besessenheit und des „radikalen Durkheimismus" des *Collège de Sociologie,* in: Berliner Journal der Soziologie 19 (2009), 104–126.

Oster, Harriet, The repertoire of infant *facial expressions*: an ontogenic perspective, in: Nadel, Jacqueline / Muir, Darwin (Hg.), Emotional Development. Recent Research Advantages, Oxford 2004, 261–292.

Panksepp, Jaak, *Affective Neuroscience*: The Foundations of Human and Animal Emotions, Oxford 1998.

Panksepp, Jaak / Watt, Douglas F., *The ego* is first and foremost a body ego, in: Neuropsychoanalysis 5/2 (2004), 201–218.

Papoušek, Mechthild, *Intuitive elterliche Kompetenzen*: Eine Ressource in der präventiven Eltern-Säuglings-Beratung und -Psychotherapie, in: Frühe Kindheit 4 (2001), 4–10.

Rochat, Philippe, What does it mean to *be human*? in: Anthropological Psychology 17 (2006), 48–51.

Rochat, Philippe, Others in Mind. Social Origins of Self-Consciousness, Cambridge / Mass. 2009.

Rochat, Philippe, The *innate sense* of the body develops to become a public affair by 2–3 years, in: Neuropsychologia 48 (2010), 738–745.

– *Me and Mine* in early development, in: Thomas Fuchs (Hg.), DISCOS conference volume on Disorders and Coherence of the Embodied Self, conference held in Heidelberg, Germany, November 14–15 2008, in Druck.

Rochat, Philippe / Dias, Maria D. G. / Liping, Guo / Broesch, Tanya / Passos-Ferreira, Claudia / Wining, Ashley / Berg, Britt, *Fairness* in Distributive Justice by 3- and 5-Year-Olds Across Seven Cultures, in: Journal of Cross-Cultural Psychology 40 (2009), 416–442.

Rochat, Philippe / Striano, Tricia, *Social-cognitive development* in the first year, In: Philippe Rochat (Hg.), Early Social Cognition, Mahwah, NJ 1999, 3–34.

– Who's in the mirror? *Self-Other discrimination* in specular images by four- und nine-month-old infants, in: Child Development 73/1 (2002), 35–46.

Schüttpelz, Erhard, Die Moderne im Spiegel des Primitiven, München 2005.

Simmel, Georg, Exkurs über Treue und *Dankbarkeit*, in: ders., Soziologie. Untersuchungen über die Formen der Vergesellschaftung, Berlin 1908, 1. Aufl., 438–447; in: http://socio.ch / sim / unt8g.htm. Theunissen, Michael, ‚O aitoṇlambaneĩ‘ Der *Gebetsglaube* Jesu, in: Michael Theunissen, Negative Theologie der Zeit, Frankfurt a. M. 1991, 321–377.

– *Freiheit* von der Zeit. Ästhetisches Anschauen als Verweilen, in: ders., Negative Theologie der Zeit, Frankfurt a. M. 1991, 285–298.

Tomasello, Michael, Die *kulturelle Entwicklung* des menschlichen Denkens, Frankfurt a. M. 2002.

Tomasello, Michael / Carpenter, Melinda, *Shared intentionality*, in: Developmental Science 10 (2007), 121–125.

Welte, Josef / Welte, Bernhard, *Geschenkte Zeit*. Meditationen, Freiburg i. Br. 1975.

Winnicott, Donald W., *Übergangsobjekte* und Übergangsphänomene. Eine Studie über den ersten, nicht zum Selbst gehörenden Besitz, in: ders., Vom Spiel zur Kreativität, Stuttgart 1974 / 1995, 10–36. (zuerst als Vortrag 1951, dann engl. 1953; dt. in: Psyche Nr. 23, 1969).

Leben und Sterben in Gottes Geschichte

Die Grenze des Lebens zwischen Widerfahrnis und Selbstbestimmung

Gunda Schneider-Flume

Zwischen Schicksal und Selbstbestimmung

Inwiefern ist mein Sterben, das mir – wann und wie auch immer – bevorsteht, mein ‚eigenes' Sterben? Gewiss, es widerfährt mir. Aber so ist es allgemeines Schicksal. Hat es individuelle Besonderheit, ist es ‚eigen'? Werde ich etwas dazu beitragen? Wähle ich es? Ist es so, wie es geschieht, typisch für mich? Im Zeitalter der Selbstverwirklichung stellt sich die Frage: Was verwirkliche ich selbstbestimmt mit meinem Sterben? Wird es möglicherweise erst so ‚eigenes' Sterben? Entscheide ich über dieses Sterben, oder mache ich es? Das ist möglich, beides geschieht. Aus Gründen von Autonomie und Selbstbestimmung wird dafür Werbung gemacht. Man selbst entscheidet Ort, Zeitpunkt und Art und Weise seines Sterbens. Dieses Sterben ist eigen im Sinne von selbst gemacht, so wie ich ein Haus abreißen kann nach eigenem Willen zum selbst gewählten Zeitpunkt, auch wenn ich es selbst nicht gebaut habe.

Doch diesem selbst geplanten Sterben kann gleichwohl ein überraschendes, erschreckendes Sterben zuvorkommen: ein Unfall, eine plötzliche Krankheit, ein Herzversagen. Ist auch das ‚eigen'? Heißt ‚eigen' lediglich, dass es mir zustößt, dass ich nicht mehr bin, ausgelöscht durch eigene Entscheidung oder jähen Abbruch des Lebens, der mir widerfährt? Doch das ist Schicksal, und das macht Angst.

Der Widerfahrnischarakter des Lebens und Sterbens ist es, der ängstet. Diese Angst vor allem veranlasst dazu, selbst dem eigenen Leben ein Ende zu setzen. Ich selbst will so wie über mein Leben auch über das Ende meines Lebens bestimmen, heißt es. Ein Leben lang war man bemüht darum, sein Leben zu meistern, aktiv zu gestalten und zu bestimmen. Und nun soll man es geschehen lassen, das Ende erleiden, einfach über sich ergehen lassen? Die erzwungene Passivität widerstrebt einem auf Leistung, Aktivität und Selbstbestimmung ausgerichteten Menschen. Es ist, als ob die primäre Passivität des Lebensanfangs und die Tatsache, dass auch das Leben nicht gemacht, sondern gegeben, gratis geschenkt ist, wie manche sagen, vergessen wäre. Deshalb die Angst. Nur vom Leben aus wissen wir einiges über Sterben und Tod. Wenn schon die primäre Passivität des Lebens Angst macht, wird Sterben unerträglich. Gibt es dagegen Vertrauen und Mut im Leben und im Sterben?

Neben der Passivität ängstet das Nichtwissen. Weil man nicht weiß, was an der Grenze des Lebens mit einem geschieht an Schmerzen, Krankheit und Verlust der geistigen und körperlichen Fähigkeiten, setzt man dem Leben lieber selbstbestimmt rasch ein Ende. Das gibt jedenfalls Sicherheit im Blick auf die letzten Tage und Stunden.

Rat gegen die Angst gaben alte Philosophen. In ihrem Lebensverständnis hat das seinen Grund. Sokrates etwa verstand Sterben als Gesundung von der Krankheit des irdischen Lebens. Im Tode trennt sich nach dieser Vorstellung die unsterbliche Seele vom Leibe. Folglich wird der Tod von dem sterbenden Sokrates als eine Wohltat erwartet, eine Befreiung von der Last des Lebens, Befreiung der Seele zu sich selbst. Entsprechend wird von der heiteren Gelassenheit des Sokrates bei seinem Sterben erzählt. (Platon, Phaidon) Das Verständnis des Sterbens folgt aus dem Verstehen des Lebens. Sokrates mit seiner heiteren Gelassenheit wurde zum sittlichen Vorbild. Für Jahrhunderte wurde über die stoische Philosophie dem Christentum das angstfreie, heitere Sterben als Ideal vermittelt.

Von Epikur (ca. 341–271 v.Chr.) wird der wohl ernst gemeinte Witz überliefert: „Das schauerlichste Übel, der Tod, geht uns nichts an. Denn solange wir sind, ist der Tod nicht da; und wenn er da ist, sind wir nicht da."

Die stoischen Philosophen plädierten für das Training der Unerschütterlichkeit. Ziel des methodisch strengen Seelentrainings ist die Apathie, die Leid- und Angstfreiheit, die innere Harmonie in Übereinstimmung mit dem Weltlogos bringt. Niemand darf sich anfechten lassen von dem, was die Affekte erregen kann. So kommt es zu dem Zustand der Ataraxie. „Was geht mich das an?" ist die Devise stoischer Ruhe und stoischen Lebensverständnisses. So wird man Herr seines Lebens und Herr seines Sterbens, unerschütterlich und angstfrei. ‚Eigenes' Sterben wird auf diese Weise das Sterben eines Menschen, der sich ganz und ausschließlich auf sich selbst und seine innere Ruhe in Übereinstimmung mit dem Logos der Welt zurückzieht.

Das stoische, psychologisch fein ausgebildete Seelentraining hat in der abendländischen Tradition, im Humanismus und auch im Christentum breite Wirkung entfaltet. Bis heute oder, um präziser zu reden, heute wieder besonders stark, stehen die Gerontologen und die Therapeuten, die sich um Sterbebegleitung bemühen, unter dem Einfluss stoischer und humanistischer Gedanken. Sterben soll geübt werden, der Tod soll ständig bedacht werden, damit das Sterben ‚gelingen' kann. Das *memento mori*, die Aufforderung, daran zu denken, dass man sterben muss, soll der traurige Königsweg sein zur Erlangung menschlicher Reife. Das ‚eigene' Sterben garantiert danach die Würde des eigenen Lebens. Aber kann das ‚Gelingen' hinwegtäuschen über die Härte des definitiven Endes irdischen Lebens, über den Abbruch aller menschlichen Beziehungen? Das Wort Abschied sagt dafür viel zu wenig. Soll ich mir jetzt selbst genug sein in vollkommener Beziehungslosigkeit? Der Leistungsdruck bei der Forderung des ‚gelingenden' Sterbens überspielt auch die Passivität des Widerfahrnisses. Die

Verleugnung der Gegebenheit des Lebens führt zur Verleugnung des Widerfahrnisses des Endes. Doch das *memento mori* hat die Angst bei sich mit der Frage: Werde ich das bewältigen?

Sterben in einer großen Geschichte: Abraham

Anders stellt sich das ‚eigene‘ Sterben bei den Vätern und Müttern der biblischen Tradition dar: „Abraham verschied und starb in einem guten Alter, als er alt und lebenssatt war, und wurde zu seinen Vätern versammelt." (1 Mose 25,8) So wird der Tod des Patriarchen vor ca. 3000 Jahren im Alten Testament berichtet. Abraham starb lebenssatt. Das, was ihm zugemessen war, hatte sich erfüllt. Eine Fülle von Leben, Freude und Leid hatte er erfahren. Mit seinem Tode ist er nicht ausgelöscht, spurlos verschwunden. „Er wurde versammelt zu seinen Vätern." Dahinter steht wohl die Vorstellung vom Familiengrab. Mag sein, dass die Wendung in ganz abgegriffenem Sinne gebraucht ist, wörtlich kann sie hier nicht gemeint sein. Räumlich war Abraham weit entfernt von dem Grab der Väter. Aber das Versammelt-Werden zu seinen Vätern verweist darauf, dass Abraham aufgehoben ist in der Geschichte der Väter. Er war von Beginn seines Lebens an nicht nur einsamer Einzelner, bestimmt allein durch eigene Selbstverwirklichung, vielmehr ist der Patriarch von Anfang an getragen in einer größeren Geschichte, die ihn umfängt. In dieser Geschichte ist sein Leben zu verstehen und vom Leben aus das zum Leben gehörende Sterben. Der Tod markiert eine Grenze in der großen Geschichte, die Leben trägt.

Die individuelle, ‚eigene‘, endliche Geschichte des Menschen Abraham ist nicht isoliert, und sie bricht nicht spurlos ab nach dem Motto: Das war’s. Abrahams Endlichkeit ist eingebettet in eine Geschichte von weit her. Mit der Bestattung bekräftigen seine Söhne dieses Wissen. Deshalb ist Abraham nicht dem Nichts der Anonymität und des Vergessens preisgegeben. Seiner wird gedacht. Man erinnert sich seiner, denn sein Name ist aufgehoben in der Geschichte der Väter. „In einem guten Alter" starb Abraham, nicht vorzeitig oder zur Unzeit. Was ihm zugemessen war, hat sich erfüllt, er hat es ausgeschöpft. Man kann sagen: Er hat sich verwirklicht, wie ihm gegeben. Die Passivität ist mit im Blick und wird gelebt. So kann die Endlichkeit und die Eigenheit des Patriarchen geradezu als heilvoll erzählt werden. Es gibt *erfülltes* irdisches Leben. Abrahams Leben ist nicht nur selbstbezogen, sondern in vielen Beziehungen, und darüber hinaus ist es getragen in den Beziehungen einer großen Lebensgeschichte, in der auch seine Grenze gesetzt ist. Ein ins Unendliche verlängertes, unbegrenztes individuelles Leben ist nicht vorstellbar. Ist es wünschenswert oder heilsam? Einmal ist irdisches Leben genug. Da ist kein Gedanke daran, dass die Befristung des Lebens ein Mangel des Geschenks des Lebens sei. Ein solches Urteil verdankt sich eher der philosophischen Unendlichkeitsvorstellung. Endlichkeit nach biblischem Verständnis ist gnädige Begrenzung in der großen Geschichte Gottes, die das Leben trägt. *Gott ist der Name dafür, dass die Grenze des irdischen Lebens nicht Schrecken ist.*

Weil die Geschichte trägt, muss die Passivität nicht verdrängt werden. Die aktive Selbstverwirklichung hat ihr Recht zu ihrer Zeit. Aber wird mich jemand erinnern an die tragende Geschichte, wenn die eigenen Kräfte zu Ende gehen? Ein Sterben in Gottes Geschichte hinein, nicht ins Nichts. Die alten Worte mögen den Weg weisen:

> Der Herr ist mein Hirte, mir wird nichts mangeln.
> Er weidet mich auf einer grünen Aue und führet mich zum frischen Wasser.
> Er erquicket meine Seele. Er führet mich auf rechter Straße um seines Namens
> willen.
> Und ob ich schon wanderte im finstern Tal, fürchte ich kein Unglück; denn du bist bei mir,
> dein Stecken und Stab trösten mich.
> Du bereitest vor mir einen Tisch im Angesicht meiner Feinde.
> Du salbest mein Haupt mit Öl und schenkest mir voll ein.
> Gutes und Barmherzigkeit werden mir folgen mein Leben lang, und ich werde
> bleiben im
> Hause des Herrn immerdar.
> (Ps 23)

Fürsorge und Erbarmen geleiten im Leben und im Sterben. Vertrauen provozieren die alten Worte inmitten von Dunkel, Bedrohung und Angst. Gottes Geschichte trägt durch die Bedrängnis hindurch und versichert der Barmherzigkeit, die Menschen Raum und Zeit gibt.

Angst im Leben und im Sterben

Aber es bleibt dennoch Angst. Sie überfällt Menschen. Die stoische Unerschütterlichkeit und Angstfreiheit – wer erreicht sie? Sie steht in deutlichem Widerspruch zur biblischen Tradition, zum Glauben und zum Ereignis des Lebens und der Existenz Jesu Christi. Die alten Beter haben Angst gekannt, unerträgliche Angst, aber sie haben ihre Angst nicht in sich selbst erstickt. Sie haben ihre Angst geklagt und geschrien im Vertrauen darauf, dass keine Klage im Leeren verhallt. Zu oft erstarren Menschen in Angst. Können wir dagegen lernen zu klagen? Wer wird mir helfen, nicht in Angst zu erstarren, sondern Worte zu finden für meine Angst? Die alten Psalmbeter geben uns Worte:

> Ich sage zu Gott, meinem Fels:
> Warum hast du mich vergessen?
> (Ps 42,10)

Vergessen und verloren, allein gelassen, diese Erfahrung mag einen am Lebensende treffen. Wer wird klagen, für mich eine Fürklage anstimmen, wenn mir
Angst die Kehle zuschnürt? Die biblischen Beter geben uns Sprache für Bedrängnis:

> Das Wasser geht mir bis an die Kehle.
> Ich versinke in tiefem Schlamm,
> wo kein Grund ist;
> ich bin in tiefe Wasser geraten
> und die Flut will mich ersäufen.
> Ich habe mich müde geschrien,
> mein Hals ist heiser.
> Meine Augen sind trübe geworden.
> (Ps 69,2–4)

Hier ruft jemand, der den Boden unter den Füßen verloren hat. Aber sein
Schreien hält ihn lebendig aus der Angst heraus. Die Klage ist der ausgestreckte
Arm, der auf Hilfe wartet.

Eine neue Erfahrung wird gegen die Angstklage geltend gemacht:

> Was betrübst du dich, meine Seele,
> und bist so unruhig in mir?
> Harre auf Gott; denn ich werde ihm noch danken,
> dass er meines Angesichts Hilfe und mein Gott ist.
> (Ps 42,6)

Wird mir jemand die Worte des Vertrauens und der Hoffnung einflößen, wenn
ich sie selbst nicht mehr sprechen kann, damit auch ich noch eine letzte Zeit warten kann, ohne den Mut zu verlieren? *Gott ist der Name für das Ziel der letzten
Worte, auch wenn ich selbst am Ende bin.*

Angstvolles Sterben in der Mitte des christlichen Glaubens

Eigenartigerweise steht in der Mitte des christlichen Glaubens nicht das ,ge-
lingende' Sterben einer reifen Erlöserpersönlichkeit, sondern ein Sterben voller Angst:

> Mein Gott, mein Gott warum hast du mich verlassen?
> (Ps 22,2)

So ruft vor seinem Tode der, der Gottes Nähe und Liebe verkündet hatte. Er starb
allein, verlassen, von allen verhöhnt und angefeindet den schändlichsten Tod,
den die antike Welt kannte. Unwürdiges Sterben. Für seine Anhänger war das
Anlass zu Entsetzen und Flucht. So ein elendes Sterben bei einem, der Gott ver-

kündet hat? Doch da war mehr. Der römische Hauptmann ahnte davon. Angesichts des letzten Aufschreis am Kreuz rief er: „Wahrlich, dieser Mensch ist Gottes Sohn gewesen!" (Mk 16,39)

Woher diese Ahnung nach dem wahrhaft menschenunwürdigen Sterben? Scheitern, Strafe, Exekution durch die Mächtigen, kein Zeichen von Hoffnung, nachdem die Anhänger selbst die Hoffnung aufgegeben haben. In dieser Situation der Aussichtslosigkeit, in der enttäuschter, verdunkelter Verstand nur resümiert: „Das war's", die Ahnung: *Gott, der Name für neues Leben im Tode.* Gott – nicht in seligen unberührbaren Höhen, sondern sich erbarmend in der tiefsten Tiefe. Es gilt nicht: Was geht mich das an? sondern Gedenken, Fürsorge, Heilen, Zurechtbringen, Neuschöpfung.

Der Osterglaube fasst die Ahnung in Worte: Der Tod ist überwunden, neues Leben, Jubel. Der Apostel Paulus konnte darin die Verspottung des Todes erkennen. Menschen können sich immer wieder daran erinnern: Der christliche Glaube macht den Tod nicht groß, er tut ihm keine Ehre an, weil er vom Ostermorgen her eine Ahnung von neuem Leben hat. Und doch bedrängen uns die Bilder von Dunkel, Tiefe, Angst und Leiden. Muss ein jeder durch diese Tiefe? Angst greift um sich. Christen sind keine Sterbenskünstler. Angst habe auch ich. Martin Luther hat eindringlich geraten, im Sterben die ängstenden Bilder von „Tod, Sünde und Hölle" als abgetan und überwunden zu betrachten und durch die Bilder von „Leben, Gnade und Seligkeit" zu ersetzen.[1] Lebensbilder suchen und erzählen als Aufgabe der Sterbebegleitung.

Wer wird mir am Ende zu dem Wissen verhelfen, dass der Tod nicht das Letzte ist? Wird mich jemand daran erinnern, dass da, wo Dunkel und Aussichtslosigkeit nur den Blick auf den Tod zulassen, dennoch das Osterlicht neue Hoffnung verbreitet? So könnte ich getröstet werden. *Gott ist der Name für die Hoffnung im Sterben, trotz der Angst.*

Lehre uns bedenken, dass wir sterben müssen

„Lehre uns bedenken, dass wir sterben müssen, auf dass wir klug werden." (Ps 90,12) Die biblische Weisung zielt nicht auf die Selbsterkenntnis der über den Tod erhabenen Geistigkeit – erkenne dich selbst und lass dein irdisches Leben fahren, denn du bist geistig und deshalb unsterblich –, sie verweist vielmehr sterbliche, gebrechliche Menschen, die an der Vergänglichkeit und dem Schwinden der Zeit leiden, auf eine Grenze, die nicht schreckt. Gott – die Grenze, die Menschen gnädig festhält. Diese Grenze steht gegen Vergehen und Nichts, sie grenzt ab gegen die Flut von Verzweiflung und Dunkel. Am Anfang und am

---

1 Luther, Sermon, 685–697.

Ende des Lebens steht die Zuflucht. Das Wissen um die Verlässlichkeit der Zuflucht des ewigen Gottes *in* der Zeit gibt Orientierung, Lebensweisheit.

„Lehre uns bedenken, dass wir sterben müssen, auf dass wir klug werden." Klug ist die Ausrichtung auf mehr als das eigene Selbst. Lebensverständnisse stehen nebeneinander und gegeneinander. Der Beter bittet um Einsicht, die in der Regel fehlt. Nicht, dass Menschen nicht wüssten, dass sie einmal als sterbliche Wesen sterben werden, wird hier angenommen, sondern dass sie, Vergänglichkeit wahrnehmend, nicht wissen, was es damit auf sich hat. Sie nehmen ihre Situation nur als verloren wahr. „Es ist aus. Das war's." Die allgegenwärtige Perspektive der Vergänglichkeit verselbständigt sich außerhalb der Geschichte Gottes zum schicksalhaften Naturgeschehen, das hinzunehmen ist und dem folglich nur ein Natur- oder Schicksalsglaube entsprechen kann. Danach ist Zeit lediglich der natürliche, von der Biologie oder dem Schicksal gewirkte Ablauf zum Tode, der das gesamte Leben bestimmt. Vom Tode her, zum Tode hin bekommt alles seine Schwere und Bedeutung oder auch Leichtigkeit und Nichtigkeit, eben den Witz. *Memento mori*, erkenne dich selbst, dass du sterblich bist und nicht ewig, und ergreife deshalb den Augenblick. Lässt sich Vergänglichkeit so möglicherweise eine kurze Zeit lang durch Konsum besiegen?

Das Wissen um Sterben und Vergänglichkeit macht aber gerade nicht von Natur aus das weise Herz, es schenkt nicht das rechte Wissen vom Leben. Es macht Angst oder lässt stumpf werden. „Lasset uns essen und trinken; wir sterben doch morgen!" (Jes 22,13) ist die begierige Folgerung, die Menschen formulieren, die eine Zuflucht in der Vergänglichkeit verloren haben. Die Zeit, die im Stundenglas abläuft, ist kurz und drängt.

In der Angst vor der Vergänglichkeit und Flüchtigkeit des Lebens, nehmen Menschen, das ist die Meinung des Beters von Psalm 90, die Gegenwart Gottes im Geschehen der Zeit nicht wahr. Mit dem Verlust dieser Perspektive aber verlieren sie zugleich die Erfahrung der Ewigkeit *in* der Zeit. Damit verschwindet die Intensität und die Präsenz der Zeit, die Zeit für Freude und Leid, für Liebe und Genuss. Ablaufende Zeit zerrinnt. So verkennen Menschen Zeit und Leben. Wenn der Blick auf den Tod fixiert ist, zeigt sich keine andere Perspektive. Vom Tode her kann sich wohl als Auflehnung gegen das Ende die hektische Drohung: „Bloß keine Zeit vertun, die Uhr läuft" einstellen. Das ungelebte Leben fordert seinen Angst machenden Tribut. Doch die Zeit ist einmal abgelaufen, vertan. Die Trauer über Versagen und versäumte Chancen macht sich breit.

Gott *in* der Zeit das bedeutet die Unterbrechung des Zeitflusses für einen Moment der Liebe, für intensives Leben, geschenkte Zeit aus Erbarmen. Bilder von „Leben, Gnade und Seligkeit" sind Erinnerungen an die Gegenwart Gottes in der Zeit. Sich auf diese Zeit einlassen zu können, ist die Lebenskunst des Glaubens. *Gott ist der Name für die Zuflucht in der schwindenden Zeit.*

Von da aus lässt sich auch ein Rückblick gewinnen auf das eigene Leben. Was war erfüllt, was ist gescheitert, wofür kann ich dankbar sein, was bleibt unerfüllt? Ich sehe mein Leben zu Ende gehen, und wenn Zeit und Kräfte gewährt sind, ordne ich rückblickend meine Vergangenheit, die Erfolge und das Versagen. Die Splitter und Fragmente, die bleiben, lege ich aus der Hand, einer wird sie zusammenfügen. Für wie vieles muss ich um Nachsicht und Vergebung bitten?

Vergebung durch Stellvertretung

Im Gebet von Psalm 90 sind Vergänglichkeit, Zorn Gottes und menschliche Schuld verbunden. Vergänglichkeit ist durchsichtig für den Zorn Gottes, jene Macht, die zerstörerisch in allem und gegen alles Lebenswidrige wirkt. Die Beter des Psalms erfahren angesichts Gottes in der Vergänglichkeit die eigene Schuld. Was habe ich gelebt? Wie habe ich gelebt? Die Zeit ist vertan. Das Leben ist verspielt und abgelaufen. Schuld und Versagen beschweren und lassen sich weder durch Reife noch durch Gelingen verleugnen. Die Last für das arme Selbst ist zu schwer, als dass es sie integrieren könnte.

In einem Alten geheimnisvollen Text erzählt der Prophet von einer neuen Lebensperspektive, die auch neue Zeit erschließt.

Fürwahr, er trug unsre Krankheit und lud auf sich unsre Schmerzen. Wir aber hielten ihn für den, der geplagt und von Gott geschlagen und gemartert wäre. Aber er ist um unsrer Missetat willen verwundet und um unsrer Sünde willen zerschlagen. Die Strafe liegt auf ihm, auf dass wir Frieden hätten, und durch seine Wunden sind wir geheilt. (Jes 53,4f)

Es tritt einer neben mich an den Ort von Schuld und Versagen. Stellvertretung schafft Freiraum und neue, unbeschwerte Zeit für Menschen, die darunter leiden, dass sie Zeit und Leben vertan haben. Jemand ist mit mir und gibt Zuspruch. Dieses Mitsein ist etwas von der Ewigkeit Gottes *in* der Zeit. Es ermutigt und gibt Hoffnung. Wer wird mich daran erinnern, wenn ich je nur Nichts wahrnehme am Ende meiner Tage? *Gott ist Zuflucht, seine Zeit – Zeit der Gnade, die durch Schuld und Tod trägt und befreit.*

> Menschliches Leben ist hinfällig und vergänglich,
> mühevoll und schuldbeladen,
> und es ist begrenzt.
> Aber die Grenze ist die Zuflucht schon zuvor:
> Herr, du bist unsere Zuflucht für und für.
> Menschliche Aktivität ist in Grenzen,
> aber in Grenzen ist sie auch mit aller Schuldverstrickung getragen.
> Begrenzte, hinfällige, aktive und leidende Menschen gehen
> auf die Liebe Gottes zu und erhalten von daher Glanz.

Gott ist der Name dafür, dass die Liebe trägt durch den Tod hindurch.

Was bleibt?

Was bleibt? Die Frage stellt sich am Ende eines Lebens. In vielen Todesanzeigen wird sie beantwortet mit dem Hinweis auf die Spuren der Erinnerung in den Herzen der Mitmenschen. „Wer in den Herzen seiner Lieben lebt …" Das ist viel, aber die Lieben gehen auch auf den Tod zu. Ihr Erinnern geht zu Ende.

„Was ist der Mensch, dass du seiner gedenkst?" (Ps 8,5) ist die Frage des biblischen Beters an Gott. Ohne Gedenken kein Leben. Gedenken ist Grundstruktur des Lebens. Dass ein Mensch ist, hängt davon ab, dass jemand seiner gedenkt; und was ein Mensch ist, hängt davon ab, wer seiner gedenkt und wie sich jemand seiner annimmt. Ein Kind, nach dem seine Mutter nicht sieht, kann nicht gedeihen, es sei denn, jemand tritt an die Stelle der Mutter; ein Kind, dessen sich niemand annimmt, verwahrlost, oder es vergeht. An den Folgen von zu wenig Annahme und liebloser, gleichgültiger Annahme leiden Menschen ein Leben lang. Gedenken ist die schöpferische Kraft der Beziehung, die Leben in Bewegung bringt, trägt und erhält bis zuletzt. Von der Qualität des Gedenkens hängt die Qualität des Lebens ab.

Gedenken steht gegen Erinnerungsverlust und Gedankenlosigkeit. Das Erinnerungsvermögen wird häufig schwächer gegen Ende des Lebens, wenn die Kräfte schwinden. Das Gedenken von vertrauten Begleitern kann mit Bruchstücken aus der Lebensgeschichte Erinnerungen wecken, die das Vertrauen vermitteln, dass Leben bewahrt ist. Das Gedenken von Mitmenschen dauert eine Zeit lang auch über den Tod hinaus.

Doch es gibt einen Zeitpunkt, da hört das auf: Menschen vergessen und werden vergessen. Gottes Gedenken aber bewahrt auch vergessende und vergessene Menschen. Kein Mensch fällt heraus aus dem Gedenken Gottes. Man kann von Gottes Gedenken als einem riesigen, Welten und Zeiten umgreifenden Gedächtnis erzählen, um seine Menschen bewahrende Kraft zu verdeutlichen.

> Gedenken sorgt für jedes Menschenkind
> und leitet es
> in neuen weiten Raum.
> Der Weg vom Kreuz zum Ostermorgen bürgt dafür.

Gott ist der Name für das Gedenken, das einen jeden Menschen bewahrt.

Gewählt oder Verworfen?

Eine alte Verheißung des Propheten leuchtet am Anfang und am Ende des Lebens:

Fürchte dich nicht, denn ich habe dich erlöst; ich habe dich bei deinem Namen gerufen; du bist mein! (Jes 43,1)

Kein Mensch gehört sich selbst und niemand hat sich selbst gewählt. Doch ist ein jeder Mensch gewollt von Gott, und sein Erbarmen trägt ihn, selbst da, wo Menschen ihn entsorgen wollen. Verworfen wird kein Mensch von Gott. Des Menschen Name ist gerufen.

Aber die Vorstellung der Verworfenheit bedrängt immer neu. Nicht immer klingt sie so humorig, wie bei Wolf Erlbruch, der sie in einem vertrauensvollen Gespräch zwischen Ente und Tod beschreibt: „Manche Enten sagen auch, dass es tief unter der Erde eine Hölle gibt, wo man gebraten wird, wenn man keine gute Ente war." „Erstaunlich, was ihr Enten euch so erzählt – aber wer weiß." entgegnet der unwissende Tod.[2] „Ich bin ein Nichts, aus und vorbei." Das ist das lähmende Urteil, das Menschen sich sprechen. Dagegen steht nicht mehr und nicht weniger als die Liebe dessen, der selbst durch die Hölle der Verworfenheit gegangen ist, um keinen Menschen dort zu lassen.

Gottes Liebe ist der Name dafür, dass kein Name verloren geht.

Gnädige Grenze

Der Tod rückt mir zu Leibe, macht mir Angst.
Ich komme ihm zuvor und setze selbst
die Grenze mir, bestimme Ort und Zeit
des Endes, mache Schluss.
Ich selbst bin Schicksal mir und autonom,
vermeide Leiden. Ich ertrage nicht,
dass passiv ich erdulde, was gefügt.
Die Würde wahre ich durch meine Tat.
Vollendung noch im Tod.
Das war's.

Doch die Erinnerung spielt Worte zu
von Leben und Geschenk, von Gnade auch.
Das arme autonome Ich erfährt:
Ein Mensch ist mehr als nur Persönlichkeit.
Die Hand, die hält, der Beistand in der Nacht,
Ermutigung in Angst
dem Tod zum Trotz.

---

2 Erlbruch, Ente, Tod und Tulpe.

Das arme autonome Ich erfährt:
Die Liebe schafft Beziehung, die uns trägt.
Vergebung heilt, Erbarmen richtet uns.
Die Allmacht Gottes setzt die Grenze fest,
in der er gnädig uns entgegenkommt.
Und Hoffnung tut sich auf
dem Tod zum Trotz.

(G. S.-F.)

Literatur

Erlbruch, Wolf: Ente, Tod und Tulpe, München 2007.
Luther, Martin: Sermon von der Bereitung zum Sterben (1519), WA 2; 685–697.

Mein Sterben

Jonah Sievers

Über sein eigenes Sterben nachzudenken, impliziert für mich die Annahme, dass es sich hierbei um einen längeren und bisweilen körperlich schmerzvollen Prozess handelt. Wenn man mich nach meinem Wunsch fragen würde, wie ich mir mein eigenes Sterben und Tod vorstelle, so würde ich mir natürlich einen Tod wünschen, wie er ihn unsere Patriarchen und auch Moses ereilt hat. So berichtet die Torah über Abraham: „Sodann verschied Abraham und starb in einem glücklichen Alter, alt und lebenssatt, und ging zu seinen Volksgenossen ein" (Gen 25,8). Ähnliche Beschreibungen finden sich bei Isaak und Jakob.

Selbst wenn diese Art von Sterben, die wir uns ja wahrscheinlich alle am meisten wünschen, dass wir uns nämlich abends, mit voller Zufriedenheit über das im Leben Erreichte, schlafen legen und am Morgen nicht mehr aufwachen, nicht realistisch ist, so kann uns der Tod z. B. im Fall eines Hirnschlags immer noch plötzlich treffen und ihm somit auch kein längerer Prozess vorangehen. In diesem Fall bleibt uns keine Zeit mehr, irgendetwas zu regeln. Der Tod kommt unvorbereitet. In Anbetracht der Tatsache, dass im vergangenen Jahr viele Menschen in der Bundesrepublik Deutschland an Herzinfarkt und Schlaganfall starben, ist dieses Szenario nicht unwahrscheinlich.

Da man, Gott sei Dank, dieses nie genau vorher weiß, bliebe einem nichts weiter übrig, als ständig so zu leben, als wäre jeder Augenblick der letzte. Auch wenn es wünschenswert wäre, mein Leben so zu gestalten, muss ich doch realistischer Weise eingestehen, dass dies nicht immer möglich ist.

Ein Problem für meine Überlegungen besteht in der Tatsache, dass ich mich zu etwas äußern will, das mich zwar in meiner Arbeit regelmäßig beschäftigt, aber im Moment noch aller Wahrscheinlichkeit nach erst in 20 oder 30 Jahren auf mich zukommen wird, und es einfach unrealistisch ist, davon auszugehen, dass meine Einstellung zum eigenen Sterben unverändert bleibt. Dieses Problem besteht auch bei Patientenverfügungen. Hier soll ich, in der Regel im gesunden Zustand Aussagen für eine Zeit treffen, in der ich schwer krank bin, mich in unmittelbarer Lebensgefahr befindet und in der die moderne Medizintechnik mein Leben noch ein wenig verlängern könnte. Ich frage mich in diesem Zusammenhang, ob alle, die ein Abschalten von lebensverlängernden Maßnahmen für gewisse Situationen verfügt haben, noch bei ihrer Meinung bleiben würden, wenn man sie in der Situation des Sterbens noch einmal fragen könnte.

Aus meiner Vorrede ergibt sich, dass meine Ausführungen nur unter Vorbehalt zu sehen sind.

Unter diesen Vorbehalt fällt auch meine persönliche Theologie. Diese existiert ja nicht in einem Vakuum, sondern ist auch von äußerlichen Einflüssen bestimmt. Da ich nicht weiß, wie mein Leben sich entwickeln wird, kann das folgende auch nur eine Momentaufnahme sein.

Einen großen Einfluss auf mein Denken, auf meine Theologie hat Moses Maimonides (gest. 1204). Dieser große Philosoph und Rechtsgelehrte war ein ausgesprochener Rationalist. Auch ich neige zu einer rationalistischen Betrachtungsweise der Dinge.

Ein wichtiger Aspekt bei der Beschäftigung mit dem Sterben ist die Frage, was am Ende dieses Prozesses steht. Was passiert mit uns, und wie sieht es mit der im Judentum fest verankerten Vorstellung von der Wiederbelebung der Toten aus?

Dies bedeutet für die theologisch wichtige Frage der Wiederbelebung der Toten (Techiat haMetim), dass ich mit Mainmonides nur von einer spirituellen Wiederauferstehung der Toten ausgehe. Für mich beginnt nach dem Tod eine reine spirituelle Existenz. Im babylonischen Talmud Traktat Berachot 17a finden wir eine Tradition, die beschreibt, dass man sich nach dem Tod in dem Bet Ha-Midrasch, im Lehrhaus des Ewigen befindet. Im Talmud lesen wir:

„In der zukünftigen Welt gibt es weder Essen noch Trinken, noch Fortpflanzung und Vermehrung, noch Kauf und Verkauf, noch Neid, Hass und Streit. Vielmehr sitzen die Gerechten mit ihren Kronen auf ihren Häuptern und weiden sich an dem Glanze der Göttlichkeit, denn es heißt: sie schauten Gott und aßen und tranken." (Ex 24,11)

Diese Vorstellung finde ich tröstlich und hoffe, dass sie mir in den letzten Momenten meines Lebens die Ruhe gibt, mich von dieser Welt und diesem Leben zu verabschieden. Ein weiterer Bestandteil jüdischer Vorstellungen ist, dass man von Gott gerichtet wird; hiermit verbunden gibt es die Vorstellung der Gehinom, einem Ort, an dem man von seinen Sünden gereinigt wird, bevor man in die Gegenwart des Ewigen kommt. Diese Phase dauert nicht länger als 12 Monate. Über die genauen Abläufe gibt es, wie nicht anderes zu erwarten, verschiedene Interpretationen. Eine Erklärung, die mir persönlich immer sehr nahe war, wurde mir von einem meiner Lehrer an der Jeschiwa (Talmudhochschule) nahe gebracht. Dieser meinte, dass man nicht mehr in der Lage ist, Sachen zu verdrängen. Alles kann nun im klarsten Lichte betrachtet werden. Das ganze Leben liegt vor einem. Es gibt kein Entrinnen. Auf der einen Seite muss dies eine sehr schmerzvolle Erfahrung sein. Auf der anderen Seite jedoch gibt sie einem die Möglichkeit, nochmal über Geschehenes nachzudenken.

Über weitere Details, wie es genau nach meinem Tod weitergeht, habe ich mir nie große Gedanken gemacht. Die rabbinische Literatur ist in dieser, aber auch in der Frage, wie die messianische Zeit verlaufen wird, herrlich uneindeutig. Ich vertraue darauf, dass ich mich am Ende in der Herrlichkeit des Ewigen befinden werde. Wir werden schon sehen, wenn es soweit ist und beschäftigen uns solange mit unserem Leben im Hier und Jetzt. Deshalb wird es mir auch nicht helfen, wenn meine Umgebung mir am Ende meines Lebens im Detail beschreibt, was auf mich wartet.

Die Gewissheit meines baldigen irdischen Endes wird mich auch sicherlich dazu veranlassen, mein Leben Revue passieren zu lassen. Auch wenn ich ein mechanistisches Modell von Lohn und Strafe ablehne, kann ich nicht leugnen, dass eine Zeit der Krankheit für mich persönlich häufig mit einer Selbstreflexion verbunden ist, „als ob" es also einen Zusammenhang zwischen persönlichem Verhalten und Krankheit gibt. Diese Selbstreflexionen beinhalten nicht Fragen, bei denen ein Zusammenhang zwischen persönlichem Verhalten und Krankheit offensichtlich sind. Nein, es geht um mehr, so z. B., ob ich immer meinen eigenen Idealen treu geblieben bin. In diesem Sinn des „als ob" glaube ich, dass mir das traditionelle Sündenbekenntnis, welches man kurz vor dem Tod spricht, hilfreich wäre.

Die Verdrängung ist eine der mächtigsten Leistung unserer Psyche. Ohne sie könnten wir wahrscheinlich nicht überleben. So bin ich auch nicht anderes veranlagt wie allen anderen Menschen auch. Ich würde mir dennoch wünschen, von meinen Ärzten und meiner Familie mit der Wahrheit konfrontiert zu werden, auch wenn sie schmerzlich ist, denn ich möchte die Zeit haben, mich von meiner Familie verabschieden zu können. Das Wissen um das Wohlergehen meiner mich überlebenden Familie wäre das Wichtigste für mich. So würde die Regelungen zwischenmenschlicher Fragen in meinen letzten Tagen, sollte ich dazu noch in der Lage sein, die wichtigste Aufgabe sein. So können meine Verwandten, die mich überleben, ihr Leben in Freiheit gestalten.

Memento mori

Von der Bedeutung einer zeitgemässen *ars moriendi*

Heinz Rüegger

Eine persönliche Vorbemerkung

Was jemand glaubt und theologisch vertritt, hängt stark mit der eigenen Lebenserfahrung zusammen. Diese Lebenserfahrung ist es, die darüber entscheidet, ob man eine – z. B. theologische oder philosophische – Überlegung hilfreich findet oder nicht, ob sie einem einleuchtet oder nicht. Ich will darum kurz transparent machen, auf welchem biografischen Hintergrund meine nachfolgenden Ausführungen stehen.

Manche Männer zwischen vierzig und fünfzig erleben so etwas wie eine *midlife crisis*. Im günstigsten Fall verhilft sie ihnen zu einem Zwischenhalt, zu einer Standortbestimmung oder gar zu einer Neuausrichtung im Blick auf die zweite Lebenshälfte, die vor ihnen liegt. Ich kann nicht sagen, dass ich selbst in eine solche Krise im üblichen Sinn geraten wäre. Oder wenn schon, verlief sie eher atypisch, kurz und bündig: Mit vierundvierzig bekam ich eine schwere Lungenentzündung und wurde hospitalisiert. Ich wurde also ganz unerwartet aus einem intensiven beruflichen Verkehr gezogen und fand mich *contre coeur* in einer Auszeit wieder. Die paar Tage Spitalaufenthalt – inkl. einiger schlafloser Nächte – liessen in mir völlig unerwartet zwei Einsichten aufsteigen, die sich mir mit grosser Evidenz aufdrängten: Erstens, dass ich, bis dahin mit Leidenschaft auf nationaler und internationaler Ebene als Berufsökumeniker tätig, mein Leben stärker ‚erden‘ müsse, und zwar so, dass ich in hautnahe Tuchfühlung mit der ‚Unterseite des Lebens‘, mit menschlichem Leiden, komme; und zweitens, dass fortan Sterben und Tod zu den zentralen Themen meines Lebens und Nachdenkens werden sollten. Mit diesen zwei überraschenden Einsichten ging die Genesung rasch voran. Einige Zeit später ergab es sich, dass ich meine Stelle wechselte und in einem Diakoniewerk ein neues Tätigkeitsfeld fand. Mein neues Büro befand sich gleich neben den Zimmern eines Pflegeheims, in dem sich hochbetagte Menschen und die sie Unterstützenden Tag für Tag mit der Wirklichkeit von Leiden, Schwäche und Sterben auseinander setzen. Als Heimseelsorger bin ich nun Teil dieser Gemeinschaft von Menschen, die in besonderer existenzieller Nähe zu Sterben und Tod leben bzw. arbeiten.

Daneben gehört zu meinen Aufgaben die wissenschaftliche und Praxisbezogene Bearbeitung von Fragen medizinischer und gerontologischer Ethik.

Als *das* zentrale Thema ergab sich dabei wie von selbst das Sterben, das im letzten Jahrzehnt auch zum thematischen roten Faden in vielen meiner Publikationen wurde.[1] Der institutionelle Kontext meines Denkens und Lebens ist ein Diakoniewerk, zu dem ein Spital, eine Seniorenresidenz, ein Alterszentrum und zwei Pflegeheime gehören, alles Institutionen, in denen viele hochbetagte Menschen leben und in denen deshalb immer wieder gestorben wird.

Das Erstaunliche ist: Ich habe für mein Empfinden noch nie so intensiv, so frei und lustvoll, so nahe am Wesentlichen des Lebens gelebt wie seit ich – geleitet von den Einsichten jenes Spitalaufenthalts – mein berufliches Leben umorientiert und die Thematik von Alter(n), Sterben und Tod zu zentralen Themen meines Lebens gemacht habe. Ich habe durch ganz praktische Erfahrung entdeckt, was eine lange philosophische und theologische Tradition des Abendlandes einmal wusste, was in neuerer Zeit aber weithin fremd geworden ist: dass an Lebensintensität und Lebensqualität gewinnt, wer sich bewusst darauf einlässt, sein Leben im Angesicht des unausweichlichen Todes zu leben, als ein „Sein zum Tode", wie Martin Heidegger es ausdrückte.[2] Wie auch umgekehrt stimmen dürfte, worauf Manfred Lütz besonders pointiert hingewiesen hat: „Wer den Tod verdrängt, verpasst das Leben!"[3]

Ars moriendi

Schon in der griechischen und römischen Antike galt die bewusste Auseinandersetzung mit der Endlichkeit, also der Sterblichkeit menschlichen Lebens als Kennzeichen einer weisen, philosophischen Lebenseinstellung. Das Todesgedenken (*memento mori*) stand dabei im Dienst eines guten, wahrhaft menschlichen Lebens. Die Kunst, ein gutes Leben zu führen (*ars vivendi*), und die Kunst eines guten Sterbens bzw. eines Lebens im Lichte (nicht im Schatten!) des bevorstehenden Sterbens (*ars moriendi*) wurden als die beiden Kehrseiten ein und derselben Medaille verstanden. Das eine ist ohne das andere nicht zu haben. Für Cicero ist darum „das ganze Leben der Philosophen ein ständiges Nachdenken über den Tod."[4] Und für Michel de Montaigne, den Philosophen des 16. Jahrhunderts, stand fest, dass Philosophieren soviel bedeutet wie sterben lernen,[5] eine Perspektive, die dann auch wieder im Existenzialismus des 20. Jahrhunderts eine wichtige Rolle spielte.

---

1 Vgl. z.B. Sterben in Würde; Das eigene Sterben, in: Knellwolf / Rüegger, Leiden und Sterben.

2 Heidegger, Sein und Zeit, §§ 52 f.

3 Lütz, Vom Gesundheitswahn zur Lebenslust, 52.

4 Cicero, Gespräche in Tusculum, 32 f. .

5 De Montaigne, Essais, 124 (Buch I, Kapitel 19).

Wenn auch die biblische Tradition keine eigentliche Praxis des Todesgedenkens kennt, so entwickelte sich doch auch in der Kirche und Theologie seit der Zeit der Kirchenväter eine Spiritualität der *ars (bene) moriendi* – gespiesen aus Einsichten der Bibel und der zeitgenössischen Philosophie. Gerade im Mönchtum wurde sie ernsthaft gepflegt. Und im ausgehenden Mittelalter entwickelte sich diese *ars moriendi* zu einer breiten volkstümlichen Literaturgattung. Einem Grossteil dieser Schriften ging es darum, Sterbende anzuleiten, wie sie den mit dem physischen Sterben verbundenen inneren Prozess geistlich heilsam bestehen konnten. Das war Anleitung zu einem guten Sterben im engeren Sinn des Begriffs. Abgesehen davon, dass die konkreten Vorstellungen, die mit jenem Verständnis eines guten, Gott wohlgefälligen Sterbens verbunden waren, ganz der Welt (und den Ängsten!) des Mittelalters verbunden waren und für uns heute nicht mehr massgebend sein können, liegt mir ohnehin mehr an einer Kultur des Todesgedenkens im weiteren Sinn: also an einer Haltung, die sich mitten im Leben der Endlichkeit und Sterblichkeit bewusst wird, um daraus Anregung zu gewinnen, das Leben im Hier und Jetzt sinnvoll zu führen. Etwa im Sinn der Bitte in Ps 90,12: „Herr, lehre uns, unsere Tage zu zählen, damit wir ein weises Herz gewinnen." Das Bewusstsein der Endlichkeit, der begrenzten Frist, die uns im Leben noch vergönnt ist, soll demnach zu einer weisen, d. h. lebensförderlichen, dem Gelingen des Lebens dienenden Haltung führen; einer Haltung, die uns weniger oberflächlich, dafür wesentlicher und achtsamer leben und uns am Leben satt werden lässt, so dass wir nicht immer nach noch mehr verlangen müssen, sondern zu gegebener Zeit vielleicht einmal „alt und lebenssatt" sterben können, wie es das Alte Testament von den grossen Patriarchen Israels erzählt (etwa Gen 25,8 im Blick auf Abraham und 1Chr 23,1 im Blick auf David).

Ich habe im Wiederentdecken dieser Tradition der *ars moriendi* im weiteren Sinn einer das ganze Leben bestimmenden Spiritualität des *memento mori* eine befreiende Perspektive gefunden, die das Leben reich und kostbar werden lässt. Denn im Vorausblick auf das eigene Ende wird manches relativiert, anderes – oft Unscheinbares! – umso wichtiger, man wird etwas bescheidener und lernt zugleich die alltäglichen Freuden des irdischen Lebens intensiv und dankbar zu geniessen. Es ist mir jedenfalls zu einer tiefen Gewissheit geworden, dass „das Leben tiefer (wird), die Existenz sich gewisser angesichts des Todes."[6]

Ich kann heute nachvollziehen, warum der mit 35 Jahren früh verstorbene Wolfgang Amadeus Mozart eine solche Spiritualität des *memento mori* als „Schlüssel zu unserer wahren Glückseligkeit" bezeichnet hat. Viereinhalb Jahre vor seinem Tod schrieb er seinem Vater: „Ich lege mich nie zu Bette ohne zu bedenken, dass ich vielleicht (so jung als ich bin) den andern Tag nicht mehr sein werde."[7]

---

6 Jaspers, Philosophie II, 227.
7 Mozart, Briefe, 332.

Eine solche Haltung zum Leben und Sterben, eine solche *ars vivendi et mori-endi*, will eingeübt sein, soll sie denn tatsächlich als befreiende Perspektive er-fahrbar werden. Als bloße theoretische Einsicht bewirkt sie wenig, wie alle Glau-benssätze wenig bewirken, die nicht Teil einer persönlichen Spiritualität werden. In der christlichen Tradition gibt es viele Abendgebete und Abendlieder, die an die Analogie zwischen dem Sich-zu-Bette-Legen und dem eigenen Sterben erin-nern. Ich denke etwa an das bekannte Abendlied von Paul Gerhardt „Nun ruhen alle Wälder", in dem es heisst: „Nun geht, ihr matten Glieder, / geht hin und legt euch nieder, / der Betten ihr begehrt. / Es kommen Stund und Zeiten, / da man euch wird bereiten / zur Ruh ein Bettlein in der Erd."[8] Nicht umsonst gelten schon im ältesten Zeugnis epischer Dichtung des Abendlands, in Homers Ilias, *hypnos* (Schlaf) und *thanatos* (Tod) als Söhne der *nyx* (Nacht) und damit als Brüderpaar!

Meine Frau und ich haben uns seit einigen Jahren angewöhnt, ganz in Mo-zarts Sinn vor dem Einschlafen ein altes Abendgebet zu sprechen, das mit dem Ausblick auf Tod und Vollendung schliesst. Für uns ist es eine gute Erfahrung geworden, den Tag in der Haltung des *memento mori* zu beschliessen und so be-reit zu werden für den Schlaf und das, was auf ihn folgen mag – und sei es das eigene Ende.[9]

Das problematische Todesverständnis
der christlichen Lehrtradition

Neben diesem positiven Erbe der Tradition kann ich allerdings nicht verhehlen, dass mir der christliche Glaube in seiner herkömmlichen Lehrgestalt auch Hypo-theken für einen guten Umgang mit dem eigenen Sterben zu vermitteln scheint. Ich sehe sie vor allem darin, dass die offizielle kirchliche Lehrtradition quer durch alle Konfessionen hindurch ihr Verständnis des Todes bzw. der mensch-lichen Sterblichkeit im Wesentlichen auf nur gerade zwei paulinische Aussagen stützte: zum einen die, der Tod sei dem Menschen von Gott nicht ursprünglich zugedacht gewesen, sondern erst im Nachhinein als Strafe für die Versündigung Adams über die Menschen verhängt worden (Röm 5,12; 6,23) und deswegen „das schlechthin Nichtseinsollende";[10] zum andern die, der Tod sei der letzte Feind des Menschen (1Kor 15,26). Dass diese einseitig negativ gefärbte Sicht des To-des in weitgehender ökumenischer Übereinstimmung bis heute als *das* christli-che Verständnis gilt, scheint mir verhängnisvoll. Es verdrängt eine Fülle anders gearteter, positiver gefärbter biblischer Todesvorstellungen, die das Zugehen von

---

8 Gesangbuch, Nr. 594.

9 Für weitere Anregungen zu konkreten Möglichkeiten einer Spiritualität des *memento mori* vgl. Rüegger, Das eigene Sterben, 58–113.

10 Weber, Dogmatik, 692, 694.

Christen auf ihr eigenes Sterben sehr viel leichter machen könnten: die Vorstellung etwa, dass der Mensch (hebr. *adam*) schon im Anfang aus Ackererde (hebr.
adamah) geschaffen wurde und als endliches Wesen dazu bestimmt ist, wieder zur Erde zu werden (Gen 2,7; 3,19); oder die Vorstellung, im Sterben gehe
der Mensch in unauflösbarem Eingebundensein in das Ganze der Schöpfung
„den Weg aller Welt" (1Kön 2,2; Koh 3,19 f.); oder das Bild aus Hi 5,26, dass der
Mensch hochbetagt ins Grab geht wie man in der Ernte vollreife Garben in die
Scheune einbringt; oder – um eine sprichwörtlich gewordene Redewendung der
hebräischen Bibel aufzugreifen – die Vorstellung, der Mensch könne in einem
langen Leben seinen Lebenshunger stillen und dann „alt und lebenssatt" sterben
(Gen 25,8; 35,29; 1Chr 23,1; 2Chr 24,15; Hi 42,17). All diese positiv konnotierten
biblischen Todesvorstellungen konnten sich in der theologischen Lehrbildung
gegenüber den beiden genannten, fundamental negativen Aussagen des Paulus
über den Tod leider nicht durchsetzen. Nach klassischer christlicher Lehre gilt:
„De facto ist der Tod widernatürlich. De facto ist er ein Fluch."[11]
    Es ist erstaunlich, dass selbst im Protestantismus, in dem es kaum ein zentra-
les dogmatisches Lehrstück gibt, das nicht schon heftig kritisiert und in Frage
gestellt worden wäre, dieses negative Todesverständnis bisher so unkritisch weiter tradiert wurde. Man kann Gotthold Ephraim Lessing die Berechtigung seiner
Behauptung kaum absprechen, „dass diejenige Religion, welche dem Menschen
zuerst entdeckte, dass auch der natürliche Tod die Frucht und der Sold der Sünde
sei, die Schrecken des Todes unendlich vermehren musste."[12] Tod und Sterben
sind in der christlichen Lehrtradition theologisch, spirituell und existenziell in
einem ganz fundamentalen Sinne negativ bestimmt. Man kann sie allenfalls hin-
nehmen, sich ihnen unterwerfen, wie man sich zähneknirschend einem Feind
unterwirft, den zu besiegen man die Kraft nicht hat. Aber letztlich kann man sie
nur ablehnen. Eine positive Einstellung ihnen gegenüber zu entwickeln, ist unmöglich. Und es ist zweifelhaft, ob die christliche Auferstehungshoffnung genügend Gewicht besitzt, um diese in sehr düsterem Ton gehaltene Einstellung zum
Sterben so weit aufzuhellen, dass Menschen ermutigt werden, in einer getrosten,
ja lebensförderlichen Haltung auf das eigenen Sterben zuzugehen.
    Zudem scheint mir einiges dafür zu sprechen, dass diese negative Einstellung
zu Sterben und Tod im abendländischen Christentum mit dazu geführt hat, dass
die in diesem Kulturraum entstandene moderne wissenschaftliche Schulmedi-
zin den Tod auf weite Strecken auch nur als mit allen Mitteln zu bekämpfenden
Erzfeind wahrgenommen hat[13] und sich auch heute noch nicht immer leicht tut

---

11 Jüngel, Tod, 94.
12 Lessing, Wie die Alten, 778.
13 Frank Nager spricht davon, dass der Tod „von Berufs wegen unser Feind ist, um nicht zu
sagen – unser Todfeind. Vor allem in modernen Spitalzentren, die so inbrünstig auf Heilung
von Krankheit und auf Verlängerung des Lebens eingeschworen sind, ist der Tod ein Scanda-
lon" (Gesundheit, 61).

mit der Aufgabe, das Zulassen des Sterbens, ja das Ermöglichen eines möglichst friedlichen Sterbens als etwas anzuerkennen, das genauso wie das Verhindern eines vorzeitigen Todes zu ihren zentralen Aufgaben gehört.

Für mich gehört es jedenfalls zu den dringlichen Aufgaben, diese traditionelle Lehrgestalt des christlichen Glaubens zu kritisieren und von den oben angedeuteten positiveren biblischen Deutungen des Todes her zu überwinden. Einer, der das in jüngster Zeit auf hilfreiche Weise unternommen hat, ist Klaus-Peter Jörns. Er zeigt auf, wie die Rede vom Tod als Strafe für die Sünde nicht nur „eine fatale Sicht unserer Sterblichkeit", sondern „zugleich ein höchst problematisches Gottesverständnis" verbreitet.[14] Demgegenüber plädiert er für ein Einüben des Umgangs mit der eigenen Sterblichkeit „bis wir gelernt haben, dass die Kunst zu leben in die Kunst zu sterben, die *ars moriendi*, führt. Der Tod ist ein Tor, weil er der Abschluss der grossen Transformation (1Kor 15,52b) auf der uns erkennbaren Seite ist und zugleich eine Öffnung darstellt, durch die wir hindurchgehen."[15]

Quellen der Hoffnung

Welche Vorstellungen sind es denn nun, die mich im Zuleben auf das Sterben und den Tod hin wirklich trösten und ermutigen, so dass die Ermutigung nicht nur ein theologisches Postulat ist, sondern mich tatsächlich auf einer existenziellen Ebene berührt und trägt? Es sind wohl drei Vorstellungen, die mich wirklich berühren: im theologischen Fachjargon gesprochen eine schöpfungstheologische, eine soteriologische und eine im strengen Sinne theo-logische Vorstellung.

Unter *schöpfungstheologischem* Gesichtspunkt finde ich hilfreich, dass gleich die ersten Seiten der Bibel den Menschen als Adam, als vergänglichen „Erdling" beschreiben, der aus Ackererde (*adamah*) gebildet ist und – wie es sein Name schon andeutet – wieder zur Erde werden wird. Erdling zu sein neben allen anderen Geschöpfen auf Erden, die auch Erdlinge sind (Koh 3,19f) und deshalb irgendwann einmal den „Weg aller Welt" (1Kön 2,2) zu gehen, das ist eine Berufung, die einen an der solidarischen Schicksalsgemeinschaft der ganzen Welt teilhaben lässt, am ewigen Kreislauf des Werdens und Vergehens, der uns im Vegetationszyklus der Natur jedes Jahr wieder vor Augen geführt wird. In der Gemeinschaft alles Lebendigen an diesem Kreislauf teilhaben zu dürfen, das ist für mich an und für sich schon ein wunderbarer, ein überaus tröstlicher Gedanke – selbst wenn es keine Auferstehung über den Tod hinaus geben würde. Ich teile darum mit vielen – auch nichtreligiösen – Menschen die elementare Erfahrung, dass einen intensive Naturerlebnisse, z. B. auf einer Wanderung im Gebirge, oder

---

14 Jörns, Abschiede, 275.
15 Ebd., 284.

in einem sich verfärbenden Laubwald im Herbst, oder an einem Meeresstrand mit tiefer Zuversicht und einem Gefühl des Aufgehobenseins inmitten alles Vergänglichen erfüllen können.

Unter dem *soteriologischen* Gesichtspunkt dessen, was man traditionellerweise ‚Erlösung‘ nannte, ist mir der oben bereits von Jörns genannte Aspekt der Verwandlung besonders einleuchtend. Er stellt für mich eine Hoffnung dar, die mir in hohem Masse plausibel erscheint. Paulus spricht in 1Kor 15,52 von der Auferstehung als von einem Verwandeltwerden und deutet dies in 2Kor 5,4 so, dass in diesem Verwandlungsprozess „das Sterbliche vom Leben verschlungen wird.“ Sterben bedeutet von daher nicht einfach das Verschlungenwerden des Lebens durch den Tod, was es irdisch gesehen gewiss auch ist, sondern auf einer existenziell-spirituellen Ebene genau das Gegenteil: das Leben in der Qualität des ‚ewigen Lebens‘ wird das Sterbliche absorbieren. Sterbend sollen wir in ein Leben verwandelt werden, von dem unser irdisches Leben erst ein schwacher Abglanz ist. Diese Perspektive fasziniert mich tief und erfüllt mich mit grosser Hoffnung im Blick auf mein eigenes Sterben und den im bevorstehenden Tod erwarteten Verwandlungsprozess. Diese Hoffnung lässt mich jetzt schon mit einer gewissen Spannung und Neugier dem entgegen leben, was mich im Transformationsprozess von Sterben und Tod erwarten wird – wohl wissend, dass es sich dabei, wie Paulus sagt, um ein Geheimnis handelt (1Kor 15,51), das sich jedem Versuch einer inhaltlichen Festschreibung entzieht.

Unter dem im strengen Sinne *theo-logischen* Gesichtspunkt, also im Blick auf mein Gottesverständnis, finde ich eine Quelle der Ermutigung in dem Vertrauen, dass Gott mir zugewandte, verlässliche Liebe ist – Liebe, von der mich weder Tod noch Leben, weder Gegenwärtiges noch Zukünftiges, weder Hohes noch Tiefes, kurz: gar nichts zu trennen vermag (Röm 8,38 f.). Oder in den räumlichen Kategorien von Ps 139,8–12 ausgedrückt: Wohin auch immer ich existenziell geraten mag, ich vertraue darauf, dass Gott dort als mir liebevoll zugewandtes Gegenüber da sein wird – im Himmel wie im Totenreich, zuhause wie an fremden Orten, in der Finsternis wie im hellen Licht. Darauf vertraue ich jetzt schon, mitten im Leben. Darauf hoffe ich vertrauen zu können, wenn es einmal ans Sterben geht. Mehr brauche ich nicht.

Menschenwürdiges Sterben zwischen Schicksal und Machsal

Es ist nicht zu übersehen, dass sich der Kontext des Sterbens und die menschlichen Möglichkeiten, dabei zu intervenieren, in den letzten hundert Jahren markant verändert haben. Erlebten Menschen das Sterben früher meist als Geschick, das es zu akzeptieren galt und in das man sich zu schicken hatte, erleben wir heute lebensgefährliche Erkrankungen primär als Situationen, in denen medizinische Hilfe gefordert und alles Mögliche unternommen wird, um den Tod zu verhindern. Das hat dazu geführt, dass angesichts der heute zur Verfügung stehenden medizinischen Möglichkeiten der Lebensverlängerung eine Gegenbewegung eingesetzt hat, die mit grossem Pathos das ‚Recht auf den eigenen Tod‘ oder das Recht auf ein ‚selbstbestimmtes Sterben‘ einfordert. Dieser Trend geht oft sogar so weit, dass ein ‚menschenwürdiges Sterben‘ eben gerade darin gesehen wird, dass es selbstbestimmt vollzogen wird. Was früher als Widerfahrnis des Schicksals galt, wird unter den Bedingungen der Gegenwart zunehmend zu einem selbst zu verantwortenden ‚Machsal‘, wie es Odo Marquard als charakteristisch für den Weg der nachaufklärerischen Moderne beschrieben hat.[16]

Mir liegt viel an der Möglichkeit und an dem mir aufgrund der Menschenwürde zustehenden Anspruch, selbst über mein Leben zu bestimmen. Das gilt auch für das Sterben als den abschliessenden Prozess meines Lebens. Sollte ich dabei die Fähigkeit verlieren, selbst für mich zu entscheiden, hoffe ich, dass sich die stellvertretend für mich Entscheidenden aus meinem privaten Umfeld und aus dem Kreis der mich medizinisch-pflegerisch Betreuenden ernsthaft bemühen, meinen mutmasslichen Willen zu eruieren und dass sie ihm Folge leisten. Vor allem liegt mir daran, alle möglichen Vorkehrungen zu treffen, um mein Leben dann beschliessen zu können, wenn mir die Zeit dafür gekommen zu sein scheint, und nicht durch das Verfügen von Fremden zum Objekt unerwünschter Lebensverlängerung gemacht zu werden. In den vergangenen 57 Jahren habe ich ein – im menschheitsgeschichtlichen und weltweiten Massstab gemessen – unerhört gutes, reiches und spannendes Leben führen können. Das Schicksal war mir gut gesonnen und gab mir ein reiches Mass an Möglichkeiten zur Lebenssättigung. Meine Befürchtungen gehen darum eher dahin, dass mich mein Umfeld nur ja nicht zu lange künstlich am Leben erhält und mein Eintreten in den im Sterben erwarteten Prozess der Verwandlung verunmöglicht. Die entgegengesetzte Angst, man könnte mich zu früh sterben lassen, liegt mir fern. Sollten andere für mich über Leben oder Tod entscheiden müssen, wäre meine Maxime deshalb klar: im Zweifelsfalle mich lieber sterben lassen! Denn der Tod ist für mich kein Feind, er ist nicht einfach das ‚Aus!‘, sondern der Durchgang in eine Dimension von Wirklichkeit und Wahrheit, der ich erwartungsvoll entgegen lebe.

Ob mein Sterben einmal menschenwürdig sein wird, hängt allerdings nicht davon ab, wieweit ich seinen Verlauf und Zeitpunkt bis ins Letzte selbst bestimmen kann. Ich teile vielmehr die Meinung von Gunda Schneider-Flume: „Die Beziehungen, in denen es geschieht, entscheiden über das Sterben. Nicht Sterben an sich ist menschenunwürdig […] Aber ohne Beistand, allein und verlassen zu sterben, das macht Sterben menschenunwürdig und trostlos.“[17] Darum wünsche ich mir als wichtigste Form der Hilfe zu einem guten Sterben verständnisvolle

---

16 Marquard, Ende des Schicksals, 67.
17 Schneider-Flume, Alter, 132.

Menschen, die mich begleiten, die den Tod nicht bekämpfen oder verdrängen, sondern bereit sind, sich mit Empathie auf mein Sterben einzulassen. Und natürlich wünsche ich mir dabei eine fachlich gute Palliation bis hin zur Möglichkeit, bei anders nicht auf ein ertragbares Mass zu lindernden Schmerzen mein Sterben durch eine entsprechende Sedierung zu erleichtern.

Das Leben beenden als Fragment

Es gibt die Vorstellung, das Leben müsse sich im Alter bzw. im Sterben zu einem vollen Ganzen runden und so gleich einem vollendeten Kunstwerk zum reifen Abschluss kommen. Ich halte diese Vorstellung für nicht sehr hilfreich, denke vielmehr, dass sie in den meisten Fällen ein unrealistisches Idealbild darstellt, das all diejenigen unter Druck setzt, die ihr Sterben nicht als letzte Abrundung eines sich vollendenden Ganzen erfahren. Menschliches Leben bleibt grundsätzlich unvollendet, unabgeschlossen – und darf es auch bleiben!

Mir ist darum auch im Blick auf das eigene Sterben hilfreich und ermutigend, was Dietrich Bonhoeffer im Blick auf den fragmentarischen Charakter des Lebens sagt:

Unsere geistige Existenz bleibt ein Torso. Es kommt wohl nur darauf an, ob man dem Fragment unsres Lebens noch ansieht, wie das Ganze eigentlich angelegt und gedacht war und aus welchem Material es besteht. Es gibt schliesslich Fragmente, […] die bedeutsam sind auf Jahrhunderte hinaus, weil ihre Vollendung nur eine göttliche Sache sein kann […] Wenn unser Leben auch nur ein entferntester Abglanz eines solchen Fragmentes ist, in dem wenigstens eine kurze Zeit lang die sich immer stärker häufenden, verschiedenen Themata zusammenstimmen und in dem der grosse Kontrapunkt vom Anfang bis zum Ende durchgehalten wird, so dass schliesslich nach dem Abbruch höchstens noch der Choral: „Vor Deinen Thron tret' ich allhier" intoniert werden kann, dann wollen wir uns auch über unser fragmentarisches Leben nicht beklagen, sondern daran sogar froh werden.[18]

Diese Einsicht gehört für mich zentral zu jeder evangelisch zu nennenden Spiritualität des *memento mori*. Unser Mass ist das Imperfectum, nicht das Perfectum. Darin, dass dies so sein darf, ist die Zuversicht des Glaubens etwas zutiefst Humanes und Humanisierendes, das schon mitten im Leben dazu anleitet, das Unvollkommene zu würdigen und in ihm den Vorschein einer Vollendung zu erkennen, die nicht mehr unsere Sache zu sein braucht, sondern die uns durch die Transformation von Sterben und Tod hindurch in Aussicht gestellt ist.

---

18 Bonhoeffer, Widerstand und Ergebung, 336.

Literatur

Bonhoeffer, Dietrich: Widerstand und Ergebung. Briefe und Aufzeichnungen aus der Haft (Dietrich Bonhoeffer Werke, Bd. 8), München 1998.

Cicero, Marcus Tullius: Gespräche in Tusculum, in: J. Laager (Hg.), Ars moriendi. Die Kunst, gut zu leben und gut zu sterben. Texte von Cicero bis Luther, Zürich 1996, 31–43.

Gesangbuch der Evangelisch-reformierten Kirchen der deutschsprachigen Schweiz, Basel 1998.

Heidegger, Martin: Sein und Zeit, Tübingen [18]2001.

Jaspers, Karl: Philosophie II: Existenzerhellung, Berlin [4]1973.

Jörns, Klaus-Peter: Notwendige Abschiede. Auf dem Weg zu einem glaubwürdigen Christentum, Gütersloh [3]2004.

Jüngel, Eberhard: Tod (GTB Siebenstern, Bd. 1295), Gütersloh [5]1993.

Knellwolf, Ulrich / Rüegger Heinz: In Leiden und Sterben begleiten. Kleine Geschichten – Ethische Impulse, Zürich [2]2005.

Lessing, Gotthold Ephraim: Wie die Alten den Tod gebildet: eine Untersuchung, in: Ebd., Werke 1767–1769 (Gotthold Ephraim Lessing Werke und Briefe in zwölf Bänden, Bd. 6), Frankfurt a. M. 1985, 715–778.

Lütz, Manfred: Vom Gesundheitswahn zur Lebenslust, in: S. J. Lederhilger (Hg.), Gott, Glück und Gesundheit. Erwartungen an ein gelungenes Leben (Linzer Philosophisch-Theologische Beiträge, Bd. 11), Bern 2005, 32–54.

Marquard, Odo: Ende des Schicksals? Einige Bemerkungen über die Unvermeidlichkeit des Unverfügbaren, in: ders., Abschied vom Prinzipiellen. Philosophische Studien (Reclam Universal-Bibliothek, Bd. 7724), Stuttgart 1981, 67–90.

De Montaigne, Michel: Essais (Classiques Modernes / La Pochothèque), o. O. 2001.

Mozart, Wolfgang Amadeus: Briefe, Zürich 1948.

Nager Frank: Gesundheit, Krankheit, Heilung, Tod. Betrachtungen eines Arztes, Luzern [3]1998.

Rüegger, Heinz: Sterben in Würde? Nachdenken über ein differenziertes Würdeverständnis, Zürich [2]2004.

– Das eigene Sterben. Auf der Suche nach einer neuen Lebenskunst, Göttingen 2006.

Schneider-Flume, Gunda: Alter – Schicksal oder Gnade? Theologische Überlegungen zum demographischen Wandel und zum Alter(n), Göttingen 2008.

Weber, Otto: Grundlagen der Dogmatik. Erster Band, Neukirchen-Vluyn [6]1983.

Alle wollen in den Himmel, aber keiner will sterben

Was meine Vorstellungen vom eigenen Ende prägt:
Positiver Umgang mit dem eigenen Tod und mit Verlust unter
dem transkulturellen Gesichtspunkt

NOSSRAT PESESCHKIAN

Eine wichtige Motivation für den Ansatz der „Positiven Psychotherapie" mag gewesen sein, dass ich mich in einer transkulturellen Situation befinde. Als Perser (Iraner) lebe ich seit 1954 in Europa. In dieser Situation wurde ich darauf aufmerksam, dass viele Verhaltensweisen, Gewohnheiten und Einstellungen in den beiden Kulturkreisen unterschiedlich bewertet werden. Dies ist eine Erfahrung, die ich bereits während meiner Kindheit in Teheran machen konnte. Sie betraf Vorurteile, vor allem religiöser Art, die ich ziemlich genau beobachten konnte.

Als Baha'i standen wir immer wieder im Spannungsfeld zwischen unseren islamischen, christlichen und jüdischen Mitschülern und Lehrern. Dies regte mich an, über die Beziehungen der Religionen untereinander und die Beziehungen der Menschen zueinander nachzudenken. Ich erlebte die Familien meiner Mitschüler und lernte ihr Verhalten aus den weltanschaulichen und familiären Konzepten verstehen. Später war ich Zeuge ähnlicher Konfrontationen, als ich während meiner fachärztlichen Ausbildung erlebte, wie gespannt das Verhältnis von Psychiatern, Neurologen und Psychotherapeuten bzw. Psychoanalytikern war und mit welcher Vehemenz die psychiatrischen und die psychoanalytischen Auffassungen aufeinanderprallten.

Ich beschäftigte mich mit den Inhalten und Hintergründen derartiger Spannungen. Besonders wichtig war für mich die Erfahrung, dass es andere Formen und Organisationen der Familie gibt als die, die ich in meiner Kindheit und Jugend erlebt habe. Die Familie, in der ich aufwuchs, umfasste nicht nur meine Eltern und Geschwister, sondern eine Vielzahl von Verwandten und weiteren Familienangehörigen, mit denen wir uns in einer Familie verbunden fühlten. Ich erlebte hier das Gefühl der Gruppenzugehörigkeit, der gegenseitigen Fürsorge und der Sicherheit, aber auch das Gefühl der Abhängigkeit und Einengung. Die typische, sehr auf ihre Eigenständigkeit bedachte europäische Familie erschien mir als Ergänzung des orientalischen Systems mit allen Vor- und Nachteilen. Die Einrichtung der Familie zeigte sich mir als eine der wichtigsten Schaltstellen dafür, welche Fähigkeiten und Möglichkeiten eines Menschen entwickelt und welche unterdrückt werden. Die Familie nimmt in diesem Sinne Einfluss auf die

Partnerwahl, die Berufswahl, die Beziehung zu anderen Menschen und das Verhältnis zur Zukunft. Die Baha'i- Familien waren und sind verpflichtet, ihre Kinder in acht bis neun unterschiedlichen Religionen zu unterrichten und zu erziehen. Diese Erfahrungen waren für mich sehr kostbar. Schon in der Kindheit sah ich also die Einheit in der Vielfalt stets vor meinen Augen, und ich konnte sie später in meine therapeutische Arbeit mit einbeziehen. Bei vielen Menschen im europäischen Abendland dagegen herrscht ein „Unbehagen in der Kultur" vor: Sie sind von Einseitigkeit, Menschenfeindlichkeit, kalter Wissenschaft abgeschreckt, von der bürgerfernen Politik und Wirtschaft enttäuscht und sehen in den traditionellen Religionen und weltanschaulichen Systemen keine geistige Heimat. Ihnen bleibt nur, sich auf sich selbst zurückzuziehen und aus sich heraus neue Orientierungen zu finden.

Zwölf Grundsätze der Baha'i- Weltreligion:
– Die gesamte Menschheit muss als eine Einheit betrachtet werden.
– Alle Menschen sollen ständig die Wahrheit erforschen.
– Alle Religionen haben eine gemeinsame Grundlage.
– Die Religion muss die Ursache der Einigkeit und Eintracht unter den Menschen sein.
– Die Religion muss mit Wissenschaft und Vernunft übereinstimmen.
– Mann und Frau haben gleiche Rechte.
– Vorurteile jeglicher Art müssen abgelegt werden.
– Der Weltfrieden muss verwirklicht werden.
– Beide Geschlechter sollen die beste geistige und sittliche Bildung und Erziehung erfahren.
– Die sozialen Fragen müssen gelöst werden.
– Es müssen eine Einheitssprache und eine Einheitsschrift neben der Muttersprache eingeführt werden.
– Es muss ein Weltschiedsgerichtshof eingesetzt werden.

Diese Erfahrungen und Überlegungen führten mich dazu, den Menschen – auch in der Psychotherapie – nicht nur als isoliertes Einzelwesen zu begreifen, sondern seine zwischenmenschlichen Beziehungen und – wie es meiner eigenen Entwicklung entspricht seine „transkulturelle" Situation zu berücksichtigen, die ihn erst zu dem machen, was er ist.

„Die Hoffnung treibt die Menschen jeden Tag zu neuem Schaffen an."
Orientalische Weisheit

Sinnfrage und Menschenbild

Wäre ich Physiker, Politologe oder Theologe, würde ich sicherlich manches anders angehen, auch wenn das Ziel das gleiche wäre. Zu einer meiner persönlichen Voraussetzungen, die ich im Weiteren noch genauer zu definieren versuche, gehört jedoch der psychotherapeutische Ausgangspunkt.

Mein Weg, mich mit der Frage nach dem Sinn des Lebens zu beschäftigen, führt mich immer wieder auf eine Schlüsselsituation zurück: Die Begegnung von Menschen. Vieles von dem, was ich dem Leser mitteilen möchte, bezieht sich daher auf Erfahrungen mit Menschen, die mich in meiner Eigenschaft als Psychiater und Psychotherapeut oder Leiter psychotherapeutischer Seminare in den letzten 44 Jahren mit den Problemen der erlebten Sinnlosigkeit konfrontierten.

Wir können den Tod nicht begreifen, wir können nur ahnen, dass in all dem, was im menschlichen Leben geschieht, ein höherer Sinn waltet, der uns nicht zugänglich ist. Und es ist unsere Aufgabe, eine Antwort zu finden, eine Antwort auf die Frage: Worin besteht der Sinn und der Wert deines Lebens?

Die Frage: Welchen Sinn hat mein Leben?, differenziert sich bald in Fragen nach den Bereichen, in denen sich Leben abspielt: Was für einen Sinn hat mein Beruf, meine Partnerschaft, meine Familie, meine Krankheit etc.? Das Gefühl der Sinnlosigkeit kann zur tödlichen Bedrohung werden; umgekehrt kann das Gefühl der Sinnerfüllung Glück und Zufriedenheit erleben lassen. Eine Antwort auf sie zu finden ist nicht einfach; erst recht nicht in einer Epoche, in der die bis dahin anerkannten Menschenbilder grundsätzlich in Zweifel gezogen werden.

Dies wurde mir vor allem am Beispiel der Psychotherapie deutlich. Denn der Umgang mit den Sinnfragen hängt eng zusammen mit dem Menschenbild des Therapeuten, seiner therapeutischen Schulung und mit der Gesellschaft, innerhalb derer er seine Behandlung durchführt. Während meiner langjährigen ärztlichen und psychotherapeutischen Tätigkeit konnte ich immer wieder sehen, dass die Symptome, die ein Mensch als Krankheit anbietet, in einem Bedeutungszusammenhang stehen, der ihnen einen Sinn gibt: Hinter körperlichen Beschwerden verbergen sich oft berufliche Probleme, hinter diesen wieder partnerschaftliche und familiäre Schwierigkeiten. Mit allen diesen Fragen eng verknüpft erscheint die Frage nach der Zukunft: Der gesundheitlichen, beruflichen, gesellschaftlichen Zukunft und der Zukunft, die als Inbegriff vom Sinn des Daseins weniger durch harte wissenschaftliche Daten als durch den Glauben im weitesten Sinn abgedeckt wird. Dies ist das Spannungsfeld zwischen erlebter Sinnhaftigkeit und Sinnlosigkeit, Hoffnung und Hoffnungslosigkeit, Optimismus und Pessimismus, Vertrauen und Zweifeln, Ratlosigkeit und Trost, zwischen Ertragen und Ändern.

In einer landesweiten Studie zu Glaubensgewohnheiten unter amerikanischen Ärzten fanden Wissenschaftler heraus, dass Psychiater die am wenigsten religiösen Ärzte sind. Im Unterschied dazu seien Hausärzte sehr gläubig, schreiben Farr Curlin und seine Kollegen von der University of Chicago jetzt in der Fachzeitschrift „Psychiatrie Services".

Die meisten Ärzte sind katholisch oder protestantisch, ergab die Umfrage. Der Glaube wirkt sich auch auf die Behandlung der Patienten aus, stellten die Forscher fest. So überweisen religiöse Ärzte, insbesondere die protestantischen, ihre Patienten seltener zu Psychiatern. Eher schicken sie Patienten mit seelischen Problemen zu einem Geistlichen oder einem Glaubensberater.

Warum unter den Psychiatern der Anteil nichtreligiöser so hoch ist, können die Forscher nur vermuten: „Irgendetwas an der Psychiatrie – vielleicht die historische Verbindung zur Psychoanalyse und die anti-religiösen Ansichten der frühen Analytiker wie Sigmund Freud – scheint religiöse Medizinstudenten davon abzuhalten, in diesem Feld tätig zu werden", sagt Studienautor Curlin. (SPIEGEL ONLINE 2007)

Beispiele für unterschiedliche medizinische Begriffe, einige Krankheitsbilder und Verhaltensweisen in verschiedenen Kulturen aus meinen transkulturellen Erfahrungen

Verhalten / Konzept	West	Ost
Krankheit	Wenn jemand krank ist, möchte er seine Ruhe haben. Er wird von wenigen Personen besucht. Besuche werden auch als soziale Kontrolle empfunden.	Ist hier jemand erkrankt, so wird das Bett ins Wohnzimmer gestellt, zum Beispiel bei einem Beinbruch. Der Kranke ist Mittelpunkt und wird von zahlreichen Familienmitgliedern, Verwandten und Freunden besucht. Ein Ausbleiben der Besucher würde als Beleidigung und mangelnde Anteilnahme aufgefasst.
Tod	„Von Beileidsbesuchen bitten wir Abstand zu nehmen." „Ich muss mit meinem Schicksal alleine fertig werden." „Jetzt muss ich alleine soviel Leid ertragen."	8 bis 40 Tage besuchen alle Verwandte, Freunde, Bekannte und andere Mitmenschen die Hinterbliebenen und geben ihnen so das Gefühl der Geborgenheit. „Geteiltes Leid ist halbes Leid."

Verhalten / Konzept	West	Ost
Trauer	Stirbt ein Mensch, mit dessen Tod man rechnete, wird dieses Ereignis nicht gleichermaßen bestürzend wirken, als wenn ein Mensch unvorbereitet aus dem Leben gerissen wird. „Wir wollten noch so viel gemeinsam unternehmen, nun ist er tot." „Sie ist zu jung gestorben."	Hier finden sich Trauerrituale, die zu exzessiven Trauerausbrüchen führen. Der Trauernde schlägt sich mit den Fäusten, rauft sich die Haare, klagt Gott und die Menschen an oder jammert am Totenbett des Verstorbenen, unterstützt von Klageweibern.
Leid	Der Leidende steht meist allein, sei es, weil er seine Sache „allein auslöffeln" will, sei es, weil die anderen keine Zeit für ihn haben, oder sagen: „Soll er doch sehen, wie er zurecht kommt." Der Leidende hat oft zusätzlich die Gefühle der Gleichgültigkeit, Ablehnung oder Schadenfreude zu ertragen.	Der Leidende – egal ob materielle Not oder psychische und körperliche Leiden – wird in den sozialen Körper der Großfamilie eingeschlossen und versorgt. Die Verantwortung wird kollektiv getragen. Dieses Engagement gibt dem Betroffenen eine gewisse emotionale Geborgenheit.
Begrüßung	„Wie geht es Ihnen?" „Danke. Wie geht es Ihnen?" Im Abendland gilt das Ich als Bezugspunkt der eigenen Identität. Man nimmt an, wenn das Ich in „Ordnung" ist, müsste es mit der Familie, dem Beruf usw. schon klappen.	„Wie geht es Ihnen? Wie geht es Ihrer Familie?" Das orientalische Konzept setzt einen anderen Schwerpunkt: Wenn es meiner Familie gut geht, dann geht es mir auch gut. Die Familie – das Wir – gehört unmittelbar zu Identität und Selbstwert.

Ziel ist nicht zu beweisen, dass eine Kultur besser ist als eine andere, sondern aufzuzeigen, was die Angehörigen der verschiedenen kulturellen Systeme voneinander lernen können, so sie einander besser verstehen lernen (Relativität der Werte).

Meine Erfahrungen hinsichtlich der Verluste und Todesfälle

Die Signale des Todesengels

Ein Mann hatte mit dem Todesengel Freundschaft geschlossen. Eines Tages sagte er zu dem Todesengel: „Du Erfolgreichster aller Zeiten: Wohin du auch gehst, du kommst immer zum Ziel. Ich habe eine Bitte an dich: Sage mir rechtzeitig Bescheid, bevor du mich abholst". Der Todesengel stimmte zu. Eines Tages kam er zu seinem Freund und sagte: „Morgen werde ich dich abholen". – „Das kann nicht dein Ernst sein", sagte der Mann, „du hast mir doch versprochen, mir rechtzeitig Bescheid zu geben". Da antwortete der Todesengel: „Ich habe dir sehr viele Zeichen gegeben, aber du hast nie meine Signale verstanden: Als dein Vater starb, wusstest du es nicht zu deuten; als deine Mutter starb, hörtest du nicht auf diese Botschaft; als ich deinen Schwager, deinen Nachbarn und deinen Freund nacheinander abholte, hast du die Augen verschlossen … Komm morgen mit mir!" Als der Engel den Freund am nächsten Tag abholte und in den Himmel führte, zeigte er ihm Scharen von verstorbenen Menschen, die laut riefen: „Warum hast du uns nicht rechtzeitig Bescheid gesagt? Wir hätten vorher doch noch so viel erledigen können!" – „Du siehst nun", sagte der Todesengel, „wie die Menschen mit meinen Signalen umgehen!" (aus: Peseschkian: Psychosomatik und Positive Psychotherapie)

Verlust meines Großvaters

Im Alter von 5 Jahren habe ich erlebt, wie mein Vater mit dem Verlust seines Vaters umgegangen ist. Mein Großvater lebte in einer anderen Stadt und nach seinem Tod saß mein Vater tagelang bei uns zu Hause, las Gebete und Meditationstexte aus den Baha'i- Schriften und anderen Religionstexten, und weinte dabei viel. Tag und Nacht kamen Verwandte, Freunde und Kollegen meines Vaters und sprachen miteinander, weinten gemeinsam und erzählt Geschichten, was wiederum auch mit Humor verbunden war.

Dies war meine erste Erfahrung mit dem Verlust eines geliebten Menschen, und wie man konstruktiv und positiv Trauerarbeit leistet.

Ich erinnere mich auch, dass wir Kinder regelmäßig zu Beerdigungen mitgenommen wurden, wenn jemand aus der Familie oder der Baha'i- Gemeinschaft gestorben war. Es waren immer große Ereignisse, denen zwischen 100–300 Menschen beiwohnten. Danach wurden die Gäste im Hause aufgenommen und es wurden Vorträge über den Sinn des Lebens und den Verstorbenen gehalten. Die Gäste wurden stets großzügig bewirtet und besonders wir Kinder wurden sehr gut bedient.

Verlust meiner Mutter

„Mit einer Kindheit voller Liebe kann man ein halbes Leben hindurch für die kalte Welt aushalten."
Jean Paul

Ich verdanke meiner Mutter unendlich viel. Sie schenkte mir ihre grenzenlose Liebe.

Liebesfähigkeit war ihre Stärke. Das Bild meiner Mutter hat sich tief in meine Seele eingeprägt. Mein ganzes Leben hindurch war sie mir in meiner Erinnerung eine ständige Begleiterin. In der liebevollen Atmosphäre der immer optimistischen Mutter wurde mir Hoffnung fürs ganze Leben vermittelt. Der plötzliche Tod der Mutter im Frühling 1950 war Anlass, intensiv über Leben und Tod und das Leben nach dem Tode nachzudenken. Die tragisch-traurige Geschichte nahm ihren Anfang am 2. April 1950. Es war Sinsdah Bedar, ein persisches Volksfest im Frühling. Die Familie versammelte sich zum Frühstück, der Vater bereitete im Samowar den Tee zu und zündete das Feuer darunter an. Es war dies immer eine der angenehmsten und friedlichsten Stunden des Tages. Ich hatte vor, später zum Picknick zu gehen. Die Mutter war im neunten Monat schwanger. Als ich mich verabschieden wollte, sagte ich zum Spaß: „Ich werde dem Baby gute Sachen kaufen". Die Mutter erwiderte mit trauriger Stimme: „Gib dir keine Mühe, ich werde die Geburt nicht überleben". Später erzählte ich meiner Familie: „Als ich mit meinen Freunden beim Picknick war, passierte mir etwas merkwürdiges. Zum ersten Mal im Leben hatte ich so etwas wie ein übersinnliches Erlebnis. Ich war gerade in ein Gespräch vertieft, als mir plötzlich ein Satz durch den Kopf schoss: ‚Ich muss nach Hause!' Ich hatte das Gefühl, dass mir ein Messer ins Herz sticht. Mein ganzes Leben, eine Flut von Erinnerungen, die schwangere Mutter, all das rauschte an mir vorüber. Assoziationen verschiedenster Art stürmten auf mich ein. Ich schrie: ‚Ich muss nach Hause', und lief fort. Es war spät am Nachmittag, als ich zu Hause ankam. Plötzlich stürmten mehrere Nachbarn und Verwandte auf mich zu. Ich wandte mich ihnen mit einem Lächeln zu. Ich wurde an den Armen gepackt und ins Wohnzimmer gebracht. Niemand sprach ein Wort. Ich war entsetzt, sie alle in einem tieftraurigen Zustand zu sehen. Sie fingen an zu weinen. Ich verstand, was geschehen war, meine Mutter war gestorben. Als die Wehen begannen, war meine Mutter ins Krankenhaus gebracht worden. Unterwegs hatte sie viel Blut verloren, und jede Hilfe für sie und das Kind kam zu spät.

Ich stellte fest, wie wichtig die Rolle einer liebevollen Mutter ist und wie man sich ein ganzes Leben nach einer Mutter sehnt, die zu früh gestorben ist, wenn man dieses Ereignis nicht bearbeitet.

Tod meines Vaters

„Der Tod hat den Teppich seines Lebens zusammengerollt und fortgetragen."
Orientalische Redewendung

Meine letzte Begegnung mit dem Vater hatte 1981 stattgefunden. Mein Vater
war wegen einer Augenoperation in Wiesbaden gewesen. Eigentlich sollte eine
zweite Operation wenige Monate später folgen. Mein Vater kehrte in den Iran
zurück, um einiges zu erledigen und sich für die zweite Operation vorzubereiten. Doch das Schicksal wollte es anders. Als Baha'i bekam er keine weitere
Ausreisegenehmigung von den Behörden. Alle Bemühungen blieben erfolglos.
Für die Familienmitglieder aus Deutschland war es eine Gefahr, nach Persien
zu reisen. So sind Jahre vergangen, und der Kontakt war nur per Telefon möglich. Ich erinnere mich an einen langen Flug von den USA nach Sao Paulo, wohin ich zu Vortragsreisen flog. Nach der Ankunft in der brasilianischen Groß-
stadt befand ich mich in einem Zustand tiefer Erschöpfung. Trotzdem galt es,
hellwach zu bleiben, um sich auf dem fremdem Terrain zurechtzufinden. Während ich mich also zu orientieren versuchte, telefonierte meine Frau Manije, die
mich begleitete, mit den Söhnen in Wiesbaden. Dabei erfuhr sie, dass Josef Peseschkian verstorben ist. In Iguassu am Drei-Länder-Eck (Bolivien – Brasilien – Pa-
raguay) nahmen wir beide durch Gebete und Meditation von meinem Vater
Abschied.

Diese Ereignisse und Erlebnisse regten mich an, den Tod zu Lebzeiten im
Auge zu haben und in der Therapie und Beratung zu berücksichtigen. Wir führen weltweit von unserer Akademie aus Seminare über fünf Stufen der Trauerarbeit in verschiedenen Kulturen mit großem Erfolg durch. Weiterhin wurde
mir klar, wie wichtig es ist, wenn eine Bezugsperson aus der Familie stirbt, Kinder an der Beerdigung teilnehmen zu lassen. Die Kinder können sehr früh (ab
drei Jahren) lernen, die Trauer, aber auch die Wertschätzung gegenüber den Toten, den endgültigen Abschied und die damit verbundenen Gefühle zu erleben.
Die Bezugspersonen sollten danach die Möglichkeit haben, sich mit den Fragen
der Kinder auseinanderzusetzen.

Den Tod zu Lebzeiten im Auge haben

Entsprechend den vier Qualitäten des Lebens und den vier Formen der Konflikt-
verarbeitung unterscheiden wir vier Grundformen von Ängsten und Depressionen, die in vier Fluchtmechanismen (in die Krankheit, in die Arbeit, in die
Einsamkeit und in die Phantasie) einmünden können.

KÖRPER / SINNE
Risikofaktoren
Psychosomatische Störungen
Vitale Ängste

PHANTASIE / ZUKUNFT   **BERUF / LEISTUNG**
Hoffnung – Hoffnungslosigkeit   Berufliche Unter- und Über-
Hemmung der Phantasiefähigkeit   forderung,
Ratlosigkeit und Ängste   mangelnde Alternativen
                                           Stress – Aggression
                                           Versagungsängste

KONTAKT
Soziale Isolierung
Soziale Ängste
Hemmungen
Depressionen

Grundformen von Ängsten, Depressionen und Trauerarbeit

Existentielle Ängste und Hoffnungslosigkeit

Wir alle lernen unterschiedlich, mit Problemen und Konflikten umzugehen. Es kommt darauf an, wie wir ein Problem sehen, deuten und bewerten. Dies hängt von Konzepten, Weltanschauungen, Lebensphilosophien, Ethik, Moral und im weitesten Sinne von den jeweiligen religiösen Werten ab, die wir erfahren haben. Wenn beispielsweise meine Mutter stirbt, hängt meine Reaktion davon ab, wie ich zu Sterben und Tod stehe, wie ich gelernt habe, damit umzugehen: ob ich z. B. den Tod als eine Fortentwicklung oder als Vernichtung empfinde. Wenn ich in diesem Tod keinen Sinn sehe, werde ich mutlos und hoffnungslos. Mangelnde Alternativen führen zu mangelnden Zukunftsperspektiven. Daraus können sich existentielle Ängste entwickeln.

Soziale Ängste und Depressionen

Je nachdem, ob ich gelernt habe, bei Problemen mit anderen Menschen zu sprechen, oder ob ich der Meinung bin, ich müsse mit meinen Problemen allein fertig werden, ob in meiner Umgebung und Kultur ein Thema offen angesprochen werden kann oder tabuisiert ist, werde ich entweder sozial stabilisiert oder isoliert. So kann ich beim Tod meiner Mutter nach dem Motto „Geteiltes Leid ist halbes Leid" durch Anteilnahme von Verwandten, Freunden, Bekannten und anderen Menschen das Gefühl der Geborgenheit empfinden, oder ich bitte darum, „von Beileidsbesuchen Abstand zu nehmen", weil ich nach dem Motto „Jeder muss mit seinem Schicksal allein fertig werden!" versuche, mein Leid selbst zu tragen. Andererseits kann ich in die Geselligkeit fliehen und dadurch in emotionale Abhängigkeit geraten; wenn dann einmal niemand zur Verfügung steht, bin ich fix und fertig und sehe keinen Sinn in meinem Leben mehr.

Versagensängste und Stress

Je nachdem, wie meine Zukunftsperspektiven (vgl. „existentielle Ängste") und meine soziale Akzeptanz (vgl. „soziale Ängste") ausgeprägt sind, bin ich mehr oder weniger in der Lage, die Funktionen meines Verstandes, die mit dem Lösen von Problemen zu tun haben und damit der Realitätsprüfung dienen, sinnvoll einzusetzen. Für die Aktualfähigkeiten Fleiß / Leistung und damit für mein berufliches Tun sind Denken und Verstand zentrale Funktionen, denn erst sie ermöglichen es, die Leistung zu optimieren. Dies hat Einfluss darauf, ob ich mit meinem Beruf zufrieden oder unzufrieden bin, ob ich die Flucht in die Arbeit oder die Flucht vor Leistungsanforderungen wähle und umgekehrt.

Wie ich beispielsweise den Tod meiner Mutter verarbeite, hängt auch davon ab, ob ich mich mit meinem Beruf identifiziere und einen Sinn in ihm sehe oder nicht.

Vitale Ängste und Risikofaktoren

Die Aufarbeitung von existentiellen Ängsten, von sozialen Ängsten und von Versagensängsten hängt einerseits von meiner körperlichen Konstitution ab, andererseits von meinem Körper-Ich-Gefühl, davon, wie ich meinen Körper erlebe und wie ich mit ihm umgehe (Ästhetik, Sport / Bewegung, Essverhalten, Schlaf-Wach-Rhythmus, Sexualität, Körperkontakt, Verhalten bei Krankheit).

Das Ergebnis meiner Erfahrungen mit Tod und Trauer in verschiedenen Kulturen

In der heftigen Trauerreaktion versucht ein Überlebender den Tod einer geliebten Bezugsperson zunächst nicht wahrhaben zu wollen, ihn zu überspielen oder rückgängig zu machen. Während die normale Trauerarbeit nach einer gewissen Zeit beendet ist, setzt sich die abnorme Trauerreaktion aus eigenen Kräften bis zur Erschöpfung fort.

Der Tod ist unser gemeinsames Schicksal. Er betrifft und trifft uns alle. Er ist uns bestimmt wie unsere Geburt. Geburt und Tod sind also bestimmte Schicksale. Unsere Einstellung zum Tod ist zu unterscheiden als ein bedingtes Schicksal, das durch unsere Erziehung, unsere Erfahrungen und unser kulturelles Umfeld bestimmt ist. Alle Religionen, so verschieden sie auch sein mögen, beschäftigen sich mit den Geheimnissen unserer Herkunft – also mit der Schöpfung wie der Geburt, mit den Geheimnissen von Gut und Böse, mit Leid und Gerechtigkeit wie mit dem Geheimnis unserer eigenen Zukunft – also mit dem Tod und mit der Frage nach einem Leben nach dem Tod.

Wir sind heute scheinbar allmächtig, nicht zuletzt wegen der perfekt scheinenden technischen Möglichkeiten. Die Technik funktioniert auf Knopfdruck. Mängel lassen sich rasch und mühelos beheben. Ähnliches scheint der heutige Mensch im Krankheitsfalle von der Medizin zu erwarten. In der Erziehung wird die Selbstständigkeit überbetont, und Krankheiten werden kaum noch ertragen.

Wer gesellschaftlich nicht funktioniert, wer krank oder behindert ist, der lebt oft am Rande der Gesellschaft und zieht sich häufig von selbst aus dem gesellschaftlichen Umfeld zurück. Das Thema Tod ist nicht mehr Bestandteil unseres täglichen Lebens. Es wird ganz einfach beiseite geschoben.

Folglich gibt es vermehrt Todesängste, Weltanschauungskrisen, existentielle Ängste und Flucht in Leistung, Sport und Krankheit. Wie verschieden die Menschen auch sein mögen, so unterschiedlich reagieren sie, wenn sie erfahren, dass ihre Lebenszeit absehbar begrenzt ist. Manche von ihnen können durchaus angemessen mit den aufkommenden Gefühlen von Angst, Wut und Depression umgehen. Sie können letztlich mit einer inneren Ruhe ihre letzten Tage und Wochen erleben. Andere hingegen wirken unfähig, damit umzugehen. Für die Angehörigen wie für Pfleger kann sich ihre Unzufriedenheit als starke emotionale Belastung auswirken.

Gemäß den vier Qualitäten des Lebens hat die Todesangst vier Dimensionen:
– Angst vor Schmerzen und Leiden
– Angst vor Verlust des Berufes und der Selbstständigkeit
– Angst vor der Trennung von geliebten Menschen, verbunden mit der Angst, der Familie oder Angehörigen zur Last zu fallen
– Angst vor der eigenen Zukunft

Jede Kultur geht anders um mit Tod und Trauer. Ethnologen haben festgestellt, dass selbst unter den primitivsten Völkern die Haltung dem Tod gegenüber wesentlich komplexer ist, als gewöhnlich angenommen wird. Dies zeigen schon unterschiedliche Verhaltenskonzepte bei Krankheit und Tod in Ost und West.

Auf den Tod eines nahestehenden Menschen reagieren wir mit Trauer, die unterschiedlich intensiv und lang sein kann. Der Volksmund spricht von einem Trauerjahr. Nun sagt man: „Die Zeit heilt alle Wunden". In dieser Ausdrucksweise spiegelt sich die allgemeine Erfahrungstatsache wider, dass man bei der Trauer verschiedene Phasen unterscheidet. Alte Bräuche erleichterten den Umgang mit dem Sterben. Das ist wichtig für die Trauerarbeit.

Die Todesanzeigen in den Zeitungen verraten, dass sich die Menschen heute im Umgang mit dem Tod schwertun. Wenn trauernde Hinterbliebene das Ableben eines Angehörigen anzeigen, ist die Rede davon, dass der oder die Verstorbene „sanft entschlafen" oder „heimgegangen" ist, von ihren „Leiden erlöst" wurde oder „unerwartet verschied". In einer Zeit, in der die Mehrzahl der Menschen im Krankenhaus oder auch zu Hause alleine oder im Beisein nur der allernächsten Verwandten stirbt, erfährt kaum noch jemand, dass Sterben zum Leben gehört.

Der Gedanke an den eigenen Tod wird weitgehend verdrängt oder tabuisiert. Von Beileidsbekundungen – so wird vielfach gebeten – ist im Trauerfall ebenfalls abzusehen. Die erforderlichen Formalitäten und Vorbereitungen zur Beerdigung werden von den Bestattungsunternehmen geregelt. So bleibt kaum noch Raum für altüberlieferte Bräuche, die früher einen wichtigen Beitrag zur Bewältigung von Trauer und Leid geleistet haben.

Lerne zu unterscheiden zwischen dem Tod als Schicksal und der Einstellung zum Tod, die durch Erziehung, Erfahrung, kulturelles Umfeld, Weltanschauung und Religion geprägt ist.

Störungen und Konflikte

Todesangst; Unachtsamkeit; Weltanschauungskrisen; Krankheitsbefürchtungen; Negativismus; nihilistische Ideen; Pessimismus; übertriebener Optimismus; existentielle Angst; Überforderungen; Unterforderungen; Unsicherheit; Flucht in die Zukunft; Beruf als Lebensziel; Triebenthemmung; Askese; Traurigsein; Verstimmungen.

Merke

Der Tod ist wie die Geburt ein notwendiges, bestimmtes Schicksal. Die Einstellung zum Tod dagegen ist bedingt durch die Erziehung, die Erfahrungen, die man im Zusammenhang mit diesem Themenkreis macht. Diese Einstellung zum Tod gehört zum bedingten Schicksal. Die Angst vor dem Tod ist eine differenzierte Erscheinung. Sie bezieht sich auf die 4 Qualitäten des Lebens und die Psychosozialen Normen (Aktualfähigkeiten, wie Glaube, Hoffnung, Gerechtigkeit, Vertrauen, Sparsamkeit) sowie auf das Verhältnis zu Vergangenheit, Gegenwart und Zukunft. Lerne zu unterscheiden zwischen dem Tod und der Einstellung zum Tod.

Fallbeispiel

„Mit seinem Tod hat mir mein Mann das Geschäft und damit die Sorgen zurückgelassen!"

Eine 58-jährige Geschäftsfrau mit Depression und Angstzuständen nach dem Verlust des Ehemannes auf der Basis einer Identitätskrise. Zugrunde liegen Konflikte, die Bereiche wie Sparsamkeit, Genauigkeit, Ordnung, Ehrlichkeit und Hoffnung, Glauben, Zutrauen, Vertrauen und Zweifeln betreffen:„Ich bin völlig niedergeschlagen und habe starke Depressionen. Nachts kann ich nicht mehr einschlafen, und wenn ich doch einschlafe, dann wache ich nach ein bis zwei Stunden wieder auf – schreiend und voller Angst – und ich weiß nicht, wo ich mich befinde. Erst wenn ich den Lichtschalter gefunden habe, kann ich mich langsam wieder beruhigen. Ich habe das Gefühl, dass mir alles über den Kopf wächst. Ich bin oft sehr gereizt.

Die Beschwerden haben vor zwei Jahren begonnen, als mein Mann an einem Herzinfarkt starb. Er war beruflich völlig überlastet und nahm sich die finanziellen Schwierigkeiten seines Geschäftes im wahrsten Sinne des Wortes zu Herzen. Ein Mitarbeiter meines Mannes, dem er viel anvertraut hatte, führte die Bücher nicht korrekt genug, so dass wir Schwierigkeiten mit dem Finanzamt bekamen. Dann verschwanden immer wieder Waren. Mein Mann kam darüber einfach nicht hinweg. Mit seinem Tod hat er mir das Geschäft und damit die Sorgen zurückgelassen. Ich weiß nicht, wem ich die Geschäftsführung anvertrauen soll. Ich habe zu niemandem Vertrauen, auch zu mir nicht, weil ich das niemals gelernt habe und jetzt auch schon total überfordert bin. Die Vorstellung, dass unser Geschäft langsam aber sicher wegen meines Unvermögens in Konkurs geht, bringt mich völlig zur Verzweiflung. Ich stelle mein Leben in Frage. Ich weiß einfach nicht mehr, wozu ich lebe."

Die Identitätskrise bezieht sich in diesem Fallbeispiel auf die kosmische Identitätsproblematik im Sinne der Lebensziele, aber auch auf die menschliche Identitätskrise (mangelnde Energieverteilung auf die vier Qualitäten des Lebens) und die Alltagsidentität im Sinne einer mangelnden Konfliktbewältigungsstrategie. Die Patientin versuchte nun selbst, durch die oben angeführte Geschichte (Die Signale des Todesengels) angeregt, ihre Umgebung, ihren verstorbenen Partner, Mitmenschen und sich selbst neu zu erfahren. Es wurde für sie eine Entdeckungsreise in ein bisher fast unbekanntes Land. Die Patientin schwieg eine Weile und überlegte angestrengt: „Ich glaube, die Geschichte trifft tatsächlich auf mich zu". Von hier aus wurde der konstruktive, konfliktzentrierte Einstieg in die psychosoziale Norm Sparsamkeit und Gerechtigkeit möglich.

Therapieverlauf

Die Behandlung erfolgte im Rahmen der fünfstufigen Psychotherapie. Ich erklärte ihr neurophysiologische Zusammenhänge und die Todesnähe. Die Patientin fühlte sich verstanden und wusste, in welche Richtung die Therapie gehen würde. Sie erkannte, welch große Bedeutung die Auseinandersetzung mit dem Tod für sie hatte. Nachdem sie gelernt hatte, zwischen dem „bedingten Schicksal" – der Einstellung zu Tod und Verlust – und dem „bestimmten Schicksal", also dem Tod selbst, zu unterscheiden, konnte ich sie fragen, wie sie sich ihren eigenen Tod vorstelle. Ich nannte ihr Krankheiten wie Schlaganfall oder Herzinfarkt, Krebs oder Multiple Sklerose. Die Patientin hatte mit solchen Fragen nicht gerechnet. Sie reagierte zunächst schockiert, zeigte sich dann aber interessiert. Bis zum nächsten Termin erstellte sie eine Liste mit fünfzehn Krankheiten und beschrieb ihre Einstellung zu jeder zum Tod führenden Erkrankung. Schließlich kam sie zu dem Schluss, dass sie von sich aus nicht festlegen könne, wie sie sterben möchte, und dass sie dies den höheren Kräften überlassen wolle. Da sie die Verluste durch die Todesfälle bisher als Ungerechtigkeiten empfunden hatte, wurden die Aktualfähigkeiten Gerechtigkeit und Glaube im Zusammenhang mit dem Thema Tod thematisiert und bearbeitet. Zusätzlich erhielt sie leicht antidepressiv wirkende Medikamente. Aussagen über den Tod und das Leben nach dem Tod von bekannten Nobelpreisträgern wirkten als Mediatoren zwischen dem Therapeuten und der Patientin. Auch ihre Kontaktprobleme wurden bearbeitet. Denn wegen ihrer überbetonten Ordnungseinteilung hatte sie kaum Kontakte. Nach 25 Sitzungen war sie in der Lage, Ziele für die nächsten drei bis fünf Tage, die nächsten Wochen, Monate, ja sogar Jahre zu formulieren und verstand den Sinn ihrer Krankheit: „Lieber sinnvoll leben, dienen und sterben, als ein Leben lang mit Angst zu leben, um dem Todesengel fernzubleiben." Einstellung zum Tod aber ist variabel und kann einem Lernprozess unterliegen. Ein wesentliches Ziel wäre es, die Todesangst wieder in eine Ehrfurcht vor dem Tode zu wandeln, eine Ehrfurcht, wie sie die Menschen früherer Jahrhunderte kannten.

Vier Reaktionen auf Trauer, die ich in meinem Leben und im Rahmen der Behandlung und Beratung berücksichtige

Es gibt vier Konfliktverarbeitungsmöglichkeiten, vier Phasen der Trauer. Diese Phasen gehen fließend ineinander über. Nicht für jeden Patienten haben diese Phasen die gleiche Gewichtung. Sie sollen aber helfen, den Patienten und seine Reaktionen besser zu verstehen.

Verleugnungsphase

Patienten benötigen intensiven Beistand, wenn ihnen bewusst wird, dass sie eine unheilbare Krankheit haben und dass der Tod in nicht allzu ferner Zukunft auf sie zukommt. Die intensive emotionale Beschäftigung mit dem Tod geht einher mit der Angst vor dem Sterben. Nicht selten verleugnen Todkranke die Schwere der Erkrankung. Sie fühlen sich hoffnungslos und empfinden das Leben als sinnlos.

Wut und Verärgerung

In der zweiten Phase kommen die Gefühle von Zorn und Ärger auf: „Warum gerade ich?", „Womit habe ich das verdient?", „Was habe ich falsch gemacht?". Der Patient entwickelt eine regelrechte Aggression, ja Wut gegenüber den anderen Menschen, die gesund sind. Manche Patienten setzen sich in dieser Phase mit Gott und der Schöpfung auseinander.

Einsamkeit und Schuldgefühle

Während der dritten Phase sieht sich der Patient Einsamkeits- und Schuldgefühlen ausgesetzt. Zu diesem Zeitpunkt können Depressionen auftreten.

Heftige Trauer

In der vierten Phase trauert der Patient mit aller Kraft um alle früheren Verluste: Er trauert um Dinge, die er getan oder vor allem nicht getan hat. Er trauert um Fehler, die er gemacht hat. Er trauert um die Zukunft des Berufes und die der Familie. Die Frage, wie es ohne ihn weitergeht, beschäftigt ihn. Er verabschiedet sich von allem, was ihm lieb und wichtig ist. Der Patient versucht in dieser Phase, das eigene Schicksal anzunehmen. Gemäß dem Modell der Positiven Psychotherapie verfügt jeder Mensch über vier Bereiche, die bei der Konfliktbewältigung eingesetzt werden können. Beim Umgang mit Sterbenden sind folgende Aspekte wichtig:
– die körperlichen Beschwerden des Patienten
– das Alter des Patienten
– die Sorgen um die Familie und deren Zukunft
– die Klärung der finanziellen Sicherheit
– die eigenen Erfahrungen im Umgang mit Sterbenden
– die religiösen Vorstellungen und Glaubensinhalte

Merke

Die Hinterbliebenen wollen zunächst den Tod einer geliebten Person nicht wahr-haben. Sie versuchen ihn zu überspielen, ja „rückgängig" zu machen. Die nor-male Trauerarbeit wird nach einer angemessenen Zeit beendet sein, abnorme Trauerreaktionen hingegen können sich bis zur Erschöpfung fortsetzen. Wie of-fen sprechen Sie dieses Thema bei sich in Ihrer Familie und Umgebung an?

Meine Phantasien von meinem eigenen Ende und Erwartungen, die ich an meine Angehörigen habe – Folgende Fragen stelle ich mir und anderen bezüglich der Aus-einandersetzung mit dem Tod:
– Haben Sie bereits ein Testament gemacht? Materiell, psychologisch und geistig spirituell (2–3 Seiten); „Was will ich denen, die es später lesen, mitteilen?"
– Dann und wann auf Beerdigungen, auf Friedhöfe gehen.
– Gedenkfeier mit geistigem Teil, Erzählen der Anwesenden über eigene Ver-luste und sozialer, geselliger Teil.
– Wie gehen Sie mit Verlusten außerhalb von Familie und Bekanntenkreis um (Weltkrise, Kriege, Vorurteile)?
– Was konnten Sie aus diesem Ereignis lernen, wie können Sie in Zukunft ihre 4 Bereiche der Lebensqualitäten in Balance bringen?
– Was sind Ihre Lebensziele
  – für die restliche Zeit
  – in den nächsten 12 Monaten
  – in den nächsten 5 Jahren
  – für den Rest Ihres Lebens?
– Was würden Sie machen, wenn Sie nur noch neun Monate zu leben hätten?
– Was sollte dann im letzten Kapitel Ihres Buches stehen?
– Buchempfehlungen (Bibliotherapie).
– Welche Visionen rufen diese Fragen bei Ihnen hervor?
– Welche Zielvorstellungen haben Sie für Zukunft, Familie, Land, Menschheit?

Memokarte

In den letzten Jahren habe ich aufgrund häufiger Verluste von Angehörigen und Kollegen eine Liste zusammengestellt von etwa 30 Verstorbenen, sowie von großen Katastrophen in der Welt wie z. B. erst kürzlich das Erdbeben in Ha-iti. Wenn nun Probleme auftreten, lese ich, bevor ich auf die fünfstufige Vorge-hensweise eingehe, im Rahmen der ersten Stufe diese Liste und mache mir Ge-danken zu den verschiedenen Umständen, verbinde dies mit einem Gebet und meditiere, und gehe dann auf die weitere Konfliktbearbeitung zu. Sinn dieser Memokarte ist, meine eigenen Probleme zu relativieren. *Das letzte Hemd hat keine Taschen.*

Andere Sprüche und Lebensweisheiten

„Zur Liebe gehört immer, dass man einen Menschen dort aufsucht, wo er ist, und nicht dort, wo man ihn haben möchte."
A. Kölsch

„Die Erinnerungen sind das einzige Paradies, aus dem wir nicht vertrieben werden."
Jean Paul

„Erfahrungen sind Erinnerungen, die man teuer bezahlen muss." (*o. N.*)

„Der Tod ist kein Unglück für den, der stirbt, sondern für den, der überlebt."
Karl Marx

„Das Leben vergisst viele, der Tod keinen."
Hans Hermann Kersten

„Das Gute im Menschen wird erst ausgegraben, wenn man ihn begräbt."
Gerhard Uhlenbruck

„Die ewige Illusion, dass das Leben noch vor Einem liege! Das Leben liegt immer hinter Einem."
Wilhelm Raabe

„Bedenkt den eigenen Tod – den stirbt man nur. Doch mit dem Tod der anderen muss man leben."
Mascha Kaleko

„Der Umgang mit den Fragen nach Sinn hängt eng zusammen mit dem Menschenbild des Therapeuten, seiner therapeutischen Schulung und mit der Gesellschaft, innerhalb derer er seine Behandlung führt."
(Positive Psychotherapie *Prof. Dr. N Peseschkian*)

Reflexionen und Zitate von Wissenschaftlern und Nobelpreisträgern, die mir bei der Aufarbeitung von Verlusten und Trauer helfen, und die ich im Rahmen der Therapie und Beratung einbeziehe:

„Die wunderbare Einrichtung und Harmonie des Weltalls kann nur nach dem Plane eines allwissenden und allmächtigen Wesens zustande gekommen sein. Das ist und bleibt meine letzte und höchste Erkenntnis."
Iaak Newton

„… den größten Respekt und die größte Bewunderung für alle Ingenieure, besonders für den größten unter ihnen: Gott!"
Thomas Alva Edison

„Je mehr das Feld der Wissenschaft sich erweitert, desto zahlreicher und unverwerflicher werden die Beweise für die ewige Existenz einer schöpferischen und allmächtigen Weisheit."
Friedrich Wilhelm Herschel

„Es ist keine größere Schande zu beten, als zu trinken und zu atmen. Der Mensch braucht Gott, wie er das Wasser und den Sauerstoff braucht."
Alexis Carrel

„Es gibt keine wahre ärztliche Kunst ohne weltanschauliche demütige Bindung an Gott. Aus dieser Demut entspringt eine gewaltige Kraft, die wir haben müssen, um unseren Beruf ausüben zu können …"
Ernst Ferdinand Sauerbruch

„Es ist gleichgültig, was die Welt über religiöse Erfahrung denkt; derjenige, der sie hat, besitzt den großen Schatz einer Sache, die ihm zu einer Quelle von Leben, Sinn und Schönheit wurde und die der Welt und der Menschheit einen neuen Glanz gegeben hat. Wo ist das Kriterium, das zu sagen erlaubte, dass … solch eine Erfahrung nicht gültig und bloße Illusion sei?"
Carl Gustav Jung

„Jedem tiefen Naturforscher muss eine Art religiösen Gefühls naheliegen, weil er sich nicht vorzustellen vermag, dass die ungemein feinen Zusammenhänge, die er erschaut, von ihm zum ersten Mal gedacht werden. Im unbegreiflichen Weltall offenbart sich eine grenzenlos überlegene Vernunft. – Die gängige Vorstellung, ich sei ein Atheist, beruht auf einem großen Irrtum. Wer sie aus meinen wissenschaftlichen Theorien herausliest, hat diese kaum begriffen."
Albert Einstein

„Über alles stehe die Ehre Gottes, der das große Universum schuf, das der Mensch und seine Wissenschaft in tiefer Ehrfurcht von Tag zu Tag weiter durchdringe und erforsche. (…)Nur ein erneuter Glaube an Gott kann die Wandlungen herbeiführen, die unsere Welt vor der Katastrophe retten können. Wissenschaft und Religion sind dabei Geschwister, keine Gegensätze."
Wernher von Braun

Kulturelle und religiöse Inhalte, die mich geprägt haben

o Sohn des Höchsten!
Den Tod machte ich dir zum Boten der Freude. Warum bist du traurig? Das Licht erschuf ich, dich zu erleuchten. Warum verhüllst du dich vor ihm?

o Sohn des Seins!
Prüfe dich selbst jeden Tag, ehe du zur Verantwortung gezogen wirst. Denn unerwartet kommt der Tod. Und dann wirst du für deine Taten Rechenschaft ablegen müssen.

o Sohn des Geistes!
Edel erschuf Ich dich, du aber hast dich selbst erniedrigt, So erhebe dich zu dem, wozu du erschaffen wurdest.
(Aus Baha'u'llah: Die verborgenen Worte)

Ich flehe zu Gott, dass das göttliche Licht, von dem im zwölften Kapitel des Johannes-
evangeliums die Rede isst, dir immer leuchten möge, damit du stets im Lichte wan-
delst. Kurz ist dieses Menschenleben und neigt sich bald schon seinem Ende zu. Daher muss man jeden Atemzug dieses Lebens schätzen und nach dem streben, was zu
ewiger Seligkeit führt.
*(Aus The National Spiritual Assembly of the Baha'i of the US (Hg.): Göttliche Lebens-
kunst.)*

Der Fortschritt der Seele nach dem Tod

„Von dem Augenblick an, da die Seele den Körper verlässt und in die himmlische
Welt gelangt, ist ihre Entwicklung geistig, und diese Entwicklung ist die Annäherung
zu Gott. In der physischen Schöpfung erfolgt die Entwicklung von einer Stufe der
Vervollkommnung zur anderen. Das Mineral geht mit seinen mineralischen Voll-
kommenheiten ins Pflanzliche über, die Pflanze geht mit ihren Vervollkommnungen
in die Tierwelt und weiter in die Welt des Menschen ein. Diese Welt ist voll von schein-
baren Widersprüchen: In jedem dieser Reiche (dem mineralischen, dem pflanzlichen
und dem tierischen) besteht das Leben auf seiner Stufe, und obgleich die Erde im Ver-
gleich zum Leben des Menschen tot erscheint, lebt doch auch sie und hat sie ein Leben, das ihrer Art entspricht. In dieser Welt hier leben und sterben die Dinge und leben sie aufs Neue in anderen Formen des Lebens, aber in der Welt des Geistes ist es
völlig anders (…)".

Vom Sinn und Zweck unseres Lebens

„Als Gott den Menschen erschuf, war es Seine Absicht und wird es auch ewig bleiben,
diesem die Fähigkeit zu verleihen, seinen Schöpfer zu erkennen und in Seine Gegenwart zu gelangen. Alle himmlischen Bücher und alle von Gott geoffenbarten bedeu-
tenden Schriften bezeugen dieses vortrefflichste Ziel und – diesen höchsten Zweck in
unmissverständlicher Weise. (…) Wie edel und vortrefflich ist doch der Mensch, wenn
er sich zu der Stufe aufschwingt, zu der er erschaffen wurde – und wie gemein und ver-
ächtlich, wenn er seine Augen vor dem Allgemeinwohl verschließt und seine kostbaren Fähigkeiten für eigene und selbstsüchtige Zwecke vergeudet. Die größte Seligkeit
liegt darin, andere zu beglücken! (…)"

„Unsere Pflicht in diesem erleuchteten Jahrhundert ist es daher, die Wesenszüge gött-
licher Religion zu prüfen, den Wahrheiten nachzuforschen, die die Einheit des Men-
schengeschlechtes begründen, und die Quelle der gemeinsamen Gottesverehrung und
des Einverständnisses zu finden, die die Menschheit mit den himmlischen Banden der
Liebe vereinigen wird."

Das Leben nach dem Tod

Baha'u'llah sagt uns, dass das Leben im Körper nichts anderes ist als ein embryonaler Zustand unseres Daseins, und dass das Entrinnen aus dem Körper einer neuen Geburt zu vergleichen ist, durch die der menschliche Geist in ein volleres, freieres Leben eintritt. Er schreibt:

„Wisse in Wahrheit, dass die Seele nach ihrer Trennung vom Körper weitere Fortschritte machen wird, bis sie die Gegenwart Gottes ersieht, in einem Zustande und in einer Verfassung, die weder der Umsturz von Zeitaltern und Jahrhunderten noch Wechsel und Wandel dieser Welt ändern können. (…)

Die Natur der Seele nach dem Tode kann weder beschrieben werden, noch ist es ziemlich und statthaft, ihre ganze Wesensart den Menschenaugen zu enthüllen. Die Propheten und Boten Gottes sind hernieder gesandt worden zu dem einzigen Zwecke, das Menschengeschlecht auf den geraden Pfad der Wahrheit zu leiten. Das Ziel, das ihrer Offenbarung zugrunde liegt, ist dieses gewesen, die Menschen zu erziehen, dass sie in der Todesstunde zur höchsten Reinheit und Heiligkeit und in völliger Loslösung zum Throne des Allerhöchsten aufsteigen mögen. Dem Lichte, das diese Seelen ausstrahlen, ist der Fortschritt der Welt und die Förderung ihrer Völker zuzuschreiben. Sie sind wie Hefe, die die Welt des Daseins säuert, und bilden die belebende Kraft, durch welche die Künste und Wunder der Welt offenbar gemacht worden sind. Durch sie regnen die Wolken ihre Wohltaten auf die Menschen und bringt die Erde ihre Früchte hervor. Alle Dinge müssen notwendig eine Ursache haben, eine Triebkraft, ein belebendes Prinzip. Diese Seelen, diese Sinnbilder der Loslösung haben die größte Bewegkraft in der Welt des Seienden gebildet, und werden dies weiterhin tun. Die Welt des Jenseits ist so verschieden von dieser Welt, wie diese Welt verschieden ist von der des Kindes, während es noch im Mutterleib ist …".

(Aus Motlagh, Hushidar (Hg.): … Und zu ihm kehren wir zurück: Über die Seele des Menschen, ihre Wirklichkeit und ihre Unsterblichkeit.

Meine zusammenfassenden Reflexionen

Das Menschenbild bestimmt nicht nur, was wir von uns und anderen erwarten, sondern gibt vor, welche Fähigkeiten und Qualitäten wir uns und anderen bereit sind zuzugestehen. Sicherheit und Orientierung findet der Mensch zumeist nur in seiner konkreten, fassbaren Umgebung. So sucht er Selbstbestätigung durch körperliche Befriedigung wie Essen, Trinken, Sexualität, Schlaf, Sport, Ästhetik usw., durch Flucht in die Arbeit („workaholic"), durch Intensivierung der Beziehung zu einem Partner, der dann die Sicherheit zu garantieren hat, die zuvor eine ganze Kultur bieten konnte. Er findet Selbstbestätigung im Kontakt zu meist kleinen Gruppen, die sich in ihrer Substanz bestätigen, indem sie sich gegenüber anderen Gruppen absetzen und profilieren. Es besteht ein Trend zu Ersatzreligionen, zu denen sog. Jugendreligionen genauso gehören wie die einseitige Neigung zu Astrologie, Parapsychologie und Esoterik, sowie die „kleinen Ersatzreligionen", zu denen jede einseitig hochstilisierte Überzeugung, jede verabsolutierte Werthaltung werden kann.

Religion ist wie ein Heilmittel, das dem Wesen des Menschen angemessen wirkt. Sie kann aber nur dann sinnvoll sein, wenn sie den Erfordernissen, Bedürfnissen und Nöten des Menschen entspricht und die Entwicklung (das Prinzip der Zeit), die Relativität und die Einheit berücksichtigt. Wenn eine falsch verstandene Religion zu Störungen führt, zu Fixierungen, Hemmungen der Entwicklung, Starrheit der intellektuellen Abwehr, muss sie Unsinn sein: Wie Feuerbach sie statt als Theologie als Pathologie bezeichnete, Marx und Engels von Religion als Opium für das Volk sprachen und Freud sie als Versicherungsanstalt karikierte. Die Religion greift, wie wir schon sagten, von der Seite der Sinngebung an. In der Tat können wir immer wieder feststellen, dass dort, wo das Vertrauen, die Hoffnung und der Sinn gestört erscheinen, auch das Verhältnis zu Religion und Kirche gestört ist. Dabei spielt eine Reihe von Missverständnissen eine besondere Rolle:

– das Missverständnis: Glaube – Religion – Kirche;
– das Missverständnis: bestimmtes und bedingtes Schicksal;
– das Missverständnis: angeboren – erworben.

Eine Geschichte auf den Weg: Solange ich atme, hoffe ich auch

Der Todeskandidat durfte vor der Vollstreckung noch einen Wunsch äußern und man garantierte ihm, so lange zu warten, bis sein Wunsch erfüllt sei. „Ich wünsche mir, alle Bücher der Nationalbibliothek auswendig zu lernen."

Hoffnung ist die Fähigkeit, den Glauben an eine positive Zukunft nicht zu verlieren.

Literatur

Baha'u'llah, Die verborgenen Worte, Hofheim-Langenhain 1982.
Kornbichler, Thomas / Peseschkian, Manije: Nossrat Peseschkian, Morgenland-Abendland, Positive Psychotherapie im Dialog der Kulturen, Frankfurt a. M., 2003.
Mot1agh, Hushidar (Hg.), … Und zu ihm kehren wir zurück: Über die Seele des Menschen, ihre Wirklichkeit und ihre Unsterblichkeit; aus den Schriften der Baha'i-Religion, Hofheim-Langenhain 1990.
Peseschkian, Nossrat / Battegay, Raymond, Die Treppe zum Glück, 50 Antworten auf die großen Fragen des Lebens, Frankfurt a. M., 2006.
Peseschkian, Nossrat, Positive Psychotherapie, Theorie und Praxis. Frankfurt a. M., [7]2004.

–, Psychosomatik und Positive Psychotherapie, Frankfurt a. M., [6]2005.

–, Wenn du willst, was du noch nie gehabt hast, dann tu, was du noch nie getan hast, Freiburg i. B. [14]2007.

–, Das Leben ist ein Paradies, zu dem wir den Schlüssel finden können, Freiburg i. B. [3]2009.

–, Glaube an Gott und binde dein Kamel fest, Warum Religion unserer Seele gut tut, Stuttgart 2008.

The National Spiritual Assembly of the Baha'i of the US (Hg.), Göttliche Lebenskunst, Zusammengestellt aus den Schriften von Baha'u'llah und Abdu'l-Baha, Frankfurt a. M. 1961.

Einüben in mein Sterben –
theologische Existenz und biographische Spurensuche oder von der Not, über Auferstehung und Ewiges Leben zu sprechen

Friedrich Heckmann

Der Tod und das Sterben und damit auch das eigene Sterben werden in den westlichen Gesellschaften seit vielen Jahren verdrängt und vergessen. Seit vielen Jahren wehre ich mich dagegen, dass Krankheit, Sterben und Tod keinen Platz haben in unserer eigenen auf Effektivität und Rationalität aufgebauten Lebensgestaltung. Dass der Tod gesellschaftlich „fortgeschafft" worden ist und der eigene Tod nicht zur Kenntnis genommen wird, bis er denn an die Türe klopft, scheint ein Gemeinplatz zu sein.

Während ich diese Sätze schreibe, gehen mir sogleich die Gegenreden durch den Kopf. Sie erinnern mich an die Entstehung der Hospizbewegung, sie weisen auf ein wachsendes Problembewusstsein in vielen akademischen Disziplinen, selbst in Recht und Medizin, hin und schließlich geben sie zu bedenken, dass immer mehr Menschen sich um das eigene Sterben Gedanken machen, eine Patientenverfügung aufsetzen und sich so doch aktiv mit dem Tod auseinandersetzen. Das ist sicherlich wahr und es ist doch nicht die ganze Wahrheit.

Norbert Elias hat 1982 in einer sehr späten Schrift[1] herausgearbeitet, dass der Tod in der Moderne weitgehend aus dem Alltag herausgedrängt worden ist, weil der Tod der Mitmenschen uns aufgrund der Identifikation an den eigenen Tod erinnert. Diese Erinnerung erschreckt uns, weil der Tod in der Identifikation uns so bedrohlich nahe kommt. So wird der Tod lieber verschoben, auf das spätere Leben. Elias benutzt den Freudschen Begriff der Verdrängung, wenn er von den individuellen Problemen der Verdrängung des Denkens an den eigenen Tod spricht. Die spezifisch sozialen Probleme der „Verdrängung" des Todes versteht er als einen Aspekt eines umfassenden Zivilisationsschubes, in dessen Verlauf elementare, animalische Aspekte des menschlichen Lebens und Zusammenlebens in einem „höheren Maße hinter die Kulissen des Gesellschaftslebens verlagert" werden.[2] Die Relegierung des Sterbens und des Todes

---

1 Elias, Über die Einsamkeit.
2 Ebd. 19.

aus unserem gesellschaftlichen-gesellingen Leben, die Elias historisch wie sozial-wissenschaftlich belegt, drückt sich vor allem in der sprachlichen Verschlei-erung des Sterbens und in der Unfähigkeit der Lebenden in Gegenwart von Sterbenden emotional angemessen zu reden und sich mitzuteilen. Elias hält die Gegenwärtigen – und das gilt wohl über das Jahr 1982 hinaus bis heute – für un-vermögend, den Sterbenden, mit denen sie sich verbunden fühlen; „Halt und Trost zu geben durch den Beweis ihrer Zuneigung und Zärtlichkeit. Sie finden es schwer, Sterbende … zu streicheln, um ihnen das Gefühl der unverminderten Zugehörigkeit und Geborgenheit zu geben. Das überhöhte Zivilisationstabu ge-gen den Ausdruck starker, spontaner Empfindungen bindet ihnen oft Zunge und Hand."[3]

Ich will an dieser Stelle nur auf diese Alterschrift des großen Soziologen der Individualisierung verweisen. In meinem Beitrag soll es ja nicht um eine Aus-einandersetzung mit sozialen Phänomenen der Verdrängung des Lebensendes gehen, sondern um meinen Zugang zu Sterben und Tod. Wie weit bin ich einer der Gegenwärtigen, von denen Elias spricht? Meine berufliche Tätigkeit hat we-nige Jahre vor Erscheinen dieses kleinen sozialwissenschaftlichen Memento Mori begonnen. Darauf will ich zurückblicken. Wie kann das, was ich biogra-phisch erlebt, theologisch gedacht und beruflich verantwortet habe, ein Bei-trag auch für die Leser und Leserinnen dieses Buches sein sich der menschlichen Endlichkeit anzunähern? Wie kann ich selber bei so einem Unternehmen zur Annäherung an das eigene Sterben kommen?

Dabei ist der Hinweis von Norbert Elias auf *die Einsamkeit der Sterbenden* in unseren Tagen sicher ein hilfreicher Hinweis, ein Verweis auch auf Ängste, die Sie, die Leser und Leserinnen und ich teilen: Die Angst vor der Einsamkeit in unserem Sterben und die Gewissheit, dass wir diesen letzten Weg allein gehen müssen und gehen werden.

> Was wirst du tun, Gott, wenn ich sterbe?
> Ich bin dein Krug (wenn ich zerscherbe?)
> Ich bin dein Trank (wenn ich verderbe?)
> Bin dein Gewand und dein Gewerbe,
> mit mir verlierst du deinen Sinn.
>
> Nach mir hast du kein Haus, darin
> Dich Worte, nah und warm, begrüßen.
> Es fällt von deinen müden Füßen
> Die Samtsandale, die ich bin.
>
> Dein großer Mantel lässt Dich los.
> Dein Blick, den ich mit meiner Wange
> Warm, wie mit Pfühl, empfange,

---

3 Ebd., 34.

wird kommen, wird mich suchen, lange –
und legt beim Sonnenuntergange
sich fremde Steine in den Schoß.

Was wirst du tun, Gott? Ich bin bange.
(Rilke).[4]

Die *Einsamkeit der Sterbenden* oder des Sterbens ist mir auch Erinnerung an eines der spannendsten Seminare meines Theologiestudiums, während dessen ich auf dieses Gedicht Rilkes gestoßen bin.

Die biographischen Bezüge in diesem Beitrag, das sei eingeschoben, dienen mir zur Vergewisserung meines Weges, auf dem ich mich ja schon immer dem eigenen Sterben angenähert habe. Sie sollen daneben aber auch Ihnen, den Lesern, helfen meine Gedanken nachzuvollziehen.

Das Studium der Theologie, auf das ich zu Anfang meines Beitrages eingehen will, vermittelt ja in erster Linie eine historisch-philologische Bildung, die Bedürfnisse der praktischen kirchlichen Arbeit sind eher in der zweiten Ausbildungsphase relevant. Aber auch das historisch-philologische Studium sollte, so könnte man meinen, den Theologen darauf vorbereiten, dass sein Fach mit existentiellen Fragen der Menschen und ihren Grenzerfahrungen zu tun hat. Denn die alten wie neuen Texte, die Gegenstand des Theologietreibens sind, beschäftigen sich ja mit den existentiellen Themen und Fragen. Aber weithin, so scheint es mir heute, genügte sich die deutschsprachige Theologie als historische Wissenschaft. In einem Seminar aber, das nicht zum Kanon gehörte, bin ich relativ unvorbereitet mit dem Zusammenhang der historisch-philologischen Textarbeit und existentiellen Fragen, den Fragen von Krankheit und Gesundheit, von Schmerzen und Leiden und eben auch von Sterben und Tod konfrontiert worden.

Ein Studium der Theologie in den frühen 70er Jahren

Clinical Pastoral Training (CPT oder zuerst CPE) ist Mitte der 70er Jahre des 20. Jahrhunderts eher selten eine akademische Lehrveranstaltung gewesen und ist wohl auch heute eine Seltenheit an deutschsprachigen Universitäten. Ich konnte an einer solchen Lehrveranstaltung im Rahmen meines Theologiestudiums teilnehmen. Wir Studenten mussten während eines ganzen Semesters in den Universitätskliniken seelsorgerliche Besuche an Krankenbetten machen. Begleitet wurden die Besuche durch eine gruppendynamisch orientierte Gruppe und ein Theorieseminar. Ich war damals wohl nicht in der Lage, die Diskrepanz

---

4 Rilke, Die Gedichte, 221 f.

zwischen einem rein kognitiven Studium und der Praxis, Kranke und Sterbende aufzusuchen, in ihrer ganzen Schärfe zu begreifen. Aber mich hat in diesem Semester nur dieser Teil des Studiums beschäftigt, in einem tiefen Sinn interessiert – und seelisch mitgenommen. Krankheit, Sterben und der Tod hatten keinen Platz im Studium. An den Universitäten, an denen ich studiert habe, habe ich nicht auch nur ein Lehrveranstaltungsangebot gesehen, sich mit Sterben und Tod systematisch – oder praktisch – theologisch auseinanderzusetzen. Ich habe nicht gelernt, die Verkündigung des Sterbens und der Auferstehung Jesu Christi als etwas zu begreifen, das später einmal zu meinen vornehmsten beruflichen Aufgaben gehören würde und das mich – vermittelt in Lehrveranstaltungen – existentiell etwas anging! Vielleicht ist dies für einen Hochschullehrer die schwierigste Aufgabe in der Lehre, einen Stoff, der uns existentiell angeht, wissenschaftlich zu durchdringen und darzubieten und die Studierenden zugleich auf der kognitiven und emotionalen Ebene zu erreichen, sie so zu erreichen, dass sie sich auch existentiell betreffen lassen können.

Seminare, wie Christiane Burbach und ich sie turnusmäßig zu Sterben und Tod anbieten, sind eine Auseinandersetzung mit sozialwissenschaftlichen, theologischen, psychologischen und religionswissenschaftlichen Fragestellungen des Sterbens und des Todes, eine Einübung in kritischem Umgang mit Tabuisierungen in Wissenschaft und Lebenswelt sowie mit praktischen Übungen. Wir versuchen, die Studierenden mit Traditionen des Umgangs mit Sterben und Tod und ganz praktischem Alltagswissen zu konfrontieren, auch mit ganz lebenspraktischen Fragen, wie denn umzugehen sei mit dem todkranken Menschen und auch mit seiner Leiche. Solche Seminare scheinen mir notwendig in den Geistes-, Sozial-, Human- und in den Lebenswissenschaften und doch sind sie selten anzutreffen an Hochschulen und Universitäten.

Im Theorieteil eben dieses Trainings am Ende meines eigenen Studiums wurde ich dann das erste Mal mit der *Einsamkeit der Sterbenden* konfrontiert, mit sozialwissenschaftlichen Untersuchungen, vor allem aus den USA, die sich mit dem Sterben und Tod in den westlichen Gesellschaften beschäftigt haben und die die von Norbert Elias beschriebene Einsamkeit auch empirisch thematisierten: Abschieben der Sterbenden in kleine Kammern, in Ecken und Winkel der Krankenhäuser, die Scheu von Ärzten und Pflegepersonal ein Sterbezimmer zu betreten. Bis heute, 35 Jahre später, bin ich schockiert von einer Untersuchung, die empirisch einen Zusammenhang zwischen abnehmendem Betreten des Zimmers eines Sterbenden und dem näher rückenden Todeszeitpunkt in New Yorker Kliniken belegte. In den Krankenhäusern der USA, so konstatierte auch Gerda Lerner damals, herrschte eine verdeckte und unerkannte Hierarchie. „Je höher der Status und die Qualifikationen der medizinischen Experten, desto weniger haben sie es mit Sterbenden zu tun. In der alltäglichen Praxis vieler Hospitäler werden Sterbende überwiegend nicht einmal von Schwestern, sondern von angelernten Pflegerinnen und Hilfsschwestern betreut."[5] Auch wenn ich jene Studie bibliographisch nicht mehr erinnere, so ist sie mir doch in jedem Gespräch, bei jeder Beerdigungspredigt und in „Sterbe" – Seminaren präsent gewesen. Für mich als Sozialethiker im Fach Sozialwesen – nicht an einer theologischen Fakultät – ist die *Einsamkeit der Sterbenden*, ist Sterben und Tod in unserer Gesellschaft ein transdisziplinäres Anliegen geworden, dem ich mit Leidenschaft nachgehe.

Der Bezug zur eigenen Arbeit bringt mich zurück zur Spurensuche in Theologie und pastoraler Ausbildung, wie ich sie seit den 70er Jahren erlebt habe. Eine solche Spurensuche hat zweierlei Kennzeichen, sie ist notwendigerweise mit der eigenen Biographie verknüpft und sie muss rudimentär bleiben.

Biographisch bin ich bis zu jenem Clinical Pastoral Training nicht mit der *Einsamkeit der Sterbenden* konfrontiert gewesen, erschüttert durch den Tod eines Freundes im Alter von neun Jahren, den Tod der Großmutter und anderer entfernter Verwandter und Bekannter eher weniger.

Die Konstruktion der eigenen Biographie und die Imagination des eigenen Sterbens sind sicherlich strukturell verwandt, wir wissen alles darüber, über das eigene Leben, über unsere Lebens- und Todesängste, über die sehr reale Angst vor einem schweren Sterben, über unsere Verdrängungsmechanismen und über unsere Schönfärbereien – und doch das Wissen über das bisherige Leben und die Angst vor dem eigenen Sterben haben eines gemeinsam, wir konstruieren sie uns, wir sehen die Bilder, die wir sehen wollen. Selbstverständlich sind Konstruktion und Imagination abhängig von den Erfahrungen, die wir vor allem in biographisch frühen Zeiten gemacht haben. Und deshalb ist es gut, sich dieser Erfahrungen hin und wieder zu vergewissern. Das will ich – eher zurückhaltend – auch in diesem Beitrag tun.

Die Tode, die in meiner Familie gestorben wurden, waren unspektakulär und auf eine gewisse Art und Weise auch familiär gut eingebunden. Die Trauer des Vaters, den ich das erste Mal habe weinen sehen beim Tode seiner Mutter, erschütterte mich mehr als das friedliche Gesicht der toten Oma, deren lange Krankheit zum Tode ich als 12jähriger mitgegangen war, wie das ein kleiner Junge tun kann, der das, was da passiert in der Familie, eben *mit*lebt.

Krankheit, Leiden, Tod sind es dann auch nicht gewesen, die mich zum Theologiestudium bewegt haben, und es hat des Anstoßes jenes Seminars bedurft, Sterben und Tod als theologisches Thema zu entdecken, sodann Tod und Theologie zusammenzubringen und den Zusammenhang zu bedenken. Aber es ist mir bis zum Eintritt in Vikariat und Pfarramt nicht sonderlich gelungen! Die universitäre Theologie – zumindest an den drei deutschsprachigen Fakultäten, an denen ich Mitte der 70er Jahre studiert habe – war weitgehend nicht in der Lage, einen zentralen Topos christlichen Glaubens, Sterben, Tod und Auferstehung so

---

5 Lerner, Ein eigener Tod, 8. Aus den 90er Jahren berichtet Schreiber, Das gute Ende, ähnliches aus deutschen Kliniken.

zu entfalten, dass der Anfänger in Predigtamt und Seelsorge gerüstet ist für die
Anwesenheit am Sterbebett, die Predigt des Trostes für die Zurückbleibenden
und die Predigt eschatologischer Hoffnung angesichts des Todes.

Ich zumindest fühlte mich schlecht gerüstet. Ich hätte die Frage des Heidelberger Katechismus nach meinem eigenen Trost, wenn es ans Sterben geht, nicht beantworten können. Ob dieses an der Theologie lag oder an mir? Ich will das offen
lassen, aber immerhin auf eine Wahrnehmung hinweisen. Meine Generation hat
in den 70er und 80er Jahren und vielleicht darüber hinaus viel Moral gepredigt,
aber wenig Tröstliches, das im Leben und auch im Sterben trägt. Das wäre sicherlich in einer Studie zu verifizieren und dazu ist hier nicht der Ort. Mein theologischer Lehrer Friedrich Mildenberger hat immerhin in seinen Seminaren eingeschärft, *dass wir von nichts anderem leben* als *von Gottes Handeln, wie es sich
im Christuszeugnis der Schrift wirksam erweist.* Was das für das Sterben in Hoffnung auf Ewiges Leben bedeutet, habe ich im Studium aber dann doch nicht reflektiert, obwohl mich dieser Lehrer durch die Aufgabe einer wissenschaftlichen
Hausarbeit auf die Bonhoeffersche Unterscheidung von den letzten und den vorletzten Dingen aufmerksam gemacht hat. Mir wurde hier der Hinweis auf das
Vorletzte wichtig. Seither wusste ich mich an die vorletzten Dinge, auf die Welt-
gestaltung gewiesen, sah nur den theologischen und kirchlichen Missbrauch,
der sich in Spekulationen und Projektionen über die letzten Dinge theologie-
und kirchengeschichtlich niedergeschlagen hatte. Die letzten Dinge ließ ich getrost beiseite. Das Bild des Ewigen Lebens blieb mir in meiner theologischen Jugend fremd. Die letzten Dinge kamen für mich zur Unzeit. Dass wir freilich auch
am Letzten Anteil haben, wenn wir von Christi Auferstehung her leben wollen,
das konnte ich erst später erkennen. Ich nahm teil an einem Prozess der distan-
zierenden Reflexion in Theologie und Gesellschaft – obwohl mich gerade jener
Lehrer und die Beschäftigung mit Bonhoeffer gelehrt hatten, kritisch gegenüber
herrschenden Theologien und gesellschaftlichen Strömungen zu sein. Ich beteiligte mich an gesellschaftlicher Ausblendung, um so mehr als die Gesellschaft
der 70er Jahre alles tat, um den Tod „draußen vor der Tür" zu halten. Natürlich
waren meine theologische und philosophischen Studien geprägt durch den neu-
zeitlichen Subjektbegriff, dessen Entwicklung mit einer grundsätzliche Kritik an
der theologischen Lehre einhergegangen ist. Theologisch und philosophisch –
durchaus auch von Bultmann und Heidegger geprägt – habe ich den Tod als un-
umkehrbaren Endpunkt menschlichen Daseins verstanden. Dieses korrespon-
dierte und korrespondiert mit der allgemeinen Sicht auf den Tod und Gefühl für
unser Ende. Er, der Tod ist unser Ende! Ein Drittel der getauften Christen können mit dem Glauben an die Auferstehung wenig anfangen, glauben nicht an die
eigene Auferstehung. Zudem prägen diffuse Reinkarnationsvorstellungen auch
„christliche" Vorstellungen von dem Leben nach dem Tod. Der Bertelsmann –
Religionsmonitor (2009) erhebt lediglich bei 32 Prozent der Deutschen Vorstellungen vom Leben nach dem Tod. Das war in den 70er Jahren ähnlich, aber

anders als heute gab es weder eine Hospiz-Bewegung noch Hospize, der Anblick von Sterbenden und Toten gehörte nicht mehr zum Alltag, es gab keine Diskussion um Zurückdrängung und Ausblendung von Tod und Sterben. Das heimliche und damit unbekannte Sterben hatte sich zumindest in den Städten breit gemacht. Gerda Lerner berichtet davon für die USA aus den frühen 70 Jahren.

Zur Frage von Tod und Auferstehung

Natürlich war in Deutschland auch noch die andere Kultur präsent. Meine Großmutter erzählte mir, dem Theologiestudenten, wie ihr Vater, ein Schreinermeister, sich einmal im Jahr im eigenen selbstgebauten Sarg niederlegte. Das war seine Lebenskunst! Sie hätte ohne Studium die Antwort auf die Frage nach dem Trost angesichts des Letzten – wenn ich sie denn gefragt hätte – mit der ersten Frage und Antwort des Heidelberger Katechismus *Was ist dein einziger Trost im Leben und im Sterben?* zu beantworten gewusst:

Dass ich mit Leib und Seele, sowohl im Leben als auch im Sterben (Röm 14,7.8), nicht mir (1Kor 6,19), sondern meinem getreuen Heiland Jesus Christus gehöre (1Kor 3,23), der mit seinem teuren Blut (1Petr 1,18.19) für alle meine Sünden vollkommen bezahlt (1Joh 1,7; 2,2) und mich aus aller Gewalt des Teufels erlöst hat (1Joh 3,8) und so bewahrt (Joh 6,39), dass ohne den Willen meines Vaters im Himmel kein Haar von meinem Haupt fallen kann (Mt 10,29–31; Lk 21,18), ja, dass mir wirklich alles zu meiner Seligkeit dienen muss (Röm 8,28). Darum versichert er mich auch durch seinen heiligen Geist des ewigen Lebens (2Kor 1,20–22; 5,5; Eph 1,13.14) und macht mich von Herzen willig und bereit, ihm hinfort zu leben (Röm 8,14–16).

Und bei aller Angst vor dem Sterben und auch Sorge um ihre Seligkeit hat sie sich im Gebet trösten lassen und das auch die Enkel wissen lassen! Beeindruckt hat mich die unauffällige Frömmigkeit dieser Großmutter, ihre Kenntnis des Heidelberger und des Genfer Katechismus. Und sie hat ihre Katechismen ein Leben lang gelesen und zur Leitschnur ihres Lebens gemacht, ohne dass sie viel darüber redete. Mich hat als Jugendlicher erstaunt, dass sie die theologischen Fragen durchaus nach – dachte, auch ohne eine höhere Schulbildung. Sie rekapitulierte die Antworten des Heidelbergers immer wieder, versuchte ihr schweres Leben mit seiner Hilfe zu bewältigen. Wie weit ihr dies an ihrem Ende ein Trost war, führte mich schon im Studium und dann darüber hinaus zur Beschäftigung mit dem Heidelberger.

Damit habe ich mich mit einigen wenigen biographischen Anhaltspunkten dem genähert, was meine Profession und das Nachdenken über den eigenen Tod verbindet. Die Spurensuche betrifft ja, wenn ich mein eigenes Ende bedenken will, auch meine eigene, meine theologische Existenz. Und hier muss ich eine Anmerkung machen, ohne die dieses Nachdenken nicht verständlich werden kann.

Ich hatte trotz meines Theologiestudiums teil an einer einfachen materialistischen Lebensauffassung, wie sie in den 60er und 70er Jahren durchaus verbreitet war – allerdings auf eine andere Weise als im nicht minder materialistischen Jahre 2010. Bestandteil dieser Lebensauffassung war eine allgemeine Auffassung vom Tod, eine Art gesellschaftlicher Grundkonsens. Immer mehr Menschen versprachen sich Erleichterung von ihren Todesängsten, wenn sie sich ein klares Wissen zu verschaffen suchten, dass mit dem Tode alles aus sei!

Und so war auch mir die göttliche Versicherung des Ewigen Lebens eher ein großes Fragezeichen denn ein *Trost im Leben und im Sterben*. Ich war gar nicht darauf aus, mich *des ewigen Lebens versichern* zu lassen. Dass die neutestamentliche Botschaft zu dem, was nach dem Tode kommt, sehr kurz gehalten ist, das empfand ich als tröstlich. Bis auf die Erzählung vom armen Lazarus im Himmel und dem reichen Prasser in der Hölle (Lk 16)[6] sind die Anmerkungen ja mehr als knapp. Die paulinische Behauptung der Tatsache der Auferstehung (1Kor 15) ist für mich dann auch die große Herausforderung der ersten Studiensemester gewesen. Die abstrakte Fachsprache exegetischer Forschung erleichterte mir die Annahme bestimmter Bibeltexte – zumindest waren sie hilfreich bei der Versöhnung der alten Texte und meiner rationalistischen Wirklichkeitsauffassung. Die Auferstehungsbotschaft als zeitbedingtes Interpretament zu verstehen, das die Sache Jesu zur Sprache bringen konnte, half mir, das Ereignis nach Karfreitag, das Ostergeschehen theologisch zu interpretieren. Die griffige Formel von

Willi Marxsens Aussage, dass die *Sache Jesu weitergehe*, machte mir die theologische Aufgabe deutlich. Ihr konnte ich mich stellen, ohne dass ich mich über den Wirklichkeitsgehalt der Auferstehungsbotschaft zu „irrationalen" Glaubensvollzügen gezwungen sah. Dass Jesus ins Kerygma auferstanden ist, das war eine nachvollziehbare Aussage. Bultmanns Entmythologisierung der christlichen Verkündigung als Aufgabe der Theologie schien mir stichhaltig, da für mich mythologische Rede aus einem mythischen Weltbild heraus in der Tat unglaubhaft war. Die Botschaft Jesu konnte nicht vom mythischen Weltbild abhängig sein! Und die Lehre von der Auferstehung wie die Lehre von den letzten Dingen waren für mich in hohem Maße mythisch. Eschatologie war mir allein präsentisch denkbar. Alles andere war mythische Eschatologie, erledigt durch das Ausbleiben der Parusie Christi, Kreuz und Auferstehung in ihrer Heilsbedeutung schwer verständlich, die Auferstehung an Ostern nur als Osterglaube oder Osterzeugnis der ersten Jünger fassbar.[7]

Ich wollte Auferstehung und Ostern rational verstehen in einer Welt der Rationalität. Rudolf Bultmann ist mir wichtig geworden in seinem Anliegen der

---

6 Einen schönen Bezug dieser Stelle zu meinem Thema stellt Klaus Berger her (Was gibt uns die Kraft zum Leben?, Gütersloh 2001, 78): „Den armen Lazarus hat Gott lieb, der Reiche geht in „die Hölle". Das ist geradezu eine Definition des Gottes der Bibel: Er ist der, der die Lazarusse dieser Welt in die Arme schließt."

7 Vgl. hierzu Bultmann, Jesus und die Mythologie.

Versöhnung der Bibelauslegung mit der *Welterfahrung und Weltbemächtigung* durch natur- und technikwissenschaftliche Zugänge zur Wirklichkeit. Und natürlich hat Bultmann einen theologiegeschichtlich bedeutsamen Punkt markiert, wenn er festhält, dass es für den modernen Menschen unvorstellbar sei, dass ein Verstorbener (Lazarus, Joh 11) zum physischen Leben wiedererweckt worden sei. Seinen Versuch *Glauben und Verstehen* zu versöhnen, bleibt gerade in der Predigt der Auferstehung die zentrale Aufgabe der Theologie. Friedrich Mildenberger formulierte einmal als Grundregel für die Osterpredigt: *Bei Auslegung und Predigt der Ostertexte darf das Denken auf keinen Fall verabschiedet werden!*[8]

Die Osterpredigt als Zusage der österlichen Verheißung am Ostermorgen, Begleitung der Sterbenden, Predigt am Grab und der Trost der Angehörigen sind als Ziel theologischen Reflektierens und Studierens und damit als Anspruch an Theologie und Theologen festzuhalten!

Mit einem heute so formulierten Anspruch komme ich noch einmal zum Theologiestudium, um das es ja auch in diesem Abschnitt gehen sollte, zurück. Die theologische Fakultät Tübingen wirbt 2010 im Internet um Studierende. Die Werbung verweist auf zwei Studienziele. Es gilt die persönlichen *Fragen nach dem Lebenssinn* zu klären und eine *wertvolle berufliche Kompetenz* zu erwerben. Das ist erst einmal sehr allgemein. Aber wenn es gelingt, die Erkenntnis und Einsicht zu befördern, dass *ich mit Leib und Seele, sowohl im Leben als auch im Sterben … meinem getreuen Heiland Jesus Christus gehöre* und *daß mir wirklich alles zu meiner Seligkeit dienen muß* und ich *durch seinen heiligen Geist des ewigen Lebens* versichert bin, kann das Studium der Theologie gelingen. Nur wenn darum – beispielhaft in der ersten Frage und Antwort des Heidelbergers formuliert – in der Entwicklung theologischer Existenz gerungen wird, kann ein Theologe oder eine Theologin in der pastoralen Praxis bestehen.

Ewiges Leben und die Predigt am Grab

Im Vikariat hat sich das im Studium Erarbeitete beim Erlernen der pastoralen Praxis erstmals zu bewähren. Aus dem Theologen soll ein Seelsorger und Prediger werden. Beruflich hat die Bewährung für mich begonnen in Oberhessen, im ländlichen Umfeld der Stadt Marburg. Nachdem Tod und Sterben auch im Predigerseminar kein Thema gewesen ist, hat mich dann im Pfarramt „meine" Gemeinde in die Pflicht genommen. Kirchenvorsteher und Küster haben mich darauf hingewiesen, wenn jemand länger bettlägerig war oder im Sterben lag. In den 70er und frühen 80er vollzog sich Sterben und der Umgang mit dem Tod im ländlichen Raum Oberhessens wie in anderen ländlichen Gegenden noch in

---

8 Mildenberger, Kleine Predigtlehre, 49.

festen Mustern und Ritualen, die den Menschen nicht nur beim Sterben halfen, sondern auch den Angehörigkeiten ihren Platz bei diesem Prozess zuwiesen und so auch später die Trauer zu einem guten Teil ritualisierten und erträglich machten. Die Gegenwart anderer Menschen beim Sterben war nicht die Ausnahme sondern die Regel. Die oder der Sterbende wurde nicht allein gelassen. Mehr als einmal habe ich es erlebt, dass Angehörige ihre todkranken Verwandten aus den Universitätskliniken Marburg „nach Hause" holten und ich sie dann einige Tage oder Wochen später zu beerdigen hatte. Aber ich „hatte" schon früher da zu sein. Ich wurde geholt oder gebeten zu kommen. So kannte ich den Verstorbenen, kannte seine Krankengeschichte, seine Familiengeschichte und seine Angehörigen. Hier, bei Sterben und Tod, war in den sechs Gemeinden, in denen ich arbeitete, noch etwas zu spüren von der alten Dorfkultur, von *dem* Dorf als zusammenhängendem Lebenszusammenhang. Das Zusammengehörigkeitsgefühl bewährte sich im Sterbe- und Todesfall. Die Nachbarn ließen die Familien der Sterbenden nicht im Stich. In der letzten Phase war auch der Sterbende nicht allein, Familienangehörige und die Nachbarn sahen nach ihnen. Und eben auch der Pfarrer! Bei meinen Besuchen verließen dann die Anwesenden das Sterbezimmer, um bei meinem Abschied selbstverständlich wieder zurückzukehren. Wenn der Tod eintrat, wurde neben dem Arzt auch der Pfarrer verständigt. Und der Tote blieb zu Hause. Man hatte es nicht eilig, den Leichnam wegzuschaffen – bis zur Aussegnung ruhte er zu Hause. Hier gab der Pfarrer zum ersten Mal dem Abschied Sprache. Die rituellen Handlungen aber waren ebenso wichtig, wenn beispielsweise ein naher männlicher Angehöriger wie der älteste Sohn den Sargdeckel im Flur oder in der offenen Haustüre zuschraubte. Aussegnungen sind agendarisch durchaus noch selbstverständlich, wo sie in der gemeindlichen Realität nicht mehr gehalten werden, fehlt Entscheidendes. Mit der Aussegnung wird der Abschied eingeleitet, beginnt der Weg der Erkenntnis der Endgültigkeit des Todes. Zwischenzeitlich haben in „meinem" Dorf die männlichen Dorfbewohner das Grab ausgehoben. Jeder war einmal dran, das ging reihum und dieselben Männer hatten auch den Sarg zu tragen. Das Grab, diese Grube zu graben, lehrt, dass wir sterblich sind, erinnert an den eigenen Tod mehr als jedes Memento Mori des Pfarrers. Mit dem Verschwinden des Dorfes und seiner hergebrachten Kultur werden vielleicht auch die Überreste dieser traditionellen Sterbe-, Beerdigungs- und Trauerkultur verschwinden. Es droht zu verschwinden, was es sonst nur noch im Hospiz gibt, dass sich die Menschen, so schwer es fällt, auf die Langsamkeit des Sterbens einstellen – zumindest die Familie und einzelne Nachbarn, dass die, die dabei sind, stille werden, auf die leisesten Zeichen hören, der Berührung des Körpers des Sterbenden mehr zutrauen als ihren Worten. Es droht zu verschwinden die Einübung in die Fähigkeit zu warten und, wenn es denn gelingt, den Sterbenden gehen zu lassen, die Einübung in Gelassenheit.

Ich hüte mich davor, das „alte Dorf" zu idealisieren. Auch dort wurde schwer gestorben, auch dort wurde einsam gestorben. Und vor allem: Die einheitliche

Kultur mit dem Wissen, wie mit Sterben, Tod, Beerdigung und Trauer umzuge-hen war, die Geborgenheit, die dies zur Folge hatte, war nur möglich in der Ge-schlossenheit eines einheitlichen Lebenszusammenhanges, einer verbindenden Sichtweise, wie denn das Leben und das Sterben zu leben und zu sterben sei. Das alte Dorf lässt keine eigenen Entscheidungen zu, weder in der wesentlichen Le-bensgestaltung noch im Umgang mit dem Sterben der Angehörigen noch in der Bewältigung der Trauer. Es wird oder besser es wurde gemacht, was schon im-mer gemacht wurde. Traditionen im Leben, Sterben und Trauern sind Teil der Dorfkultur. Wo solche Traditionen noch lebendig sind, ist der einzelne nicht al-lein auf sein Vermögen, mit dem Leben und dem Sterben fertig zu werden, ange-wiesen. Autonomie, die den einzelnen nötigt, auch noch sein Sterben zu gestal-ten, ist nicht gefragt. Traditionelle Lebensvollzüge und Sitten befreien Menschen von Entscheidungszwängen.

Heute zermürben uns Entscheidungszwänge: Wie gestalten wir unser Leben, welches Ritual ist das richtige, wie bereite ich mich richtig auf meinen Tod vor, wie sterbe ich „richtig". Die Auswahl fällt schwer. Das Sinnangebot ist unermess-lich, doch die Beliebigkeit zerstört Sinn.

Pluralität der Lebensentwürfe ist im „Dorf" nicht möglich gewesen, Freiheit vom dörflichen Leben – auch im Umgang mit Sterben, Tod und Trauer kann es im alten Dorf nicht geben.

Aber das Dorf ist nicht mein Thema. Mir hat das „alte" Dorf mit seiner tradi-tionellen Kirchengemeinde geholfen, Sterben und Tod kennenzulernen, mit mei-nem sicheren eigenen Sterben in Verbindung zu kommen und das Sterben mei-ner Gemeindeglieder anzunehmen in dem Wissen, dass hier die Kernaufgabe meiner pastoralen Existenz liegt. Ich war Gemeindepfarrer, weil ich eine Auf-gabe hatte und weil „meiner" Dorfgemeinde diese Arbeit der – ritualisierten – Sterbebegleitung, der Beerdigungsgestaltung, um Abschied zu nehmen, und der Trauerbegleitung im ersten Monat nach der Beerdigung und im Trauerjahr wichtig war. Beerdigungen waren ein öffentliches Geschehen in der dörflichen Gemeinschaft. Die Leute des Dorfes nahmen sich Urlaub von der Arbeit am Tag der Beerdigung eines der ihren. Ich kann des „alten" Umgangs mit Sterben, Tod und Beerdigung gut gedenken, weil er mich dazu gebracht hat, mich mit mei-nem eigenen Ende auseinanderzusetzen und mir meine Ängste und Befürchtun-gen, meine Verdrängungen und auch meine Ohnmacht einzugestehen, immer wieder, wenn ich mit dem Sterben konfrontiert werde und auch, wenn ich wie-der einige Jahreskreise meinem eigenen Sterben entgegen gewachsen bin. Durch die Notwendigkeit, Beerdigungspredigten halten zu müssen und den Trost des Evangeliums weiterzusagen, habe ich ganz anders in der jüdisch – christlichen Tradition nach Bildern des Trostes gesucht, die den Leidenden und Trauern-den in ihrer Not helfen. Seit dieser Zeit habe ich begonnen, die Metaphern vom Reiche Gottes, von der Auferstehung und vom ewigen Leben neu und anders auf mich wirken zu lassen.

Ich habe gelernt, dass Auferstehungsbotschaft und die Worte vom ewigen Leben einer anderen Sprache bedürfen als jener abstrakten exegetisch-theologischen Fachsprache, die ich oben beschrieben habe und die mir in ihrer Abstraktion für Reflexion und Seminardiskussion überhaupt den Zugang zu Text und Fragestellung ermöglicht hat. Die letzten Dinge verlangen nach einer anderen Sprache, nach einer bildlichen Sprache, einer poetischen und mythischen Sprache. Klaus Berger spricht von der *Sprache der Sehnsucht* und verweist auf die Form und die *Weltsicht* der Seligpreisung als die angemessene Sprache, um christliche Hoffnung zu beschreiben.[9] Wir greifen bis heute auf mythische Bilder zurück – auch im nicht-christlichen Kontext –, wenn wir Sterben und Tod zu beschreiben suchen. Alte biblische Texte und moderne Nahtod – Schilderungen verwenden die Bilder vom Hindurchgehen durch die Enge, durch eine Pforte, sie sprechen von dem Weg, der zurückzulegen ist. Biblische Texte wie der Exodus aus Ägyptenland sprechen von Auszug und Wanderung. Der Weg in dieses Land ist ein Bild für den Sterbe – Prozess. Das „Land der Toten" ist das Ziel. Auf dem Weg dorthin ist das Sterben (nur) ein Teil des Weges, ein Teil des Lebensweges. Und so ist dann der Tod auch kein Endpunkt, sondern Teil des Prozesses, Teil des Weges. Auch wenn mit dem Tod dieses Leben gänzlich zu Ende gekommen ist, wir also dem Tod nichts von seiner Endgültigkeit nehmen, bleiben die Bilder der Wanderung und des Weges. Die Auferstehung Jesu Christi als die österliche Botschaft lassen das Sterben zum Übergang und zum Beginn eines neuen, eines unsichtbaren Seins *beim Herrn* werden. Und wenn auch die biblischen Aussagen über die Zeit *danach* spärlich sind, wenn auch die biblischen und christlichen Aussagen von Tod und Auferstehung, dem Leben nach dem Tod und dem ewigen Leben große Spannungen enthalten, so weist Berger doch mit Recht darauf hin, dass die Wirklichkeit Gottes und der uns unverständliche Bereich nach dem Tod untrennbar zusammenhängen in der Metapher „der Himmel".

Tiefenerfahrungen

Die innere Notwendigkeit mich mit meiner Endlichkeit auseinanderzusetzen, ist nicht allein aus der Erfahrung der pastoralen Arbeit in der Gemeinde und der damit einhergehenden theologischen Reflexion gekommen, sondern sie ist geprägt durch eigene existentielle Krisen, durch Selbsterfahrung und psychotherapeutische Fortbildung in einer weiteren Lebensphase sowie durch mehrfaches Annähern an den eigenen Tod in geleiteten Sterbemeditationen. Wenn ich meine eigenen existentiellen Krisen hier erwähne, dann will ich diese als einen unabdingbaren Hinweis verstanden wissen, dass wir uns ohne eigene Leiderfah-

---

9 Berger, Ist mit dem Tod alles aus? 21 ff.

rungen sicherlich nicht mit unserem Ende auseinandersetzen können. Es sind
Schmerzen und Verlusterfahrungen, die einen lehren, zum Ende hinzublicken!
Existentielle Krisen sind schwer mitteilbar – für mich jedenfalls. Und sie sind
schon gar nicht in der Sprache, die ich in meinem akademischen Handwerk gelernt habe, zu sprechen und zu schreiben. In der Sprache der Poesie vielleicht!?

Verlorenes Ich[10]

Verlorenes Ich, zersprengt von Stratosphären,
Opfer des Ion – : Gamma-Strahlen-Lamm –
Teilchen und Feld – : Unendlichkeitsschimären
Auf deinen grauen Steinen von Notre Dame.

Die Tage gehen dir ohne Nacht und Morgen,
die Jahre halten ohne Schnee und Frucht
bedrohend das Unendliche verborgen –
die Welt als Flucht.

Die Welt zerdacht. Und Raum und Zeiten
Und was die Menschheit wob und wog,
Funktion nur von Unendlichkeiten –
Die Mythe log.

Woher, wohin – nicht Nacht nicht Morgen,
kein Evoe, kein Requiem,
du möchtest dir ein Stichwort borgen –
allein bei wem?

Gottfried Benn

Die Sprache der Poesie steht mir nicht zur Verfügung, aber mit dem Gedicht von
Benn kann ich etwas andeuten: Die wissenschaftliche Sprache muss blass bleiben
beim Nachdenken über *mein Sterben*. Und deswegen rede ich hier nicht von meinen Krisen und meiner Not in Krankheit, nicht von meinen Verlusterfahrungen und meinen Abschieden. Zwei Hinweise auf Erfahrungen mögen genügen.
Zum einen kenne ich tiefe Einsamkeit in der Krankheit ohne die Möglichkeit der
Kommunikation und ohne das Mitsein eines anderen Menschen. Und zum anderen ist mir die lange letzte Nacht mit meinem Vater in der Mitte des eigenen
Lebens sehr wichtig geworden. Durch sein Sterben bin ich dem eigenen Sterben
nahe gekommen und durch seinen Tod hinterließ er mir ein Vermächtnis für
mein Leben. Es war eine Nacht, die mich, den Pfarrer, der ja schon an Sterbebetten gesessen hatte, an eine eigene Grenze führte und mich veränderte.

Wovon ich hier eher reden kann, sind Erfahrungen, die ich im gruppendyna-
mischen Umfeld und in psychotherapeutischer Zusatzausbildung gemacht habe.
Selbsterfahrung hat meinen eigenen Lebensentwurf als eines rational denken-

10 Benn, Verlorenes Ich, in: Geistliche Lyrik, 173.

den und handelnden, autonomen, souveränen und für sich selbst sorgenden Individuums erschüttert.

In einem bioenergetischen Workshop während einer Jahrestagung der Internationalen Gesellschaft für Tiefenpsychologie (früher: Arzt und Seelsorger) bin ich bei bestimmten Stressübungen psychisch „zusammengebrochen". Die durch die Übungen hervorgerufenen Körperspannungen lösten sich, aber sie lösten auch Gefühle der Einsamkeit, Hilflosigkeit und Trauer aus. Ich habe so heftig geweint, wie ich es seit meiner Kindheit nicht mehr erlebt hatte. Es war eine tiefe Erfahrung für mich, die mich letztlich auch dazu gebracht hat, mich psychotherapeutisch der Einsamkeit und der Trauer in mir zustellen. Nicht in meiner theologischen Arbeit und im kirchlichen Umfeld, sondern in psychotherapeutischen Ausbildungszusammenhängen habe ich mich von der *Souveränität des modernen Subjektes* zeitweise lösen können. Was ist für mich meine Autonomie, was ist uns modernen westlichen Menschen unsere Souveränität, unsere Autonomie? Sie ist die notwendige Voraussetzung des modernen Lebensentwurfes und sie ist die vielfach überschätzte Möglichkeit, das eigene Leben selbstbestimmt zu leben. Es ist in der Auseinandersetzung um Sterbebegleitung und Sterbehilfe ein ganz zentraler Punkt, dass alte und kranke Menschen niemandem zur Last fallen wollen. Das niederländische Modell der Sterbehilfe ist ohne dieses Motiv nicht denkbar. Viele ältere Menschen bitten um Sterbehilfe, weil sie ihren Kindern oder gar fremden Menschen nicht zur Last fallen mögen. Dort und bei uns ist es vielen Menschen eine entsetzliche Vorstellung, auf Hilfe angewiesen zu sein. In der psychotherapeutischen Arbeit habe ich von mir verstanden, wie wichtig mir Autonomie ist. Hilfe in Anspruch zu nehmen, ist schwer, für mich und sicher für viele Zeitgenossen in unserer postmodernen Gesellschaft. Hilfe in Anspruch nehmen zu können und Gefühle der Angst und der Trauer zulassen zu können, muss im Erwachsenalter erst wieder gelernt werden. Eine der schwierigsten Lebensaufgaben für mich ist es, Hilfe zuzulassen, meine Souveränität und Autonomie nicht allein zur Leitschnur meines Lebens und Handelns zu machen. Aber die Erfahrung mit der Hilfe anderer weiter zu kommen, hat mir ein positives Gefühl des Mit-Lebens und Zusammen-Lebens vermittelt, nicht allein in der therapeutischen Erfahrung in der Gruppe sondern gerade auch im „normalen" Leben. Alexander Lowen, einer der Pioniere der Körpertherapie geht davon aus, dass alte Menschen leichter sterben können, wenn sie ein positives Lebensgefühl haben – auch wenn sie auf Hilfe angewiesen sind. Das Gefühl, sich als Teil des Lebensflusses zu erleben, hilft ihnen dazu, ihr Leben anzunehmen, so wie es ist. Sie leben leichter. Und ich denke, sie werden wahrscheinlich auch leichter sterben.

Zu und mit diesen Erfahrungen habe ich in meiner zweiten Lebenshälfte immer wieder Sterbemeditationen gemacht, auf die ich mich ohne die psychotherapeutischen Erfahrungen sicherlich nicht so hätte einlassen können, dass ich mich meinem eigenen Sterben und dem eigenen Tod wirklich hätte annä-

hern können. Sterbemeditationen haben heute in der Ausbildung zum Hospiz-
helfer, zum Sterbebegleiter und in Kursen zur Selbsterfahrung einen festen Platz.
Imaginationsübungen, Phantasiereisen und Entspannungsübungen helfen dem
Suchenden, sich dem eigenen Sterben anzunähern. In einer Tiefenentspannung,
die u. a. durch besondere Atemübungen hervorgerufen wird, habe ich Erfahrungen machen können, die mir helfen, etwas gelassener auf mein Ende zuzugehen.
Es wird mein Tod sein, aber ich bin nicht der, der bis zum Ende alles in der Hand
hat. Bei aller Angst, die mir der Verlust der Autonomie macht, habe ich gelernt,
dass ich in meiner Beschäftigung um mein eigenes Sterben auch für mein Leben
viel gelernt habe. Theologisch habe ich das schon immer gewusst, philosophisch
hat mich die Stoa und ihre Warnung vor der Todesvergessenheit der Menschen
seit meinem Studium beschäftigt. Ich werde gleich noch darauf im Zusammenhang mit dem Freitod zurückkommen. Aber jetzt will ich erst einmal festhalten,
dass es der Tiefenerfahrung bedurfte, um mir meine Verletzlichkeit und Vergänglichkeit einzugestehen. Ich konnte vom Gefühl her für mich zulassen, dass
ich wahrscheinlich angewiesen sein werde auf Hilfe, dass mir meine Autonomie
zerrinnt wie die Zeit, die mir noch bleibt. Und weiter: Das, was ich in der Beschäftigung mit meinem eigenen Sterben erfahren habe, ist eine große emotionale Erfahrung. Ich habe gelernt, mir einzugestehen, dass ich Hilfe brauche und
dass ich überhaupt nicht so autonom bin, wie ich es gerne wäre. Dies hilft mir
jetzt (anders) zu leben. Ich brauche auch jetzt schon immer wieder Hilfe! Meine
Autonomie reicht nicht so weit, wie ich als das moderne Subjekt es gerne hätte.
In den wichtigsten Dingen des Lebens ist das moderne Subjekt nicht autonom,
nicht Meister des eigenen Lebens, bei der Geburt nicht und beim Sterben nicht –
und bei mancher schweren Phase mittendrin. Das habe ich in Sterbeübungen
erfahren. Es gehört zur Arbeit an der eigenen Endlichkeit, dass ich merke und
spüre, wie wenig meine Autonomie zählt, wenn es gilt eine Wunde zu verwin-
den, die das Leben mir geschlagen hat. Die Sterbemeditationen haben mich meiner Autonomie und meinem Verstand gegenüber kritisch werden lassen! Die ars
moriendi zeigt sich als ars vitae. Es kommt darauf an, was ich mit meinem Leben
mache, wenn ich – wie auch hier in diesem Beitrag – mein eigenes Sterben und
meinen eigenen Tod meditiert, vielleicht auch imaginiert habe. Wirkliche Ster-
bemeditation verändert die Lebensführung!

Für die theologische Reflexion ist das schon immer klar: So wie ich nicht Herr
meines Sterbens sein kann, so bin ich trotz aller Ansprüche des modernen Subjektes auch nicht Herr meines Lebens, zumindest nicht durchgängig, ich bin
nicht der Produzent meiner selbst und auch nicht der, der mich erhält. *Da sitzt
ein anderer im Regiment*! Und davon hat die Theologie und hat der Theologe zu
reden: Gott sitzt im Regiment! Am Abend vor seinem Tode hat Karl Barth das
in wenigen Sätzen gegenüber dem Freund Eduard Thurneysen zum Ausdruck
gebracht:

„Nur ja die Ohren nicht hängen lassen! Nie! Denn es wird regiert, nicht nur in Moskau oder in Washington oder in Peking, sondern es wird regiert, und zwar hier auf Erden, aber ganz von oben, vom Himmel her! Gott sitzt im Regiment! Darum fürchte ich mich nicht. Bleiben wir doch zuversichtlich auch in dunkelsten Augenblicken! Lassen wir die Hoffnung nicht sinken, die Hoffnung für alle Menschen, für die ganze Völkerwelt! Gott lässt uns nicht fallen, keinen einzigen von uns und uns alle miteinander nicht! Es wird regiert!"[11]

Exkurs: Freitod angesichts des Todes

Meine Überlegungen zu meinem eigenen Nachdenken über mein Sterben wären nicht vollständig, wenn ich nicht den Philosophen Wilhelm Kamlah erwähnen würde. 1976 ging ich zur Fortsetzung meiner Studien nach Erlangen, auch um vielleicht noch den damals 70jährigenWilhelm Kamlah zu hören. Doch der kranke Philosoph tötete sich im selben Jahr. Posthum erscheint seine kleine Schrift *Meditatio Mortis. Kann man den Tod „verstehen", und gibt es ein „Recht auf den eigenen Tod"?*.[12] Diese Meditation des Todes, die dem Freitod Kamlahs vorausgegangen ist, beschäftigt mich seitdem immer wieder. Die Selbsttötung kann das Ergebnis einer lebenslang geübten ars vitae sein und wird so sicherlich nicht eine unüberlegte oder affektbehaftete Kurzschlussreaktion sein. Auch Kamlahs Plädoyer für ein Recht auf den eigenen Tod zielt auf die Selbsttötung nach reiflicher Überlegung und aus innerer Ruhe und Freiheit heraus: Wer sich nach reiflichem Nachdenken sich der Umstände seines vergangenen und gegenwärtigen Lebens versichert und die Folgen für sich und für andere mit bedenkt und sich dann für den Freitod entscheidet, darf sich töten!

Ich will hier keinen Beitrag zur Legitimität des Freitodes schreiben, sondern ich will das Recht auf den eigenen Tod im Kontext des bisher Gesagten und mit dem Blick auf den Anspruch des modernen Subjektes auf dies behauptete Recht bedenken. Das Recht auf den eigenen Tod hat in den Jahrzehnten seit Kamlahs Tod eine ganz eigene Konnotation bekommen. Schon Kamlah hatte die Problematik vor Augen, dass Menschen von diesem Recht Gebrauch machen wollen, weil sie ein menschenwürdiges Leben nicht mehr führen können. Ich erinnere an Elias eindrückliche Beschreibung des langen Sterbens Sigmund Freuds oder die drastische Schilderung der letzten Monate von Jean Paul Satre durch Simone de Beauvoirs.[13] Ist das dann noch ein menschenwürdiges Sterben? Die Grenzen *dieses Rechtes* auf ein menschenwürdiges Sterben sind erreicht. Diejenigen, die dieses Recht für sich in Anspruch nehmen, werden durch die Gesetze der Gesellschaft zu einem menschenunwürdigen Sterben gezwungen. Aus dem Dilemma

---

11 Kupisch, Karl Barth, 135.
12 Kamlah, Meditatio Mortis.
13 Elias, Über die Einsamkeit, 88

folgt Kamlahs Forderung nach einem moralisch und rechtlich unverstelltem *Zugang zur Möglichkeit eines menschenwürdigen Freitodes*.[14] Kamlah klagt argumentativ das Recht auf den eigenen Tod ein – als ein Recht im Range eines Menschenrechtes. Folgen wir Kamlah, so hat ein todkranker oder auch ein des Lebens müder Mensch, der von seiner Vernunft Gebrauch macht, das Recht auf einen selbstbestimmten Tod. Der Freitod als wohlüberlegte Handlung kann als Möglichkeit angesehen werden, die aufgrund der Freiheit des Menschen als legitim angesehen werden muss.

„Sterbeorganisationen" wie *Dignitas* helfen 35 Jahre nach Kamlahs Freitod, sich selbst in den Tod zu geben, wenn es dem Betroffenen möglich ist, selbst tätig zu werden. Kamlah war in der Lage, sich selbst in den Tod zu geben. Menschenwürdig war dieser wohl eher nicht, angesichts des Verbotes medizinischer aktiver Sterbehilfe. Schwierig wird es auch für Ärzte heute noch, wenn derjenige, der das Recht des eigenen Todes in Anspruch nehmen will, durch seine Krankheit daran gehindert wird. Hier wird die Diskussion um den *guten* Tod, um Euthanasie also noch einmal ganz neu spannend. Sterbehilfe ist in Deutschland ein umstrittenes Thema und die Debatte im Deutschen Bundestag um die Konsequenzen aus einer eindeutigen Patientenverfügung, hat gezeigt, wie weit wir davon entfernt sind, das Recht auf den eigenen Tod als ein *auf einen menschenwürdigen, sanften Tod, d.h. auf einen Tod, der ihn in ruhiger Gelassenheit sterben lässt*, zu interpretieren. Die Brisanz ist angesichts der High-Tech-Medizin und der Unbarmherzigkeit des medizinisch-technisch-pharmakologischen Apparates um ein vielfaches größer geworden. Und ich teile die Angst vieler Menschen, im Sterben diesem Apparat ausgeliefert zu sein. Ich teile die Furcht, dass Mediziner an meinem Sterbebett ihr Augenmerk fokussiert halten auf das Funktionieren eines oder mehrerer meiner Organe und mich gar nicht sehen als ganzen Menschen, der seinem Ende entgegengehen muss und will. Und aus dieser Angst und Furcht heraus wird mir meine Autonomie so wichtig. Die Vorstellung aber, dass ich selbst in meinem Sterben noch der mündige Patient bin, mein Sterben gestalte in Kooperation mit den Ärzten und auch gegen sie, scheint mir unmenschlich. Und dass ich dort, wo ich nicht mehr bei Bewusstsein bin, durch meine juristisch einwandfreie Patientenverfügung und einen juristisch geschulten Angehörigen in meinem Selbstbestimmungswillen vertreten werde, ist nicht nur grotesk sondern mir auch ein Graus. Für mein Sterben wünsche ich mir, dass ich loslassen kann, dass ich auf die trostlose Kunst der eigenen Lebensmeisterschaft verzichten kann. Ich wünsche mir, dass Menschen da sind, deren Anwesenheit mir Mut gibt und Halt, diesen letzten Weg zu gehen, den ich gehen muss – ja doch allein!

Für mein Sterben brauche ich also nicht ein Höchstmass an Mündigkeit und Autonomie sondern Geborgenheit und menschliche Nähe. Meine Lebenskraft

---

14 Kamlah, Meditatio Mortis, 25.

geht von mir. Wenn ich mich dann nicht geborgen fühle, werden meine Einsamkeit und meine Angst sich ins Unermessliche steigern! Die Gefühlsneutralität des technisch – medizinisch – pharmakologischen Komplexes ist es ja gerade, die die Einsamkeit der Sterbenden befördert.[15] Die Angst vor medizinischer Therapie und Übertherapie, wo nichts mehr zu therapieren ist, verstärkt die Angst vor Sterben und Tod. Die Angst vor intensiv- und apparatmedizinischer Versorgung ist auch die Angst vor der Einsamkeit und dem ganz elementaren Alleinsein. Die Einsamkeit der Sterbenden und die Angst vor der Einsamkeit entdecke ich als meine eigene! Sie macht mir Angst!

Die Rede von den letzten Dingen oder das Ewige Leben

Seit ich älter werde, stellt sich mir die Frage nach dem, was über den Tod hinausweist, schon häufiger. Es ist eine Frage, die wohl nicht nur mich bewegt. Es scheint mir aber keine öffentliche Frage. Da gibt es wohl ein Tabu des postmodernen Menschen. Es ist eine Frage für das Gespräch zu zweit oder zu dritt an einem stillen Winterabend oder ein Gegenstand für ein stilles Gespräch mit sich selbst und mit Gott. Die Frage nach dem, was über den Tod hinausreicht, kommt aus der Sehnsucht, aber auch aus den Bildern christlicher Hoffnung. Die eschatologische Sehnsucht und die Hoffnung auf das Reich Gottes, das noch aussteht, ist das eine. Das andere ist, dass ich gelernt habe als Theologe, dass mein Sterben und mein Tod mein wirkliches Ende ist und eben ein end – gültiger Strich unter mein Leben. Das hat das Alte Testament, die hebräische Bibel mir in meiner Suche mehr als deutlich eingeschärft. Und das kommt mir auch in meiner rationalen Seite sehr entgegen, wie ich oben angedeutet habe. Diese Seite und der biblische Befund hindern mich daran, mich davon zu schummeln mit meiner *unsterblichen* Seele. Verblüfft nehme ich die verschiedenen, in den letzten Jahren so stark wiedererwachten Spekulationen um das Weiterleben der eigenen Individualität, des individuellen Egos wahr. Um an die Unsterblichkeit der Seele zu glauben, werden Reinkarnationsvorstellungen[16] – auch von Christen – übernommen, fern aller jüdisch – christlichen Tradition, und mit den altgriechischen Vorstellungen von der Unsterblichkeit der Seele verbunden. Unsterblich aber ist

---

15 Ein Roman, den ich gerade lese, erzählt über ein Gespräch mit dem Arzt, der seine sterbende Mutter begleitet: „Ich konnte das geklonte Greco-Latein des Fachmanns nur zur Hälfte verstehen und wollte auch gar nicht wissen, wie der Zerfall sich im einzelnen vollzieht. Mit fiel wieder einmal auf, wie sehr die medizinische Terminologie den todbringenden Lebensverlauf in kühle Formeln einzufangen und jeden Anflug von Affekten auszuklammern weiß." (Karl-Heinz Ott: Ins Offene, Hamburg 2006, 17)

16 Die schmerzlichen Seiten des Rades der Wiedergeburt spielen in dieser westlichen Adaption der Reinkarnation durch den die Bitterkeit des Todes vermeidenden Zeitgenossen eher keine Rolle.

nach christlichem Verständnis Gott allein (1Tim 6,16). Dass Gott in der Menschwerdung seines Sohnes dieser lebensbeendeten Kraft des Todes ebenfalls ausgeliefert worden ist, und damit uns auch vorausgegangen ist, verstärkt einerseits
die Bitterkeit des Todes, kann aber auch in der Betrachtung des Leidens und
Sterbens Jesu Christi tröstlich sein für das eigene Zugehen auf den Tod. Es mag
sein, dass eine lebenslange Einübung in diese Betrachtung eine Hilfe sein wird,
wenn wir den Weg durch die Enge des Sterbens gehen. Ich hoffe darauf! Dennoch wird die Frage bleiben, was werden wird, nachdem wir dann diesen Weg
durch die Enge gegangen sind. Die Fragen bleiben und auch Christen und Christinnen sind nicht dispensiert von der Suche nach Antwort, die trägt. Mich beschäftigt schon lange die Frage, wo Menschen in ihrem Sterben mit ihrem Fühlen und Denken, bewusst oder unbewusst spielt hier wohl keine Rolle mehr, sind,
wenn sie diesen Weg der Enge gehen. Was beschäftigt uns, wenn „normale",
„vernünftige" Kommunikation auch mit dem Menschen, der vielleicht an unserem Sterbebett sitzt, gar nicht mehr möglich ist? Und ich frage mich dabei, wie
stark die Bilder christlicher Hoffnung sein können und auch für mich sein werden, jetzt und in der Stunde unseres Sterbens: Die Sehnsucht nach dem Himmel
und dem *himmlischen Jerusalem* und die Hoffnung auf das Reich Gottes und die
Auferstehung, die Bilder des Gerichtes und des Ewigen Lebens. Sind diese Bilder
am Ende lebendig, werden sie tröstlich sein? Die Frage nach dem Trost habe ich
bereits zu Beginn gestellt.

Was ist dein einziger Trost im Leben und im Sterben? Ich komme noch einmal auf den Heidelberger Katechismus, der mich nicht mehr losgelassen hat seit
meiner Jugend, zurück und damit auf die Einübung in die Hoffnung des Glaubens. Reformatorische Theologie schärft ein, dass Gott selber uns tröstet. Es
geht nicht um einen – wie auch immer gearteten Trost, den ich mir in meinem
Glaubensleben ein Leben lang angeeignet habe, sondern es geht um *den* Tröster. So sehr ich immer wieder beeindruckt war, dass Menschen im Sterben während des Betens des 23. oder des 121. Psalms oder des Vaterunsers ruhiger wurden und die Worte sie spürbar erreichten, so deutlich muss dieses gesagt sein:
Es sind nicht die tröstlichen Worte, die den Trost ausmachen, sondern es ist Er
selber, der mir zur Seite steht. Der Trost ist nicht etwas außerhalb von mir, sondern es ist die Gewissheit, dass Jesu Christus, der Tröster mit mir ist. Schmal ist
der Grad, dass ich in der Unsicherheit meines Lebens meine Sehnsüchte in den
christlichen Himmel oder das buddhistische Nirvana projiziere. Der eigenen
Sehnsucht aufzusitzen, das passiert gerade in der Stunde der Not leicht. Und deswegen schärft der Heidelberger lange vor jeder Religionskritik ein, dass es Gott
ist, der diese Frage an uns zu Lebzeiten stellt, und dass Gott uns diesen Trost
in der Not und im Sterben geben wird. Wie diese tröstende Zuwendung Gottes zu uns sich ereignet, darüber muss immer und immer wieder gepredigt werden, auch und gerade in der Predigt über die letzten Dinge. Es geht um die Treue
Gottes zu mir, die mich hält im Leben und im Sterben. Deswegen ist es mein

einziger Trost, wie der Heidelberger einschärft! Das ist mein einziger Trost, dass *ich mit Leib und Seele, sowohl im Leben als auch im Sterben, nicht mir, sondern meinem getreuen Heiland Jesus Christus gehöre...* Und das bedeutet, dass Gott in Jesus Christus mich schon immer gewählt hat, dass ich ihm *gehöre,* sein eigen bin. Gegen alle Vernunft und Berechenbarkeit hat Gott uns Menschen, hat Gott mich erwählt. Hier steckt der einzige Trost, den es zu glauben und zu entfalten gilt, dass er mein Trost werden kann, wenn ich sterbe: Die Zugehörigkeit zu *meinem getreuen Heiland Jesus Christus* hängt nicht von meinem schwachen Glauben ab. Dass ich zu ihm gehöre, ist mir im Laufe meines Lebens nicht immer klar gewesen. Deswegen wäre es ein schwacher Trost im Leben und im Sterben, wenn die Zugehörigkeit von diesem meinem schwachen Glauben abhinge. Dass ich ihm gehöre, das festzuhalten, dafür ist mein autonomes Subjekt viel zu schwach. Das ist die *Sache Jesu* (Willi Marxsen). Er ist derjenige, der handelt und diese Beziehung zu mir hält. Und deswegen bin ich nicht einsam in meiner letzten Stunde. Trotz dieser Glaubensgewissheit bleibt die Schwere des letzten Weges. Jesu Einsamkeit (Mk 15,34) in der Stunde seines Todes ist mir bewusst. Trotzdem gilt es immer wieder wider alle Angst vor der Einsamkeit festzuhalten: An meinem Ende ist Christus bei mir. Ihm gehöre ich ganz – auch am Lebensende –, weil er das so will, und ich bin ihm eigen ganz *mit Leib und Seele.* Jetzt und in der Stunde meines Todes und – in Ewigkeit. Der Zwiespalt zwischen Leib und Seele! Die Geringachtung der Leiblichkeit wird im Heidelberger nicht nachvollzogen. Ich habe als Kind und als Jugendlicher im dritten Artikel des Glaubensbekenntnisses noch die *Auferstehung des Fleisches und ein ewiges Leben* bekannt.

An die Auferstehung des Fleisches zu glauben, das ist dem modernen Subjekt eine zu große Anfechtung gewesen. Auch mir! Das habe ich ja zu Beginn deutlich gemacht. Nun aber weist der Heidelberger, weist reformatorische Theologie gerade darauf hin, dass mein Trost, ganz zu Christus zu gehören, eine Annahme von mir mit *Leib und Seele* ist. Vielleicht haben wir das Glaubensbekenntnis zu früh dem „Zeitgeist" angepasst. Das Neue Testament kennt nur eine leibliche Auferstehung. Ist die seelische *Auferstehung der Toten* wirklich leichter vorstellbar? Wozu braucht biblischer Auferstehungsglaube den altgriechischen Dualismus? Ich will jetzt nicht in eine Fachdebatte über die Leiblichkeit im alt- und neutestamentlichen Denken eintreten. Die Leiblichkeit ist sicherlich sehr differenziert zu denken. Auferstehung meint ja das neue Sein in Gott und in diesem Kontext ist die durch Tod und Auferstehung verwandelte leib-seelische Ganzheit zu denken und zu glauben. Die Hoffnungsbilder der Bibel erlauben uns, eine Hoffnung zu hegen, die jede kreatürliche Grenze überschreitet. Klaus Berger weist mit Recht darauf hin, dass uns die Fragen nach Leiden und Tod, nach den letzten Dingen, nach Auferstehung und Ewigem Leben so schwer ankommen, weil uns die angemessene Sprache dafür fehlt. Die Sprache der *beschreibenden Wissenschaftsprosa,* wie er unsere theologische Rede und Predigt zu den Themen

Leiden, Tod und Auferstehung nennt, erreicht die Menschen nicht.[17] Sie reicht nicht aus! Berger setzt die Sprache der Sehnsucht und die Form der Seligpreisungen dagegen. Die Sprache der Sehnsucht ist sicherlich nicht die von Berger so gescholtene Wissenschaftsprosa. Es ist eine Sprache, die in Bildern zu uns spricht. In der Rede und der Predigt der letzten Dinge haben wir die biblische Bildersprache neu zu lernen, aber auch zu akzeptieren, dass Unvorstellbares wie die Auferstehung und Ewiges Leben weder in der Alltagssprache noch in der Wissenschaftssprache ausgesagt werden können. Die Bibel ist nicht ohne Grund so sparsam mit der Beschreibung dessen, was nach dem Tode sein wird. Das Unvorstellbare entzieht sich unserem Zugriff. Andere Religionen sind da sehr viel anschaulicher, plakativer, den menschlichen Projektionen freundlicher entgegenkommend. Aber diese menschlichen und menschlich nur allzu verständlichen Wunschvorstellungen können bestenfalls Trostpflaster sein. Auch die kirchliche Tradition des Mittelalters hat den Phantasien von Himmel und Hölle zum Teil durchaus exzessiv gefrönt und Menschen vor dem, was da kommen wird, in unvorstellbarer Weise geängstigt. Das Wissen darum macht mich vorsichtig, ja scheu in meiner Rede von den letzten Dingen. Berger drückt das in einem Bild aus: *Verhüllung ist die angemessene Weise, über Unvorstellbares zu reden.*[18]

Wir müssen die Sprache der Bilder wieder entdecken und verstehen. Die Heilsgeschichte Gottes mit uns in Jesus Christus lässt sich nur in einer Wiederentdeckung der verhüllenden Sprache der Bibel erschließen. Die Verschränkung unserer eigenen Geschichte – auch und gerade in der Angst vor dem unabdingbaren Ende unserer irdischen Geschichte – mit der Heilsgeschichte Jesu Christi bedingt einzig einen narrativen und existentiellen Zugang zu den Bildern der Bibel. Die Bilder der Auferstehung sind solche Bilder. Das Bild der Verwandlung, das Paulus in 1. Korinther 15 gebraucht, ist ein solches verhüllendes Bild, das Unvorstellbares mitteilen möchte. Auch die Begriffe des Reiches Gottes und des Himmelreiches, des angerichteten Gastmahles und der Hochzeit, der Herrlichkeit (1Kor 15,34) sind Bilder, die das Aufgehobensein im Sein Gottes sprachlich zum Ausdruck bringen und gleichzeitig das Unvorstellbare verhüllen. Dabei können sie in dem, was jetzt schon Gültigkeit hat, was hineinwirkt, durchaus theologisch konkret entfaltet werden, wie die Rede vom Reiche Gottes. Wenn die wöchentliche Feier der Auferstehung im Sonntagsgottesdienst zusammenhält, was zusammengehört – Sterben und Auferstehung – dann kann das Ewige Leben und der Trost angesichts unseres irdischen Endes gar nicht so weit aus unserem Blick und vor allem Gefühl entschwinden, wie ich das erlebt habe und erlebe.

Wie weit diese und andere Bilder uns tragen an unserem Ende, hängt theologisch gesprochen nicht von uns ab. Anthropologisch aber mag es ein Unterschied sein, so hoffe ich wenigstens, dass wir aufgehoben sind in den Hoffnungs-

---

17 Berger, Ist mit dem Tod alles aus? 21 ff.
18 Ebd., 170.

bildern, wenn sie uns unser Leben begleitet haben. Sicher sind die Sterbenden im „alten" Dorf, für die ich Psalmen und bekannte Gebete gesprochen habe, dass sie ruhiger wurden in ihrem Kampf, nicht im Sinne von Norbert Elias moderne Menschen gewesen. Vielleicht haben sie deswegen auch nicht die Einsamkeit des modernen Menschen durchlebt, die Elias beschreibt. Der Tod konfrontiert uns Moderne damit, dass unsere Zeit zu Ende geht, im Tod ihre Grenze findet und uns ins Bodenlose fallen lässt.

Wie immer ich das dann erleben werde, ich hoffe darauf, dass der Tröster mir in dieser Stunde zur Seite steht und ich meine Zugehörigkeit zu ihm erlebe und somit auch, dass die Liebe stärker ist als der Tod:

„Denn ich bin gewiss, dass weder Tod noch Leben, weder Engel noch Herrschaften, weder Gegenwärtiges noch Zukünftiges, noch Mächte, weder Höhe noch Tiefe, noch irgend ein anderes Geschöpf uns zu scheiden vermag von der Liebe Gottes, die in Christus Jesus ist, unserem Herrn." (Röm 8,38.39)

Ich wünsche mir für mein eigenes Ende!

In der theologischen Sprache, in der ich eben versucht habe, notwendige theologische Aussagen zu machen, um im Glauben wieder zu einem anderen Umgang mit Sterben und Tod zu finden, komme ich natürlich nicht zu meinem eigenen Sterben und meinem eigenen Tod. Die theologische Sprache hat Anteil an der Sprachlosigkeit, die mich befällt, wenn ich an mein Ende denke und an die Frage des Ewigen Lebens. Die Predigt von Sterben und Auferstehung Christi – des Trösters – und unser Glaube, der eingeübt werden will, lassen uns in unserem Bewusstsein langsam die Einsicht wachsen, dass nicht wir das Subjekt des Trostes sind, sondern eben Christus. Aber wir wollen, das ist nur allzu menschlich, unsere Wahrnehmungen und unsere Gefühle zusammenbringen, um dem Sterben und dem Tod begegnen zu können. Aber es bleibt bei dem Verhüllten, von dem ich gesprochen habe, es bleibt bei dem Unverfügbaren der Auferstehung für unser Denken.

O Herr, gib jedem seinen eignen Tod.
Das Sterben, das aus jenem Leben geht,
darin er Liebe hatte, Sinn und Not.

Rainer Maria Rilke, 15.4.1903, Viareggio

Wenn ich an meinen eigenen Tod denke, dann denke ich natürlich an das, was in der Tradition als ars moriendi das menschliche Leben leiten soll, damit es gelingen kann. Und dazu gehört die Betrachtung und Auseinandersetzung mit dem eigenen Sterben als Teil des Lebens. Die ars moriendi ermöglicht als ars vivendi erst gelingendes Leben. Ich kann das Leben nur bestehen, wenn ich mich mit seinem Ende auseinandersetze. Und das kann m. E. gar nicht früh genug ansetzen. Das „alte" Dorf existiert kaum. Der postmoderne Mensch benötigt andere Einübungen und Einübungsformen, seinem Ende gelassen entgegenzusehen und zu gehen.

Wenn ich an meinen Tod denke, wünsche ich mir, *alt und lebenssatt* zu sterben wie Abraham, David und Hiob.[19] Alt ist für mich relativ. Ich muss nicht so alt werden wie Abraham. Manches Mal fühle ich mich jetzt bereits alt. Aber lebenssatt bin ich nicht. Um zu erleben, dass es genügt, braucht es die Freiheit zu gehen. *Unerledigte Geschäfte* hindern uns daran. Doch das ist ein großes Thema und ich will es am Ende meines Beitrages bei einer Andeutung belassen. Wichtig scheint mir, dass es mir gelingt im weiteren Älterwerden immer weiter los zu lassen, was mich bindet und hält. Soweit will ich meine Dinge geordnet haben, dass ich nicht an ihnen hafte. Alten Groll beiseite gelegt zu haben, dass er mich nicht hält. Mich von Menschen und Dingen zu trennen, mit denen mich nichts mehr verbindet. Dazu gehört dann auch am Ende, dass Menschen, die bei mir sind, ihrerseits mich nicht festhalten möchten, sei es durch medizinische Maßnahmen, sei es durch ihre Trauer und Verzweiflung.

Mehr als das Ordnen dieser Geschäfte und die notwendigen Abschiede ängstigt mich das Gegenteil, dass ich schon zu Lebzeiten ausgeschlossen werde, aus der Gemeinschaft der Lebenden, wie Elias das als Signatur unserer Zeit benennt.[20] Ich wünsche mir, dass es nicht nur Menschen gibt, die meine Schmerzen lindern, sondern dass es einige wenige Menschen und die Eine gibt, die mit mir geht, soweit das möglich ist, bis ich allein weiter muss.[21]

Das sind Gedanken, die mir immer wieder durch den Kopf gehen, wenn ich daran denke, was ich mir für mein Lebensende wünsche. Aber das sind alles Dinge, die mich *jetzt* ängstigen, die mir jetzt durch den Kopf gehen. Das, was für mich dann wichtig ist, muss ich abwarten. Eines aber glaube ich ganz sicher, ich will getröstet werden.

Ich habe auf vielfältige Erfahrungen im psychotherapeutischen Prozess hingewiesen. Dazu gehört für mich fundamental die Erfahrung, dass ich mich nicht immer als das selbständige autonome Subjekt verhalten kann oder verhalten muss, ja, dass ich die Illusion des mündigen Subjekts sein lassen kann. Es fühlt sich erbärmlich an, nicht um Hilfe bitten zu könne und Trost nicht annehmen zu können. Um wie viel mehr gilt das für das eigene Sterben! Und dazu braucht es Menschen, die bei mir ausharren, auch wenn ich verzweifele. Vor der *Einsamkeit*, die Elias konstatiert hat, bewahre mich Gott! Ich hoffe, dass er mir mensch-

---

19 Gen 25,8; 1Chr 23,1; Hi 42,17.

20 Elias, Über die Einsamkeit, 48, 67 u.ö.

21 Wie dieses Mitgehen möglich ist, hat Johann Christoph Hampe einfühlsam beschrieben: Ratschläge eines Sterbenden, in: diakonie report 2/88, Stuttgart 1988, 4.

Friedrich Heckmann

lichen Trost schickt, dass ich mit dieser Hilfe ihn schauen kann, auf den, der mir vorausgegangen ist.

In diesem Gewiesensein auf den Tröster, in diesem Angewiesensein auf Erfahrungen meiner lebenslangen Suche im Glauben wünsche ich Trost und Kraft zu finden. Als Kind habe ich mich häufig selber mit einem Lied Zinzendorfs in den Schlaf gesungen.

> „Jesu geh voran, auf der Lebensbahn.
> Und wir wollen nicht verweilen, Dir getreulich nachzueilen;
> führ uns an der Hand bis ins Vaterland.“[22]

Lied und Gesang haben mich getröstet. In der zweiten Strophe, meinem Lieblingsvers damals, ist dann die Rede davon, dass es einem hart ergehen kann auf dem Weg dorthin.

Soll's uns hart ergehen, lass uns feste stehen ...denn durch Trübsal hier, geht der Weg zu dir.

Vielleicht kann dies ein Bild sein für das, was ich mir erhoffe für mein Lebensende, nämlich dieses, dass ich, trotz aller „Härte“, trotz aller Angst, getröstet und in Frieden einschlafen kann.

Vor dem Lebensende

Meine Überlegungen sind noch nicht abgeschlossen. Natürlich kann ich es mit diesen letzten Sätzen der Hoffnung gut sein lassen. Doch das Nachdenken über Sterben und Tod nötigt den Ethiker ja durchaus zurückzukehren in dieses Leben, das da vom Tode umfangen ist, und zu fragen, was denn das leib-seelische Menschsein in dieser Zeit hier und jetzt uns aufgibt. Was ist die Aufgabe für den Rest unseres Lebens angesichts des Todes, der uns sicher ist? Wie gehen wir mit der so begrenzten Zeit um? Wie sammeln wir nicht weiter Schuld und *Unerledigte Geschäfte* an? Ein Thema für einen weiteren Band! Was hier noch zu sagen ist, zielt auf die restliche Zeit meines Lebens, auf die Zeit, die morgen abgelaufen sein kann. Ich habe im Laufe meines Lebens immer wieder versucht, mich zu beschränken auf das, was anliegt, auf den morgigen Tag. Das ist mir schwer gefallen und ich will es weiter üben. Die Einübung des Sterbens wird mir nur gut gelingen, wenn ich der Stunde, die kommen wird, mit Gelassenheit entgegensehe. Und diese Gelassenheit ergibt sich im Alltäglichen in der Konzentration auf das, was wichtig ist, was trägt. Ich denke dabei vor allem an immer häufigere Ruhezeiten, die ich einlegen will in meinen Tagen. Ich erinnere mich an Erfahrungen in Zeiten des Alleinseins, die mir gut tun. Auch die will ich weiter einüben. Ich vergegenwärtige Wege und Zeiten in der Natur, die mir immer

---

22 Nikolaus Ludwig von Zinzendorf, Evangelisches Gesangbuch, 1994, 391.

wichtiger werden. Und ich denke an Bilder und Texte, die mich aufbauen. Ein bi-blischer Text ist mir immer wichtiger geworden, ein Text, der mir den Weg weist für die Spanne des Lebens, die mir noch bleibt; es ist ein Text für Trauungen, die ich gehalten habe, und es ist auch ein Text zu predigen den Angehörigen beim Abschied an meinem Sarg:

„So geh hin und iss dein Brot mit Freuden, trink deinen Wein mit gutem Mut, denn dies dein Tun hat Gott schon längst gefallen. Lass deine Kleider immer weiß sein und lass deinem Haupte Salbe nicht mangeln. Genieße das Leben mit Deinem Weibe, das du liebhast, solange du das eitle Leben hast, das dir Gott unter der Sonne gegeben hat; denn das ist dein Teil am Leben und bei der Mühe, mit der du dich mühst unter der Sonne. Alles, was dir vor Händen kommt, es zu tun mit deiner Kraft, das tu; denn bei den Toten, zu denen du fährst, gibt es weder Tun noch Denken, weder Erkenntnis noch Weisheit."
(Pred 9,7–10)

Literatur

Benn, Gottfried: Verlorenes Ich, in: Geistliche Lyrik, Stuttgart 2006.

Berger, Klaus: Ist mit dem Tod alles aus?, Stuttgart 1997.

Bultmann, Rudolf: Jesus und die Mythologie. Das Neue Testament im Licht der Bibel-kritik, Gütersloh 1964.

Elias, Norbert: Über die Einsamkeit der Sterbenden in unseren Tagen – humana con-ditio, Frankfurt a. M. 1982.

Kamlah, Wilhelm: Meditatio Mortis. Kann man den Tod „verstehen", und gibt es ein „Recht auf den eigenen Tod"? Stuttgart 1976.

Kupisch, Karl: Karl Barth, Reinbek 1971.

Lerner, Gerda: Ein eigener Tod. Neuauflage Königstein 2001.

Mildenberger, Friedrich: Kleine Predigtlehre, Stuttgart 1984.

Rilke, Rainer Maria: Die Gedichte, ⁷Leipzig 1995.

Schreiber, Hermann: Das gute Ende, Reinbek 1996.

Verzeichnis der Autorinnen und Autoren

Begemann, Verena, geb. 1971, Dr. phil., Dipl. Sozialpäd./-arbeiterin (FH), Promotion (2006) zum Thema „Hospiz – Lehr- und Lernort des Lebens"; 2006–2010 Wiss. Mitarbeiterin der Westfälischen Wilhelms Universität Münster mit Leitung des Zertifikatsstudiums „Bürgerschaftliches Engagement in Wissenschaft und Praxis", ehrenamtlich in der Hospizbewegung Herford tätig, Arbeitsschwerpunkte: Hospizarbeit und Palliative Care, Bürgerschaftliches Engagement, Ethosbildung in der Sozialen Arbeit.

Büntig, Wolf, geb. 1937, Dr. med., Arzt für Psychotherapie und Lehrtherapeut für tiefenpsychologisch fundierte Psychotherapie, Gestalttherapie und Bioenergetik; Mitbegründer und Leiter von ZIST, Zentrum für Sozial- und Individualtherapie in Penzberg. Seit 30 Jahren arbeitet er an der Entwicklung einer potentialorientierten Psychotherapie, die über die Bewältigung von Trauma und Mangel hinaus auf die Verwirklichung des menschlichen Potentials in einem vom Wesen her gelebten Leben anstrebt.

Burbach, Christiane, geb. 1948, Dr. theol., Professorin für Praktische Theologie an der Fachhochschule Hannover; Redaktionsmitglied und Mitherausgeberin von Wege zum Menschen; Forschungsschwerpunkte: Seelsorge, Genderfragen in der Praktischen Theologie, Weisheit und Lebenskunst; Veröffentlichungen: mit Heike Schlottau (Hg.): Abenteuer Fairness. Ein Arbeitsbuch zum Gendertraining, und mit Peter Döge (Hg.): Gender Mainstreaming, Aufsätze zu Weisheit und Lebenskunst; ... bis an die Grenze. Hospiz und Palliative Care, Göttingen 2010.

Buuren, Ari van, Evangelischer Theologe, Gestalttherapeut, Krankenhauspfarrer i. R., bis 2009 Leiter der Abteilung ‚Lebensorientierung & Interkulturelle Seelsorge' im University Medical Center in Utrecht / Niederlande. Die Abteilung erhielt 2005 den INTR°A-Preis für die Komplementarität der Religionen. Berater für Trauerarbeit und Interreligiösen Dialog (URI / United Religions Initiative), Präsident der Wico Bunskoek Academie (interkulturelles Bildungsinstitut für Religion und Gesellschaft).

Gahl, Klaus P. G, geb. 1937, Prof. Dr. med., Facharzt für Innere Medizin und Kardiologie; zuletzt Chefarzt der Med. Klinik 2 am Städtischen Klinikum Braunschweig; seit 2002 im Ruhestand, Mitglied der DGIM, AEM, Viktor von Weizsäcker Gesellschaft. Zahlreiche Publikationen aus dem Bereich der Kardiologie:

Hrsg. Infektiöse Endokarditis, Darmstadt 1984 + 1994; Holldack, Klaus und Gahl, Klaus: Auskultation und Perkussion, Stuttgart 10. Aufl.1986 – 14 2005; 15. Aufl. 2009 unter K. Gahl & K. Holldack). Klaus Gahl u. a. (Hrsg.): Gegenseitigkeit – Grundfragen medizinischer Ethik, Würzburg 2008, Annemarie Gethmann-Siefert, Klaus Gahl und Ulrike Henckel (Hrsg.): Studien zur medizinischen Ethik, Bd. 2, Freiburg i. Br. 2005; weitere Publikationen zu medizinischer Anthropologie, Arzt-Patient-Beziehung, Sterbebegleitung u. a. medizinethischen Fragen.

Heckmann, Friedrich, geb. 1953, Dr. theol., Pfarrer, Professor für Sozial- und Wirtschaftsethik an der Fachhochschule Hannover, Forschungsschwerpunkte und Veröffentlichungen zu: Ethik und Soziale Arbeit, Ethosbildung, Bildung, Subsidiarität und Europäischer Sozialstaat, Wirtschaft von unten und lebenslanges Lernen. Herausgeber der Reihe „Theologie im Gespräch", Blaue Eule Essen.

Holland, Jürgen, Krankenpfleger, langjährige Hospizarbeit, seit 2007 psychiatrisch-psychotherapeutische Pflege Ausbilder für personzentrierte Beratung (GwG).

Junggebauer, Simone, geb. 1975, aufgewachsen in einem 70-Personen-Dorf im Landkreis Uelzen, 1995 bis 2009 Arbeit als Krankenschwester, verheiratet, zwei Kinder. Seit Oktober 2007 Studium der Sozialen Arbeit mit dem Schwerpunkt Sterbebegleitung in der Migrationsgesellschaft.

Lödel, Ruth, geb. 1948 in Fürth / Bay., Pfarrerin, langjährige Tätigkeit als Krankenhauspfarrerin in einer psychiatrisch-neurologischen Klinik in Erlangen, anschließend Altenheimpfarrerin in Nürnberg. Veröffentlichungen: R. Lödel (hg.), Seelsorge in der Altenhilfe. Ein Praxisbuch, Düsseldorf 2003; R. Lödel, „Am Ende bin ich noch immer bei Dir" (Ps 139,18) Verkündigung in der Altenheimseelsorge, in: M. Krug, R. Lödel, J. Rehm (hg.), Beim Wort nehmen – die Schrift als Zentrum für kirchliches Reden und Gestalten, Stuttgart 2004.

Otte, Renate Flora, Pastorin, Krankenhausseelsorgerin, Supervisorin, Psychodrama- und Kursleiterin (DGfP).

Peseschkian, Nossrath, geb. 1933 im Iran, Prof. Dr. med., lebte seit 1954 in Deutschland, Facharzt für Psychiatrie, Neurologie und Psychotherapie, Begründer der Positiven Psychotherapie und Leiter der Wiesbadener Akademie für Psychotherapie, 2006; Bundesverdienstkreuz am Bande, gestorben am 27. April 2010 wenige Wochen nach Vollendung seines Beitrages für dieses Buch.

Rüegger, Heinz, geb. 1953, Dr. theol., MAE, wissenschaftlicher Mitarbeiter am Institut Neumünster, CH-Zollikerberg, und Heimseelsorger. Forschungsschwerpunkte: Sterben, Ars moriendi, gerontologische Ethik, Anti-Aging, Lebenskunst des Alterns. Neuere Veröffentlichungen: Sterben in Würde? Zürich 2004; Das eigene Sterben, Göttingen 2006; Alter(n) als Herausforderung, Zürich 2009.

Schneider-Flume, Gunda, geb. 1941, Dr. theol., Pfarrerin der Württembergischen Landeskirche, Professorin (emer.) für Systematische Theologie, bis 2006 Lehrstuhl für Systematische Theologie (Dogmatik) an der Universität Leipzig; Arbeitsschwerpunkte: Biblische Theologie, theologische Anthropologie im Gespräch mit der Psychologie, Ethik in der Medizin. Publikationen: Glaubenserfahrung in den Psalmen. Leben in der Geschichte mit Gott, Göttingen 1998; Leben ist kostbar. Wider die Tyrannei des gelingenden Lebens, Göttingen 2008; Glaube in einer säkularen Welt. Ausgewählte Aufsätze, Leipzig 2006; Grundkurs Dogmatik. Nachdenken über Gottes Geschichte, Göttingen 2008; Alter – Schicksal oder Gnade? Theologische Überlegungen zum demographischen Wandel und zum Alter(n), Göttingen 2008.

Seifert, Ang Lee, geb. 1938, arbeitet als Klinische Transaktionsanalytikerin in eigener Praxis. Sie ist Autorin mehrerer Bücher, auch zusammen mit Ehemann Theodor Seifert. Interessenschwerpunkte: Analyse des Lebens-Skripts, Bedeutung und Entwicklung des Bewusstseins, transpersonale Psychologie.

Seifert, Theodor, geb. 1931, Dipl. Psych. Dr., langjährige Tätigkeit als Arbeitspsychologe in Schweden, leitende Mitarbeit in der Psychotherapeutischen Klink, Stuttgart, und den Lindauer Psychotherapiewochen. Jetzt tätig in eigener Praxis als Psychoanalytiker, Lehr- und Kontrollanalytiker des C. G. Jung-Instituts, Stuttgart, Seminar- und Vortragstätigkeit. Interessenschwerpunkte: Aktive Imagination und Synchronizität mit entsprechenden Publikationen, auch zusammen mit Ehefrau Ang Lee Seifert Autor und Herausgeber von Buchreihen (Märchen, Mythen).

Sievers, Jonah, geb. 1971 in Hannover, Studium in Heidelberg und am Leo-Baeck-College in London mit Unterstützung des Zentralrates der Juden in Deutschland. Seit 2002 Rabbiner in Braunschweig, seit 2008 Landesrabbiner in Niedersachsen; Mitglied und Geschäftsführer der Allgemeinen Rabbinerkonferenz Deutschlands, Mitarbeit u. a. am neuen Jüdischen Gebetbuch (Siddur).

Sommer, Andreas Urs, geb. 1972, PD Dr., Studium der Philosophie, Kirchen- und Dogmengeschichte und Deutschen Literaturwissenschaft, Habilitation 2004, Lehrstuhlvertretung an der Universität Mannheim. Seit 2008 Wissenschaftlicher Kommentator der Werke Nietzsches an der Heidelberger Akademie der Wissenschaften mit Sitz an der Universität Freiburg im Breisgau, Direktor der Friedrich-Nietzsche-Stiftung. Veröffentlichungen (Auswahl): Der Geist der Historie und das Ende des Christentums, Berlin 1997; Friedrich Nietzsches „Der Antichrist". Ein philosophisch-historischer Kommentar, Basel 2000; Geschichte als Trost. Isaak Iselins Geschichtsphilosophie, Basel 2002; Die Kunst, selber zu denken. Ein philosophischer Dictionnaire, Frankfurt a. M. ²2003; Sinnstiftung durch Geschichte? Zur Entstehung spekulativ-universalistischer Geschichtsphilosophie zwischen Bayle und Kant, Basel 2006; Die Kunst der Seelenruhe. Anleitung zum stoischen Denken, München 2009.

Steinmeier, Anne, geb. 1957, Dr. theol., Habilitation 1997, Professorin für Praktische Theologie an der Martin-Luther-Universität Halle-Wittenberg; geschäftsführende Herausgeberin der Zeitschrift Wege zum Menschen, Mitherausgeberin der Berliner Theologischen Zeitschrift; Mitherausgeberin der Arbeiten zur Pastoraltheologie, Liturgik und Hymnologie. Forschungsschwerpunkte: Seelsorge und Psychoanalyse, interdisziplinäre Beschäftigung mit Literatur, bildender und darstellender Kunst der Gegenwart. Veröffentlichungen (Auswahl): Wiedergeboren zur Freiheit. Skizzen eines Dialogs zwischen Theologie und Psychoanalyse, Göttingen 1998; Schöpfungsräume. Auf dem Weg einer Praktischen Theologie als Kunst der Hoffnung, Gütersloh 2003; Kunst der Seelsorge. Religion, Kunst und Psychoanalyse im Diskurs, Göttingen 2010.

Weber, Dieter, geb. 1960, Dr. theol., Diplombiologe, Professor für Sozialethik und Medizinethik an der Fachhochschule Hannover; Forschungsschwerpunkte: Dialog Theologie – Naturwissenschaften; Analyse von Reziprozitätsbeziehungen; Begründung moralischer Urteile; Leibgebundenheit der Vernunft. Veröffentlichungen: Die Geschichte Gottes und die Geschichte der Natur – eine Familienähnlichkeit? Münster 2000; mit Hübner und Stamatescu, Theologie und Kosmologie. Tübingen 2004; Aufsätze zur Begründung moralischer Urteile; zu Leib und Identität und zum Phänomen „Geben".

Wenn Sie weiterlesen möchten...

Ulrich Mack
Handbuch Kinderseelsorge

Was muss man für die Seelsorge mit Kindern wissen? Ulrich Mack gibt in seinem Praxisbuch einen fachlichen Überblick zu den Themen, die in der Seelsorge mit Kindern zentral sind. Dazu gehören grundsätzliche Überlegungen zu kindlichem Glauben und Religiösität, aber auch ganz konkret die seelsorgerliche Begleitung in schwierigen oder schwer erträglichen Situationen. Das Buch baut auf Ulrich Macks eigener langjähriger Erfahrung als Krankenhausseelsorger auf und enthält viele Beispiele aus seiner Praxis, sowie wichtige Kontakt- und Informationsadressen.

Ulrich Mack
Mein Kind hat Krebs
Seelsorge an den Grenzen des Lebens

Die Diagnose »Krebs« stellt alle Betroffenen vor eine Ausnahmesituation. Die Hoffnung ist zu einem Ernstfall des Glaubens geworden. Neben der Angst um den Verlust des Kindes steht spannungsvoll die Hoffnung, dass das Kind wieder gesund wird. Fragen nach dem Sinn des Lebens und des Glaubens rütteln an der eigenen Existenz.

Ulrich Mack wendet sich an die Eltern krebskranker Kinder und das betreuende Fachpersonal. Er möchte in der Auseinandersetzung mit Glaubenskonflikten zu einer Haltung verhelfen, die von einer Grundgeborgenheit in Gott auch sprechen kann, wenn die Therapie zum Abschied wird.

Hartmut Wortmann / Thomas Jarck / Ulrike Mummenhoff (Hg.)
Qualitätshandbuch zur Krankenhausseelsorge
Ein Werkbuch

Das Werkbuch orientiert sich an den eingeführten Standards in der Krankenhausseelsorge. Es liefert grundsätzliche Überlegungen zum Thema »Qualität« und zeigt in einer detaillierten Übersicht sowie einem Beispiel, wie KrankenhausseelsorgerInnen arbeiten. SeelsorgerInnen, die dieses Werkbuch nutzen, um ein eigenes Qualitätshandbuch zu erstellen, können so die Qualität ihrer Arbeit gegenüber den Krankenhäusern und in kirchlichen Gremien schriftlich darstellen und dokumentieren.

Dem Werkbuch liegen alle einschlägigen Dokumente aller evangelischen Gliedkirchen in Deutschland sowie die Verlautbarungen der römisch-katholischen Kirche bei.

Wenn Sie weiterlesen möchten...

Klaus Kießling (Hg.)

Geistliche Begleitung
Beiträge aus Pastoralpsychologie und Spiritualität

Geistliche Begleitung ist eine Form von Seelsorge, die in Pastoralpsychologie und Spiritualität einen eigenständigen Platz einnimmt und stark von der Benediktusregel und der Kirchenlehrerin Teresa von Avila inspiriert ist. Geistliche Begleitung ist Wegbegleitung, ist Mitgehen in Treue. Den vielen verschiedenen Facetten der Geistlichen Begleitung widmet sich dieser Band. Dabei finden auch aktuelle Entwicklungen wie Online-Exerzitien, Überlegungen zur Ausbildungssituation der Geistlichen Begleiter sowie ein Projekt zur Begleitung religionsverschiedener Paare Berücksichtigung.

Christiane Burbach (Hg.)

... bis an die Grenze
Hospizarbeit und Palliative Care

Erfahrungen an der Grenze zwischen Leben und Tod machen nicht nur die Sterbenden, sondern auch die, die sie dabei begleiten, pflegend, behandelnd, koordinierend oder supervidierend. Diese Grenzerfahrungen müssen ausgehalten und verarbeitet werden. Dazu hat das Hospiz- und Palliativwesen hohe Standards der Professionalität entwickelt. Auch wenn vieles durch die Hospizbewegung in den Horizont der Lebenserfahrung zurückgeholt werden konnte, zeigen sich immer neue Facetten des Sterbens und der Sterbebegleitung, die in den Beiträgen dieses Bandes thematisiert werden.

Volker Drewes

Abschied vom Leben
Beratung von Angehörigen Sterbender

Nicht nur Sterbende fühlen sich isoliert und hilfebedürftig, sondern auch jene, die sie auf ihrem letzten Lebensweg begleiten wollen. Was den Angehörigen bevorsteht, ängstigt sie und erfüllt sie mit Unruhe und Unbehagen. Wer sich in einer solchen Situation einer Beraterin/einem Berater anvertraut, wünscht sich, Hilfe bei der Aufgabe zu finden, andere über eine Schwelle zu begleiten.

Anhand eines Beispiels werden Gesprächsabläufe mit Angehörigen und deren Reaktionen durch Theorien unterstützend reflektiert. Besonderes Augenmerk liegt dabei auf dem Umgang mit den Gefühlen und der Erstellung eines Angehörigendiagrammes.

Alice Bodnár

Der ewige Kollege
Reportagen aus der Nähe des Todes

2009. 203 Seiten mit zahlr. Farbfotos, gebunden
ISBN 978-3-525-40421-8

Der Tod macht keinen Feierabend. Zu Besuch bei Menschen, die sich täglich der Vergänglichkeit des Lebens stellen müssen.

Wie stellt sich ein Bestatter das Jenseits vor? Lernen Ärzte, die Diagnose Krebs zu übermitteln? Was denkt ein Altenheimleiter über Sterbehilfe und wie ermittelt ein Polizeibeamter den genauen Todeszeitpunkt? In dieser eindrucksvoll gestalteten Fotoreportage werden Menschen porträtiert, die aufgrund ihres Berufes täglich mit der Vergänglichkeit des Lebens zu tun haben. Die bewegenden Dialoge und die sorgfältig ausgewählten Bilder entmystifizieren den Tod, stellen ihn als natürlichen Bestandteil des Lebens dar und regen zu einem angemessenen Umgang mit ihm an.

»Entstanden ist ein großartiges Buch, das rührt und bewegt und selbst jenen, die routinemäßig mit dem Tod befasst sind, neue Einsichten gewährt.« *Ärzte-Zeitung*

Vandenhoeck & Ruprecht

Heinz Rüegger

Das eigene Sterben

Auf der Suche
nach einer neuen Lebenskunst

2006. 128 Seiten, kartoniert
ISBN 978-3-525-63371-7

Rüegger skizziert Grundlagen einer neuen Lebenskunst im Umgang mit dem eigenen Sterben und bewegt sich damit in einem Feld zwischen Theologie, Philosophie, Palliativmedizin, Gerontologie und Ethik.

Neben einer Auseinandersetzung mit den negativen Todesvorstellungen, die im Westen v.a. von Theologie und Medizin geprägt wurden, erinnert Rüegger an die lange Tradition des Todesgedenkens in der abendländischen Philosophie und der christlichen Religion.

Im Mittelpunkt stehen verschiedene Elemente einer heute neu zu gewinnenden »ars moriendi« als Teil einer umfassenden Lebenskunst: Die Einsicht, dass es zu wahrhaft menschlichem Leben gehört, den Tod nicht zu verdrängen, sondern als Teil des Lebens zu begreifen, hat an Aktualität nichts verloren.

Vandenhoeck & Ruprecht